陈美荣　胡永萍　主编

教育心理学

JIAOYU
JINLIXUE

中山大学出版社
·广州·

版权所有　翻印必究

图书在版编目（CIP）数据

教育心理学/陈美荣，胡永萍主编． —广州：中山大学出版社，2012.8
ISBN 978-7-306-04255-2

Ⅰ．①教… Ⅱ．①陈…②胡… Ⅲ．①教育心理学 Ⅳ．①G44

中国版本图书馆 CIP 数据核字（2012）第 185122 号

出 版 人：	祁　军
策划编辑：	嵇春霞
责任编辑：	嵇春霞
封面设计：	曾　斌
责任校对：	杨文泉
责任技编：	何雅涛
出版发行：	中山大学出版社
电　　话：	编辑部 020-84111996，84113349，84111997，84110779
	发行部 020-84111998，84111981，84111160
地　　址：	广州市新港西路 135 号
邮　　编：	510275　　　传　真：020-84036565
网　　址：	http://www.zsup.com.cn　　E-mail：zdcbs@mail.sysu.edu.cn
印 刷 者：	佛山市浩文彩色印刷有限公司
规　　格：	787mm×960mm　1/16　18.5 印张　394 千字
版次印次：	2012 年 8 月第 1 版　2018 年 8 月第 4 次印刷
印　　数：	10501~12000 册　　定　价：36.00 元

如发现本书因印装质量影响阅读，请与出版社发行部联系调换

前　言

《〈教师资格条例〉实施办法》（中华人民共和国教育部令第 10 号，2000 年 9 月 23 日颁布施行）中指出，国家实施教师资格制度，凡中国公民在各级各类学校和其他教育机构中专门从事教育教学工作，应当具备教师资格。根据现行要求，所有申请教师资格的人员必须通过由省级教育行政部门统一组织的教育教学能力测试（包括综合笔试和实践能力测试）。国家教育考试机构负责研制测试大纲、建设试题库、组织命题和考务等工作，省级教育行政部门按教育部审定的测试标准和测试大纲组织实施。

随着教师资格认证制度的推行，非师范院校毕业的大学生及其他人员只要参加并通过省级教育行政部门组织的资格考试均可申请教师资格证。教师资格考试笔试科目之一就是"教育心理学"，通过教育心理学测试是申请教师资格的前提条件之一。

教育部《关于进一步做好中小学教师补充工作的通知》（教师〔2009〕2 号）中明确指出，全面推行新任教师公开招聘制度，形成长效机制。从 2009 年开始，各地中小学新任教师应全部采取公开招聘的办法，不得再以其他方式和途径自行聘用教师；要坚持德才兼备和"公开、平等、竞争、择优"的原则，严格招聘程序，严把选人标准和质量，吸引有志于从事基础教育事业的优秀人才到中小学任教。

2006 年，为鼓励引导高校毕业生到农村学校任教，教育部、财政部、人事部、中央编办下发《关于实施农村义务教育阶段学校教师特设岗位计划的通知》（教师〔2006〕2 号），联合启动实施"特岗计划"，公开招聘高校毕业生到"两基"攻坚县农村义务教育阶段学校任教。

教育心理学作为一门专门应用于教育领域的学科，尤其是作为学校教育中的心理学分支学科，对教师的教育教学具有现实的指导作用，因此它成为教师资格考试、教师招聘考试和"特岗计划"教师的必考科目。

《国家中长期教育改革和发展规划纲要（2010—2020 年）》中指出，要把提高质量作为教育改革发展的核心任务，把育人为本作为教育工作的根本要求；要以学生为主体，以教师为主导，充分发挥学生的主动性，把促进学生健康成长作为学校一切工作的出发点和落脚点；关心每个学生，促进每个学生主动的、生动活泼的发展，尊重教育规律和学生身心发展规律，为每个学生提供适合的教育。这些目标的实现和促成，就要求广大教师懂得教育和心理规律，将心理学理论应用于自己的教育教学工作中去，这也离不开对教育心理学的学习。

为了适应教师资格制度和教师招聘制度的改革、更好地落实《国家中长期教育改

革和发展规划纲要（2010—2020年）》，我们特意编写这部《教育心理学》。本书以可读性、新颖性、实用性和可操作性为原则，在介绍教育心理学经典理论的基础上，吸纳教育心理学的最新研究成果，重点突出了这些理论研究在中小学教学实践中的运用。

本书在编写体例方面，力求体现两大特点：

第一，可读性和新颖性。为了引导学生更轻松地进入本书的学习，本书设计了新颖的编写体例：每章都由"知识点预览"和"引言"开始，让学生知道本章将要学什么；每章的"资料窗"拓宽了学生的视野、增加了学生的学习趣味性、提高了学生的学习积极性；而每章最后的"知识巩固"和"知识应用"则为学生提供了自我考核的机会。这样的编排体例不仅为学生的学习提供了指导，同时也为教师的教学提供了良好的思路。

第二，实用性和可操作性。关注心理学在教育实践中的应用性，是当前我国教育心理学发展的迫切要求。本书每章的"知识应用"都是结合最新的教育案例而设计的可操作性问题，这有利于培养学生运用教育心理学原理解释教育现象的敏感性和提高学生分析问题与解决问题的能力。

正因为本书突出体现了教育心理学的实用性和可操作性，所以本书既可以作为教师教育类大学生职前教育与培训的教材，也可以作为非教师教育类大学生及其他人员获得教师资格证考试的参考用书，还可以作为教师招聘考试、在岗教师职中和职后培训及学习的参考用书。

本书撰写任务的具体分工为：陈美荣撰写第一章、第四章、第六章、第七章、第九章、第十一章、第十二章、第十三章、第十四章，胡永萍撰写第二章、第三章、第五章、第八章、第十章、第十五章，最后由陈美荣统稿和定稿。

在编写过程中，编者们广泛参考了国内外大量的文献资料，引用了诸多相关研究成果和测量量表，谨向这些文献的著作权人和作者致以衷心的感谢。

由于编写仓促，再加上作者学识有限，书中不乏疏漏和不妥之处，敬请专家和广大读者批评指正。

编 者

目 录

第一编 教育心理学概述

第一章 教育心理学概述 ... 3
第一节 心理学与教育心理学的研究对象 ... 4
第二节 教育心理学的研究内容 ... 10
第三节 教育心理学的性质、作用与发展 ... 12

第二编 学生与学习心理

第二章 中小学学生身心发展与教育 ... 19
第一节 身心发展的基本理论 ... 20
第二节 小学生心理发展的特点 ... 24
第三节 中学生心理发展的特点 ... 27
第四节 学生心理发展与教育 ... 39

第三章 学习的基本理论 ... 56
第一节 学习概述 ... 57
第二节 中国古代学习心理思想简介 ... 65
第三节 外国主要学习理论简介 ... 69

第四章 学习动机 ... 104
第一节 学习动机概述 ... 105
第二节 学习动机的理论 ... 109
第三节 学习动机的培养与激发 ... 113

第五章 学习迁移 ... 120
第一节 学习迁移概述 ... 121
第二节 学习迁移的基本理论 ... 124
第三节 学习迁移的影响因素与教学 ... 130

第六章 知识的学习 134
第一节 知识学习概述 135
第二节 知识的获得 139
第三节 知识的保持 144

第七章 技能的形成 150
第一节 技能概述 151
第二节 操作技能的形成 153
第三节 心智技能的形成 158

第八章 学习策略 165
第一节 学习策略概述 166
第二节 通用的学习策略 169
第三节 学习策略的训练 173

第九章 问题解决与创造性 179
第一节 问题解决概述 180
第二节 创造性及其培养 187

第十章 态度与品德 193
第一节 态度与品德概述 194
第二节 态度与品德形成的主要理论 198
第三节 态度与品德的形成和改变 200
第四节 良好态度与品德的培养 206

第十一章 心理健康教育 216
第一节 心理健康概述 217
第二节 心理评估 224
第三节 心理辅导 226

第三编 教师与教学心理

第十二章 教师心理 237
第一节 教师的心理特征与职业成就 238
第二节 专家型教师与新教师的比较研究 241

第三节　教师的成长与发展 …………………………………………… 243

第十三章　教学设计 …………………………………………………… 248
　　第一节　设置教学目标 …………………………………………………… 249
　　第二节　组织教学过程 …………………………………………………… 253
　　第三节　选择教学策略 …………………………………………………… 255

第十四章　课堂管理 …………………………………………………… 260
　　第一节　课堂管理概述 …………………………………………………… 261
　　第二节　课堂群体的管理 ………………………………………………… 262
　　第三节　课堂纪律的管理 ………………………………………………… 265

第十五章　教学测量与评价 …………………………………………… 270
　　第一节　教学测量与评价概述 …………………………………………… 271
　　第二节　有效教学测验的基本要求 ……………………………………… 273
　　第三节　教学测验的类型及应用 ………………………………………… 278

参考文献 ………………………………………………………………… 286

第一编
教育心理学概述

第一章 教育心理学概述

知识点预览

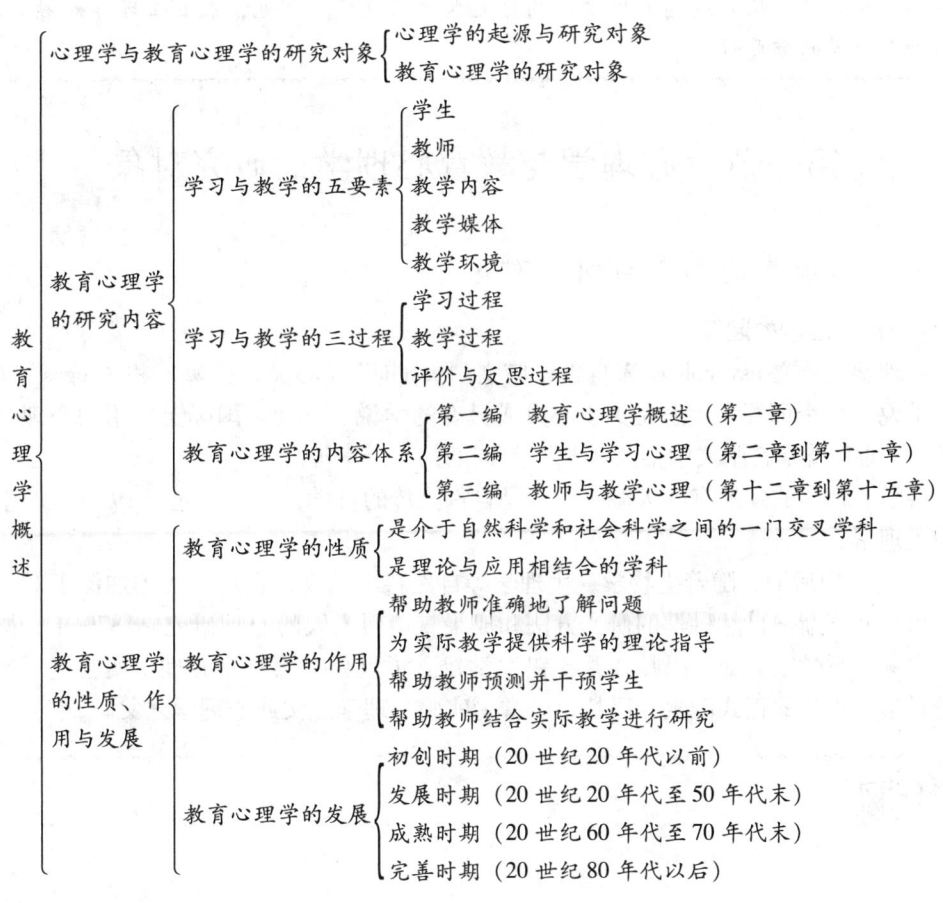

> **引言**
>
> **登楼梯效应**
>
> 所谓登楼梯效应，是指当人们接受了简单的要求后，再向他们提出较高要求，此时人们为了保持认识的统一和给他人留下前后一致的印象，心理上就倾向于接受较高的要求。
>
> 特级教师钱梦龙是这样进行作文教学的：第一次作文，只要求学生把字写在方格里，书写较认真的就可得90分以上；第二次作文，只要求学生不一逗（号）到底、一段到底，就可得90分以上；第三次作文，只要求学生无错别字，就可得90分以上……如此循序渐进，消除了学生对作文的恐惧心理，并帮助他们树立自信、产生兴趣，从而达到大幅度提高作文水平的效果。可见，教育心理学对教师、对教育教学的重要性。

第一节　心理学与教育心理学的研究对象

一、心理学的起源与研究对象

（一）心理学的起源

心理学的英文 psychology 来自古希腊文 "psyche"（心灵、灵魂）和 "logos"（学问、学说）两个词源，意思是关于心灵或灵魂的学说、学问。国际上通用的心理学标识符号 "ψ" 就是希腊文中 "心理学" 一词的第一个字母。

科学心理学的发展有两大源头：一是自古流传的哲学，一是兴起于19世纪的生物学与生理学。

19世纪中后期，随着生物学、生理学等自然科学的飞速发展，人类加深了对自身的认识，并逐渐把自然科学的研究方法和成果直接引入人的心理研究。1879年，德国生理学家、哲学家威廉·冯特在莱比锡大学建立了世界上第一个心理学实验室，这意味着科学心理学的正式诞生，冯特也被誉为实验心理学之父或心理学之父。

实验心理学之父威廉·冯特

威廉·冯特（Wilhelm Wundt, 1832—1920年）是19世纪末20世纪初德国生理学家和心理学家，构造主义心理学思想创始人，第一个心理学实验室的创立者，被心理学界誉为实验心理学之父。1855年冯特获得医学博士学位后，一直在海德堡大学从事生理学、心理学教学。1858年，他受聘为著名生理心理学家赫尔姆霍茨的研究助理，1874年晋升教授。1873—1874年出版的《生理心理学原理》被心理学史界誉为科学心理学史上最伟大的著作。1875年任莱比锡大学哲学教授，此后45年一直就职于该校。1879年在该校建立世界上第一个心理学实验室。冯特将内省实验法引入了心理学。冯特的主要贡献是使心理学转变成为一门以实验为基础的独立学科。冯特晚年兴趣转到了社会科学方面，他在生命的最后20年中，完成了共10卷的巨著《民族心理学》，为科学心理学史留下无数英雄故事。

（资料来源：吕建国《大学心理学》，四川大学出版社2004年版，第15页。）

曾有人这样比喻科学心理学的发展，哲学是父亲，生理学是母亲，而生物学是媒人。经生物学的媒介作用，哲学与生理学结合孕育出了科学心理学这一"新生儿"。

（二）心理学的研究对象

心理学是研究人的心理现象（或称心理活动）及其规律的科学。法国大文豪雨果曾经说过："世界上最浩瀚的是海洋，比海洋更浩瀚的是天空，比天空还要浩瀚的是人的心灵。"由此说明人的心理现象非常复杂。为了便于研究，心理学把人的心理现象区分为心理过程与个性心理两个方面。

1. 心理过程

心理过程是心理活动的一种动态过程，是人脑对客观现实的反映过程。它包括认识过程、情绪与情感过程、意志过程等三个方面。

（1）认识过程。认识是人类最基本的心理活动过程之一。认识过程是人脑对客观事物（或对象）的属性、特点及其规律的反映，它包括感觉、知觉、记忆、思维、想象等认识活动。

1）感觉。感觉是人脑对直接作用于感觉器官的事物的个别属性的反映。在日常生活中，外界的许多刺激物作用于我们的各种器官，经过神经系统的信息加工在我们的头脑里就产生了各种各样的感觉。例如，我们看到某种颜色、听到某种声音、闻到某种气味、感受到一定的温度等等。同时，感觉也反映机体内部的刺激。我们觉察到自身的姿势和运动，感受到内部器官的工作状况——舒适、疼痛、饥渴等等。不论是对外部刺激的反映或是对内部刺激的反映，感觉是对刺激给予感觉器官的直接感受，是对刺激物个别属性的反映。

> **资料窗**
>
> **感觉剥夺实验**
>
> "感觉剥夺"实验是1954年加拿大麦克吉尔大学的心理学家赫布（D. O. Hebb）和贝克斯顿（W. H. Bexton）在蒙特利尔海勃实验室进行的。该实验以每天20美元的报酬（在当时是很高的金额）雇用了一批大学生作为被试。
>
> 实验者将被试关在有防音装置的小房间里，让他们戴上半透明的保护镜以尽量减少视觉刺激。接着，又让他们戴上木棉手套，并在其袖口处套了一个长长的圆筒。为了限制各种触觉刺激，又在其头部垫上了一个气泡胶枕。除了进餐和排泄的时间以外，实验者要求学生24小时都躺在床上。
>
> 参加实验的大学生本以为实验为他们提供了一次安心睡觉的机会。但不久，他们的思维就变得混乱无章，有些大学生没过几天就不得不立刻离开感觉剥夺实验室，放弃20美元的报酬。
>
> 被试在感觉剥夺实验7天后，大多都出现情绪紧张忧郁、记忆力减退、判断力下降，甚至各种幻觉、妄想等现象。
>
> 感觉剥夺实验说明，感觉刺激对维持我们的生理、心理功能的正常状态是必需的。
>
> （资料来源：崔丽娟《心理学是什么》，北京大学出版社2004年版，第102～103页。）

虽然感觉是一种最简单的心理现象，但它在人的心理活动中却起着非常重要的作用。首先，感觉向大脑提供了内外环境的信息。通过感觉人可以了解外界事物的各种属性，保证机体与环境的平衡。对于每个正常人来说，没有感觉的生活是难以忍受的。心理学家赫布（D. O. Hebb）和贝克斯顿（W. H. Bexton）等人曾经做过的"感觉剥夺"实验证实了这一点。实验发现，感觉剥夺会严重影响人复杂的思维过程或认识过程，并有50%的被试产生幻觉。其次，感觉是一切较高级、较复杂的心理活动的基础。人的复杂的认识活动都须借助感觉提供的材料才能得以顺利进行。因此，感觉是人认识客观世界的开端，是人获取知识的源泉。

2）知觉。知觉是在感觉的基础上产生的，它是人脑对直接作用于感官的客观事物进行综合整体的反映。例如，对于某一物体，人用眼睛看，有一定大小、圆圆的形状和绿中透点红的颜色；用手触摸，其表皮光滑，有一定硬度；用鼻子闻，有清香的水果气味；用嘴品尝是酸甜的味道；等等。于是，人脑便把这些属性综合起来，形成对该事物整体的印象，并知道它是"苹果"。这种对苹果的整体反映就是知觉。

知觉和感觉一样，是事物直接作用于感觉器官产生的，离开了事物对感官的直接作用，既没有感觉也没有知觉。一旦客观事物在人的感觉器官所及的范围内消失，感觉和知觉也就停止了。

感觉和知觉是人对客观世界认识的初级阶段，是人们认识客观世界的开端，也是人获取世界的一切知识的源泉。感觉和知觉又是人们其他心理活动的基础，一个人如果没有感觉和知觉，就不能形成表象、思维、情感、意志等复杂的心理活动。

3）记忆。记忆是人脑对经历过的事物的反映。所谓经历过的事物，是指过去感知过的事物。例如，听过的声音、见过的人或物、嗅过的气味、品尝过的味道、触摸过的东西、体验过的情绪和情感等。这些经历过的事物都会在头脑中留下痕迹，并在一定条件下以经验的形式重现出来，这就是记忆。例如，我们读过的小说，看过的电视或电影，其中某些情景、人物和当时自己激动的情绪等都会在头脑中留下各种印象，当别人再提起时或在一定的情境下，这些情景、人物和体验过的情绪就被重新唤起，就会出现在头脑中。记忆同感知一样也是人脑对客观现实的反映，但记忆是比感知更复杂的心理现象。感知过程是反映当前直接作用于感官的对象，它是对事物的感性认识。记忆反映的是过去的经验，它兼有感性认识和理性认识的特点。一般来说，心理学家们认为，记忆包括识记、保持、提取三个过程。

4）思维。恩格斯曾说过："思维是地球上最美丽的花朵。"人类只有不断地思维才能不断地创新，社会才能不断地进步。

思维是人脑借助于言语、表象和动作实现的，是对客观事物概括和间接的反映。它揭露事物的本质特征和内部联系，是认识的高级形式，它主要表现在人们解决问题的活动中。思维不同于感知觉，但又离不开感知觉所提供的感性材料。人们只有在获取了大量感性材料的基础上，才能进行种种推论，做出种种假设，并检验这些假设，进而揭露感知觉所不能揭示的事物的本质特征和内部联系。同时，人们在思维过程中，经常伴有感性的直观形象，这些直观形象便是思维活动的感性支柱。一般认为，思维具有概括性和间接性两个基本特征。

5）想象。人们不仅在头脑中能再现经历过的事物形象，还能在此基础上进行加工组合，创造事物新形象，这种心理活动过程就是想象。

（2）情绪与情感过程。人们在认识世界的时候，对客观事物和对象总是充满着喜、怒、哀、乐、爱、恨等生动的感情色彩，这就是人们的情绪与情感。《牛津英语大词典》把情绪解释为："心灵、感觉或感情的激动或骚动，泛指任何激动或兴奋的心理状态。"情绪与情感在许多西方心理学著作中常常被统称为 affection。事实上，要将它们做出严格的区分是困难的，人们在日常生活中也常常不会做出严格的区分。

情绪与情感是指人对客观事物是否符合自己的需要而产生的主观态度体验。需要是情绪与情感产生的基础，情绪与情感的性质是以客观事物能否满足人的需要为中介的主观心理体验。一般说来，需要得到满足就会引起积极的情绪与情感；反之，就会引起消极的情绪与情感。同是秋景，毛泽东写下了"一年一度秋风劲，不似春光，胜似春光"，而清末烈士秋瑾在狱中却写下了"秋风秋雨愁煞人"的绝笔诗，这些反映了他们不同的内心体验。但是，由于客观事物的复杂性和人需要的多样性，人的情绪

与情感有时也表现得极为复杂。例如，人们所说的"百感交集"、"哭笑不得"，正是对这种复杂情绪与情感状态的生动写照。情绪与情感既能给人强大的精神动力，也能给人极大的阻力。

(3) 意志过程。人不仅能认识世界，有感情地体验现实，而且还能自觉地、能动地变革现实。这就需要人们的意志。所谓意志，就是人自觉地确定目的，并根据目的来支配、调节自己的行动，克服各种困难，从而实现目的的主观能动过程。这种最终表现为行动的、积极要求改变现实的心理过程，构成心理活动的另一个重要方面，即意志过程。科学家攀登科学高峰、学生取得优异的学习成绩以及个人兴趣、爱好、能力的发展等都离不开意志活动的参与。

认识过程、情绪与情感过程、意志过程是人的心理过程的三个不同方面，它们是相互联系、相互影响和相互制约的。在人的心理活动中，认识过程是基础，情绪、情感和意志过程是动力系统。

2. 个性心理

个性也称人格，来源于希腊语"persona"，原指希腊罗马时代戏剧演员在舞台上扮演角色所戴的假面具，它代表剧中人物的身份，表现人物的某种典型的心理，类似于中国京剧中的脸谱。心理学沿用这种含义，将一个人在人生舞台上扮演角色的种种行为都看做人格的表现。人格具有"外壳"，就像舞台上角色所戴的面具，表现人的外在品质；人格也具有"真面目"，它指人由于某种原因而不愿意展现的人格成分，即人格的内在特征。

现代心理学认为，个性是指一个人的整个精神面貌，是一个人在生理基础上、在一定的社会生活条件下所形成的具有一定倾向性的、比较稳定的、独特的各方面心理特征的总和。由于每个人遗传素质、所处的社会环境、生活条件以及所受的教育不同，人与人之间在心理风格和面貌上存在着差别，形成了人的个性心理的差异。人的个性心理的差异主要表现在个性心理倾向性、个性心理特征、意识和无意识三个方面。

(1) 个性心理倾向性。人的个性心理倾向性主要包括需要、动机、兴趣、爱好、理想、信念、世界观等。不同的人个性心理倾向性不尽一致。例如，有的人在物质需要方面追求强烈，有的人更注重精神与成就的需要；有的人生理性动机强于社会性动机，有的人则社会性、心理性动机更为强烈；每个人除有各自不同的兴趣与爱好外，兴趣的广度、深度、稳定性和效能性也存在着差异；有的人信念模糊，有的人信念明确；有的人有远大理想，有的人思想空虚，无所追求；有的人持科学、正确的世界观，而有的人则持错误的世界观；等等。所有这些都从不同态度和行为的动力系统方面显示着人的个性倾向性差异。

(2) 个性心理特征。人的个性心理特征包括能力、气质、性格三个方面。

1) 能力。能力是指人们顺利地完成某种活动时所必须具备的心理特征。能力的差异既表现在一般能力（即智力）方面，也表现在特殊能力方面；既表现在模仿能力方面，也表现在创造能力方面。此外，能力还有表现早晚的差异。有的人智力早慧，有的人则"大器晚成"。

2）气质。现代心理学认为，气质是与生俱来的表现在心理活动的强度、速度、灵活性等方面的动力特征，它使人的全部心理活动都染上独特的个人色彩。例如，有人活泼好动，有人则沉默寡言；有人是急性子，有人则是慢性子；有人性情暴躁，有人则性情温和；有人外向善交，有人则内向孤僻；等等。一般将人类的气质类型划分为四种，即胆汁质、多血质、黏液质和抑郁质。

3）性格。在英语中，性格（character）源于希腊语，意思是特点、特色、记号、标记。在现实生活中，性格既被用于标志事物的特性，也被用于标志人物的特性。我国心理学界一般把性格定义为：表现在人对现实的态度以及与之相适应的、习惯化的行为方式方面的个性心理特征。例如，心胸宽阔还是心地狭窄、谦虚还是骄傲、勤劳还是懒惰、勇敢献身还是怯懦怕死、热情友善还是冷漠无情以及自尊、自信还是自卑、自负等，都是人的性格差异的具体表现。

（3）意识和无意识。

1）意识。意识是人与动物最本质的区别，它是指能为个体所清晰觉察到的心理活动。意识是人的精神生活的重要特征，也是人的心理活动的主导方面。正是因为人具有意识，人才能够觉察到作用于感官的外部世界，人才能够认识到客观事物的特征及其联系，并能动地去改造客观世界；人也才能够觉察到自己的主观世界，明确自己的行为动机和内心需要，了解自己的认知过程及情绪状态，知道自己的心理特征和行为特点。由于人具有意识，因而人不仅能够认识事物、评价事物、认识自身、评价自身，而且能够实现对环境和自身能动的改造。

2）无意识。无意识是指人们在正常情况下觉察不到，也不能自觉调节和控制的心理现象。人在梦境中产生的心理现象就是在无意识的情况下出现的。人在清醒的时候也会出现无意识的心理现象如笔误、口误等现象。无意识也是人的心理活动，并对人的行为具有一定的作用。

意识是人精神生活的重要特征，无意识也是人精神生活的一部分。

综上所述，人的心理是一个有机的统一整体，有它内在的发展逻辑与联系。

二、教育心理学的研究对象

根据教育心理学的发展现状和我国学校的教育实践，我们一般把教育心理学定义为：教育心理学是研究学校教育情境中学与教的基本心理规律的科学。

要理解这个定义，我们应注意两个方面。

（一）教育心理学研究的是学校教育中的心理现象

教育有广义和狭义之分。广义教育泛指社会对个体和群体的种种影响，一切能增进人们的知识和技能、改变人们思想和行为的活动都可以称之为教育，它包括家庭教育、学校教育和社会教育；狭义教育指各级各类的学校教育，它是教育者接受一定的社会要求，对受教育者施加的一种有目的、有计划的影响。学校是专门培养人的机构，

是造就人才的主要阵地,教育心理学所涉及的是狭义的教育即学校教育。

(二) 教育心理学研究的是教育情境中的心理现象

教育情境是由教育者(教师)、受教育者(学生)与他们的活动及种种相关的环境因素(如时间、空间、手段、对象等)所构成的情境。教育情境中的心理现象主要是指教育者(教师)与受教育者(学生)利用一定的教育手段进行交互作用而产生的种种心理现象。按照教学相长的原则,教育者和受教育者的地位并不是固定不变的,在一定的条件下,两者的位置可以互相转化。无论是教育者还是受教育者,在教和学的过程中都有各自的心理活动,教育心理学主要探讨学生在学习过程中的一系列心理现象。

第二节 教育心理学的研究内容

教育心理学的具体研究内容是围绕学与教相互作用过程而展开的。学与教相互作用过程是一个系统过程,该系统包含学生、教师、教学内容、教学媒体和教学环境等五种要素,由学习过程、教学过程、评价与反思过程这三种活动过程交织在一起。

一、学习与教学的五要素

(一) 学生

学生是学习的主体因素,任何教学手段必须通过学生而起作用。学生这一要素主要从两个方面来影响学与教的过程。第一是群体差异,包括年龄、性别和社会文化等;第二是个体差异,包括先前知识基础、学习方式、智力水平、兴趣和需要等。一切教与学都必须了解学生的这些差异。因此,学生是教育心理学研究的主要范畴。

(二) 教师

教师在教育过程中起指导作用。学校教育需要按照特定的教学目标来最有效地组织教学,教师在其中起着关键作用。教师的敬业精神、专业知识、专业技能以及教学风格等都会影响其教学效果。

(三) 教学内容

教学内容是学与教的过程中有意传递的主要信息部分,一般表现为教学大纲、教材和课程。教材的编制和课程的设置都必须基于学习和教学相关的研究与理论。教材题材的选择、结构的设置既要适合学生现有的心理发展水平,又要最有效地提高学生现有水平;既要适合学生学习的过程和特点,又要考虑到教学的有效性。

(四) 教学媒体

教学媒体是教学内容的载体,是教学内容的表现形式,是师生之间传递信息的工具。随着科学技术的发展,教学媒体在不断更新,从传统的简单实物、口头语言、书本、录音、录像发展到现代的多媒体计算机网络。教学媒体不仅影响教学内容的呈现方式和容量的大小,而且对教师和学生在教学过程中的作用、教学组织形式以及学生的学习方法等都将产生深远的影响。因此，教学媒体逐渐成为教育心理学领域备受关注的一个课题。

（五）教学环境

教学环境包括物质环境和社会环境两个方面。物质环境包括课堂自然条件、教学设施以及空间布置等，社会环境包括课堂纪律、课堂气氛、师生关系、同学关系、校风以及社会文化背景等。课堂自然条件包括教室的温度和照明，教学设施包括桌椅、黑板和投影机等，空间布置包括座位的排列等。教学环境不仅影响着学生的学习过程、学习方法和教师的教学方法、教学组织形式，还关系到学生认知、情感和社会性的发展。

二、学习与教学的三过程

（一）学习过程

学习过程指学生在教学情境中通过与教师、同学以及教学信息的相互作用获得知识、技能和态度的过程。学习过程是教育心理学研究的核心内容。

（二）教学过程

在教学过程中，教师设计教学情境、组织教学活动，与学生进行信息交流，从而引导学生理解、思考、探索和发现问题，使其获得知识、技能和态度。此外，教师还要进行教学管理，调节教学的进程，以确保教学的有效性。

（三）评价与反思过程

评价与反思过程是一个独立成分，但它始终贯穿于整个教学过程中。包括在教学之前对教学设计效果的预测和评判、在教学过程中对教学的监视和分析以及在教学之后对教学的检验和反思。

在教学结束后，教师特别需要进行评价与反思。如果没有达到预期的教学效果，就需要对学生和教师自己的行为做出反思：教学目标是否适合学生现有的基础？教学方法是否恰当？如果教学目标没达到，是应该再教一遍还是继续迈向下一个目标？根据反思结果提出进一步改进教学的方案，为提高以后的教学效果打下坚实的基础。

在学与教的过程模式中，五种因素共同影响了三种过程，而且三种过程交织在一起，相互影响。学生的学习过程是以自身先前知识和学习发展水平为基础的，是在教学过程的背景下进行的，学习的进展因教学的质量而变化。反过来，教学过程要以学生学习过程为基础而进行。评价与反思过程随学习过程和教学过程的进行而侧重于不同方面，反过来又促进学习和教学过程，从而确保学与教达到最好的效果。

三、教育心理学的内容体系

（一）第一编　教育心理学概述（第一章）

该编主要阐述心理学与教育心理学的研究对象、研究内容以及教育心理学的性质、体系结构、作用和发展过程等内容，这些问题是全书的概貌、轮廓，对全书具有统帅

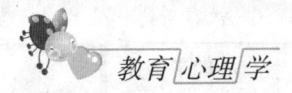

作用。

（二）第二编 学生与学习心理（第二章至第十一章）

教育心理学的核心是学习过程，所以这编是本书最重要的部分。该编主要阐述与学生学习相关的内容，包括中小学学生身心发展与教育、学习的基本理论、学习动机、学习迁移、知识的学习、技能的形成、学习策略、问题解决与创造性、态度与品德、心理健康教育。

（三）第三编 教师与教学心理（第十二章至第十五章）

该编主要包括教师心理、教学设计、课堂管理、教学测量与评价等内容。

第三节 教育心理学的性质、作用与发展

一、教育心理学的性质

（一）教育心理学是介于自然科学和社会科学之间的一门交叉学科

一般来说，我们把众多的学科分为自然科学和社会科学两大类。教育学和教育心理学的对象迥然不同。前者研究的是教育本身，它纯粹是一种社会功能和社会现象，因此可以说这门学科是社会科学。但后者研究的是教育过程中学与教互动中的心理现象，它的产生和过程既受大脑生理活动规律的制约，也受社会生活、人际互动和个体经验等种种因素的影响，因此，教育心理学是介于自然科学和社会科学之间的一门交叉学科。

（二）教育心理学是理论与应用相结合的学科

教育活动中的心理现象既有心理现象的普遍规律，也具有自身的特殊规律。不能简单地认为教育心理学只是一般心理学理论在教育中的应用，教育心理学要研究教育过程中心理现象的发生、发展和变化的规律，要建立自己系统的理论体系。一门学科如果没有深刻的理论研究和坚定的理论基础，它就无立足之地。但是，教育心理学同普通心理学有许多共同的理论和心理活动规律，需要通过深入的研究，把一般原理加以具体化，把一般规律应用到教育这样一个特殊的实践领域中，尤其需要加强应用方面的研究。所以，教育心理学是一门应用性较强的学科，它直接指导实践，直接为中小学教育教学的实践服务。

二、教育心理学的作用

教育心理学对教育实践具有描述、解释、预测和控制的作用。因此，学习教育心理学对于每一个教育工作者来说都具有重要的意义。

（一）教育心理学帮助教师准确地了解问题

学习教育心理学可以帮助教师认识教育教学活动中心理活动的特点和规律，尤其是认识学生心理发展的特点和规律。学生的情况是千差万别的，一旦出现某一问题，

教育心理学可采用多种方法帮助教师了解学生问题的原因。例如,一名小学四年级学生阅读方面存在困难,教师应从多方面来分析:该学生可能存在着与阅读有关的生理缺陷;可能与其个人的生活经验有关,如父母离异、对孩子漠不关心或期望过高致使其学习动机受挫;可能是该学生与教师关系不和或教师教学方法不当等致使学生失去学习兴趣;等等。教师可以应用教育心理学的理论和研究方法,对学生学习困难或心理发展过程中存在的有关问题追根溯源,准确了解学生,从而采取针对性的方法,促进学生学业进步与心理健康发展。

（二）教育心理学为实际教学提供科学的理论指导

教育心理学揭示教育实践过程中的各种心理现象及其规律,如学习动机的规律、学习迁移的规律、记忆规律等,为学校的教育、教学提供科学的依据和理论指导,以利于对中小学学学生加强基础知识的教学和基本技能的训练,提高中小学的教育教学效果。

（三）教育心理学帮助教师预测并干预学生

利用教育心理学理论,教师不仅可以正确分析、了解学生,而且可以预测学生将要发生的行为或发展的方向,并采取相应的干预或预防措施,达到预期的效果。比如,根据学生性格的差异,为性格外向、言语较多的学生安排一名性格内向、沉默寡言的同桌,这样更利于他们性格的互补,促进他们更全面地发展。

（四）教育心理学帮助教师结合实际教学进行研究

教师不仅要学习教育心理学家在教学领域中所做的各个方面的研究,而且,现代教育要求教师还应该是一个研究者,面对纷繁复杂的实际教学情境,要能够不断地发现问题、提出问题和选择适当的方法与程序解决问题;同时,教师还需要不断总结自己的经验,通过阅读、观察和交谈来解决自己的问题。教育心理学不仅为实际教育活动提供一般性的理论指导,也为教师参与教学研究提供科学的研究方法、技术及可参照的丰富的例证。有效的教学需要教师因人、因事、因时、因地而灵活地进行,因为学生、班级、学校以及相应的社会环境各有不同,教学内容、教学时段、教学方法等也各有不同,普遍适用的教学模式是不存在的,需要教师结合教学实际,创造性地、灵活地将教育心理学的基本规律应用于教学中。否则,生搬硬套某些原理无助于教学效率的提高,甚至适得其反。教育心理学并非给教师提供解决一切特定问题的具体模式;相反,它给教师提供进行科学研究的思路和方法,使教师不仅能够理解、应用某些基本的原理和方法,而且还可以结合自己的教学实际进行创造性的研究,去验证这些原理并解决特定的问题。

三、教育心理学的发展

教育心理学的发展经历了一个蜿蜒曲折的过程,遵循学科发展的一般性历史发展规律。从最初被附庸于普通心理学或被融合于发展心理学,而发展成为一门独立的学科并形成比较完整的体系,教育心理学的发展大致经历了四个时期。

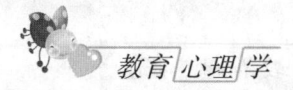

（一）初创时期（20世纪20年代以前）

1903年，美国心理学家桑代克出版了《教育心理学》，这是西方第一部以教育心理学命名的专著，它标志着教育心理学的正式诞生。1913—1914年，该书又发展成三大卷《教育心理大纲》。桑代克从人是一个生物的存在这个角度建立自己的教育心理学体系。他的教育心理学分为三部分：第一部分讲人类的本性，第二部分讲学习心理，第三部分讲个别差异及其原因。这一著作奠定了教育心理学发展的基础，西方教育心理学的名称和体系由此确立。在此后的30年里，美国的同类著作几乎都师承了这一体系。但是，这一时期的著作内容多是以普通心理学的原理解释实际的教育问题，主要是一些有关学习的资料。

（二）发展时期（20世纪20年代至50年代末）

20世纪20年代以后，西方教育心理学吸取了儿童心理学和心理测验方面的成果，大大地扩充了自己的内容。30年代以后，学科心理学发展很快，也成了教育心理学的组成部分。到40年代，弗洛伊德的理论广为流传，有关儿童的个性和社会适应以及生理卫生问题也进入了教育心理学领域。50年代，程序教学和教学机器兴起，同时信息论的思想为许多心理学家所接受，这些成果也影响和改变了教育心理学的内容。

这一时期，美国出版的教育心理学教科书及教育心理文选之类的书籍多达上百种，但由于没有统一的理论指导，版本种类繁多，体系五花八门，内容大多取自普通心理学和儿童心理学等各科心理学。受行为主义影响，只有学习这一课题是各书共有的。可以说，这时的教育心理学尚未成为一门具有独立理论体系的学科。

（三）成熟时期（20世纪60年代至70年代末）

20世纪60年代开始，西方教育心理学的内容和体系出现了某些变化。教育心理学的内容日趋集中，有几个方面的研究似乎为大多数所公认，如教育与心理发展的关系、学习心理、教学心理、评定与测量、个别差异、课堂管理和教师心理等，教育心理学作为一门具有独立的理论体系的学科正在形成。

这一时期，西方教育心理学比较注重结合教育实际，注重为学校教育服务。60年代初，由布鲁纳发起课程改革运动，自此，美国教育心理学逐渐重视探讨教育过程和学生心理，重视教材、教法和教学手段的改进。人本主义思潮也掀起了一场教育改革运动。同时，美国教育心理学比较重视研究教学中的社会心理因素。不少教育心理学家开始把学校和课堂看做社会情境，注重研究其中影响教学的社会心理因素。例如，有人用社会心理学理论研究学习动机；还有人重视教学组织形式中的社会心理问题，如班级的大小、学生的角色等。随着信息科学技术尤其是计算机的发展，美国教育心理学对计算机辅助教学（CAI）的研究也方兴未艾，对计算机辅助教学的教学效果和条件做了大量的研究。

（四）完善时期（20世纪80年代以后）

20世纪80年代以后，教育心理学的体系越来越完善，内容越来越丰富。随着皮亚杰和维果茨基的理论被大量介绍到美国，加之认知心理学研究的深刻影响，人们对学习概念的理解发生了很大变化，对学习和教学过程及其条件也研究得越来越深入细致。例如，从认知层面研究问题解决过程、学习策略以及学习动机等；并且教育心理研究越来越注重为教学实践服务，发展了许多有效的教学模式，如合作学习等。

布鲁纳在1994年美国教育研究会的特邀专题报告中，精辟地总结了教育心理学十几年来的研究成果。主要表现在四个方面：第一，主动性研究，研究如何使学生主动参与教与学的过程，并对自身的心理活动作更多的控制；第二，反思性研究，研究如何促使学生从内部理解所学内容的意义，并对学习进行自我调节；第三，合作性研究，研究如何使学生共享教与学过程中所涉及的人力资源，如何在一定背景下将学生组织起来一起学习，如同伴辅导、合作学习、交互式学习等，从而使学生把个人的科学思维与同伴合作相结合；第四，社会文化研究，研究社会文化背景是如何影响学习过程与结果的。此外，80年代后期信息技术的迅速发展，使得信息技术教育应用的研究达到了一个新的水平，探讨在多媒体网络环境下学生学习过程的特点、探讨如何为学生创造有利的学习环境来促进其获得知识并培养其学习能力等，这些研究对学习和教学理论的发展融入新鲜血液。

我国的教育心理学最初是从西方引进的。1924年廖世承编写了我国第一本《教育心理学》教科书，此后，又出现了几本翻译介绍和自己编写的教育心理学书籍。直到新中国成立前，某些学者结合我国的实际对学科心理尤其汉语教学心理、教育与心理测验进行了一定的科学研究，但研究问题的方法和观点大都模仿西方，没有自己的理论体系。新中国成立后，主要学习和介绍苏联的教育心理学理论和研究成果，做了一些有关教学改革和儿童入学年龄的实验研究。20世纪60年代前期，在学科心理方面做了大量的实验研究。60年代后期到70年代前期，由于"十年动乱"的冲击，教育心理学的研究一度中断。自70年代后期起，教育心理学重新复苏繁荣，我国学者自己编写的和翻译介绍的教育心理学教科书越来越多。目前，我国教育心理学的工作者正在不断地吸取国外的先进科研成果，结合我国教育教学的实际，开展理论和应用研究，对教育教学实践起着越来越大的影响。

知识巩固

1. 教育心理学的研究内容是什么？
2. 教育心理学是一门怎样的学科？
3. 教育心理学的发展经历了哪些阶段？

知识应用

结合实际，阐述教育心理学在教育教学过程中的作用。

第二编
学生与学习心理

第二章　中小学学生身心发展与教育

知识点预览

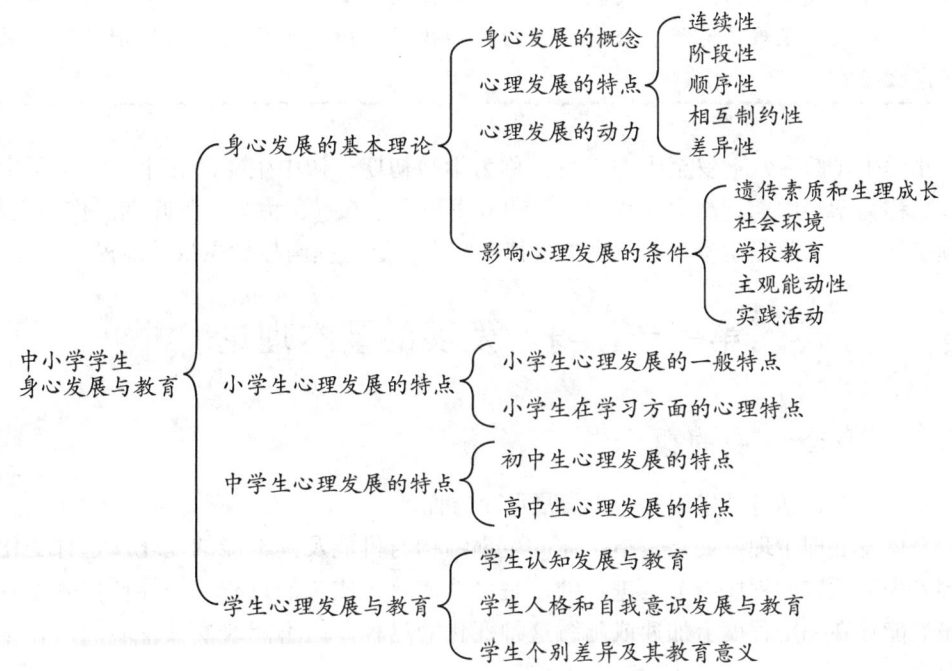

> **引言**
>
> **这些孩子怎么了**
>
> 很多孩子在小的时候非常听父母和老师的话，表现温顺和乖巧。但一走入青春期，孩子仿佛变了个样，再不是爸爸妈妈的乖孩子了，也不是老师那听话的好学生了。在教师或家长面前他们采取全封闭态度，摆出一副大人的姿态。对教师、家长的忠言，青春期的孩子常常是抵触的；对教师、家长的关心，他们置若罔闻，甚至感到是多余的，表现得不耐烦。
>
> 教育者们希望他们把全部精力放到学习上，做个好学生，而他们或是口是心非地答应着或是做出无声的反抗。教育者与被教育者被一道无形的墙隔成了两个世界，使教育艰难地前行。教育者在为此担忧的同时，可能会发出疑问：这些孩子怎么了？

小学生年龄在六七岁至十一二岁，称为学龄初期；初中生年龄在十一二岁至十四五岁，称为学龄中期；高中生年龄在十四五岁至十七八岁，称为学龄晚期。作为教师，必须了解各年龄阶段学生身心发展的规律和特点，这是提高教学质量的前提和保证。

第一节　身心发展的基本理论

一、身心发展的概念

身心发展包括身体发展和心理发展两个方面。

身体发展即生理发展，是指个体的生理结构与机能及其本能的变化。这种变化是按照其先天预定的程序与节奏进行的，是自然成熟与成长的过程。外界环境等某些因素虽然能够在一定程度上加速或延缓这种变化的过程，但不能改变其发展的内在程度与节奏。

心理发展包括心理的种系发展和心理的个体发展两方面。心理的种系发展是指从动物到人类的演化过程中心理发生发展的历史。心理的个体发展，是指人的个体从出生到成熟再到衰老的过程中心理发生发展的历史。这里只讨论心理的个体发展。

心理的个体发展有广义和狭义之分。广义的心理发展指个体从出生到死亡整个一生的心理变化；狭义的心理发展指个体从出生到成年期所发生的积极的心理变化。这种变化与生理的成长或成熟紧密相连，但不完全同步；这种变化不包括疾病、疲劳引起的心理上的暂时变化，也不包括人过了成熟的顶峰而发生的属于衰退的变化。心理发展是从低级到高级、简单到复杂、量变到质变不断完善的过程，它是人积极反映周围现实的结果。

二、心理发展的特点

个体心理发展表现出一些带有普遍性的特点,概括起来有五点。

(一) 连续性

心理发展是一个持续不断的前进过程,是没有间歇的量的变化过程。每一个心理过程的个性心理特质都逐渐地、持续地由低水平向高水平发展着。

(二) 阶段性

心理发展过程中存在着明显的阶段性。各个年龄阶段都表现出一般的、典型的、本质的心理特征,也就是质的变化。

量变与质变是相互连续的,即下一阶段的一些特征在上一阶段的末尾已开始萌芽,而上一阶段的一些特征在下一阶段开始时常常还留有痕迹。这种量变的连续性和质变的阶段性交替进行,促使人的心理由低级到高级、简单到复杂、不成熟到成熟发展。

(三) 顺序性

发展的连续性和阶段性中都表现出顺序性,有先有后,不能颠倒。如个体思维发展的顺序是先有动作思维,再发展到形象思维,最后发展到抽象逻辑思维。

(四) 相互制约性

心理各个方面的发展是不同步的,但互相联系、互相制约。如心理过程中感知的发展会影响思维、想象的发展,而思维、想象的发展又反过来提高了感知的水平。

(五) 差异性

心理发展既有共性,也有个别差异。这种差异主要表现在同龄人在同一心理过程和个性心理特征的发展速度和水平上。例如,两个14岁的少年,其中一个人的抽象逻辑思维已获得较好的发展,已由"经验型"上升到"理论型";而另一个还离不开具体形象的支持,理论思维很差。

三、心理发展的动力

个体在实践活动过程中,由于主客体的相互作用,环境与教育等外部因素提出的要求会引起个体产生新的需求,这种新的需求与个体原有的心理发展水平之间产生矛盾,这种内部矛盾即心理发展的动力。比如,在学校学习活动中,学生可能会面临着学校、教师所提出的各种新的要求,如专心听讲、与同学和睦相处等,但儿童原有的心理发展尚不能满足这种新的要求,因而产生矛盾与不平衡。为了解决矛盾,达到新的平衡,儿童产生新的需要,并通过各种实际的学习活动来提高其心理水平,满足其新的需要,进而也推动了其心理发展。个体的心理就是在不断地解决新的需要与原有心理水平之间的矛盾中发展的,即内部矛盾是心理发展的动力。

当然,外界环境与教育所提出的要求必须能够为个体所意识到并转化为自己的需要时才能成为发展的动力。也就是说,外因只有通过内因才能起作用,才能促进发展。如果个体没有意识到外界的要求,或者外界的要求远远超出个体发展的可能性,则发

展的内部动力是不可能产生的。

四、影响心理发展的条件

影响和制约学生心理发展的条件很多，但主要是遗传素质和生理成长、家庭教育、学校教育、社会环境等。

（一）遗传素质和生理成长是心理发展的必要的自然条件

人的心理是在生物遗传的基础上发展起来的。遗传是一种生物现象，人类通过遗传将祖先在长期生活过程中形成和固定下来的生物特征传递给下一代。遗传的生物特征主要是指那些与生俱来的解剖生理特点，如机体的构造、形态、感官和神经系统的特征等。这些遗传的生物特征称为遗传素质，它是形成人与人之间天生差异的重要因素。

学生的生理成长在一定程度上也制约着心理发展。学生从出生到成熟，身体各部分器官的结构和机能的生长发育影响着心理发展，特别是脑的发育与心理发展关系尤为密切。另外，儿童的生理成长成熟是有一定的秩序和规律的，这也制约着儿童心理发展的规律和水平。如生殖系统，开始发育很慢，从11岁左右起到十七八岁迅速发育成熟，这就使儿童在青春发育期的心理活动有明显的质的变化。

遗传素质和生理成长是儿童心理发展的必要的物质前提和基础。每一个具有健全遗传素质和生理成长的正常人，都有可能发展成为一个具有正常心理水平的人；而在人类之外的任何高等动物，即使长期与人接触、受到人们的专门训练，也不可能具有正常人的心理。

人的遗传素质是有个别差异的，这种差异为学生心理发展的个别差异提供了最初的可能性。而高级神经系统活动类型的差异、感觉器官的结构和机能上的差异等，都为儿童心理发展的个别差异提供了先天的自然前提条件。

总之，儿童心理是在一定的生理遗传因素基础上发展起来的，遗传素质为心理的发展提供了必要的物质前提。我国现在提倡的优生优育，实际上就是要让儿童有良好的遗传素质和生理成长的条件。但遗传素质和生理成长不能预先决定未来的心理发展方向和水平。因此，我们既不能否定遗传的作用，也不能过分夸大遗传的作用，以免坠入遗传决定论的泥坑。遗传决定论把遗传因素看做决定儿童心理发展的唯一的、固定不变的因素，甚至看做一种超自然的不可抗拒的力量，而抹杀了其他因素的作用。这显然是一种唯心主义、形而上学的"儿童心理发展观"。遗传决定论对人们的影响较深，有些家长和教师认为父母聪明其子女也一定天生优异，甚至认为脑大的或前额突出的人就一定聪明等，这都是对遗传本质的一种曲解。

（二）社会环境是心理发展的决定条件

环境是指人们生活于其中的周围现实，包括自然环境和社会环境。社会环境是指社会的生产方式及其所决定的意识形态，包括家庭、学校、邻居、亲友、公共场所、民族风俗习惯等。在正常的遗传素质和生理成长的前提下，社会环境对儿童心理发展起决定性作用。

家庭是社会的细胞,父母是孩子的第一任老师。孩子的大量时间是在家里度过的,他们和家庭成员保持着密切联系。父母的言行举止每时每刻都在对孩子起着潜移默化的作用,特别是父母的教养态度对孩子的性格起着十分明显的影响。例如,溺爱型的父母培养出来的孩子性格特征是依赖性强、孤独,缺乏忍耐力,不易适应集体生活;民主型的父母培养出来的孩子独立性强,善与人合作,大胆勇敢,有毅力和创造精神。因此,良好的家庭教育对儿童心理发展具有奠定基础的作用。随着孩子的长大,与社会大环境的接触日益增多,人际交往日益频繁,社会政治、经济、文化都会从邻居、亲友、公共场所、社会风俗习惯、社会思潮等各个方面经常地、广泛地、有意无意地对儿童心理发展施加影响。这种影响,一般说来是自发的、偶然的,没有明确的目的,没有什么计划,也不容易控制,既有积极的也有消极的。因此,社会环境对儿童心理发展的决定作用主要通过学校教育来实现。

我们承认在一定条件下,社会环境对儿童心理发展起决定性的作用,但并不意味着儿童心理发展完全由环境决定,和"环境决定论"的主张有本质的区别。环境决定论者片面强调和机械地看待环境或教育的作用,认为儿童心理发展完全是由环境决定的。行为主义心理学的创始人华生(J. B. Watsom)曾公开吹嘘:"给我一打健全的儿童,我可以用特殊的方法任意地加以改变,或者使他们成为医生、律师……或者使他们成为乞丐、盗贼……"环境决定论是一种机械主义观点,它否认儿童的主观能动性,因而是片面的。

(三) 学校教育在儿童心理发展中起主导作用

学校教育,从广义上来说,也是一种社会环境因素,但它又不同于一般的社会环境因素。因为学校教育是一种有目的、有计划、有系统地对学生心理施加影响的过程。学校教育是由一定的教育者按一定的教育目的来对社会环境影响加以选择,组织一定的教育内容,并采取一定的教育方法对学生心理给予积极影响的过程。因此,它在学生心理发展中起着主导作用。所谓主导作用,就是通过教育可以排除儿童心理发展的自发性和盲目性,增强其自觉性和目的性。

学校教育的主导作用主要表现在以下几点:

(1) 学校教育既可以利用学生良好的遗传素质发展其相应的智力和才能,又可以弥补某些遗传素质的不足,使其心理水平在原有的基础上得到最大限度的提高。

(2) 学校教育对社会环境影响是有选择的,它选择社会上那些积极的影响来教育儿童,同时极力抵制社会上消极因素对学生的侵蚀。

(3) 学校教育能制约学生心理发展的方向、速度和水平。学生心理向哪个方向发展、要达到什么水平、发展的速度如何等,这些都需要通过有计划、有目的、有系统的学校教育来加以解决。

现在的学校教育还必须从社会学的观点出发,把学校教育、家庭教育、社会教育融为一体,互相配合,密切合作,调动各种因素对学生施加各种积极的影响。

重视学校教育为主导作用,并不意味着可以片面夸大教育的作用,否则将导致"教育万能论"。教育万能论者认为,教育是万能的,教育可以脱离学生所处的社会环境,可以不问学生心理发展的水平和当时的心理状态;教育者可以任凭自己的主观愿望去培养儿童,愿意教什么就教什么,要求学生怎样学生就一定会怎样;等等。他们忽视或否定外因必须通过内因起作用和循序渐进等客观规律的作用,因而也是片面的。

(四) 主观能动性是心理发展的内部条件

在遗传素质、社会环境和学校教育诸条件大致相同的情况下,学生心理发展的水平和速度是与个人的主观努力程度分不开的。因为学生心理的发展,不是被动地接受环境与教育影响的过程,而是主动发展的过程,"天才出于勤奋"是主观努力作用的生动写照,但是也不能盲目地强调主观能动性而陷入"意志自由论"。意志自由论者认为,心理发展完全是以个人主观努力为转移,它可以不受任何客观条件的制约。这种观点是对意识能动性的歪曲,因而是十分错误的。科学心理学认为,主观能动性必须建立在对自然和社会规律的认识基础上,只有按客观规律行动,才能获得真正的自由。

(五) 实践活动是心理发展的中介条件

实践活动是指人们与周围现实的相互作用过程中,以一定的行为动作反作用于客观现实的过程。学生的实践活动是指日常生活、学习、劳动等,这些活动与成人的社会实践有所不同,是一种特殊形式的实践活动。

人是在实践生活中积极能动地反映客观世界的,人总是实践着、活动着。学生是通过各种实践活动与周围的社会生活条件发生关系的,而社会、学校、家庭对学生的要求也是通过学生的实践活动提出来的,学生又是在自己亲身的实践活动中来实现成人和自己的要求与愿望的。因此,学生的实践活动是心理发展的基础,是心理发展的中介条件,它将心理发展的外部条件和内部条件联系在一起。

综上所述,遗传素质为学生心理发展提供了可能性,要把可能性变为现实,还要看后天的社会环境、学校教育和个人的实践活动与主观努力程度。因此,学生心理的发展,既不单纯由遗传因素决定,也不单纯由社会环境和学校教育因素决定,更不单纯由主观能动因素决定,而是诸因素互相影响、互相制约、共同作用的结果。当然,也不否认某些因素在某些时候的作用更突出一些,但过分强调或夸大其中任何一个因素而忽视其他因素都是错误的。

第二节 小学生心理发展的特点

六七岁到十二三岁是儿童开始进入小学学习的时期。在这段时期的心理发展和学习方面,小学生具有他们自己的特点。

一、小学生心理发展的一般特点

儿童进入小学后，在系统的教育影响下，身心各方面都发生了明显的质的变化。总体来讲，这些变化表现在三个方面。

（一）思维的发展

小学生思维的基本特点是以具体形象思维为主要形式逐步过渡到以抽象逻辑思维为主要形式。由于学习及其他各种日趋复杂的活动向小学生提出了新的要求，比如要掌握概念与法则、要学会思考等，这促进他们由形象思维向抽象思维过渡。在过渡中存在着一个明显的"关键年龄"，一般认为在四年级左右（十一二岁）。但由于教育及其他原因，这个关键年龄有一定的伸缩性。了解小学生思维发展的关键年龄，可以采取适当的教育手段加速其过渡。

（二）个性与社会性的发展

进入小学后，新的要求、新的环境、新的交往关系等都促使儿童进一步地加深对自己、对他人的认识与了解，使其个性与社会性都有新的发展。

自我意识的成熟标志着个性的基本形成。在小学阶段，学生自我意识的发展水平不断提高，表现在从具体的、片面的向抽象的、较为全面的认识过渡。学生逐步摆脱对外部控制的依赖，根据一些内化的行为准则来监督、调节和控制自己行为，并且开始从对自己表现行为的认识评价转向对自己的内部心理品质的评价。

小学生社会性的发展可以通过社会性认知与社会性交往两方面反映出来。社会性认知是指对自己与他人的观点、情绪、思想、动机等的认知以及对社会关系和集体组织关系的认知。研究表明，小学生的社会性认知的发展趋势是：从注意外部特征到注意内部品质特征，从单方面看问题到多方面、多角度看问题，从呆板地看问题到灵活地看问题，从对个人以及即时事件的关心到关心他人利益和长远利益，等等。

小学生的社会性交往也具有特殊性。由于小学生的独立性与批判性有所提高，因此，与父母、教师的交往关系也发生了一定变化。从完全的依赖到有一定的自主，从对成人权威的完全信服到表现出一定的怀疑、思考，从他控逐渐发展到一定程度的自控。在同伴交往关系方面，小学生有表现出不同于其他年龄阶段的一些特点。比如，交往时间由短暂逐渐增加；交往对象由不断更换到逐渐稳定；交往形式更复杂，交往技巧提高，并开始形成同伴团体，集体意识有所提高。

（三）品德的发展

首先，小学生能够逐步地自觉地运用道德标准来评价和调节道德行为。比如，从比较肤浅的、表面的道德认识的理解逐步发展到比较精确的、本质的道德认识的理解，从只注意行为效果道德品质判断到比较全面考虑动机与效果的统一关系，等等。当然，他们的道德认识是比较具体的，道德判断也有一定的片面性和主观性，易受外部具体情境的制约。

其次，在道德言行方面，儿童年龄越小，言行越一致。随着年龄增长逐步出现言

行一致和不一致的分化。小学低年级的学生，其道德认识与行为受控于成人，表现出表面低水平的言行一致。年龄较大的小学生有其自身的道德认识与判断，有时与成人要求产生差异，且学会掩蔽自己的某些行为，因此表现出言行一致与不一致的分化。总体而言，分化只是初步的，言行协调是其主要特征。

最后，小学生的自觉纪律已经形成，即从外部教育要求而产生纪律行为到内心需要产生纪律行为。这是小学生的道德知识系统化及相应的行为习惯形成的表现。当然，由于存在个别差异，小学生也会出现违反纪律或缺乏自觉纪律现象。

总体来讲，小学生的品德具有过渡性特点，比如从依附性向自觉性过渡、从外部监控向自我监督过渡等等。在品德发展过程中，存在着一个转折时期，即品德发展的关键年龄。从小学生品德的整体发展来看，关键期大约在三年级下学期。当然，由于各种因素的影响，关键期可能会因人而异；但对于教育工作者来讲，应注意其品德发展的关键期，加速其品德的形成。

二、小学生在学习方面的心理特点

小学生的学习既具有一般学生学习的基本特点，又表现出其年龄阶段所特有的特点。我们可以将小学生学习活动的基本特点概括为直观－操作性、指导－模仿性、基础－再现性这三点。

直观－操作性，是指小学生通过对实物、模型及其形象性的言语的直接感知、对学习材料的直接操作来获取基本的经验与基本的态度。由于直观－操作性具有多种不同的水平，教师应根据学习内容、学习材料的不同，采用恰当的直观方式与操作活动，促进小学生的思维水平由具体形象性向抽象逻辑性转变。

指导－模仿性，是指小学生的学习活动是在教师的引导下，通过对教师的教授活动及其他同伴的学习活动的模仿而获得的。这一特点反映了小学生学习活动的依赖性及活动方式的未定型性，同时也表明教师在小学生良好的学习习惯的形成方面起到非常重要的作用。

基础－再现性，是指小学生的学习是以获得和再现人类知识体系中的最基础的部分、形成必要的行为规范、内化基本的生活态度为目的的，而不是以掌握当代的前沿性的知识经验或创造、发现新的知识领域为目的。这与创造性的培养并不矛盾，也不排斥学生创造性的学习。因为小学生通过系统的接受学习，不仅可以学习到构成创造能力的那些基本的知识与技能，而且也可以学习到前人创造某种经验的科学态度。仅靠某些创造技法的练习而排斥基本知识与态度的学习，这是不可能真正地培养出创造型人才的。

就年龄而言，小学低、中、高年级学生的主要学习特点又有区别：

一般而言，小学低年级学生的学习动机较具体，更多的与学习活动本身直接有关，对学习的过程、学习的外部活动与结果更感兴趣，且兴趣尚未分化，也不稳定；学习态度较认真，但学习的责任感不够强，需教师的引导与教育。他们缺乏有效的学习策略与学习方法,以机械识记为主;可以进行识字、朗读、对话与口头作文等活动,但默读、书面作文等有一定困难;数学学习中更多地依赖实物、图形等直观材料的支持。

小学中年级学生的学习特点主要表现为过渡性,更多、更明显地体现出小学生学习心理的质的转变。中年级学生的学习虽然受制于学习结果与学习活动的方式等直接的动机,但也有一些长远的动机,如为集体争光而学习;对于不同学科的学习兴趣开始有所分化,但这种分化仍不稳定;学习态度和责任心出现了两极分化,个别学生表现出"厌学"的情况;在学习方法方面,不能有意识、主动地利用一些已经掌握的简单的学习方法,需教师的帮助与启发;能逐步地从对话向独白言语过渡,从朗读向默读过渡,从识字向写作过渡;书面语言能力有所提高,可以简单地将自己的思维与想法以日记、作文的形式记录下来;对数学概念可以进行简单的归纳、对比等。

小学高年级学生的学习动机与低年级相比,较为成熟,并表现出为取得良好的学业成绩而努力学习的成就动机,对需要独立思考的作业、对一些抽象内容的兴趣有所提高;但由于学习内容难度的提高及其升中学的压力,多数学生的学习态度较认真,但也应注意到有个别自暴自弃的学生。高年级学生已经拥有一些简单的学习方法,也具有应用这些方法的基本能力,但仍有待于教师的指导,以提高其水平,促进学习方法的有效利用;他们的阅读与写作能力有很大改善,数学的抽象运算能力、空间想象能力等都有较大的提高。

根据小学生学习的特点,教师应注意培养学生良好的学习习惯以及正确的学习态度,指导学生掌握一些必要的有效的学习策略、学习方法,促进小学生心理发展。

第三节 中学生心理发展的特点

中学分为初中阶段和高中阶段。初中生与高中生在心理上存在差异。

一、初中生心理发展的特点

十一二岁至十四五岁的儿童处于初中阶段,这是童年期向青年期发展的过渡时期,是在生理和心理都发生急剧变化且处于半幼稚半成熟、半懂事半不懂事、半儿童半成人的时期,也是孩子个体发展的关键期。

(一)初中生心理活动过程的一般特点

初中生心理活动过程的特点体现在认识、情绪与情感以及意志三个方面。

1. 认识活动的特点

(1)注意发展的特点。初中生的有意注意比小学生有明显的发展,但由兴趣引起的无意注意也经常出现;注意的广度发展到较高的水平,注意的范围接近成人的水平;注意的稳定性迅速发展,其中女生的注意稳定性发展较早但较缓慢,男生的注意稳定性发展较晚但更迅速;注意的分配和转移能力发展较缓慢。

(2)感觉、知觉发展的特点。初中生的各种感觉已达到比较完善的程度,视觉和

听觉的能力已达到成人水平；感知的目的性和精确性都有较明显的提高，能按教学要求感知事物，更加细致地认识事物。随着教学的要求和训练，初中生观察的自觉性、目的性、精确性均有所发展。初二年级是观察概括性发展的一个转折点，但在观察复杂事物时，往往注意了次要的和偶然的而忽视了主要的和本质的。

（3）记忆发展的特点。初中生的有意识记占主导地位，记忆的目的性明确了，能给自己提出不同的识记任务；能运用一定的识记方法，从初二、初三起，能逐步地、自觉地、独立地检查自己记忆的效果。初中生记忆最突出的特点是开始自觉运用意义识记，从实践中逐步领悟到"懂了就容易记住"的道理，但也存在着机械识记的现象，而且在女生中比较多。整个初中阶段，形象记忆占重要地位。

（4）思维发展的特点。初中生思维发展的一大特点是理解力的明显提高。研究表明，初二年级以后对寓言和比喻的理解，能摆脱故事的具体情节和直观形象，能理解事物的内在关系，能找到因果关系、主次关系、从属关系和矛盾关系等。

初中生的思维在类型上是抽象逻辑思维开始占主导地位，但在很大程度上还属于"经验型"（思维时需要具体的、直观的感性经验的支持）。初二年级是思维发展的关键期。从初二年级起，学生的抽象逻辑思维开始由"经验型"向"理论型"（从一般原理出发，运用一般原理分析综合各种事实材料，进行判断推理）转化；初一初二学生的求同思维优于求异思维。

初中生在思维形式发展上呈上升趋势：在概念掌握上，能日益掌握数、理、化、政治中一些基本的抽象概念和概念系统，如"对立统一"、"矛盾"、"辩证法"等。在判断推理上能根据事物的本质特征和内在联系进行恰当的判断和合乎逻辑的归纳或演绎推理。概念掌握和演绎推理到初三年级已发展到占优势水平，归纳推理到初三年级发展到基本成熟水平。初中不同年级学生逻辑推理思维的概念、判断与推理这三种形式的发展是不平衡的。从发生上来看：最先是判断，其次是归纳推理，再次是概念，最后是演绎推理。分析其原因是初中生的抽象逻辑思维未突破经验的限制。从递增率上看，初二初三年级学生的概念、判断都高于初一年级的，这说明初二初三年级的发展是加速的；而推理是初二初三年级的低于初一年级的，这说明初二初三年级发展是缓慢的、减速的。从发展速度看，初二初三年级抽象逻辑思维三种形式的发展顺序是概念、判断、推理，这与人总是在掌握了概念和判断之后才能进行推理的结论是一致的。

初中生思维品质的敏捷性、灵活性、独立性、批判性有了很大发展，但也容易产生片面性和表面性。他们常常不满足教师或教科书上现成的关于事物现象的解释，而要自己去寻根问底，表现出喜欢怀疑、争论、辩驳，不轻信别人的意见，经常要求独立地批判地对待一切。但由于他们的知识经验毕竟有限，因此考虑问题容易产生片面性和表面性，有时表现出毫无根据的争论，有时表现为孤立地、偏激地看问题。初中生思维的自觉性明显增长，他们愈来愈意识到自己的思维过程，并能控制自己，思维过程本身已逐步成为初中生注意、分析、评价的对象。

初中生思维的个别差异和性别差异比较明显。女同学擅长具体形象性思维，男同学则更擅长抽象逻辑思维。

（5）想象发展的特点。由于初中生的学习课程多、内容广泛，与之有关的作文和解题活动也多，加上课外活动内容丰富多彩，如表演、朗读、绘画、雕塑、创作、小设计、小发明等，这些使他们的想象也丰富多彩、想象的有意性迅速增强、创造性想象不断发展。初中生富于幻想，幻想的范围比较广泛，也有一定的科学根据，幻想的内容日益趋向现实；但是，在不良环境影响下，有些学生的幻想脱离实际，容易想入非非，使人颓废消沉，应引起教师和家长的注意。

想象力是智力构成的翅膀，教师应不失时机地在各项活动中培养他们丰富的想象力。

2. 情绪与情感发展的特点

（1）情绪与情感的易感性、冲动性、两极性明显。初中生的情绪、情感容易受外界刺激的影响，常常随情境的变化而变化；他们不善于调节自己的情绪、情感，常常会因为一点小事而激动起来，或者振奋，或者动怒怄气而发生争执。当取得一点成绩时他们就非常高兴，洋洋得意，自以为了不起；一旦失败，他们就会马上泄气，变得消极，甚至陷入极端苦恼悲观的情绪状态之中。他们只能享受成功的喜悦，而不能经受失败的挫折。因此，不少心理学家认为 12～14 岁是情绪与情感发展最困难、最令人操心的年龄阶段。

（2）情绪、情感内容日益丰富与深刻。初中生对什么都"多情"，他们喜欢唱歌、跳舞、写诗、朗读等，对自己喜欢的活动表现出热情，对自己佩服的人和关心的人表现出谦恭和感激，为学习、工作的成就而欢乐，为失败而苦恼、忧伤；他们热爱集体生活，非常重视学校和班集体的荣誉；他们的义务感、责任感、友谊感都有了明显的发展。但由于认识水平不高，对真正的友谊还缺乏正确的认识，容易把友谊局限在小范围内，出现哥们义气，所以常常发生袒护、包庇朋友的缺点和错误的现象；他们求知欲望强烈，并能体验到一种获得知识的乐趣，当经过努力学习成绩有所提高并经常得到肯定时就更加热爱学习，反之体验到失败和不愉快时就会厌恶学习；他们的美感有了一定的发展，逐步形成了与理解、评价艺术作品内容有关的情感体验，而且在艺术美方面能追求内容与形式的统一，在对人物评价方面多数学生追求内心美与外貌美的统一。

（3）对异性感兴趣。随着生理发育日趋成熟，初中生开始对异性感兴趣，有接近异性的愿望和倾向，少数学生出现"早恋"现象；但大部分学生不好意思表现出来，形成表面疏远而内心愿意接近的矛盾心理与行为。

3. 意志发展的特点

初中生的意志力比小学生有了明显的发展，主要表现在依赖性逐渐减少、根据目的做出意志决定的水平不断提高、克服困难的毅力不断增强，勇敢果断的意志品质有时表现得十分惊人。但也存在受暗示性较大、蛮干等现象，容易被诱因直接引起的欲

望所驱使，考虑问题比较简单，对意志品质的理解往往欠全面欠正确；动机带有易变性、情境性、偶发性等特点，行动常处于三心二意状态，还有见异思迁的特点；崇拜那些意志坚强的人，常常下决心力图培养自己良好的意志品质，许多少年表现出了惊人的勇敢与刚毅精神，但在遇到困难遭到失败时往往表现得意识薄弱，缺乏毅力；自制力较差，常常管不住自己，行为失控，容易出现打架斗殴现象；喜欢模仿，有时分不清顽拗与执拗、勇敢与鲁莽、果断与蛮干的区别，行为上有冒险成分。

（二）初中生个性发展的一般特点

1. 自我意识的发展

自我意识就是主体对其自身的认识和态度，也包括对"我的"的认识。自我意识在个性形成中占有极为重要的地位，它影响着学生的各种心理品质的发展变化。

小学时，学生的注意力、兴趣主要集中在自身之外的周围世界。

进入初中以后，他们开始把眼光转向自己，对人、对事、对己进行评价已经有了自己的尺度，使其由以前对父母对老师的崇拜逐步转化为具有"主观权威意向"。初中生自我意识有了质的飞跃，其发展主要表现在"成长感"、自我评价、自尊心的发展上。

（1）"成长感"非常突出。初中生意识到自己是大人了，不愿被别人当成小孩看，不愿处于被照顾的地位，不愿成为受保护的没有权利的从属者和弱小者；要求成人在语言、态度等方面相信他们，尊重他们的人格；要求遇事同他们商量，并尊重他们的意见；开始试图反抗成人漫无边际的约束，要求从长者的束缚中解放出来，要求与他们建立民主平等的相互关系，不允许父母对自己业余时间的安排、兴趣爱好、结交朋友及学习方面的事过多地干涉和命令，有一种强烈的成长感和独立感；有在班集体及社会活动中充分表现自己才能与威信的需要。

（2）自我评价能力提高。自我评价能力的高低是衡量自我意识发展水平高低的主要标准，初中生产生了了解自己特点的需要，开始表现出对人的精神世界和个性品质发生兴趣，学会用自觉的态度对待周围的人和自己的行为动机、个性特点和品质，并力图做出正确的评价。初中生评价的能力不断提高，主要表现在五个方面。第一，从评价别人过渡到评价自己。因为评价别人比较容易、比较清楚，评价自己比较困难、比较模糊，容易产生对别人的优点看得少、缺点看得多，而对自己优点评价过高、对缺点认识不足等问题。俗话说的"解剖自己比解剖别人难"就是这个道理。第二，由重复别人的评价到有自己的评价。第三，由较片面的评价到比较全面的评价。第四，由对部分品质的评价到对各种品质的评价。第五，由评价的不稳定到日趋稳定。

（3）自尊心的发展。自尊心是概括化了的自我评价，是个人对自己的一种肯定态度，是不甘心居于落后地位同时认为自己并不比别人差的一种情感体验。初中生的自尊心较强，对表扬与批评都很敏感，对教师和同学瞧不起自己的行为不能忍受。

2. 兴趣发展的特点

（1）兴趣开始分化。初中生对于各门学科和各种活动开始表现出不同的兴趣爱好，对某些学科和活动特别喜欢和特别不喜欢。据调查，初中生特别喜欢某一学科的原因首先与教师的教学质量有关，其次与学生的学习成绩有关。这说明由于获得好成绩而产生的满意情感有助于发展和巩固他们的学习兴趣。但是，教师必须注意到，中学教育还是基础教育，要防止偏科现象的产生。

（2）知识性的兴趣形成和发展。初中生对现代物理学、天文学、生物学的各种分支学科感兴趣，对技术如火箭技术、"机器人"类型装置很感兴趣，对电影电视、阅读的兴趣占有重要的地位，对社会政治也更感兴趣。

（3）积极的求知欲和好奇心。兴趣往往和求知欲、好奇心紧密相连。初中生渴望知道更多的知识，爱探索，看到新鲜事物爱问"是什么"、"为什么"、"怎么样"。

3. 理想形成的特点

少年时期是理想形成的时期。他们的理想大都与未来的职业相联系。常常体现在某个具体的形象上，理想人物有时是直接接触到的被他们所敬仰的人，有时是小说中的英雄人物。另外，他们的理想还不够稳定，容易受外界影响，情境性很大。例如，他们看了《白求恩大夫》的电影就想当医生、看了侦探小说又想当警察等等，表现出见异思迁的特点。所谓"少年多志"就是这个年龄阶段学生理想的主要特点。

（三）初中生心理发展的主要矛盾

初中生处于一个充满独立性和依赖性、成熟性与幼稚性、自觉性与盲目性、开放性与闭锁性、稳定性与可塑性的错综复杂的矛盾时期，分析、研究和解决这些矛盾，对于初中生的教育具有极大的现实意义。

1. 独立自主性的发展与依赖性的矛盾

初中生随着身体的迅速生长发育、活动能力的加强、交往范围的扩大、知识经验的不断丰富，加上思维的独立性、批判性及自我意识的发展，他们独立自主的要求在家庭、学校中突出地表现出来，想充分发挥自己的作用，要求成人平等地对待他们，反对成人过多过细地照顾和管教，常常自觉不自觉地把反抗和不服从作为争取改善与成人不平等地位的一种手段；但事实上，他们在经济上、生活上仍需要依赖父母，在学习上仍需要老师指导，在思想深处不希望师长真的不管他们和不关心他们。针对他们的这种矛盾心理，家长和老师应该理解他们，认识到这是心理发展的正常现象。所以，一方面要尊重信任他们，为他们创造条件，以促进他们的独立性、自尊心沿着健康的方向发展；另一方面又要关心爱护他们，特别在他们遇到困难和挫折时要给予帮助和指导。

2. 活动的欲望、能量的增强与认识发展不平衡的矛盾

初中生由于身体的快速发育、身高体重的继续增长、肌肉力量的增强，他们精力充沛，感到浑身是劲，参加各种活动的欲望很强烈，什么都想试一试；他们在活动方面的能量总体接近成人，特别是短暂的、爆发性的、灵巧性的能量付出往往会超过成人。但是，由于他们认识水平有限、辨别是非能力低、阅历浅、活动的目的性自觉性还不高，常常出现一些盲目的行为，有时会没怎么想就行动起来，往往不考虑后果；

加上少年情感强烈、易冲动、易感情用事，自制力又较差，在思想上无所顾忌，无论干好事或错事都非常卖劲。对此，老师要正确对待他们，当他们干错了事时切不可把他们想得太坏；同样，当他们做了好事时也不要对他们的思想境界估计过高。对他们进行表彰和批评时也应实事求是，恰如其分。另外，根据他们的特点要有计划有组织地鼓励他们做一些有益的事，使他们的活动能量得到充分发挥，并在行动过程中和行动之后让他们认识到这些行为对自己、对同学、对集体、对社会的意义和价值；要求他们注意认识和行为的统一性，逐步达到由认识来指导、调节自己的行为。

3. 性生理开始成熟与性心理比较幼稚的矛盾

初中生在性生理发育上开始成熟，因而对异性有好感、有神秘感，喜欢接近异性，有性的欲望和冲动；但在性发育成熟之前未接受系统的性生理基础知识教育、性心理教育、性卫生教育、性道德教育以及性法律教育，对急剧的生理变化缺乏科学的认识和充分的心理准备。他们不很了解性器官的卫生保健常识，不能正确对待月经和遗精，不能正确认识自己的性心理变化、性意识的各种表现，不能正确认识人性的社会性，不懂得两性交往中的道德准则，有的犯有性罪错。所谓性罪错，是指由于个人性的冲动、性需要的满足而不择手段地去侵犯他人的人身权利，危害社会秩序，破坏人与人之间关系的各种违法行为或错误。据调查资料表明，青少年犯罪中有半数以上为性犯罪，而且有明显上升的趋势，年龄趋向年轻化。因此，必须要加强初中生的性教育，要破无师自通论，立有师教育观。

二、高中生心理发展的特点

十四五岁到十七八岁的儿童进入高中阶段，这个时期可以称为青年初期和学龄晚期。这时期的儿童生理发育基本成熟，学习态度更加自觉，学习方法更加科学，心理发展水平也不断提高。

（一）高中生心理活动的一般特点

1. 认识活动的特点

（1）注意发展的特点。高中生注意的有意性有较大的提高，表现在注意的集中性与稳定性迅速加强，在学习中能保持40～50分钟的稳定注意，在解题、绘画或进行制作的活动中注意活动还可持续更长的时间，对于特别感兴趣的事可以达到废寝忘食的程度；注意的分配能力不断提高，能在较复杂的活动中将注意分配在手、眼、耳、口等方面；注意转移的自觉性、灵活性也在不断加强；注意的范围不断扩大，能以很快的速度读内容适宜的作品。

（2）感知和观察的特点。高中生的空间知觉和时间知觉有明显的发展。在学习几何、地理、绘画等科目中，逐步掌握了看图的技巧，能在抽象的水平上理解各种图形的形状、大小及空间位置的相互关系，抽象的几何空间及远距离的空间知觉开始逐步发展起来，还能理解更抽象的空间关系和立体几何、光年等。

高中生的眼光已不拘泥于课堂、校园，他们的视野更为开阔，观察更为敏锐、全面、细致、精确、深刻持久，而且常常能透过表面现象深入事物内部，发现本质的东西，区分主要和次要、偶然与必然；有时也存在观察不仔细、精确性不够、喜欢过早下结论的缺点。

（3）记忆发展的特点。高中生明显地比初中生善于有意识记和意义识记，能尽力先理解材料的意义然后再记忆，而且能经常用自己的语言来系统复述已经熟记了的东西，能够广泛应用标线、编提纲、列表、做笔记等方法帮助记忆；在必要的机械识记时也能尽量设法人为地赋予材料意义，达到巧记的目的。

（4）思维发展的特点。

首先，抽象逻辑思维高度发展。高中生的抽象逻辑思维有更高的抽象概括性。高二时思维基本成熟，完成了思维由"经验型"向"理论型"的过渡，理论思维开始发展，他们力求对各种经验材料做出理论的、规律性的说明，并运用理论把各种材料贯穿起来，用理论做指导，来进一步扩展知识领域。这一过程，既包括从特殊到一般的广泛的概括能力，又包括从一般到特殊的具体化的能力。

其次，辩证思维获得明显发展。辩证思维在整个中学阶段是从形成到迅速发展再到占优势的关键时期。所谓辩证思维，就是按照辩证法去进行的思维。高中生在理论思维发展的基础上，必然导致辩证思维的迅速发展，表现在认识到一般和特殊、归纳和演绎、理论与实践的对立统一关系，能全面地、变化地、统一地认识问题、分析问题和解决问题。辩证思维是思维发展的高级阶段，难度大，不是在中学阶段就可以完全成熟的，教师应通过专门思维训练等方法来促进学生辩证思维的发展。

最后，优秀的思维品质有了显著的发展。高中生思维的灵活性、敏捷性、独立性和批判性继续发展，思维的深刻性、创造性也有较明显的发展。

思维的灵活性表现在能够从不同的角度和不同的方面，用不同的方法思考问题，能运用所学知识综合地对问题加以分析。

思维的敏捷性表现在对新事物、新问题的敏感性强，并容易接受。

思维的独立性、批判性表现在他们不满足于现成的结论，渴望独立思考得出结论，他们敢想敢说，常常提出新的设想、新的解释，对别人提出的思想观点一般不愿意轻信和盲从，强调要通过自己眼睛看世界、看周围发生的一切，不迷信"权威"。他们对自己的观点、想法也经常反复思考，力求论据充分，这是思维成熟的表现。然而，需要指出的是，由于独立性、批判性的发展，往往表现出不容易接受某些正确的但未经他们自己证明的论点，对某些经过自己思考而事实上是错误或欠妥的观点和想法常常固执己见、不轻易放弃。因此，在对他们进行教育时，要充分利用摆事实、讲道理的方式和他们讨论，对他们进行疏导，切忌简单生硬、以权压人，更不能急于求成。在学习上，教师应该运用启发式教学，让他们自己多独立思考，主动地去掌握知识。

思维的深刻性表现在能从本质上看问题，能理解现象产生的主要原因，找出事物之间的内在联系和本质特点。这在一定程度上克服了初中生思维中的片面性和表面性。

思维的创造性表现在思维的求同（集中）和求异（发散）两方面，尤其与求异思

维关系密切。初三年级至高三年级学生的求异思维优于求同思维。在模仿和创造结合的活动中，他们常常是仿中有创、创中有仿、创仿结合。在作文中，从内容到形式，创造成分逐渐多于模仿成分；在解题方面，表现在理解和应用的创造性、理解的创造性达到了融会贯通、举一反三的程度，应用的创造性达到灵活多变、应用自如的程度。理解与应用两者的结合就是解题的创造力。即在解题中，不再是教材内容的复现，而是一题可以多解，触类旁通；在科技制作活动中，创造成分也明显提高，如有些活动需要进行精细设计、计算、加工、组装、反复实验，难度较大，需要有较高的创造性；在课外活动的文艺演出、体育竞赛、旅行、编小报及各种兴趣小组中，无论从内容到形式，他们都能把活动组织得有声有色、井然有序，如把黑板报办得内容精悍、形式新颖、色彩协调。

除此之外，高中生思维的个别差异、思维的品质、思维的类型基本定型。

（5）想象发展的特点。高中生特别富于幻想，想象比初中生更丰富多彩，不仅幻想的范围更加广泛，而且更有科学根据、更符合逻辑，在很大程度上符合社会与科技发展的趋向。例如，在所写的科幻文章中涉及宇航、遥控、人工智能、遗传工程、太空工厂及人类摆脱人口过剩、能源枯竭、环境污染的前景，这是既有一定的科学根据，又很符合逻辑的想象。另外，高中生的幻想往往和他们的职业兴趣联系着，而且越来越明确、越稳定，与理想逐渐接近。高中生还富于创造想象，他们喜欢涉奇历险及文艺性强的小说故事，能绘声绘色地描述情景、编排故事，并能创造一些带有创造性色彩的文章、图画等。

2. 情绪与情感发展的特点

高中生的情绪与情感除了与初中生一样具有两极性、冲动性、易感性的特点外，还有一些新的特点。

（1）情绪与情感文饰、内隐、曲折。高中生的内心世界比初中生要复杂些，他们已不完全从面部表情反映内心世界，往往含而不露，对父母和老师不太轻易吐露真情，表现出"闭锁性"的特点而令人捉摸不透。这个特点给家长、老师了解他们带来一定的困难。当父母和老师真正成为他们的知心朋友时，他们也会敞开心扉。

（2）友谊的发展。高中生喜欢成群结伙，对个人亲密的友谊的需要急剧地增长，对友谊要求更高，也更有选择性、原则性和稳定性。在高中阶段建立的友谊往往终生难忘。

（3）两性情爱。高中阶段是身体发育基本成熟的时期，少数早熟的青年男女开始产生最初的爱情，有的在毫无思想准备时爱神就突然闯入了生活，这可以说是纯真的初恋。对此，家长与老师不能采取消极禁止或避而不谈的态度，因为那样只会使他们产生好奇心和神秘感，甚至引起不良后果。教师和家长要进行正面引导。一方面，告诉学生恋爱不是丑事和坏事，在高年级学生中产生爱情的萌芽不足为奇。另一方面，更要告诉他们在中学时期确实不是谈恋爱的时候，其原因有三点：一是身心发展本来就不平衡，如果萌芽的爱情不加理智地约束和调节，就会更加剧不平衡；二是中学生的社会阅历毕竟太浅，还不懂得怎样选择自己的理想伴侣，往往会凭一时的冲动造成终生遗憾；三是面临高考的竞争、职业的选择等理想的实现，而理想的实现是要付出代价的。不可否认，现在中学生的学习是很艰苦的，只有专心致志、能排除一切干扰向目标进取的人才有希望取胜。许多事例证明，中学生谈恋爱几乎没有不影响学习的，因为他们尚无力抵御爱情的捉弄。本来是想爱情、学业双丰收，结果是爱情、学业双落空。

3. 意志发展的特点

高中生意志行为的目的性有明显的提高，在行动时能意识到自己的行为目的，常常能摆脱外部因素的影响，有了自己的主意；动机的稳定性逐渐占优势，但由于动机斗争的复杂性，在遇到困难时，动机仍可能出现多变和动摇；意志行动的坚定性迅速增强，能够在任务面前独立地下决心，自觉地克服内部、外部的困难，并能持之以恒，但在执行任务中有时表现出轻率，排除困难方法的灵活性也很不够；随着社会化的不断深入，意志行动的社会性不断提高，他们的生活准则和生活目标更多地倾向于社会的要求和需要，更多与社会目标结合起来。

4. 个性发展的特点

（1）自我意识的发展特点。

首先，各种自我意识呈现交错性。自我意识有复杂的心理成分，如现实的自我、理想的自我、道德的自我、性格的自我、人际的自我等等。这些"自我"体现在一个人身上，往往呈现交错性。高中生常常通过自我观察、自我沉思、自我反省，在错综复杂的自我中来认识自己，通过自我反省和分析，为自己提出高标准的要求。

其次，在理论上追求自我。高中生自我意识的特点是在理论上追求自我，把自我当做对象来捕捉，明确地表现自我、珍重自我，客观地看待自我，是一种理智的自我意识。但由于缺乏实际经验，他们理想的自我与现实的自我、自我肯定与自我否定常常发生冲突。一般来说，这是自我发展的正常现象，但也有少数人会由此陷入孤独、自卑，养成"闭锁性"的性格。

再次，对生理自我比较注意。所谓生理自我，就是个人对自己生理属性的意识。高中生对生理自我比较注意，喜欢自己的外貌受到好评，有的对自己的外貌表现不安，女生担心发胖、男生顾虑长得矮，有的为自己的生理缺陷而心情沉重，但是这些情绪体验一般不公开外露。

最后，自我评价更自觉、更深刻、更严格。高中生强烈地想知道自己是一个什么样的人，自己的存在有何价值，自己能够做些什么以及在人际关系中所占的位置，他们对自己的认识和评价更自觉、更深刻、更严格，评价能力正接近成熟。

1）要求深入地了解自己，非常关心自己的成长，要求了解自己在能力、性格、品德上的优缺点，敏感地关注别人对自己的议论和态度。

2）能够用比较正确的观点来观察自己，自觉地进行自我批评；遇事爱联系自己，能以别人为榜样鞭策自己，有自我教育的强烈愿望；对自己行动的过失不仅能从不良

后果进行检查，而且能够进一步检查自己的动机和产生过失的思想根源。

3）能比较正确地对待自己的成功和失败，在成绩面前保持谦虚谨慎的态度，在失败面前保持稳定并从中吸取教训。

4）能从道德上、个性品质上来分析与评价教育别人和自己，能不同程度地去规划自我教育的具体目的、内容、要求，自觉地进行自我教育。

5）自我评价比较全面、客观、主动。不仅会分析自己在做一件事时的思想矛盾和心理状态，还会对自己的整个心理面貌进行评价；自我分析、自我评价不都是由于外力的推动，而常常是因为要使自己成为最理想的人，或者是因为受到挫折而主动自觉地展开的；由于辩证逻辑思维的发展，逐渐学会全面地辩证地进行自我分析，既看到自己的优点，又看到自己的不足。

6）自尊心很强，而且很敏感，有着强烈的肯定自己的要求，积极上进，不甘落后。

黑人孩子与卖气球的老人

在美国的一个公园里，几个白人孩子在无拘无束地玩耍。这时，一位卖氢气球的老人推着卖货车进入公园，白人孩子蜂拥而上，一人"抢"了一只，兴高采烈地追逐着、奔跑着，天空中顿时出现了许多色彩艳丽的气球，令站在一旁的一个黑人男孩羡慕不已。等白人小孩远去了，他才怯生生地问老人："您可以卖一个气球给我吗？我要黑色的。""当然可以，我的孩子。"老人惊诧地看了看黑人小孩回答说。

黑人小孩高兴地松开双手，黑色气球在微风中冉冉上升，在蓝天白云下显得格外引人注目。老人眯着眼望着气球，拍了拍黑人小孩的后脑勺："记住，我的孩子，气球能不能上升不是因为颜色与形状，而是球内充满了氢气。一个人成败不因种族、出身，关键是你的心中有没有自信。"黑人孩子使劲点了点头……这个黑人小孩后来成为美国著名的心理医学博士——基恩。

（资料来源：林华民《世界经典教育案例启示录》，农村读物出版社 2004 年版，第 28 页。）

（2）**兴趣发展的特点。** 高中生的学习兴趣具有明显的广阔性和深刻性。他们不但对文艺性的内容感兴趣，而且对理论性的内容也感兴趣；不但喜欢认真学习课内的知识，而且喜欢独立阅读一些课外参考书和有关报刊文摘，阅读过程中还喜欢深入地思考和探讨各种问题。高中生的学习兴趣还具有一定的选择性和稳定性，他们对某一学科的兴趣，一方面同他们对这门学科的学习深度有关，另一方面也同他们选择未来的生活道路有关。他们对自己所喜欢的学科表现出强烈的求知欲，并能刻苦学习，不断地取得优异成绩,甚至表现出一定的创造才能。高中生的学习兴趣明显分化,中心兴趣初步形成。

(3)世界观初步形成。世界观是一个人对自然、社会和人生问题带来根本性的总观点。从心理学的角度看,世界观是心理结构中处于最高层次的东西,因此,在一个人的心理发展中,世界观是最后形成的。世界观的形成是一个人个性意识倾向性发展成熟的主要标志。高中生通过各种学习,逐步了解了一些自然和社会发展的基本规律,也产生了许多主观性体验,这就逐渐地使他们对社会上的各种现象和问题形成了比较稳定、比较系统的看法,这些看法直接影响他们的世界观。

中学生世界观主要与人生观的问题联系在一起。人到青年初期,大多数自然会提出"人生究竟是为了什么"这样一个理论问题。有的人在正确的教育下通过自己的独立思考已经基本解决了,有的还在探索,有的形成了错误的人生观。世界观问题不可能在短时期内就得到完美的解决,人生的每一个转折点总是迫使人们不断地去涉及这个问题。高中阶段只能说是世界观的初步形成时期,他们对人生的看法往往是感性的概括,还不是很稳定很成熟的,常常有思想认识片面和模糊的情况,这就有待于在以后的生活道路上继续形成和发展。

(二)高中生心理发展的主要矛盾

1. 个人理想与现实的矛盾

理想是一个人对美好未来的设想,这种设想是有科学根据的,经过努力是可以实现的。理想的内涵非常丰富,包括生活、职业、道德和社会各个方面。高中阶段是理想形成、确立的时期。高中生对未来充满美好的憧憬,并力图把美好的理想变为现实。他们的理想既有现实主义成分,又富于浪漫主义色彩。他们心目中的大学、中专和工作岗位是完美无缺的,因而盲目陶醉在遐想之中,对未来的困难设计很少,在顺境中沾沾自喜,他们向往美好的未来可往往吃不了眼前的苦。当个人理想与现实生活存在很大差距和矛盾时,便产生不满和悲观失望情绪,甚至放弃自己的理想和追求。因此,老师要给予正确的引导:①要让学生懂得,一个人首先应该有崇高的社会理想、道德理想,在这个基础上,再去谈个人的职业理想、生活理想才有意义;中学生应该在为建设社会主义现代化而奋斗的崇高理想指导下,去选择自己的生活理想、职业理想,去实现自己的人生价值。②理想是自己的追求,理想本来就高于现实,是要通过现实的努力可以达到的目标,追求永远置身于理想与现实之间,可是任何理想都要建立在现实的基础上。③理想的实现肯定要付出艰苦的劳动,只有吃得了眼前的苦,人生的道路才会越走越宽广。④要认识到社会是一个既充满矛盾又非常统一的结合体。只有认识社会,才能改造社会、环境;只有不脱离社会的实践,才能实现自己的理想与抱负。所以,中学生应自觉地把个人的理想、需要、追求同国家与人民的利益密切结合起来,应根据自己的能力、兴趣,在充分考虑国家、社会的需要之后,选择自己的奋斗目标。

2. 价值观与道德观的矛盾

价值观是人对客观事物的需求所表现出来的评价，包括对人的生存和生活意义的看法。青少年的价值观迅速发展，逐渐由具体变成抽象，由重视外在价值转向重视内在价值。高中生的价值观开始作为自我意识的核心结构，对它们的各种结构活动起支配调节作用，开始为追求一定的价值目标而学习，学习成为自觉、主动而持久的活动。但是，由于受社会上某些消极因素的影响，加上受西方的"实现人生自我价值"口号的影响，有些学生价值观的功利倾向比较严重，有讲实惠、图享受、怕吃苦的思想倾向，还存在着不正常的物欲观念如高消费、攀比风、享乐欲等，认为实现人生自我价值仅仅意味着索取、占用、享受，而不愿意承担社会责任。把"自我"理解为自私，"自我价值"就是自私自利、个人主义；把"自我"仅仅看做需要者、消费者、享受者，而不是同时看做供给者、生产者和奉献者；把自我价值理解为孤立的个人的封闭式的自我满足，实现自我价值是孤立的"自我奋斗"、"自我表现"等。这对我国传统的道德观念是一个很大的冲击，出现了价值观与道德观的矛盾。对此，教师应让他们懂得实现人生自我价值的关键在于自我倾向的性质是个人主义的"小我"还是集体主义的"大我"，我们社会需要的是集体主义的"大我"，个人自我价值的实现离不开社会的需要；更要使学生懂得一个人的价值不在于你拥有了多少，而在于你付出了多少。

3. 职业选择的种种矛盾

高中生普遍面临升学和就业两大课题，实际上也是职业选择问题，这是决定了人生道路的方向性问题，因此成为他们内心矛盾冲突的中心。由于受社会、家庭、传统观念的影响，大部分高中生有继续进大学深造的强烈愿望，但面临激烈的升学竞争，他们本来正处在活泼好动、喜欢玩的时期，却为了升大学必须全身心地投入到学习中去，不得不放弃一些自己喜欢做的事；他们面对的是人生道路上的重大选择，需要拿主意，可他们毕竟年龄还小、阅历还浅，还把握不住关键的、重大的问题的抉择；他们不仅要承受实现自我理想、解决个人出路这样一些内部压力，还要承受家庭、学校及社会舆论的外部压力。这几年，在市场经济的冲击下，特别是在重新抬头的"读书无用论"思想的影响下，不少高中生处于选择升学还是就业的矛盾心理状态，认为早一点就业能早点挣钱、早点得到实惠等等。总之，他们处于种种矛盾之中。

职业选择对于每一个高中毕业生来说，都属于至关重大的问题，也是一项复杂的教育问题和社会问题。老师要针对学生的具体情况做好职业选择的指导工作，既要考虑国家培养各种高层次专门人才的需要，又要考虑每个学生的主客观条件与可能；对于目前有的中学生择业意识超前的问题，应当说是一种进步，但如何避免诸如急功近利、目光短浅的一些负效应却是一项关于中学生就业指导的新课题，需要认真研究。

第四节 学生心理发展与教育

一、学生认知发展与教育

(一) 认知发展的阶段理论

心理发展阶段划分的依据是心理发展的规律。当前,影响最大的是瑞士心理学家皮亚杰以认知发展的标准划分的认知发展理论。皮亚杰认为,人的心理(智力、思维)既不是来源于先天的成熟,也不是来源于后天的经验,而是来源于主体的动作。个体从出生到成人的认知发展不是一个数量不断增加的简单累积的过程,而是伴随同化性的认知结构的不断再构,使认知发展形成几个按不变顺序相继出现的时期或阶段,个体通过动作对环境的适应是心理发展的真正原因。皮亚杰以个体适应环境的主导方式即认知结构的性质为依据,将婴儿至青春期的认知心理发展分为感知运动、前运算、具体运算和形式运算四个阶段。

1. 感知运动阶段(0~2岁)

这一阶段,儿童的认知发展主要是感觉和动作的分化,儿童主要凭感知运动手段反映外界刺激,协调并适应外界环境,其智力活动处于感知运动水平。初生婴儿只有一系列笼统的反射,随后的发展便是组织自己的感觉与动作以应付环境中的刺激;到这一阶段的后期,感觉与动作才渐渐分化而有调适作用的表现,思维开始萌芽。

2. 前运算阶段(2~六七岁)

"运算"是皮亚杰从逻辑学中借用的一个术语,指借助逻辑推理将事物的一种状态转化为另一种状态。例如,1+1=2,亦可以说2是由1和1转化而来的。处于前运算阶段的儿童尚不能进行这样的转换,他们的思维具有单向性、不可逆性及静止性等特征。这个时期的儿童各种感知运动图式开始内化为表象或形象模式。他们语言能力的出现和发展,使其日益频繁地用表象符号如口头语言来代替外界事物;但这种语词能力还不能代表抽象的概念,他们的思维仍局限于直觉表象,还不能真正认识事物。这一点在皮亚杰的液体守恒实验中表现尤为突出。实验时,桌子上放两个形状一样的矮而宽的杯子,当着四五岁儿童的面,将两个矮而宽的杯子倒满水,儿童知道这两个杯子里的水一样多,然后将其中一杯水倒入高而窄的杯子、将另一杯水倒入低而宽的杯子,再问他们:两杯水是否一样多?部分儿童会说低而宽的杯子中水多,另一部分儿童会说高而窄的杯子中水多。这种现象表明,这个阶段的儿童的思维极易受到事物的表面特征影响,具有不守恒的特点。

3. 具体运算阶段(7~十一二岁)

这个时期,儿童(或少年)的认知能力能够摆脱知觉的局限,获得概念的稳定性,达到守恒。可以说,"守恒"概念是这一阶段出现的标志,即儿童(或少年)认识到客体尽管在外形上发生了变化,但其特有的属性不变。处在这一阶段的儿童(或少年）认知结构中已经具有抽象概念，思维可以逆转，因而能够进行逻辑推理，能够凭借具体事物或从具体事物中获得的表象进行逻辑思维和群集运算。在语言方面，尽管这一阶段儿童（或少年）已能够通过下定义的方式获得概念，但在获得和使用此类概念时，需要实际经验或借助具体形象的支持。

教学指导

具体运算阶段儿童（或少年）的教学策略

1. 使用具体事物和视觉辅助物，尤其在教授复杂内容时
2. 为学生提供操作的机会
3. 表述和阅读材料应简短且组织良好

（1）让学生阅读的故事或书籍，篇幅应短但要有逻辑性。只有当学生具备了一定的阅读能力，才可考虑让他们阅读篇幅较长的材料。

（2）在表述说明过程中注意停顿，在讲解新内容前让学生复习先前学习的内容。

4. 使用学生熟悉的例子来说明复杂的观念

（1）比较学生的生活与故事中人物的生活。

（2）在教"面积"这一概念时，让学生亲自去测量学校中两间教室的面积。

5. 让学生对复杂水平递增的物体和观念进行组合和分类

（1）把段落中句子分别写在小纸条上，让学生把这些句子重新组织成完整的段落。

（2）把人类的各个系统与其他物质系统进行比较，如大脑与电脑、心脏与水泵的比较。把故事分解成各个成分：作者，人物、情节、主题、地点、时间、对话、描写、行动。

6. 呈现一些需要逻辑和分析性思维的问题

（1）使用谜语、脑筋急转弯等问题。

（2）讨论开放性问题，以激发学生的思考。

（资料参考：吴庆麟《教育心理学——献给教师的书》，华东师范大学出版社2003年版，第38～39页。）

4. 形式运算阶段（11～15岁）

"形式运算"指对抽象的假设或命题进行逻辑转换。这一时期的少年能够从具体内容中解放出来，超越对具体的可感觉事物的依赖，使形式从内容中解脱出来并完全具备以下思维的能力。

（1）处理命题之间关系的能力。即不仅能考虑命题与经验之间的真实性关系，同时能发现命题与现实之间的关系，并能推论两个或多个命题之间的逻辑关系。

（2）假设-演绎思维能力。即不仅在逻辑上考虑现实的情境，而且根据可能的情境（假设的情境）进行思维；不仅能够运用经验-归纳的方式进行逻辑推理，而且能

够运用假设-演绎推理的方式来解决问题。

（3）抽象逻辑思维。即能运用符号进行思维。本阶段的少年能理解符号的意义、隐喻和直喻，能作一定的概括，其思维发展水平已接近成人的水平。

（4）系统思维。即在解决问题时，能够在心理上控制若干变量，同时还能考虑其他几个变量。

（5）灵活思维。即少年的认知水平不仅得到大大提高并趋于成熟，而且他们能够摆脱具体实际经验的支持，能够理解并使用相互关联的抽象概念。

教学指导

形式运算阶段少年的教学策略

1. 继续使用具体运算阶段的教学策略和材料
（1）使用图表和插图等视觉辅助物，可以增加图表的复杂程度。
（2）比较故事中人物的经历和学生自己的经历。
2. 鼓励学生探索人为假定的问题
（1）让学生写表明立场和态度的论文，然后与持对立观点的同学交换阅读，讨论一些社会热点话题，如环境、经济及国家制度等。
（2）让学生写下对乌托邦的个人看法。
3. 创造机会让学生科学地推理及解决问题
（1）安排小组讨论，让学生自己设计实验以解答问题。
（2）让学生确定关于某个主题的两种立场，并提供符合逻辑的论据。
4. 教学内容不应仅限于事实，还应逐渐加入一些普遍性的概念，尽可能利用接近学生生活的材料和观念
（1）鼓励学生思考及讨论一些社会问题。
（2）在流行歌曲中选择一些能反映社会问题的歌词，引导学生对流行音乐在文化中的位置等问题展开讨论。

（资料来源：吴庆麟《教育心理学——献给教师的书》，华东师范大学出版社2003年版，第39～40页。）

（二）皮亚杰的认知发展阶段理论

在众多的儿童心理发展理论中，皮亚杰的认知发展理论较好地揭示了认知发展的阶段性的规律，使我们认识到思维、语言等的发展是遵循着由低一级水平向高一级水平过渡的客观规律，这种顺序是不以人的意志为转移的、是不可改变的。

皮亚杰认知发展阶段理论对教学的启示体现在两个方面。

1. 认知发展阶段制约教学的内容和方法

皮亚杰认为，学习从属于发展，从属于主体的一般认知水平。所以，各门具体学科的教学都应研究如何对不同发展阶段的学生提出既不超出当时的认知结构的同化能

力，又能促使他们向更高阶段发展的富有启迪作用的适当内容。例如，只有形式运算阶段的少年才能获得纯粹以命题形式呈现的概念和规则，而大多数中学生并未达到这一发展水平，即使在某一领域达到这一发展水平，在其他领域却不一定达到。因而，中学生学习抽象概念和规则，仍需要具体经验的支持。

2. 教学促进学生的认知发展

皮亚杰根据对主体认知结构发展的阶段性的研究指出，必须遵循认知发展的规律来组织教学。教师必须考虑到每个阶段孩子的特殊兴趣和需要，提出不同的教育任务，采取不同的教育方法。例如，对于处于前运算阶段的儿童，要根据这一阶段儿童的特点为他们选择有趣的、形象的教材；当儿童到了学龄阶段，教师就要通过各科教学活动，让其掌握各种基本的科学概念以及它们之间的关系，提高逻辑思维能力，使他们从具体运算思维向形式运算思维发展。

皮亚杰的研究企图揭示无特殊训练条件下的儿童认知发展阶段，并未考虑专门教学的影响。从一般发展的观点看，这种研究是必要的，但不能把皮亚杰的发展阶段看成是固定不变的或不受教育影响的。大量研究表明，通过适当的教育训练来加快各个认知发展阶段转化的速度是可能的。只要教学内容和方法得当，系统的学校教学肯定可以起到加速学生认知发展的作用。

（三）维果茨基关于最近发展区理论

基于对皮亚杰认知发展阶段理论的反思，20世纪30年代初，苏联著名的心理学家维果茨基首先将"最近发展区"这一概念引入儿童心理学的研究，并提出"良好的教学应走在发展前面"的著名论断。

维果茨基认为，儿童有两种发展水平：一是儿童的现有水平，即由一定的已经完成的发展系统所形成的儿童心理机能的发展水平，如儿童已经完全掌握了某些概念和规则；二是即将达到的发展水平。这两种水平之间的差异，就是最近发展区。也就是说，最近发展区是指儿童在有指导的情况下，借助成人的帮助所能达到的解决问题的水平与独自解决问题所达到的水平之间的差异，实际上是两个邻近发展阶段间的过渡状态，如图2-1所示。

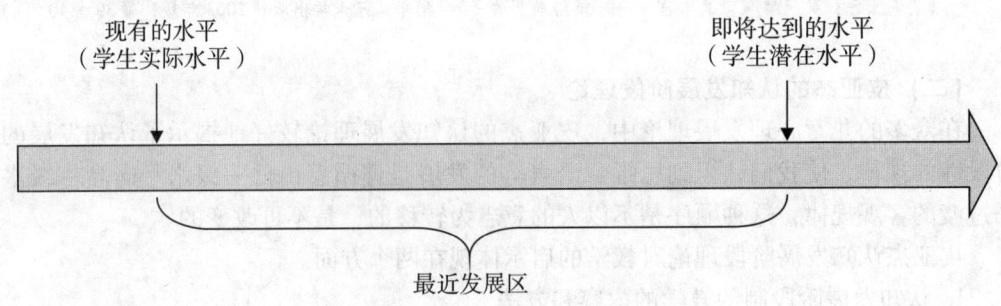

图2-1 维果茨基的最近发展区

最近发展区概念的提出说明了儿童发展的可能性，其意义在于教育者不应只看到儿童今天已达到的发展水平，还应该看到他仍处于形成状态、正在发展的过程。所以，维果茨基强调教学不能只适应发展的现有水平，走在发展的后面，而应适应最近发展区，从而走在发展的前面，并最终跨越最近发展区而达到新的发展水平。并且，他建议采用支架式教学来帮助学生达到新的发展水平。

支架原本指建筑行业中使用的脚手架，在这里用来形象地描述一种教学方式：学生被看成是一座建筑，学生的"学"是不断地、积极地建构着自身的过程；而教师的"教"则是一个必要的脚手架，支持学生不断地建构自己，不断地建构新的能力。教学应从学生潜在的发展水平开始，不断创造新的"最近发展区"。支架教学中的"支架"应根据学生的"最近发展区"来建立，通过支架作用不停地将学生的智力从一个水平引导到另一个更高的水平。

支架式教学包括以下几个环节。①搭建支架。围绕当前的学习问题，按照"最近发展区"要求建立概念框架。②进入情境。将学生引入到一定的问题情境中，并提供可能获得的工具进行探索。探索开始时先由教师启发引导（如演示或介绍如何理解类似概念、过程），然后让学生自己去分析。③独立探索。学生在独立探索过程中，教师要适时加以提示，帮助学生沿概念框架逐步攀升。但要注意，教师的引导应逐渐减少，以使学生最后能自己在概念框架中继续攀升。④协作学习。学生进行小组协商、讨论，在共享集体思维成果的基础上达到对当前所学概念比较全面、正确的理解，最终完成对所学知识的意义建构。

资料窗

支架式教学的类型

（1）示范解题步骤。让学生知晓有效解题方法。在演示如何解决问题时，教师可以给学生提供专家是如何解决问题的具体例子。例如，美术课教师先演示如何绘制两点透视图，然后要求学生自己去画。

（2）进行"出声思考"，让学生理解操作时的思维过程，并进而模仿。这一技术有助于学生在自己解决问题时，模仿并使用教师所用的有效的思考方法。例如，一位数学课教师在黑板上解答问题时，口述自己的解题思路。

（3）使用"提问"，激发学生的思维。通常，在学生努力解决问题的时候，教师提出问题来引导他们，或者把学生注意力引向关键之处，或者给予一些选择性建议等。例如，在示范和"出声思考"以后，物理老师让学生思考一些涉及重要知识点的问题。

（4）改变教学材料，以层层推进式发展学生能力。改变教学材料的一种形式就是改变任务要求。例如，在教学生如何对阅读材料进行提问的时候，教师先提出关于单个句子的问题，然后是关于段落的问题，最后是关于整篇的问题。再如，体育课上，老师调低篮圈，让学生练习投篮，一旦练习熟练后，再升高篮圈。

（5）提供书面或口头的"提示和线索"，引导学生思维。如在幼儿教育中，教师常常用"小兔子绕洞跑，跑了一圈跳进去"来教儿童如何系鞋带。

（资料来源：蒋长好《教育心理学》，华中师范大学出版社2009年版，第21页。）

二、学生人格和自我意识发展与教育

（一）人格的发展

人格又称个性，是各种心理特性的总和，也是各种心理特性的一个相对稳定的组织结构。在不同的时间和地点，人格都影响着一个人的思想、情感和行为，使其具有区别于他人的、独特的心理品质。

1. 人格的特征

人格是由多种心理现象组成的，人格的特征主要体现在六个方面。

（1）独特性。由于每个个体的遗传素质不同，即便是双生子，他们在遗传素质上有许多相同之处，但由于后天的生活环境不完全相同，因而表现出各自独特的心理特点。正如这个世界上没有完全相同的两片叶子一样，世界上也没有人格完全相同的两个人，也正是这样才构成了人格的独特性。我们讲人格的独特性，既承认人格之间的差异性，又应该看到生活在同一社会群体中的人有时会表现出一些相同的人格特征，这不仅是心理现象，更是社会现象。人格特征中的独特性和共同性的关系就是共性和个性的关系，个性中包含着共性，共性又通过个性表现出来。

（2）完整性。个性是完整的统一体。一个人的各种个性倾向、心理过程和个性心理特征，都是在其标准比较一致的基础上有机地结合在一起的，绝不是偶然性的随机凑合。人是作为整体来认识世界并改造世界的。

（3）稳定性。"江山易改，本性难移"指的就是人格的稳定性。人格是由各种心理特征构成的，因而也比较稳定，它对人的行为的影响是一贯的，是不受时间和地点限制的。必须区别的是，那些在行为中一时、偶然表现出来的，属于即时、即性的心理特征，不能称为严格意义上的人格特征。人格的稳定性会随着社会生活、个体阅历及个体生理的发育成熟而或多或少地发生改变。

（4）积极性。个性是动力倾向系统的结构，不是被客观环境任意摆布的。个性具有积极性、能动性，并统率全部心理活动去改造客观世界和主观世界。

（5）功能性。人格是外界环境刺激作用于人的中介，因此，人的行为总会打上人格的烙印：面对同样的一件事情，人格特征不一的人，其表现不一，他们或勇敢或怯懦。正是在这个层面上，我们说人格决定着一个人的生活方式。从某种意义上来说，人格甚至决定着一个人的命运。

（6）自然性和社会性的统一。人格是在一定的遗传因素的基础上通过后天的社会环境的作用而形成的，因而，一个人的人格必然会反映出他生活在其中的社会文化的特点，个体的人格总是会表现出他所生活的那个时代、那个人群的文化特征，这是人格的社会制约性。但是，人的心理包括其人格都是人脑的机能，人格的形成必然以神经系统的成熟为基础。所以，人格是人的自然性和社会性的统一。

2. 人格的发展阶段

不同的心理学流派对人格的心理发展有不同的看法，有代表性的是埃里克森的人格发展理论。埃里克森认为，人格的发展是一个逐渐形成的过程，须经历八个顺序不变的阶段，其中前五个阶段属于儿童和成人接受教育的时期（见表2-1）。

表2-1 埃里克森人格发展八个阶段的危机和相应特征

发展危机阶段	年龄（岁）	基本任务	特征	
			对危机的积极解决	对危机的消极解决
信任-不信任	0～1	形成信任感	对人信任，有安全感	对人不信任，面对新环境会焦虑不安
自主-害羞与怀疑	2～3	形成自主性	有按社会要求表现目的性行为	自我怀疑，缺乏信心
主动-内疚	4～5	发展主动性	主动好奇，开始有责任感	畏惧退缩，无自我价值感
勤奋-自卑	6～11	培养勤奋感	具有求学、做事、待人的基本能力	缺乏基本生活能力
同一性-角色混乱	12～18	建立自我同一感	有明确的自我观念和自我追寻的方向	生活无目的、无方向，感到彷徨
亲密-孤独	19～25	形成亲密感	与人相处有亲密感	与社会疏离，时感寂寞孤独
繁殖-停滞	26～60	获得创造力感	热爱家庭、关怀社会，有责任感、有义务感	淡漠，不关心他人与社会
自我整合-绝望	60岁以上	获得完美感	随心所欲，安享晚年	悔恨旧事

（1）信任-不信任阶段（0～1岁）。这是获得信任感而克服不信任感阶段。所谓信任，是婴儿的需要与外界对他需要的满足保持一致。这阶段的婴儿对母亲或其他养育者表示信任，婴儿感到所处的环境是个安全的地方，周围人们是可以信任的，由此就会扩展为对一般人的信任。婴儿如果得不到周围人们的关心与照顾，他就会对外界特别是对周围的人产生害怕与怀疑的心理，以致会影响到下一阶段的顺利发展。

（2）自主-羞怯与怀疑阶段（2～3岁）。这是获得自主感而避免怀疑感与羞耻感阶段。个体在第一阶段处于依赖性较强的状态下，什么都由成人照顾。到了第二阶段，儿童开始有了独立自主的要求，如想要自己穿衣、吃饭、走路、拿玩具等，他们开始去探索周围的世界。这时候，如果父母及其他照顾他们的成人允许他们独立地去干一些力所能及的事情，并且表扬他们完成的工作，就能培养他们的意志力，使他们获得一种自主感，能够自己控制自己。相反，如果成人过分爱护他们，处处包办代替，什么也不需要他们动手；或过分严厉，这也不准那也不许，稍有差错就粗暴地斥责，甚至采用体罚。这都会使孩子产生自我怀疑与羞耻之感。

（3）主动-内疚阶段（4～5岁）。这是获得主动感受而克服内疚感阶段。个体在这一阶段的肌肉运动与言语能力发展很快，能参加跑、跳、骑小车等运动，能说一些连贯的话，还能把自己的活动扩展到超出家庭的范围；除了模仿行为外，个体对周围的环境充满了好奇心，知道自己的性别，也知道动物是公是母，常常问问这、动动那。这时候，如果成人对于孩子的好奇心以及探索行为不去横加阻挠，让他们有更多机会去自由参加各种活动，耐心地解答他们提出的各种问题而不是指责，那么孩子的主动性就会得到进一步的发展，表现出很大的积极性与进取心。反之，如果父母对儿童采取否定与压制的态度，就会使他们认为自己的游戏是不好的，自己提出的问题是笨拙的，自己在父母面前是讨厌的，致使孩子产生内疚感与失败感，这种内疚感与失败感还会影响下一阶段的发展。

（4）勤奋-自卑阶段（6～11岁）。这是获得勤奋感、避免自卑感阶段。儿童的智力不断地得到发展，特别是逻辑思维能力发展迅速，他们提出的问题很广泛而且有一定的深度，他们的能力也日益发展，参加的活动已经扩展到学校以外的社会。这时候，对他们影响最大的已经不是父母，而是同伴或邻居，尤其是学校中的教师。他们很关心物品的构造、用途与性质，对于工具技术也很感兴趣。这些方面如果能得到成人的支持、帮助与赞扬，则能进一步加强他们的勤奋感，使之进一步对这些方面产生兴趣。

（5）同一性-角色混乱阶段（12～18岁）。这一阶段的核心问题是自我意识的确立和自我角色的形成。青少年对周围世界有了新的观察与新的思考方法，他们经常思考自己到底是怎样一个人，他们从别人对他的态度中、从自己扮演的各种社会角色中逐渐认清了自己。此时，他们逐渐疏远了自己的父母，从对父母的依赖关系中解脱出来，而与同伴建立了亲密的友谊，从而进一步认识自己，对自己的过去、现在、将来产生一种内在的连续之感，也认识自己与他人在外表上与性格上的相同与差别。认识自己的现在与未来在社会生活中的关系，这就是心理社会同一感。

（6）亲密-孤独阶段（19～25岁）。这是建立家庭生活的阶段，是获得亲密感、避免孤独感阶段。亲密感是人与人之间的亲密关系，包括友谊与爱情。亲密的社会意义，是个人能与他人同甘共苦、相互关怀。亲密感在危急情况下往往会发展为一种互相承担义务的感情，它是在共同完成任务的过程中建立起来的。如果一个人不能与他人分享快乐与分担痛苦，不能与他人进行思想情感的交流，不能关心与帮助他人，就会陷入孤独寂寞的苦恼之中。

（7）繁殖－停滞阶段（26～60岁）。这是获得创造力感、避免自我专注阶段。这一阶段有两种发展的可能性。一种可能是向积极方面发展，个人除关怀家庭成员外，还会扩展到关心社会上其他人，关心下一代以至子孙万代的幸福。他们在工作上勇于创造，追求事业的成功，而不仅是满足个人需要。另一种可能是向消极方面发展，即所谓自我专注，就是只顾自己以及自己家庭的幸福，而不顾他人的困难与痛苦，即使有创造，其目的也完全是为了自己的利益。

（8）自我整合－绝望阶段（60岁以上）。这是获得完美感、避免失望感阶段。前面七个阶段，如果积极的成分多于消极的成分，就会在老年期汇集成完美感，回顾一生觉得这一辈子过得很有价值、生活得很有意义；相反，如果消极成分多于积极成分，就会产生失望感，感到自己的一生失去了许多机会，走错了方向，想要重新开始又感到为时已晚，于是产生了一种绝望的感觉，精神萎靡不振，马马虎虎混日子。

从埃里克森的人格理论中可以看出，在个体人格发展的每一个阶段都有一个由生物学的成熟与社会文化环境、社会期望之间的冲突和矛盾所决定的发展危机。成功而合理地解决每个阶段的危机或冲突将导致个体形成积极的人格特征，有助于发展健全的人格；否则，个体就会形成消极的人格特征，导致人格向不健全的方向发展。

教学指导

运用埃里克森人格发展阶段理论的教学策略

在第一阶段，应使婴儿的生活有一定的规律并适时地满足他们的各种需要。父母不仅要重视育儿技巧，更要重视育儿时亲子关系的双向性。父母对生活、对他人、对社会的不信任感会潜移默化地传递给孩子。

在第二阶段，应允许并鼓励儿童去做一些力所能及的事情。此阶段，过多的限制、批评和惩罚会阻碍儿童的发展。当然，过分爱护，替儿童包办一切，也不利于其自主感的发展。

在第三阶段，应提供儿童开展各类游戏或自己从事某些活动。利用游戏，其目的在于补偿儿童失败和受挫的体验，有助于缓解和解决前两个阶段中未能很好处理的危机。如果父母对儿童的游戏行为给予鼓励和支持，则会增加儿童探索外界事物的信心，从而更有可能形成主动性。同时，这一阶段也是儿童最喜欢问题"为什么"的时期。对于儿童提出的各种问题，父母应该耐心地给予解答，这不仅丰富了儿童的知识，而且也促进了他们的求知欲。

在第四阶段，要善于利用各种心理效应和强化手段。教师是这一阶段儿童心目中的权威，其影响力超过了父母。儿童如果在学习中屡遭失败，在同伴中不被认可和尊重，自卑感就随之产生。如果教师严厉批评他们的学习表现，或采取听之任之的忽视态度，都将加深儿童的自卑感。如果教师能抓住时机恰当地给予表扬和赞许，久而久

之儿童会建立自信心,并对学习产生兴趣,从而自觉地投入到学习中去。

在第五阶段,要帮助或引导学生的人格、心理、性别和社会等方面的发展。在这一阶段,学生面临着众多选择,如升学的选择、理想的选择、职业的选择、异性朋友的选择等。青少年往往会感到茫然,父母和教师应给他们自由选择的权利,同时要提供正确的参考意见,并以自身的言行为他们树立榜样。过分干涉或漠不关心都不利于青少年的身心发展。

(资料来源:吴庆麟《教育心理学——献给教师的书》,华东师范大学出版社2003年版,第59~60页。)

3. 影响人格发展的社会因素

人是一切社会关系的总和。人格的形成更多的是家庭教养模式、学校教育和同辈群体等社会因素综合影响的结果。

(1)家庭教养模式。家庭是儿童最初的生活场所,儿童的人格和社会性发展首先从家庭开始。通过家族成员的抚养与教育,儿童逐渐获得了知识和技能,掌握了各种行为规则和社会规范。教养方式是指父母将社会价值观、行为方式、态度体系及社会道德规范传递给儿童的方式。父母的教养方式一般归为两个维度:其一是父母对待儿童的情感态度,即接受–拒绝维度;其二是父母对儿童的要求和控制程度,即控制–容许维度。根据两个维度的不同组合,可以形成四种教养方式。

1)权威型教养方式:接受+控制。这种权威来自父母对孩子的理解与尊重,来自他们与孩子的交流及帮助,父母对孩子有较高的要求,对不同的行为表现奖惩分明。这是一种理性且民主的教养模式,也是效果最佳的教养模式。在这种家庭中,儿童是最成熟的。他们有能力,独立性强,自信,知足,爱探索,善于控制自己,喜欢交往,自我肯定。

2)专制型教养方式:拒绝+控制。这种父母要求孩子绝对服从自己,对子女的所有行为都加以保护监督,但在情感方面,父母常以冷漠、忽视的态度对待孩子。专制型教养模式下的儿童不太知足、不安全、忧虑、退缩、怀疑、不喜欢与同伴交往。

3)放任型教养方式:接受+容许。这类父母对孩子抱以肯定的情感,但缺乏控制,父母放任孩子自己做决定。放任型教养模式下的儿童是最不成熟的,他们缺乏自我控制力和探索精神,有极强的依赖性,在新奇事物或紧张事情面前大多表现退缩。

4)忽视型教养方式:拒绝+容许。这类父母对孩子既缺乏爱的情感和积极反应,又缺少行为方面的要求的控制,因此亲子间的互动很少。这种孩子容易形成自暴自弃的人格特点。

父母教养方式不仅会影响孩子的学业成绩、自我价值感,还会影响孩子的心理健康。

教学指导

父母应采取正确的教养方式

教师可以建议学生家长采用如下措施来促进儿童的学习成绩、自我价值感和心理健康水平。

1. 及时沟通

当子女遇到不顺心的事情时,父母应多从子女角度考虑,给予理解,使其感受到父母的支持与鼓励。

2. 体贴入微

父母作为家庭生活的主民,子女健康成长的监护者,应该细心关注孩子成长过程中的情绪、行为的微妙变化,给孩子以理智的爱和适度的控制。

3. 适当要求

对子女提出知识和社会能力方面的要求,并提供各种便利条件。

4. 监督学习

先了解孩子的学习状况,制订学习计划,随时检查每一内容的理解和掌握程度,并以此作为调节进度的依据。

家长应慎用各种惩罚措施。有研究表明,惩罚会导致父母与儿童感情的破裂,使儿童体验到自身安全受到威胁和焦虑感。而那些有着强烈的亲社会行为和道德责任感的儿童,他们的父母对其惩罚常富有情感,并伴随着合理的解释,而且父母一般采用权威性的教养方式。

(资料来源:吴庆麟《教育心理学——献给教师的书》,华东师范大学出版社 2003 年版,第 73～74 页。)

(2) 学校教育。学校教育作为一种系统的、有计划的影响活动,对学生的人格发展起着十分重要的作用。学校教育的影响主要是通过学生在学校生活中的人际交往来实现的。因此,学生交往对象的形象、素质、态度等对学生的人格发展及个体社会化都至关重要。学校教育因而直接制约着学生人格发展的方向和基本质量。

(3) 同辈群体。同辈群体在学生人格形成中所扮演的角色主要表现在以下两个方面:第一,同辈群体是儿童学习社会行为的强化物;第二,同辈群体又为儿童的社会化和人格发展提供社会模式或榜样。学生在与同辈群体的交往中能够获得自由与平等,并发展人际敏感性,从而奠定儿童今后社会交往的基础,促进儿童的社会化和人格发展。

(二) 自我意识的发展

1. 自我意识的定义

自我意识是指对作为活动主体的自身的意识,即"我"(I) 对"我"(me) 的意识(自己对自己的自觉反映),也包括对于自己与有关事物的关系,即能被称为"我的"各种关系的意识。一般来说,自我意识包括三种成分:一是自我认识,个体对自己的心理特点、人格特征、能力及自身社会价值的自我了解与自我评价；二是自我体验，个体对自己的情感、情绪的体验；三是自我监控，属于对自己意志的控制。

2. 自我意识的特点

（1）社会决定性。自我意识的可能，关键在于作为意识主体的自我的形成，这才会有"我（主我）对我（客我）的意识"。而主我与客我的形成，都是在个体社会化的过程中、在社会教化的决定性影响下形成的。其中，最典型的例子是印度狼孩的故事。当狼孩回到人类社会时生理年龄已达8岁，但心理发展的水平只相当于新生儿，无自我意识可言，直至15岁时才有"我"的概念，才刚有自我意识。相比在人类社会中长大的正常儿童3岁就开始能说"我"、"我的"等，其差距很大，从中可以看出社会生活在个体自我意识形成和发展中的决定性作用。

（2）个体制约性。自我意识既然是主我对客我的意识，那么客我即个体客观实在的"我"的状况也就在相当程度上制约了作为主我的自我。应当看到的是，个体的意识发展既是被动的又是能动的，被动的是指受到客观环境的制约，能动的则表现在意识的主导、调控能力上。个体在客观现实上是个怎样的人，也就有意识（自我意识或自我）的作用在内。

（3）同一性。同一性主要包括以下三层意思：一是指个体在自我意识中力求使"现实我"、"理想我"与"客体我"三者和谐统一的倾向；二是指个体在自我意识中力求使"现实我"与自身的生理特征、社会期待、以往经验、现实的环境以及未来希望等六个方面的和谐统一；三是指个体在自我意识中，在同一时空或不同时空，其自我总能作为整体而保持同一性。

3. 自我意识的发展

意识的发展主要是自我意识的发展，自我意识的发展主要是"自我"的发展，具体表现在从生理自我向社会自我再到心理自我的过程。学校教育的重要任务在于促进学生的"自我"形成与"自我意识"的发展。

（1）生理自我。生理自我是自我意识的最原始状态，是个人对自己物质形体的有关属性、状况、特征等的自觉映象。婴儿出生时没有意识，无所谓自我意识，分不清自己与其他事物；8个月左右，开始对镜子里的自身形象感兴趣，有某种关注；10个月时会主动观看镜子中的自身形象，常与其玩耍，但还不知道镜中形象就是自己；到1岁7个月左右，才开始知道镜中人就是自己；2岁左右开始能用自己的名字表达自己的要求；3岁左右开始频繁使用"我"这个词。这种开始的"我"就是属于"生理的我"。

（2）社会自我。社会自我指个体对自己种种社会属性、社会关系及其特征、状态等的自觉映象。社会自我是随着个体社会化的进程，随着个体对种种社会关系介入的程度而逐步形成的。儿童在3岁以后，自我意识的发展进入到社会自我阶段。这一阶段是儿童接受社会文化影响最活跃的时期，他们在游戏中学习扮演各种社会角色，掌握各种角色间的社会关系。他们从轻信成人的评价过渡到自我评价，自我评价的独立性、原则性、批判性迅速发展，对道德行为的判断能力也逐步达到了前所未有的水平，从对具体行为的评价发展到有一定概括程度的评价。但应注意到的是，即便儿童的自我评价水平有一定的发展，但尚不涉及个人的内心世界和人格特征，自我调节控制能力也较差，往往表现出"表里不一"、"言行不一"的情况。社会自我意识的基本成熟要到少年期才完成。

（3）心理自我。心理自我也称精神自我，是对自己心理的属性、状态、特征和内容等方面的意识。心理自我是在青春期开始发展和形成的，并逐步处于自我结构的更高层次上，具有最高的主导优势。

初、高中生所处的青春期是自我意识发展的第一飞跃期。初中生在日常生活中经常将很多自我意识用于内省和反思。而高中生的自我意识则表现出更多的独立意向，在心理上将自我分成了"理想自我"与"现实自我"两部分，强烈关心自己的个性成长，自我评价成熟，有较强的自尊心，道德意识也得到高度发展。

总之，生理自我、社会自我、心理自我是自我意识的三个不同水平的阶段，也是个体成熟后自我结构的三个不同方面，它们之间既有区别又密切联系，构成了以心理自我为主导的统一的个人自我的结构。

三、学生个别差异及其教育意义

学生个别差异主要体现在认知差异和性格差异两方面。

（一）学生的认知差异及其教育意义

认知过程是指学生获得信息、做出计划和解决问题的心理过程。这个过程存在着个体之间的认知方式和智力等方面的个别差异。

1. 认知方式差异

认知方式又称认知风格，是个体在知觉、思维、记忆和解决问题等认知活动中加工和组织信息时所显示出来的独特而稳定的风格。学生认知方式的差异主要表现在场独立型与场依存型、沉思型与冲动型、辐合型与发散型等方面。

（1）场独立型与场依存型。具有场独立方式的人，对客观事物作判断时，常常利用自己内部的参照，不易受外来因素的影响和干扰；在认知方面独立于他们周围的背景，倾向于在更抽象的和分析的水平上加工，独立对事物做出判断。具有场依存方式的人，对物体的知觉倾向于以外部参照作为信息加工的依据，他们的态度和自我知觉更易受周围的人们特别是权威人士的影响和干扰，善于察言观色，注意并记忆言语信息中的社会内容。场依存型和场独立型这两种认知风格与学习有密切的联系。一般来讲，场依存型的人对人文科学和社会科学更感兴趣，而场独立型的人在数学和自然科学方面会更擅长。因此，学习与学习者认知风格相符合的学科，学习者的成绩就会相对好一些。

（2）沉思型与冲动型。卡根等人曾经在对儿童的认知风格分类进行研究时发现，有些儿童反应得很快，而另一些儿童则并不急于反应，而是会用更多的时间进行思考。

在有几种可能解答的问题情境中，有些儿童倾向于深思熟虑且错误较少，这种认知方式被称为沉思型认知方式。另一些儿童倾向于很快地检验假设，且常常出错，这种认知方式被称为冲动型认知方式。冲动与沉思的标准是反应时间与精确性。反应速度的差异与智力并没有直接的关系，但是却与学生在校的学习成绩有关。沉思型儿童在中等难度知觉任务上的成绩比较好，与沉思型儿童相比，冲动型儿童更容易分心、急于求成、成绩较差。所以，在进行教育时，要给冲动型儿童呈现沉思型学习的榜样，并且给予积极的反馈。

（3）辐合型与发散型。据美国的吉尔福特研究，辐合型认知方式是指个体在解决问题过程中常表现出辐合思维的特征，表现为搜集或综合信息与知识，运用逻辑规律，缩小解答范围，直至找到最适当的唯一正确的解答；而发散型认知方式则是指个体在解决问题时表现出发散思维的特征，表现为个人的思维沿着许多不同的方向扩展，使观念发散到各个有关方面，最终产生多种可能的答案而不是唯一正确的答案，因而容易产生有创见的新颖观念。

2. 智力差异

（1）智力与智力测量。为了对人的聪明程度作定量分析，心理学家创造了许多测量工具，这些测量工具被称为智力量表。世界上最著名的智力量表是斯坦福－比纳量表（简称S－B量表）。该量表最初由法国人比纳和西蒙于1905年编制，后来由斯坦福大学的推孟做了多次修订而闻名于世。

智力测量中的一个重要概念是智商，简称 IQ。其公式为：

$$IQ = \frac{\text{智力年龄}(MA)}{\text{实际年龄}(CA)} \times 100$$

上述公式中的实际年龄指从出生到进行智力测验时的年龄，简称 CA。智力年龄是根据智力测量计算出来的相对年龄，因为智力测验的题目是按年龄分组的，由此计算得到的智商属于比率智商。

1936年，美国的韦克斯勒编制了另一套智力量表，包括"学龄前智力量表"（WPPIS）、"儿童智力量表"（WISC）和"成人智力量表"（WAIS）。该套量表仍采用智商的概念，但这里的智商是以同年龄组被试的总体平均数为标准确定的。它假定同年龄组测量成绩总平均数为100，用个人实际得分与总平均数比较，确定其在同龄组内所处的相对位置，以此判定其智力水平。这种智商被称为离差智商。

无论是斯坦福－比纳量表还是韦克斯勒量表，在选择测试题时都严格控制了各种因素的影响，使测试题对所有儿童都有同样的检验度。因此，儿童在回答测试题时的数量与质量便成为其聪明程度的指标。

（2）智力的差异。由于智力是个体先天禀赋和后天环境相互作用的结果，个体智力的发展存在明显的差异，包括个体差异和群体差异。

智力的个体差异反映在个体间和个体内。个体间的差异指个人与其同龄团体的常模比较表现出来的差异。大量研究表明，人们的智力水平呈常态分布（又称钟形分布），绝大多数人的聪明程度属中等，智商分数极高与极低的人很少。一般认为，IQ超过140的人属于天才，他们在人口中的比例不到1%。智力的个体内差异即个人智商分数的构成成分的差异。一般的智力测量都是由许多分测验构成的。如韦克斯勒儿童智力量表中有12个分测验，其中6个分测验是通过言语问答进行的，被认为是测量言语智力的。另外6个分测验是通过动手操作完成的，被认为是测量操作智力的。研究表明，两个总分数相同的儿童，他们智商分数的构成可能有很大差异。

智力的群体差异是指不同群体之间的智力差异，包括智力的性别差异、年龄差异、种族差异等。目前研究的基本结论如下：第一，男女智力的总体水平大致相等，但男性智力分布的离散程度比女性大；第二，男女的智力结构存在差异，各自具有自己的优势领域。

3. 认知差异的教育意义

认知方式没有优劣好坏之分，只是表现为学生对信息加工方式的某种偏爱，主要影响学生的学习方式。智力是影响学习的一个重要因素。在传统教学条件下，智力是学习成绩的一个可靠的预测指标。然而，智力并不影响学习能否发生，它主要影响学习速度、数量、巩固程度和学习的迁移。所有这些认知差异表明，教师必须根据学生认知差异的特点与作用，不断改革教学，做到因材施教。

首先，应该创设适应学生认知差异的教学组织形式。"对于是按年龄分班教学还是将能力或知识水平接近的学生组成教学班（组）进行教学"这样一个问题，斯托达德曾提出一个双重进度方案，一部分课程（必修课）采用年级制分班，而其余课程则采用能力分级制，力图使两种教学形式有机地统一起来。

其次，采用适应认知差异的教学方式，努力使教学方式个别化。布卢姆通过长期的教学实验，提出著名的掌握学习理论。所谓掌握学习，是指向不同能力水平的学生提供最佳的教学和给予足够的学习时间，而使绝大多数学生达到掌握的程度（通常要求成功地完成80%～90%的教学评价项目）。

最后，运用适应认知差异的教学手段。美国的斯金纳等人提倡程序教学，依靠教学机器或程序化教科书呈现学习程序，使学生循序进行个别学习。在现代，程序教学发展为计算机辅助教学，它是根据程序教学的原理将计算机技术运用于教学的一种手段。

（二）学生的性格差异及其教育意义

1. 性格的概念

性格是指个体在生活过程中形成的对现实的稳定态度以及与之相适应的习惯化行为方式的总和。性格具有直接的社会意义，不同性格特征的社会价值是不一样的。因而，性格便成为人与人相互区别的主要方面，是人格的核心。

2. 性格的差异

性格的个别差异表现在性格的特征差异和性格的类型差异两个方面。

（1）性格的特征差异。关于性格的特征差异，心理学家一般是从以下四个方面进行分析的：一是对现实态度的性格特征，包括对社会、集体、他人的态度；对劳动、工作和学习的态度，对自己的态度。在这几个方面个体间存在着很大的差异。二是性格的理智特征，是指人在感知、记忆、思维、想象等认知过程中所表现出来的习惯化的行为方式的特征。三是性格的情绪特征，是指个体在情绪活动时的强度、稳定性、持续性以及主导心境等方面表现出来的个别差异。四是性格的意志特征，主要表现在个体对自己行为的控制和调节方面，如自觉性、果断性、自制力以及坚韧性等方面表现出来的个别差异。

（2）性格的类型差异。性格类型是指在一类人身上所共有的性格特征的独特结合，许多心理学家都试图划分性格的类型。依据个人心理活动的倾向性，可以把人的性格分为外倾型与内倾型；依据一个人独立或顺从的程度，可以把人的性格分为独立型和顺从型。

3. 性格差异的教育意义

性格虽然不会决定学生的学习能否发生，但它却会影响学生的学习方式。性格也作为动力因素影响学生的学习速度和质量。性格的个别差异不仅会影响学生对学习内容的选择，而且还会影响学生的社会性学习和个体社会化。

因此，为了促进学生的全面发展，学校教育应更重视情感因素的作用，使教育内容的选择和组织更好地适应学生的性格差异。

知识巩固

1. 解释概念"心理发展"、"最近发展区"、"人格"、"自我意识"。
2. 影响心理发展的条件有哪些？
3. 小学生心理发展有什么特点？
4. 初中生和高中生心理发展的主要矛盾体现在哪些方面？
5. 皮亚杰的认知发展阶段理论的主要内容是什么？
6. 埃里克森认为人格的发展要经历哪八个阶段？
7. 学生的个别差异体现在哪些方面？

知识应用

2011年耶鲁大学法学院的华裔教授蔡美儿（虎妈）成了美国最具争议的人物。她出版的新书《虎母战歌》回顾了自己"惩罚加辱骂"的极端教育方式，在被美国媒体摘录后，中美教育差别成为全美各家餐桌上的话题，这本书也成了很多书评专栏的热议话题。

何谓虎妈？蔡美儿属虎，在她看来，虎代表着"强大、权威和凝聚力"，能够获得他人的"恐惧与尊重",因此蔡美儿自称"虎妈妈"。不过坊间也有异议,认为虎妈的中文翻译应该是悍母。这种说法确实有一定道理。蔡美儿确实很强悍。例如,她给女儿制定的十大家规:①不准夜不归宿;②不准参加学校的小组娱乐活动;③不准参加校园演出;④不准抱怨没有参加校园演出;⑤不准看电视或玩电子游戏;⑥不准擅自选择课外活动;⑦不准有科目低于A;⑧除了体育与戏剧外,其他科目成绩不准拿不到第一;⑨不准练习钢琴及小提琴以外的乐器;⑩不准不练习钢琴及小提琴。一旦违反或达不到家规要求,女儿就会被骂作垃圾,不能吃饭。

但恰恰是她的这种让美国妈妈们觉得"残酷、摧残孩子自尊心"的家规,让她认为自己培育了两个卓尔不凡的女儿。又一次印证了"宝剑锋从磨砺出"。

你如何看待"虎妈"现象?

第三章 学习的基本理论

知识点预览

- 学习概述
  - 学习的一般概念
  - 学习的分类
  - 学习的意义

- 中国古代学习心理思想简介
  - 关于学习心理思想的基本理论
  - 关于学习进程的心理学思想
  - 关于学习原则方法的心理学思想
  - 关于学习与个性心理因素的思想

- 学习的基本理论
  - 外国主要学习理论简介
    - 学习的联结理论
      - 桑代克的尝试－错误说
      - 巴甫洛夫的经典条件反射学习说
      - 斯金纳的操作条件反射学习说
      - 班杜拉的社会学习理论
    - 学习的认知理论
      - 格式塔的学习观
      - 托尔曼的认知地图论
      - 布鲁纳的认知－发现说
      - 奥苏伯尔的有意义学习理论
      - 加涅的信息加工学习理论
    - 建构主义学习理论
      - 概述
      - 基本观点
    - 人本主义学习理论
      - 马斯洛的学习理论
      - 康布斯的全人教育思想
      - 罗杰斯的学习理论

> **引言**
>
> **德国"神童"卡尔·威特**
>
> 　　19世纪的德国，出了一位举世闻名的"神童"名叫卡尔·威特。他8岁之前就能自由运用德语、法语、意大利语、拉丁语、英语和希腊语六国语言，还通晓动物学、植物学、物理学、化学，尤其擅长数学；他9岁进入哥廷根大学，14岁被授予哲学博士学位，16岁获得法学博士学位，并被任命为柏林大学教授；他24岁出版了《但丁的误解》一书，成为研究但丁的权威，最终成为德国著名的数学家。
>
> 　　这位被世人看做天才、神童的人，实际上天赋并不高。他出生后甚至还被认为是痴呆。他的父亲只是一位普通的乡村牧师，家境一般。卡尔·威特能够成为"神童"完全得益于他父亲对他实施的科学的早期教育。他父亲把对他在14岁以前所进行的教育写成《卡尔·威特的教育》一书，成为世界早期教育成功的经典之作。许多人按照此书介绍的教育方法来培养教育自己的子女，也都使他们的孩子少年成才，我国的"哈佛女孩"刘亦婷就是卡尔·威特教育法的成功典范。

第一节　学习概述

一、学习的一般概念

（一）学习的定义

　　学习有广义和狭义之分。广义的学习是指动物（包括人类自身）通过练习，在生活中获得个体经验并使其行为产生持久变化的过程。理解这一定义有三个要点：首先，个体身上必须产生某种变化，我们才能说学习已经发生。光有练习不一定产生学习。例如，儿童从不会叫妈妈到学会叫妈妈，这是学习；可是，以后儿童重复叫妈妈，这种重复的活动或练习就不是学习了。其次，该变化是能相对持久保持的。有些主体的变化，诸如适应、疲劳不能称作学习，因为这些变化是暂时的，会随条件变化或经适当的休息而迅速消失。最后，个体变化是由他与环境的互相作用而产生的，即后天习得的，排除由成熟或先天反应倾向所导致的变化。狭义的学习仅仅指人类的学习（不包括其他动物），即人在社会实践中，以语言为中介，自觉主动地掌握社会和个体经验的活动。

（二）人类学习的特点

　　人类的学习与动物的学习相比较具有三大特点。

　　第一，从学习的动力和功能来看，无论动物或人的学习都服从于生活方式的客观要求，但动物与人的生活方式却根本不同，因此学习的动力和功能就不同。动物的学

习活动仅仅局限于满足其生理需要（吃、喝、性以及快感和趋利避害），生理需要就成为引起动物学习活动的唯一动力。人类的学习并不局限于满足个体的生理需要，更主要的在于满足其社会生活的需要。正因为如此，人类的学习动机不仅丰富多样，而且与动物相比有本质差别。就功能而言，动物的生活方式是以消极适应现实为基本特征，而人的生活方式在于适应和改造现实，尤其是改造现实；动物的学习仅限于消极适应环境变化的要求，而人的学习则要求满足于改造现实。

第二，从学习的形式与内容方面来看，人类不仅以个体独自直接经验的方式获得个体经验，而且还在同他人、环境和机器（工具）交往过程中，以间接经验的方式去掌握前人经验与获得个体经验。就人类直接经验的学习来说，虽然与动物的学习有相似之处，但内容上两者不能等同。而至于间接经验的学习，动物根本不可能具有。因为间接经验的学习须以社会传递（传授与掌握）为前提，并以语言为工具。动物由于其生活方式及其有机体的结构与机能的局限，在自然生活方式的前提下，既不需要也不可能有类似于人类那样的经验传递方式和语言。所以，动物不可能有人类那样的经验的学习形式。尽管自20世纪60年代以来，一些动物心理学家在试教黑猩猩学习手势语言方面取得了很大进展，但根据现有的研究信息，尚难证明动物也有人类那样的语言以及间接经验的学习形式。虽然据有关科研信息报道，黑猩猩经过人驯养，处于一种手势语言的环境里，不仅可以学会一些手势语言词汇（能学会500多个手势词汇），还能把学到的手势推广到新的场合，组成短语。甚至黑猩猩似乎也能把周围的东西进行归类，学会概念，如把天鹅归入水鸟一类、彼此间能尝试使用学会手势交际等等。但所有这些，同人类的语言、交际相比，毕竟处于一种萌芽状态，而且是在特殊的生活条件下，经过特殊的人工驯养才达到的，因此不足于取消人类与动物学习的界限。

第三，从学习机制来看，人与动物学习的差别也是十分明显的。这不仅在于人的学习的各个环节更为复杂，而且主要在于动物的学习局限于第一信号系统；而人类的学习，除了第一信号系统的活动，还增加了第二信号系统的活动。在人类学习及其机制上，有了第二信号系统后，不仅给人的学习带来了全新的形式与内容，而且也改变着原有的第一信号系统的活动，把它提高到新的水平，使人的学习得以高度发展。

总之，在掌握学习概念上，既要看到动物与人的学习的联系，也要看到两者之间的本质区别；既要承认学习的种系发展的连续性，也不能否认发展的阶段性——本质变化。动物的学习与人的学习既有共性，也有特殊性。抹杀两者的本质区别，不加区别地搬用动物学习心理研究资料应用在人身上，把人的学习导向动物学化是错误的。同样，把人的学习与动物的学习截然分割，盲目地拒绝一切动物学习心理研究资料，把人的学习导向社会学化也是不正确的。

（三）学生的学习

学生的学习是在教师的组织指导下，有目的、有计划地获得知识、形成技能以及发展智力、体力和形成思想品德的过程。学生的学习与人类的一般学习既有共同之处，又有自身的特点。其具体表现在如下方面。

第一，从内容方面而言，学生的学习是以掌握前人经验为主。所谓前人经验也叫社会经验或间接经验，指的是人们在长期的社会实践过程中所积累起来的精神财富，包括科学文化知识、技能和社会生活规范或行为准则。学生学习的主要任务，就是要占有这些前人经验，把前人经验变成自己的精神财富，形成必要的才能和品德，从而能参与各项社会实践，继承或变革过去和现在的各种社会实践活动的方式。学校始终是为了传递一定的社会经验的需要而产生发展的。学生正是为了掌握前人经验和参与社会实践的需要才进入学校学习的。尽管时代不同、社会不同、学校教育内容不尽相同，但都是为了传递一定的社会经验，培养一定的人才，为一定的政治、经济服务。强调学生的学习应以掌握前人经验为主，并不否认学生学习过程中必须获得本人的直接经验。事实上，掌握前人经验总要有一定的本人的直接经验为基础。但对学生而言，这些直接经验是从属于掌握社会经验的需要而提出的。

由于学生学习的这一特点，因此，在要求、作用与动力方面都与人类的一般学习有区别。

从要求方面来说，学生的学习应是快速而高效的。快速高效是学习的客观要求，是必要的。因为学生的学习时间有限，必须在有限的学校学习期间，去掌握人类社会数千年以来所积累起来的有用经验；而且学生必须在规定时间内去完成应有的学习任务，否则会给以后的学习造成障碍。快速而高效又是可能的：①学生学习主要是通过语言符号以间接经验的方式去掌握前人经验；②学生学习有教师的传授这一便利条件；③学生学习有科学快速的现代化教学手段。当然，能否高效快速学习还取决于现实的教学条件，取决于教与学双方能否依据客观的教学规律而充分发挥教与学的主观能动性。

从作用和动力方面而言，学生的学习并不在于满足其当时的社会生活实践的需要，而是为未来参与社会生活实践作准备。事实上，学生在校学习的许多内容并非学生在生活中必不可少的，更多的内容是为参与未来的社会生活实践作准备的。如果学生意识不到现在的学习与未来的社会生活实践的关系，其学习兴趣就不高，这也已经是目前学校学生学习当中的突出问题，因为这直接关系到学习的动力问题。可以说，学生的学习动力不是来自于生活的直接刺激，而是来自于学习内容与形式的吸引力以及学生本人对学习的直接或间接的兴趣。

第二，从学习的形式方面而言，学生的学习以间接经验的形式为主。这一特点是由学生学习内容所决定的。学生学习内容是掌握前人经验，学生在掌握这些经验时，没有必要也不可能去重复前人创造这种经验时的实践，只有明智地采取一定的间接经验的学习形式。学习的间接经验形式与直接经验形式，从结构上来说，虽然都有定向、行动和反馈这些组成环节，但这些环节的活动内容是不同的。间接经验的学习形式各个环节的动作对象都是为了掌握一定经验的需要而人为创设的；而直接经验的学习形式各个环节的动作对象，是实际生活中的真实事物，它的学习情境是"自然的"而非

人为的。我们强调学生的学习以间接经验的学习形式为主,并不否定直接经验的学习形式;恰恰相反,间接经验总是以一定的直接经验为基础的,否则便不可能通过间接经验形式去掌握前人的经验。只是从总体看,学生的学习形式是以间接经验的学习形式为主,直接经验的学习形式是从属的。

第三,间接经验的学习必须在传授条件下进行。经验之所以能成为被传递的对象,是因为具备了两个条件。一是经验已经物质化,使其具有一定的物质形式或物质外壳,通常表现为文字、语言或其他符号的形式,成为经验内容的载体。二是经验已经为经验所有者采取一定的形式进行传授,也只有在传授的情况下,学生才能通过经验的物质外壳(语言、文字或符号),掌握其内容,真正使经验成为自身精神财富的一部分。因此,传授显得尤其重要。我们平常意义的"自学"和"靠自己学"也是指在传授条件下,经过本人主观努力把前人的经验学到手,并非完全排除传授的作用。事实上,缺乏传授,任何间接经验的学习形式都根本不能存在,也失去了学生学习的根本特征。

第四,从学习的功用来说,学生的学习特别注重德、智、体、美、劳等诸方面生动活泼、全面和谐、主动统一的发展。中小学学生是处在发展阶段的个体,无论是身体还是心理都与成年人不同。从生理方面说,他们正处于不断地成长发育过程中;从心理方面而言,他们也是随着学习的进程而不断获得变化与发展的。

为了使年青一代成为国家的有用之材,不仅要在德、智、体、美、劳各方面的学习统一兼顾,而且在德、智、体、美、劳各方面本身的发展要全面。就智育而言,学生的学习不仅要使他们掌握较全面的知识,而且要使他们学会掌握和运用这些知识所必需的技能,并使各种能力与才能得到顺利发展和提高。

面向未来的学习观

一、全面学习观

为了迎接21世纪的挑战,无论是发达国家或是发展中国家都在调整教育的培养目标,努力造就适应未来社会需要的合格人才。他们在对未来社会的预测和对现行教育制度进行反思的基础上,得出的共识是:只有全面发展的人(联合国教科文组织称为"完人"),才能称得上合格人才。因此,大学生首先要树立全面学习观,正确处理好德与才、通与专、知识能力与素质、全面发展与个性发展等方面的关系。

二、自主学习观

自主学习就是学生自己主动地学习,自己有主见地学习。在传统教育理论中,教师是教育的主体,学生是教育的客体。确立自主学习观念,就意味着教育者不仅把学生当做教育对象,也应该把学生看做认知主体,学生更应该把自己看做主人。

联合国教科文组织的报告《学会生存——教育世界的今天和明天》指出，教育"已不再是外部强加在学习者身上的东西，也不是强加在别的人身上的东西。教育必然是从学习者本人出发的"；"我们今天把重点放在教育与学习过程的'自学'原则上，而不是放在传统教育的教学原则上"；"新的教育精神使个人成为他自己文化进步的主人和创造者。自学，尤其是在帮助下的自学，在任何教育体系中，都具有无可替代的价值"。

三、创新学习观

学习总起来说有两种类型：一种是维持性学习（或称适应性学习），它的功能在于获得已有的知识和经验，以提高解决当前已经发生的问题的能力；另一种是创新性学习，即一种可以带来变化、更新、重建和重新系统地阐述问题的学习，它的功能在于通过学习提高一个人发现、吸收新信息和提出新问题的能力，以迎接和处理未来社会发生的日新月异的变化。

是否具有不断掌握最新知识并进而创造新知识的能力，比掌握多少现存的知识更为重要。"学会"只能使人成为传统意义上的"工匠"，"会学"才能使人成为知识经济时代的"大师"和"知识劳动者"。因此，知识经济必然要求人们在学习观念上实现从"维持性学习"向"创新性学习"的转变。

四、终身学习观

终身教育、终身学习的思想在古希腊、罗马、伊斯兰思想中以及在中国、印度的古老哲学中就已经出现了。柏拉图认为，那些极有天赋的人，应受教育到35岁，然后再进行15年的锻炼，才能成为最好的人才。亚里士多德主张应使全城邦的公民都"受到同一的教育"。古代波斯的教育包括一个人终身受训，包括从生到死的一切活动。我国古代的思想家们也注意到了这个问题。孔子曾讲，"吾十有五而志于学，三十而立，四十而不惑，五十而知天命，六十而耳顺，七十而从心所欲，不逾矩"（《论语·述而》）。他的"学而不厌"的思想已于古流传，成为后世学子的座右铭。庄子所述的"吾生有涯，学也无涯"，也深刻地指出了终身教育、终身学习的必要性。可以说"活到老，学到老"已经成为中华民族优秀民族品格的重要组成部分。

（资料来源：王言根《学会学习》，教育科学出版社2005年版，第13～25页，有改动。）

二、学习的分类

（一）加涅的学习分类

1. 加涅根据学习层次的分类

美国心理学家加涅根据学习层次的不同于1965年把学习分为八类。

第一类：信号学习。学习对某一信号做出某种反应。如巴甫洛夫经典条件反射实验中，动物（狗）学习见到灯光（信号）就分泌唾液（反应）。

第二类：刺激-反应学习。这一类学习包括桑代克（E. L. Thorndike）的情境与反应的联结学习和斯金纳（B. F. Shiner）的操作性条件反射学习。

第三类：连锁学习。学习形成两个或更多的刺激反应的联结连锁，也即形成系列刺激-反应的联结序列。

第四类：词语联想学习。这就是形成一系列的连续性词语联结。有时与第七类合并。

第五类：辨别学习。也就是学会对许多不同刺激做出不同的识别反应。

第六类：概念学习。这就是学会对一类刺激做出同样反应。

第七类：原理的（规则的）学习。原理由两个或更多的概念连锁构成，是形成多个概念连锁。

第八类：问题解决的学习。也就是学会运用原理解决问题。

2. 加涅根据学习结果的分类

1971年，加涅根据学习结果的不同，把学习分为五种。

（1）言语信息，指能用言语表达的知识。比如记住人名、地名等。大家都知道"中国的首都是北京"等。

（2）智慧技能，主要指运用概念和规则办事的能力。

（3）认知策略，指人们运用有关如何学习、记忆、思维的规则支配人的学习、记忆或认知行为，并提高其学习、记忆或认知效率的能力。例如采用一定的阅读策略提高阅读水平和质量等。

（4）动作技能，指通过练习获得的、按一定规则协调自身肌肉运动的能力。例如学会跳高、游泳等技能。

（5）态度，指习得的对人、对事、对物、对己的反应倾向。

（二）奥苏伯尔的学习分类

奥苏伯尔（D. P. Ausubel）根据学习进行的方式把学习分为接受学习和发现学习，又根据学习者是否理解要学习的材料将学习分为有意义学习与机械学习，并认为学生的学习主要是有意义的接受学习。另外，奥苏伯尔根据有意义学习的简繁程度将有意义学习分为符号表征学习、概念学习、命题学习、概念和命题的运用、解决问题与创造五类。

（三）我国的学习分类

我国教育心理学家依据教育系统中传递的经验内容不同，将学生的学习分为三类。

第一类：知识学习，包括知识的领会、巩固和应用三个环节，要解决的是知与不知、知之深浅的问题。

第二类：技能学习，又分为心智技能学习和操作技能学习两种，要解决的是会不会的问题。

第三类：社会规范的学习，又称行为规范的学习或接受，是把外在于主体的行为要求转化为主体内在的行为需要的内化过程。其学习既包括社会规范的认识问题，又包括规范执行及情感体验的问题，因此比知识技能的学习更为复杂。

三、学习的意义

学习不仅能促进个体的身心发展，而且是个体积极适应环境和改造环境的必要条件与前提。

（一）学习能促进个体的身心发展

1. 学习与个体的成熟

成熟是指个体生理方面的发展，包括各种生理组织结构、机能及本能行为的发展，也是个体生物学方面的发展。个体成熟与学习的关系也是相互制约、相辅相成的。

（1）成熟对学习的影响。成熟是个体学习的物质基础和自然前提。教育实践经验告诉我们，学习者在一定年龄段上能学习什么、从何时开始学习，都要以学习者的相应成熟水平为条件。我国古代教育家孔子早在两千年前就提倡学习要循序渐进的原则，中国第一部教育学著作《学记》中也提出"当其时"的原则，也就是指学习要抓住时机。西方许多教育家如裴斯泰洛齐、卢梭、赫尔巴特和杜威都认为要依照儿童的本性来教学。如17世纪的著名教育学家夸美纽斯就提出"自然适应性"原则。由此可见，中外教育家早就从自身的实践中发现了学习须以个体的一定成熟为前提条件这一规律。

现代心理学实验表明，一切随意运动、动作技能的学习，均须以学习者骨骼肌肉及神经系统的正常发育为基础。正如美国儿童发展心理学家盖塞尔（A. Gesell）和汤姆逊（H. Thompson）做过的爬梯学习实验所证明的那样。他们精心（通过各种测验）选出一对在身心特点上几乎一样的同卵双生子T和V，在他们出生后的第46周让其中的T爬过一个阶梯，到一个有高栏的小床边，取起放在床边的有趣小玩意儿，而对V则暂时不做该实验。实验过程中发现T在第一次爬梯时，动作迟缓笨拙，需要成人帮助。这样每天让T爬梯10分钟，到第53周，T只需25秒就能从地板爬到楼梯顶，而且比较熟练。这时开始让V做与T相同的爬梯学习。发现V第一次爬梯的动作（第53周）同T第一次爬梯的动作（第46周）相比，成绩明显优越。而且V学习两星期后，成绩显著提高，只需10秒就能从地板爬到梯顶，大大越过T经6周学习后的成绩。这一实验说明，学习受成熟条件的制约，成熟影响学习的效果和速度。

同样，一切感知方面的学习，需要有相应的正常成熟的感觉分析器和神经系统的协调活动；思维和语言的学习，需要有发育正常的大脑皮层。相反，若新生儿的骨骼、肌肉发育还不足以支撑其身体的重量，其神经系统的发育还不足以协调其随意动作就让他学习走路，不仅徒劳而且易造成损害。因此，要求一个正常儿童学习超出其成熟范围的东西无疑是揠苗助长或是对牛弹琴。

（2）学习对成熟的促进。个体的成熟也受"用进废退"的自然法则所支配，学习对个体成熟发展的促进也就成为可能。一些早期教育的实验研究表明，如果儿童缺乏知觉的学习机会，相应的学习机能就会衰退，严重的甚至会丧失智力，成为低能儿、白痴。印度的狼孩4岁回到人间，虽精心教养但仍然是个低能儿。相反，如果得到良好的早期教育，就能促进儿童的成熟。例如，华脱和海尔特对医院托儿所的婴儿做了对比实验。他们创设三种不同学习环境：一是一般的托儿所环境；二是在托儿所婴儿小床上显示多种形状的有颜色的东西，来提高婴儿的兴趣和增加头部转动；三是在托儿所婴儿小床栏杆上放置他恰好能看见的假奶头，来激励他去抓握。结果表明，经过第二种和第三种环境影响的婴儿，看远处物体的能力（视觉机能）比第一种环境影响下的儿童发展更早。

2. 学习与个体的心理发展

学习与个体心理发展的关系体现在：一方面，学习促进个体心理的发展；另一方面，学习受到心理发展的制约。

（1）学习对心理发展的促进。我们知道，心理的实质是在社会实践中人脑对客观现实的主观能动的反映。而人的心理发展是人脑中主观印象的变化和人脑对客观现实的反映机能的变化。这些变化都不能离开环境影响、社会实践、个人主观努力。而在这些条件中学习活动贯穿其中。个体必须在学习活动中形成新的认知结构，或加工改组已有的认知结构，从而使主观世界变化发展。就人脑反映机能的发展来说，人脑的反映机能系统，既包括先天的自然成长的结构和机能，也包含个体在社会实践中所获得的反映活动方式。上述两类机能系统的个体发展和变化都是在学习活动中发生的，可见学习促进了个体心理的发展。

（2）学习受制于心理现有的发展水平。学习是一种主动的活动，也产生于需要，同时个体必须具备满足该学习需要的心理水平。若没有一定的心理现有发展水平，学习就不会在个体身上发生。因此，学习必须适应个体心理发展的规律。正如儿童心理学家皮亚杰（J. Piaget）对儿童心理研究表明的那样，心理发展的各个阶段变化、发展的水平和顺序都有客观的规律性，既不能超越，也不能颠倒。也就是说，学习必须考虑儿童的年龄心理特点，不加区别地对待，学习就收不到良好的效果。

（二）学习是个体积极适应环境和改造环境的必要条件与前提

1. 学习是个体适应环境的必要条件

个体一旦出生，要适应母体之外不断变化的环境，与环境保持动态平衡，除了与生俱来的本能外，更主要的是通过学习以获得复杂、高级的适应行为，动物越高级，学习的重要性就越大，至于我们人类就更必须学习。假如人类没有后天习得的经验，人类的心理能力将永远停留在刚刚出生的那一刹那，就连独立进食、保暖的起码生存能力也没有，更不要奢谈社会实践活动、适应复杂环境的能力。因而，学习是个体适应环境的必要条件。

2. 学习是个体积极作用和改造环境的前提

个体的学习不仅是为了适应环境，更重要的是积极地作用和改造环境，使人类的生存空间更为美好。人类要维护生态平衡、营造森林、保持水土、绿化沙漠、建设良田、防止污染等，就要通过学习认识与把握自然规律；人类要和平发展，就要通过学习认识自身的发展历史、把握政治经济的发展规律，形成参与上述活动的技能。

资料窗

一只神奇的狗

　　5岁的"波波"是一只神奇的狗。它能帮助它的主人——一位脑瘫患者做很多事：门铃响了，它会去应门；主人掉了东西，它会帮他捡起来；主人渴了，它会给他找喝的；甚至当主人从轮椅摔倒在地上，动弹不得时，它会找来邻居帮忙。有了"波波"这个能干的助手，虽然主人无法控制自己的肌肉活动，只能整天坐在轮椅上，但他也可以如正常人一样独立生活。"波波"的才能不是天生就有的，而是艰苦训练的结果。这样的情况对我们每个人来说也是适用的，如读书、打牌、接受测验以及其他日常生活的技能其实都是训练的结果。像"波波"一样，我们所有人都是通过"学习"获得技能的。

（资料来源：黄希庭《心理学与我们》，人民邮电出版社2009年版，第90页。）

第二节　中国古代学习心理思想简介

　　中国古代思想家、教育家对学习心理问题的诸多方面都有所涉及，形成了独具特色的理论体系，对学习的意义、学习的作用、学习的实质、学习的过程、学习的方法和学习心理条件都有较全面的论述。

一、关于学习心理思想的基本理论

　　关于中国古代学习心理思想的基本理论，可以概括为生知说与学知说、内求说与外铄说、气禀说与性习论。

（一）生知说与学知说

　　生知说与学知说是关于心理发展是先天的还是后天获得的问题。孔子认为："我非生而知之者，好古敏以求之者也。"他将学习分为生知、学知与困知等，更强调学知。继承发扬学知说的有战国的荀子、汉代王充和明清之际的王夫之等，他们都主张人的知识只能由实践和向前人学习才能获得。所谓"不登高山，不知天之高也；不临深溪，不知地之厚也；不闻先王之遗言，不知学问之大也"（《荀子·劝学篇》）。又"智能之士，不学不成，不问不知"（王充《论衡·实知篇》），"聪必历于声而始辨，明必择于色而始晰，心出思而得之，不思则不得也"（王夫之《读四书大全说》卷七）。主张生知说的有孟子、明代的王守仁。他们认为，每个人都有"不虑而知"的"良知"和

"不学而能"的"良能"。所谓"良知之外更无知,致知之外更无学"(《王文成公全书》卷五《与马子莘》)。

(二) 内求说与外铄说

内求说与外铄说论述影响学习问题是重视内部因素还是强调外部因素的作用。孟子以及宋代邵雍、程颐、程颢、陆九渊与明代王守仁都持内求说。所谓"仁义礼智,非由外铄我也,我固有之也"(《孟子·尽心上》),"心即理也,学者学此心也,求者求此心也"(《王文成公全书·紫阳书院集序》)。荀子以及南宋陈亮、叶适和明代王廷相强调外铄说。如荀子《劝学篇》中的"吾尝终日而思矣,不如须臾之所学也",又如"诸凡万事万物之知,皆因习、因悟、因过、因疑而然。人也,非天也"(王廷相《雅述上篇》)。外铄说强调环境、教育的外部因素作用。内求说与外铄说并非绝对对立,只侧重一个方面,这与现代学习理论中两大阵营联结理论与认识理论的主张有某种暗合。前者强调外部情境、榜样的作用,后者则强调学习者的认知结构、内部动机的作用。

(三) 气禀说与性习论

气禀说与性习论论述个性的形成是由先天的气禀决定还是后天习染决定的问题。汉代的王充、宋代的朱熹都持气禀说。所谓"人禀气而生,含气而长,得贵则贵,得贱则贱"(《论衡·命义篇》)。朱熹在《性理一·人物之性气质之性》里指出,人们的圣贤和愚不肖、英爽和温和、贵富和寿夭,都由"气"所决定。而持性习论者有孔子、王夫之等人。性习论在古代一直处于支配位置,自《尚书·商书·太甲上》的"习与性成"发端,到孔子"性相近也,习相远也",到王夫之的"性者天道,习者人道",前后相承。气禀说与性习论同现代的遗传决定论和环境决定论有相似之处,但性习论并非完全否认气禀说的生物学前提,这一点又是环境决定论所不及的。

二、关于学习进程的心理学思想

我国古代思想家关于学习进程的阶段划分有二阶段说、三阶段说、四阶段说和五阶段说。其中,大多是从孔子的言论中归纳出来的。

二阶段说中的学与习、学与思或学与行的划分。所谓"学而不思则罔,思而不学则殆"(《论语·为政篇》),"学而时习之,不亦说(悦)乎?"和"行有余力,则以学文"(《论语·学而篇》)。这里的"学"指多闻多见的感知阶段,"思"指举一反三的理性思考阶段,"习"指巩固复习与练习阶段,"行"指学以致用的践履阶段。

三阶段说是荀子《劝学》中提出的所谓"君子之学也,入乎耳,箸乎心,布乎四体,形乎动静",即感知(入乎耳)、思维(箸乎心)、行动(布乎四体,形乎动静)。

四阶段说是在总结上述几种观点的基础上提出的,即"学、思、习、行"。

五阶段说即《礼记》是在孔子的三阶段说基础上提出来的,即"博学之,审问之,慎思之,明辨之,笃行之"简称"学、问、思、辨、行"。其中"问、思、辨",是从孔子"思"中再细分出来的。如果在五阶段的基础上加上孔子的"立志",所谓

"吾十有五，而志于学"（《论语·为政篇》）以及"时习"，五阶段说（见图3-1）又变成七阶段说了（见图3-2）。

现代信息理论把学习过程分为八个阶段，即动机阶段、了解阶段、获得阶段、保持阶段、回忆阶段、概括阶段、作业阶段和反馈阶段。从学习心理分析看，这八个阶段在实质上与我国古代的五阶段说和七阶段说都是很相似的，如图3-2所示。

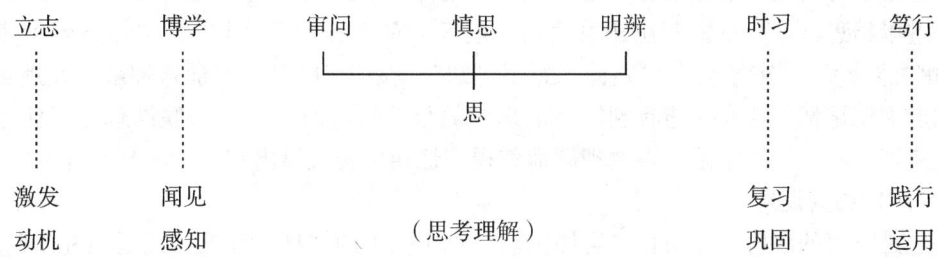

图3-1 学习的五阶段说

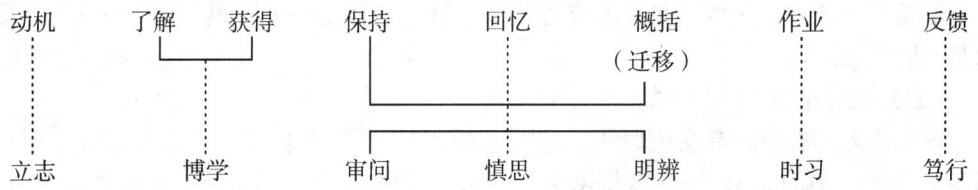

图3-2 学习的七阶段说

三、关于学习原则方法的心理学思想

历代教育家、思想家有许多关于学习原则、方法的很好见解。其中，朱熹《读书之要》提出的六大"读书法"极具代表性，即循序渐进、熟读精思、虚心涵泳、切己体察、著紧用力、居敬持志。我们纵概古代教育家和思想家的有关言论，大致可以归纳为五大学习原则方法，即修学务早、深造自得、熟读深思、由博反约、循序渐进。

（一）修学务早

这是提出早期教育的学习原则。《学记》中有"时过然后学，则勤苦而难成"的思想，这一思想得到东晋葛洪和南北朝颜之推的继承与发展。葛氏曰"盖少则志一而难忘，长则神放而易失。故修学务早……"（《抱朴子外篇·勖学》），颜氏则认为"人生幼小，精神专利，长成以后，思虑散逸，固须早教，勿失机也"（《颜氏家训》）。这些观点与现代教育心理学中教育勿失关键期的观点是吻合的。

（二）深造自得

这是学习的发展智力、培养能力原则。孟子在《离娄下》中说的"君子深造之道，欲其自得之也"以及宋代张载提出的"学贵心悟"的观点也即深造自得。明代王廷相在《慎言·潜心篇》中解释得比较全面："自得之学可以终身用之，记闻而有得者，衰而忘之矣，不出于心悟故也。故君子之学，贵于深造实养，以致其自得焉。"可见，深造自得是重在发展智力、培养能力而不是死记硬背现成的知识。

（三）熟读深思

这是学习的记忆与思维相结合原则。"大抵观书先须熟读，使其言皆若出于吾之口；继以精思，使其意皆若出于吾之心，然后可能有得尔"（《朱子文集》卷七十四《读书之要》）。苏东坡也说"熟读深思子自知"。在记忆的基础上加强理解，在理解的基础上加深记忆，这样才能收到学习的理想效果，这与西方学习的联结理论只注重记忆而忽视理解或认知学派只强调理解而忽视记忆相比较就显出它的全面与合理了。

（四）由博返约

这是学习的广博与专精相结合原则。始见于孔子的"博学于文、约之以礼"（《论语·雍也》）。王夫之对博约的关系做了精辟的论述。他认为"约者博之约，而博者约之博。故将以反说夫约，于是乎博学而详说之，凡其为博而详者，皆为约致其功也"（《读四书大全说》卷六）。荀子、孟子、颜之推、朱熹、王廷相、戴震等均论述过博学与专精的问题。很显然，我国传统的"博览群书、各专一事"的原则与上述古代思想是一脉相承的。

（五）循序渐进

这是学习的有步骤有系统原则。它要求学习要由易及难，逐步深入，量力而行。明确提出该原则的是朱熹。在《读书之要》中，他说"循序而渐进，熟读而精思可也"。他还以学习《论语》和《孟子》两书为例来说明何谓循序渐进，即"以二书言之，则先《论》而后《孟》，通过一书而后及一书。以一书言之，则其篇章之句，首尾次第，亦各有序，而不可乱也。量力所至，约其课程而谨守之，字求其训，句索其旨。未得乎前，则不敢求其后；未通乎此，则不敢志乎彼。如是循序而渐进焉"。

四、关于学习与个性心理因素的思想

我国古代学者早已认识到学习的成功不仅与人的聪明程度有关，而且与人的个性心理因素如兴趣、情感、意志和性格有关。

古人提倡"好学"、"乐学"就与人的兴趣有关。孔子在《论语·雍也》中提出"知之者不如好之者，好之者不如乐之者"。又，宋代张载在《经学理窟》中认为"乐则生矣，学至于乐，则自不已，故进也"。乐学会产生一种积极的学习情感从而提高学习效果。孔子的"学而时习之，不亦说（悦）乎?"就是主张要把学习看成一件愉快的事。这与现代教育学中提倡愉快教学思想是一致的。

关于意志，孔子、孟子、荀子等历代思想家都十分重视其对学习的影响，强调用顽强的意志和持之以恒的精神去搞好学习。荀子在《劝学篇》中一段话极具代表意义，即"不积跬步，无以至千里；不积小流，无以成江海"，这里的"积"就是要持之以恒、顽强进取。

优良的性格也是学习的重要条件。历代思想家把谦虚看得十分重要，都认为"满招损，谦受益"。例如，孔子在《为政篇》中告诫学生"知之为知之，不知为不知"；而且在《述而篇》中指出"三人行，必有吾师焉"。朱熹发扬其思想在《学规类编》中指出"读书之法无他，唯是笃志虚心，反复详玩，为有功耳"。而对骄傲自满、自高自大者进行尖锐的批评。如颜之推在《颜氏家训·勉学》中指出："见人读数十卷书，便自高大，凌忽长者，轻慢同列；人疾之如仇敌，恶之如鸱枭，如此以学自损，不如无学也。"

第三节 外国主要学习理论简介

学习心理学是现代科学教育心理学领域中的核心部分。欧美心理学家在这方面做了许多实验，企图探索完善的学习条件，希望成功地解决学习上的种种问题，因此产生了各种不同的理论。作为促使行为变化的学习是为何发生和怎样发生的，由于研究者的立场、观点以及方法不同，做出的回答也就不一样。通常把许多不同的学习理论分成两大阵营，即行为主义或"刺激-反应"的联结理论和认知理论。

一、学习的联结理论

关于学习的联结理论，我们主要介绍桑代克的试误（尝试-错误）说、巴甫洛夫的经典条件反射学习说、斯金纳的操作条件反射学习说以及班杜拉的社会学习理论。

（一）桑代克的尝试-错误说

1. 桑代克尝试-错误学说的实验与基本内容

学习理论中的试误说是桑代克（E. L. Thorndike，1874—1949年）根据动物实验得出的结论。他是应用动物研究学习问题的第一人，最成功的实验是饿猫开门逃出迷箱（puzzle box）的实验（见图3-3）。

实验中，桑代克让一只饥饿的猫学会打开迷箱的门，出逃并取得箱外的食物。将饥饿的猫放入迷箱之中，并在迷箱之外即饥饿的猫可望而不可即的地方放置食物。饿猫刚刚进入迷箱时，乱叫乱抓。后来，一个偶然的机会，触动了开门的机关设施，得以出逃并取得食物。在以后的实验中，饿猫在迷箱中尝试开门的错误和盲目动作随尝试次数的增加而逐步减少，直至最后一放入迷箱之中就会触动开门的机关，出逃并取食。

根据这一经典实验，他认为"学习即联结"，"学习是结合，人之所以长于学习，即因形成许多联结"。在猫学习打开迷箱的过程中，曾通过多次尝试与错误，终于在复杂的刺激情境中辨别出一个开门的设施（刺激）并做出正确的开门动作（反应）。也就是说，在相应的刺激（如金属绳）与反应（如拉动）之间形成了巩固的联结，学习便产生了。而这种学习不是一次完成的，是渐进"尝试错误"到最后成功的过程。因此，这种联结理论就叫尝试与错误说，也叫刺激-反应（S-R）理论。

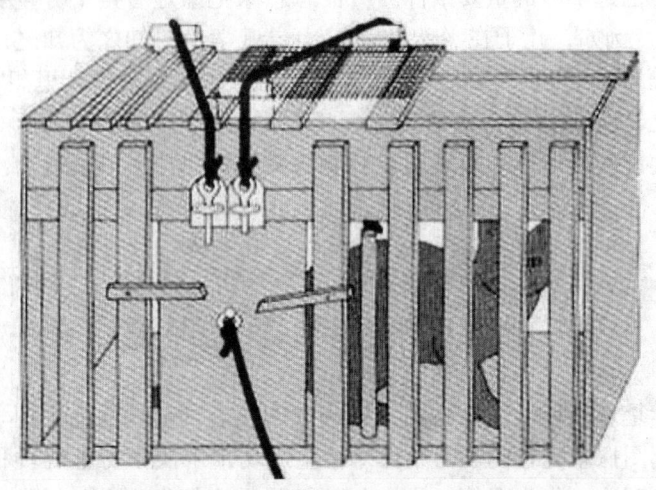

图 3-3　桑代克的经典实验装置

2. 桑代克的学习规律及其对教育教学的启示

桑代克根据自己的实验研究得出了三条主要的学习定律。

（1）准备律。在进入某种学习活动之前，如果学习者做好了与相应的学习活动相关的预备性反应（包括生理的和心理的），学习者就能比较自如地掌握学习的内容。准备律应用于学生学习上很有价值。某种学习活动或内容能否引起学习者的兴趣，就要看能否满足学习者的动机或需要。个体对刺激是否有准备是根据自己的动机或需要而定的，因此准备就是一种需要或动机。所以，我们在提供学习活动和内容方面要考虑到能否满足学生需要。

（2）练习律。对于学习者已形成的某种联结，在实践中正确地重复这种反应会有效地增强这种联结。因而就小学教师而言，重视练习中必要的重复是很有必要的。另外，桑代克也非常重视练习中的反馈。他认为，简单机械的、心不在焉的练习不会造成学习的进步，告诉学习者练习正确或错误的信息有利于学习者在学习中不断纠正自己的学习内容。

（3）效果律。学习者在学习过程中所得到的各种正或负的反馈意见会加强或减弱学习者在头脑中已经形成的某种联结。效果律是最重要的学习定律。桑代克认为，学习者学习某种知识以后，即在一定的结果和反应之间建立了联结，如果学习者遇到一种使他心情愉悦的刺激或事件如称赞、记功、表扬，那么这种联结会增强，反之会减弱。他指出，教师尽量使学生获得感到满意的学习结果显得尤为重要。

总之，桑代克的联结学习理论基础是机械的，研究方法也是刻板的，由动物实验得出的学习定律也有这样或那样的缺陷。但心理学界一致公认，他的学习理论是第一个系统的教育心理学理论，后来的学习理论都与桑代克理论有这样或那样的联系。因此，桑代克的开拓性成就应成为心理学史上最杰出的贡献之一。

（二）巴甫洛夫的经典条件反射学习说

1. 巴甫洛夫条件反射说的实验与基本内容

在桑代克研究动物学习的同时，俄国生理学家巴甫洛夫通过实验发现了条件反射现象。

在实验中，将狗置于经过严格控制的隔音实验室内，食物通过遥控装置可以送到狗面前的食物盘中，狗的唾液分泌量通过仪器可以随时测量并记录。实验开始后，首先向狗呈现铃声刺激，铃响半分钟后便给予食物，然后观察并记录狗的唾液分泌反应。当铃声与食物反复配对呈现多次以后，单独呈现铃声，发现狗也做出唾液分泌反应，这说明狗已对铃声建立了条件反射。

在实验开始时，食物可以诱发狗的唾液分泌反应，而铃声不能诱发狗的唾液分泌反应，这时食物叫无条件刺激（US），铃声叫中性刺激（NS），诱发的唾液分泌反应称为无条件反应（UR）。

在铃声与食物经过多次匹配之后，单独呈现铃声而没有食物时，狗也会分泌唾液。此时，中性刺激的铃声也具有诱发原来仅受食物制约的唾液分泌反应的某些力量，而变成了条件刺激（CS），单独呈现条件刺激就能引起的反应叫做条件反应（CR），这就是经典性条件反射的形成过程。

图3-4为经典条件作用的实验装置，图3-5为经典条件作用范型。

图3-4　经典条件作用的实验装置

2. 巴甫洛夫的经典条件反射学习规律

根据实验，巴甫洛夫认为经典性条件反射的规律体现在四个方面。

（1）获得。在巴甫洛夫的实验中，铃声（CS）反复与食物（US）相匹配，从而使狗学会对铃声建立条件反射的过程，称为条件作用的获得。

在条件作用的时间模式中，巴甫洛夫发现：①铃声先于食物出现的前置条件作用

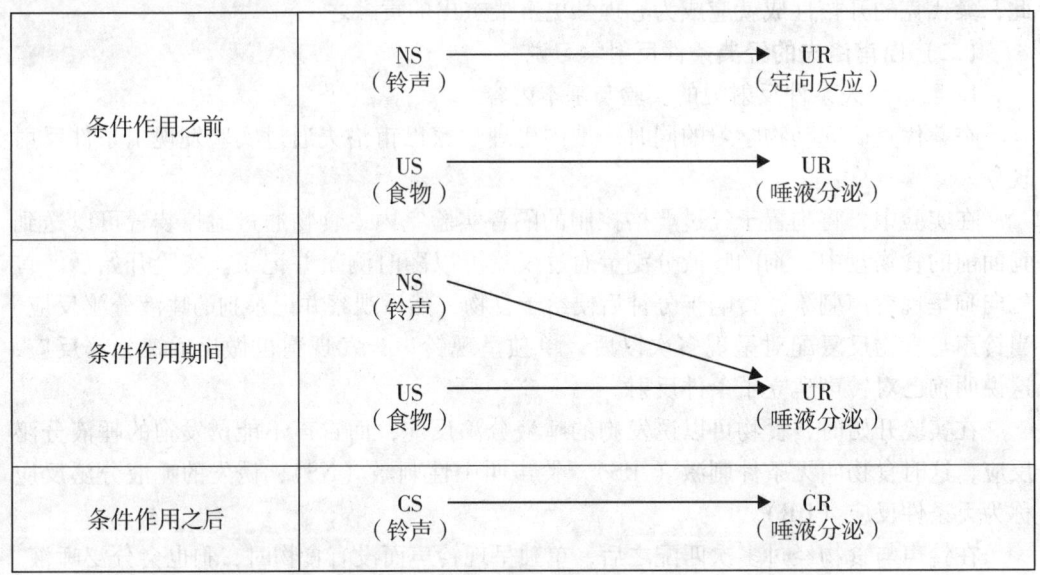

图 3-5 经典条件作用范型

效果最好；②铃声与食物同时呈现并同时撤除的同时性条件作用其次；③食物先于铃声的后置条件作用，铃声根本不具有信号价值。

在刺激的强度上，凡是较为突出的、引人注目的、强烈的、新异的与熟悉的中等强度刺激，都能产生很好的条件作用。

（2）消退。当狗对铃声的条件作用建立以后，若使食物（US）不再伴随铃声（CS）出现，那么，狗对铃声（CS）做出的唾液分泌反应（CR）就会越来越弱，直至最后消失。这一过程称为条件作用的消退。

已经明显消退了的条件作用经过一段时间以后，还会以很微弱的形式重新出现，这种现象叫做条件作用的自发恢复。当然，随着进一步的消退训练，这种自发恢复了的条件反应（CR）又会迅速变弱。然而，要完全消除一个已经形成的条件反应（CR）则比获得这一反应要困难得多。

（3）泛化。人和动物一旦学会对某一特定的刺激做出条件反应以后，其他与该条件刺激类似的刺激也能诱发其条件反应，叫做刺激泛化。例如，曾经被一条大狗咬过的人，看见非常小的狗也可能产生恐惧。①泛化条件反应的强度取决于新刺激和原条件刺激的相似程度。新刺激与原条件刺激越相似，其诱发的条件反应就越强。②借助于刺激泛化，可将学习范围扩展到最初的特定刺激以外。例如，学会了英语后再学习德语，就比不懂英语的人感到容易，这是因为英语的某些成分对德语起了泛化作用。③引起泛化的刺激对引起的泛化反应来说，有时是不准确或不精确的。例如，arm 在英语中是"手臂"、"武器"的意思，而在德语中则是"贫穷的"、"贫困的"意思。因此，在许多时候需要把类似的刺激区分开，这就需要刺激分化。

(4)分化。是指通过选择性强化和消退使有机体学会对条件刺激和与条件刺激相类似的刺激做出不同反应的一种条件作用过程。在巴甫洛夫的实验中,为了使狗能够区分开圆形和椭圆形光圈,实验者只在圆形光圈出现时,才给予无条件刺激进行强化;而在呈现椭圆形光圈时,则不给予强化。经过一段时间的训练后,狗便可以学会只对圆形光圈做出唾液分泌反应,而不理会椭圆形光圈。

在实际教育教学过程中,也经常需要对刺激进行分化。例如,引导学生分辨勇敢和鲁莽、谦让和退缩,要求学生区分重力和压力、质量和重量,等等。

刺激泛化和刺激分化是互补的过程。泛化是对事物相似性的反应,分化则是对事物差异性的反应。泛化能使我们的学习从一种情境迁移到另一种情境,而分化则能使我们对不同的情境做出不同的恰当反应,从而避免盲目行动。

3. 二级条件作用

在条件作用形成以后,条件刺激可以像无条件刺激一样诱发出有机体反应。从这种意义上说,条件刺激似乎成了一种"替代性"的无条件刺激。在巴甫洛夫的研究中,他首先将灯光(CS_1)与食物(US)反复匹配,形成对灯光的唾液分泌液反应(CR)。然后将铃声(CS)与灯光(CS_1)反复匹配而无食物(US)呈现。最后,单独呈现铃声(CS_2),结果发现实验动物也产生了唾液分泌反应(CR)。这种由一个已经条件化了的刺激来使另外一个中性刺激条件化的过程,叫做二级条件作用。

(1)在二级条件作用中,条件作用的发生不再需要具有生物力量的无条件刺激的帮助,因而它极大地拓宽了经典条件作用的领域。

(2)二级条件作用可以帮助我们理解许多复杂的人类行为。在日常生活中,人们的很多行为往往都不是由无条件刺激直接引起的,而是通过初级条件作用和二级条件作用,由与无条件刺激有着直接或间接联系的条件刺激所引起。

(3)经典条件作用能有效解释有机体是如何学会在两个刺激之间进行联系,从而使一个刺激取代另一个刺激并与条件反应建立起联结的。但经典条件作用无法解释有机体为了得到某种结果而主动做出某种随意反应的学习现象。如大学生为了报答父母的养育之恩、为了取得同伴的认同或为了在将来能找到一个好的工作而努力学习,工人为了得到加班费或希望能被提升而主动加班等,这则要借助于操作性条件作用加以说明和理解。

4. 巴甫洛夫条件反射说对教育教学的启示

巴甫洛夫条件反射理论所揭示的有关学习的现象和规律对于教育教学有重大的启发意义。

(1)要尽量借助于直观手段讲授新知识,而且尽可能组织各种有趣的活动,让学生形成尽量多的理性观念与感性经验,掌握新知识与旧知识以及认知与情绪等多方面的联系,有助于学生对所学知识的重视。

(2)组织练习,使学生学过的知识得到强化,尤其是对似是而非、易于混淆的知识要加强对比练习,促进学习的分化。

（3）针对学生学习活动上的不适当行为，不要采用过于强烈的惩罚、刁难、讽刺等刺激手段，以免使学生形成学习活动与恐惧、紧张、惊慌的"联结"而导致学习障碍的产生。

教学指导

在课堂教学中应用经典条件反射

1. 把学习任务与积极、快乐的事件相联结
2. 帮助学生成功地摆脱害羞和焦虑的情境

（1）给害羞的学生分配更多与其他同学交往的任务，例如分发作业本、试卷等。

（2）设计小的步骤，实现大的目标。例如，一个学生害怕在全班同学面前讲话，可以先让这位学生在小组同学面前坐着读一个故事然后站着读，再让他讲一个简短而又熟悉的故事，最后让他到讲台前给全班同学讲故事。

（3）向不愿意回答问题的学生提问时，可以提征求性问题，如"对于这个问题你是怎样看的？"并给予积极的评价，帮助学生树立自信心。

3. 帮助学生认识情境的差异性和相似性，以便适当地辨别和泛化

有些学生参加关键的考试会感到紧张，应该让他们保持与日常小测验一样的心境。

（三）斯金纳的操作条件反射学习说

1. 斯金纳的操作条件反射学习说的实验与基本内容

斯金纳（B. F. Skinner）是美国心理学家，长期对动物和人的学习进行实验研究。他在20世纪30年代发明了叫斯金纳箱的学习装置（见图3-6）。箱内装上一操纵杆，操纵杆与另一提供食丸的装置联结。把饿白鼠置于箱内，白鼠偶尔踏上操纵杆，供丸装置就会自动落下一粒食丸。白鼠经过几次尝试，会不断按压杠杆，直到吃饱为止。这样白鼠就学会了按压杠杆以取得食物的反应，按压杠杆变成了取得食物的手段和工具。因此，操作条件反射又称为工具条件反射。在工具条件反射中的学习也就是操纵杠杆（S刺激）与压杆（R反应）之间形成固定的联结。

经典条件反射与斯金纳的操作条件反射有什么根本区分呢？这就是：在经典条件反射中，强化物伴随着条件刺激物，但它要与条件刺激物同时或稍后出现，这样条件反射才形成；在操作条件反射中，强化物同反应相结合。也就是有机体必须先做出适当的反应，然后才能得到强化（见表3-1）。斯金纳的学习理论是以反射和强化理论作为基础的。

斯金纳认为，一切行为都由反射构成，即S-R的联结，他把行为（反射）分为两类：应答性行为和操作性行为。应答性行为受制于刺激型条件反射（S-R），操作性行为受制于反射（R-S），因此学习也可相应分为"反射学习"（即刺激型条件反射）与"操作学习"（即反应型条件反射）。但他把研究重点放在操作学习上。他认为

操作行为更能代表实际生活中人的学习情况,他几乎把所有人类的学习都看成是操作的。

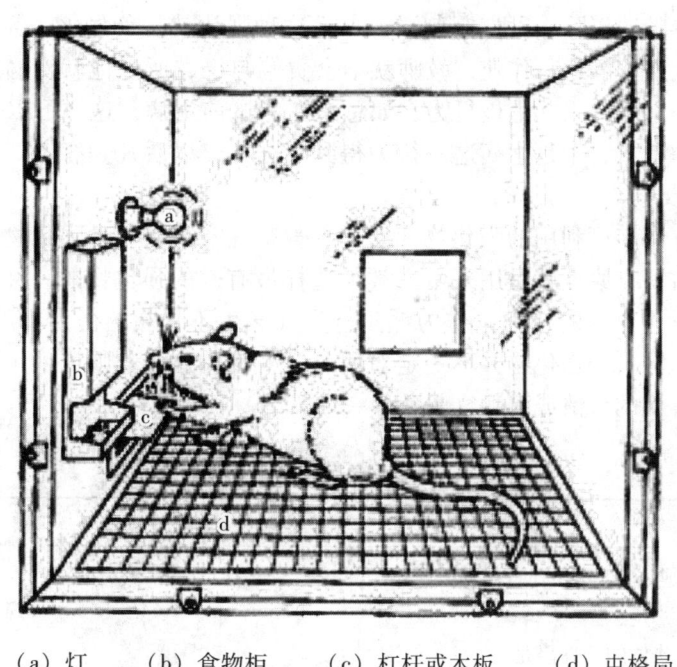

（a）灯　　（b）食物柜　　（c）杠杆或木板　　（d）屯格局

图 3-6　斯金纳实验装置

表 3-1　经典条件反射与操作条件反射的比较

比较范畴	经典条件反射	操作条件反射
主要代表人物	巴甫洛夫	桑代克、斯金纳
行为	应答性行为（无意的、情绪的、生理的）	操作性行为（有意的）
顺序	行为发生在刺激之后	行为发生在刺激之前
学习的发生	中性刺激与无条件刺激的匹配	行为后果影响随后的行为
举例	学生将课堂（开始是中性的）与教师的热情联结在一起,于是课堂能引发学生积极情绪	学生回答问题后受到表扬,于是回答问题的次数增加

2. 斯金纳的操作条件反射学习规律

（1）强化。在条件刺激出现时或稍后呈现无条件刺激,这种无条件刺激的呈现起到增强学习的作用,被巴甫洛夫称为强化。在实验中,强化作用是由于食物产生的,故而称此食物为强化物。

强化有正强化和负强化之分。如果刺激增加了所期望的行为,如学生准时交作业、

教师加以表扬,那么这种强化就是正强化。学生的某些消极行为,如从椅子上滑落可能引起同学们大笑,教师如处理不当,这类行为也可能得到正强化,进而使学生不断出现问题行为。

如果行为伴随着消除一种抑制刺激,那么这种强化就是负强化。例如,学生发现如果自己在座位上安静地写作业,教师就不会责骂自己,所以他就安静地学习,以避免教师的训斥;学生的某些消极行为,如总是在考试前生病,这样可以使他们逃避所厌恶的情境——考试,于是生病这一行为得到负强化,以后凡是有考试学生常找这样的借口。

虽然学校有许多可利用的强化物,但如果教师任意提供一种强化物,可能丧失其强化作用。普雷马克原理就是用来帮助教师选择最有效的强化物的一种方法。它是指用高频行为(学生喜欢的行为)作为低频行为(学生不喜欢的行为)的有效强化物。但要注意的是,同一个强化物并不一定对所有学生都有效。教师可采用调查表来了解学生在学校最喜欢的事情或事物(见表3-2)。

表3-2 了解学生最有效的强化物调查表

姓名		年级		日期	

请你尽可能地完成所有问题的回答。
1. 我最喜欢的学科是:
2. 在学校我最喜欢做的三件事是:
3. 假如在学校每天我有30分钟的自由时间,我喜欢做:
4. 我喜欢吃的两种点心是:
5. 在课间休息时我最喜欢做的三件事是:
6. 如果我有1元钱要花掉,我将买:
7. 在课堂上我喜欢做的三件事是:
8. 在学校我最喜欢与他们一起学习的两个同学是:
9. 在家我最喜欢做的三件事是:
10. 我最喜欢家里的人是:
……

(2)惩罚。惩罚不同于负强化,包括呈现性惩罚和移去性惩罚。呈现性惩罚是指在某一行为发生之后,呈现令人不喜欢或不愉快的刺激会减少该行为的出现。如教师批评学生的错误行为、留大量的惩罚性作业、罚学生跑圈等,这些都是呈现性惩罚。教师和父母经常会因为孩子行为不当而收回他们的一些特权,这就是在使用移去性惩罚。惩罚并不能使行为发生永久的改变,只能暂时抑制行为,因此惩罚的运用必须慎重。

表3-3为强化与惩罚的比较。

表3-3 强化与惩罚的比较

刺激	强化（鼓励性行为）	惩罚（抑制性行为）
呈现刺激	正强化（在某一行为后通过呈现满意的刺激来加强行为，如给学生贴小红花以鼓励其学习行为）	呈现性惩罚（在行为之后出现的刺激会抑制或减少该行为的发生，如罚做额外的作业以减少上课开小差）
移去刺激	负强化（在某一行为后通过移去令人厌恶的刺激来加强行为，如努力学习以避免责骂）	移去性惩罚（移去某一刺激以减少不当行为，如不准看电视以减少贪玩行为）

教学指导

正确使用惩罚来消除学生不良行为

1. 在惩罚的使用上要保持一致

避免不经意地强化要惩罚的行为，私下批评学生的目的是避免学生成为在公众面前反抗老师的英雄；

为年纪小的学生张贴主要的课堂纪律，使学生提前知道违纪的后果；

惩罚前先告诉学生只给他们一次警告的机会，以平静的方式警告学生，然后按原计划进行到底。

2. 惩罚学生的行为时，不要指责学生个人的品质

3. 对学生违规行为适当地使用惩罚

忽视没有扰乱课堂的小错误；

不要使用家庭作业作为错误行为的惩罚；

学生的错误行为获得同伴认可时，把学生从朋友群体中隔离出来可能会有效地阻止该行为，因为这相当于把学生从强化情境中隔离出来了；

如果问题行为仍然继续，则要分析这个情境并试用一种新的方法，可能你的惩罚恰好不是惩罚，或者你可能不经意地强化了这种行为。

（3）消退。斯金纳的"消退"概念类似于巴甫洛夫提出的"消退"概念，其含义是在特定情境下，假若一个人做出以前曾被强化过的反应，而现在这个反应没有得到通常的强化，那么，此人下次遇到类似情境时就较少可能再做同样的事情。这表明同经典性条件反射一样，操作性条件反射也不是永久的，如果停止对已学会的行为强化，这种行为就可能会减少甚至消失。例如，有的学生喜欢受人关注，经常故意扰乱课堂纪律，教师就应该通过消退方式（即他在捣乱时忽视他）来消除学生的这种行为，当然这需要很长时间。大多情况下，教师最终放弃了忽视，重新开始关注他。这样，学生的捣乱行为又被强化了，他会继续通过捣乱来获得教师对他的关注。

3. 斯金纳的操作条件反射学习说对教育教学的启示

虽然斯金纳的学习理论是从动物实验中得出这一事实，并简单地把人的学习等同于动物的学习，这使他受到了许多心理学家的批评，但是他的理论本身对于教育教学的改革仍有借鉴意义。

（1）运用强化学习理论矫正学生不良行为。通过设置适当的强化措施来减少或消除不适应的学习习惯和表现，而且强化物不仅可以是物质的也可以是精神的如赞许、肯定等。

（2）程序教学。程序编制者把教材分解为有逻辑联系的"小步子"（小项目），每一项目都通过程序教材或教学机器呈现出学习内容，然后提出问题，学生必须对每一个问题进行回答，然后核对答案，接着进入下一个项目，这样学生可以学会应把握的知识。因此，20世纪60年代，在斯金纳的倡导下程序教学及机器教学一度成为世界范围内的教学改革运动的热门话题，当代的计算机辅助教学研究也是程序教学的继续。当然，他的程序教学也存在致命的弱点，即无视学生学习的智力活动、妨碍学生的独立思考，严重影响了学生智力技能的培养。

（3）掌握学习。布卢姆根据斯金纳操作性条件反射学习中连续渐进法的原理，提出了掌握学习理论，假设绝大多数学生只要条件适当是可以掌握任何学习单元的。

反馈－矫正性系统是"掌握学习"的核心。布卢姆指出："掌握学习策略的实质是群体教学并辅之以每个学生所需的频繁的反馈与个别的矫正性的帮助。"教学过程的每个步骤都必须通过评价来判断其有效性，并对教学教程中出现的问题进行反馈和调整，从而保证每一个学生都能得到他所需要的特殊帮助。

反馈矫正通常分四步。第一步，每堂课结束时留10分钟左右的时间，用课前编制好的几个突出反映"目标"的小题目进行检查，方法灵活，个别提问、集体回答、口答、笔答都可采用。回答者所学知识得到强化，听者知道错在何处、如何补救。第二步，在每个单元结束时进行一次形成性测试，测试突出"目标"中规定的重点、难点、涉及本单元的所有新知识。第三步，根据形成性测试的结果，进行个别补救教学。个别补救教学最有效的方法是：将学生按学习成绩分成4～5人一组的学习小组，"掌握"者做"未掌握"者的小老师，互相帮助，这样既帮助未掌握者深化理解，又帮助未掌握者找出错误所在并及时纠正。第四步，进行第二次形成性测试，对象是在第一次测试中"未掌握"而接受辅导、矫正的学生，内容是在第一次测试中做错的题目，目的是获得反馈信息，了解有多少人经过矫正达到了掌握、能否进行下一次单元的教学。

掌握学习的策略，客观上对教与学都会产生很大的影响。对学生而言，在提高学习效率、激发学习动机、消除焦虑和压抑心理等方面都有明显的效果；对教师而言，有助于教师面向全体学生教学，有效地因材施教，并对学生充满信心，实现学习成绩的"大面积"提高。

(四)班杜拉的社会学习理论

美国心理学家班杜拉在反思行为主义所强调的刺激-反应的简单学习模式的基础上,接受了认知学习理论的有关成果,提出学习理论必须要研究学习者头脑中发生的反应过程的观点,形成了综合行为主义和认知心理学有关理论的认知-行为主义模式,提出了"人在社会中学习"的基本观点。

1. 班杜拉社会学习理论的实验与基本内容

班杜拉建构的社会学习理论也有一个实验作为载体,只不过他所采用的实验对象从动物变成了人类自身。他的实验过程分成两个阶段。第一阶段是让三个(A、B、C)不同班级的学生看三段录像,录像中的一部分内容是相同的,都是一个大孩子在一间屋子里击打一只充气玩具。接着,屋子里出现了一个成人,三个班级的学生随后所看录像的内容就不一样了:A班学生看到的镜头是成人不满地在孩子的脑袋上拍打了几下,以示对孩子这种行为的惩罚;B班学生则看到进来的成人亲昵地摸了摸孩子的头,似乎是对孩子这种行为的赞许;C班学生看到成人进屋以后,既没有对孩子表示惩戒,也没有对孩子表示赞赏,只是若无其事地招呼孩子离开那间屋子。第二阶段是看完录像以后,实验者让三个班级的学生分别待在不同的教室里,里面都放有一只充气的玩具;观察者则在教室外观察学生的行为反应,结果看到B班学生主动攻击玩具的次数最多,C班次之,A班最少。

班杜拉通过这个实验得出了著名的社会认知理论。他认为,儿童社会行为的习得主要是通过观察、模仿现实生活中重要人物的行为来完成的;并且认为,任何有机体观察学习的过程都是在个体、环境和行为三者相互作用下发生的,行为和环境是可以通过特定的组织而加以改变的,三者对于儿童行为塑造产生的影响取决于当时的环境和行为的性质。

2. 班杜拉社会学习的规律

(1)观察学习。班杜拉特别重视观察对儿童学习的影响,他把儿童观察学习的过程分成了四个阶段。

1)注意阶段。有机体通过观察他所处环境的特征,注意到哪些可以为他所知觉的线索。一般而言,儿童往往更倾向于选择那些与自身条件相类似的或者被他认可为优秀的、权威的、被得到肯定的对象作为知觉的对象。

2)保持阶段。有机体通过表象和言语两种表征系统来记住他在注意阶段已经观察到的榜样的行为,并用言语编码的方式存储于自身的信息加工系统中。

3)复制阶段。有机体从自身的信息加工系统中提取从榜样情境中习得并记住的有关行为,在特定的环境中模仿。这是有机体将观察学习而习得的不完整的、片段的、粗糙的行为,通过自行练习而得到弥补的过程,最终使一项被模仿的行为通过复制过程而成为有机体自己熟练的技能。

4)动机阶段。有机体通过前面三个阶段已经基本上掌握了榜样的有关行为,但在现实生活中,个体却并不一定在任何情境中都会按照榜样的行为去做出自己的反应。

班杜拉认为，这主要由于"机会"或"条件"不成熟，而"机会"或"条件"的成熟与否则主要取决于外界对此行为的强化程度。

（2）自律学习。按班杜拉的社会学习理论的解释，个体在社会情境中因受别人行为表现的影响而学习到新的行为，而这一新行为的获得，则须经过观察模仿的历程。后来，班杜拉又将观察学习的意义扩大，认为个体在观察别人行为而产生替代学习之外，也会经由自我观察而学到某种新的行为。自律行为的建立，即20世纪70年代班杜拉研究经由自我观察而建立新行为的主题之一。

班杜拉曾提出观察学习可分为四个阶段，最后他将动机阶段的意义延伸，从而发展成他的自律行为养成的三阶段历程理论。

1）自我观察，指个人对自己所作所为的观察。

2）自我评价，指个人经自我观察后按照自己所定的行为标准评判自己的行为。

3）自我强化，指个人按自定标准评判过自己的行为之后，在心理上对自己所做的奖励或惩罚。

（3）强化。按照班杜拉的理解，对于有机体行为的强化方式有三种：一是直接强化，即对学习者做出的行为反应当场予以正或负的刺激；二是替代强化，指学习者通过观察其他人实施这种行为后所得到的结果来决定自己的行为指向，如实验中的B班学生由于看到录像中小孩对充气玩具攻击后受到成人的表扬，从而他们决定采取与录像中小孩相同的行为来对待生活中碰到的类似的事情；三是自我强化，指学习者根据社会对他所传递的行为判断标准，结合个人自己的理解对自己的行为表现进行正或负的强化。自我强化参照的是自己的期望和目标。例如，在一次跳绳比赛中，一个学生对自己跳了150次而欣喜不已，而另外一个同样成绩的学生则懊恼不已。

教学指导

应用班杜拉的社会学习理论的教学策略

（1）作为学生的父母和教师，在学生面前应全方位严格要求自己，尤其对学龄儿童更是如此。因为那些作为榜样者本人都未意识到的价值观、态度、兴趣、待人处世的方式，甚至是说话的腔调和不经意的动作，都极可能成为学生模仿的对象。

（2）学生的同伴榜样作用亦不容忽视。由于学生在年龄及学校、社会生活诸方面的相似性，极易相互模仿。作为家长和教师要极力创设环境引导他们模仿正确的榜样而防止不良同伴的影响。

（3）作为学生的主要活动场所——学校要树立管理者榜样（各级领导）、服务者榜样（后勤、教辅人员）、环境榜样（校容、校貌）等，从举止礼仪到品德行为做好示范。另外，要让学生得到正确的替代强化。例如，当学生表现出所要求的行为、动作时，家长、教师要及时予以表扬、肯定。一方面可使学生良好、正确的行为和动作得到自我强化而加强，另一方面可促使其他学生对这种良好、正确的行为和动作进行模仿并得到替代性强化。

二、学习的认知理论

学习的认知理论是另一大阵容,而且发展迅猛。这里主要介绍格式塔的学习观、托尔曼认知地图论、布鲁纳的认知－发现说、奥苏伯尔的有意义学习理论和加涅的信息加工学习理论。

(一) 格式塔的学习观

格式塔,德文"gestalt"一词的音译,意为完形、形态或模型。我们以苛勒(W. Kohler)著名的黑猩猩实验为例来理解格式塔心理学家对学习中产生变化的实质及这种变化的原因。

1913—1917年间,苛勒用各种动物做了一系列的实验。其中,"基加(猩猩名)叠箱"和"苏丹(猩猩名)接竿"两个实验最具代表性。

第一,基加叠箱取物实验(见图3-7)。苛勒将香蕉悬挂在笼子的顶部,笼内放有几只空木箱。笼内饥饿的猩猩基加见到香蕉,又钩又跳,但无济于事。停下来的时候,基加在一只木箱上坐下又站起,但没有利用箱子的意思。此时,特塞拉(另一只猩猩的名字)躺在另一只木箱上。特塞拉离开时,基加好像突然想起了什么,它立即搬来并站在特塞拉躺过的木箱上取香蕉,但仍然够不着。基加又坐回原来的箱子上。突然,基加又好像想起了什么,迅速搬起刚坐着的木箱,叠在另一只箱子上,并爬到箱顶取到香蕉。三天后,面对稍微改变的情境,基加仍能用已有的经验解决新的问题。

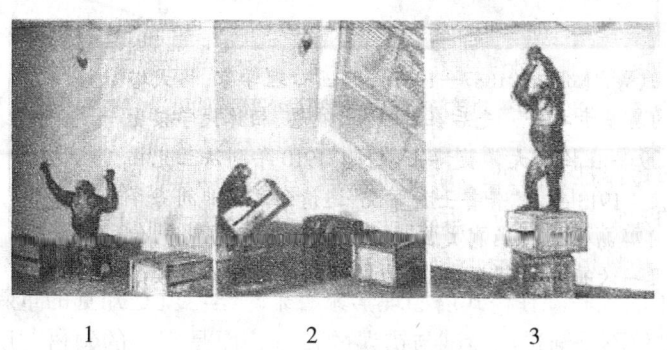

图3-7 基加叠箱取物实验

第二,苏丹接竿取物实验(见图3-8)。苛勒将已学会用一根竹竿取食的苏丹装入笼子内,并在苏丹用四肢够得着的地方放两根大小不一的竹竿,而在苏丹用四肢够不着的地方摆放一些香蕉。起初,苏丹反复用单根竹竿拨香蕉,一会儿用小竿,一会儿用大竿。后来,苏丹将两根竹竿都拿在手上挥舞。突然,无意之中,它把小竹竿插在大竹竿内,两根竹竿因此连成了更长的竹竿。在苏丹用它拨到香蕉后,它不断地演练接竿取食的动作。在次日的重复实验中，苏丹能很快地使用接竿经验取得食物。

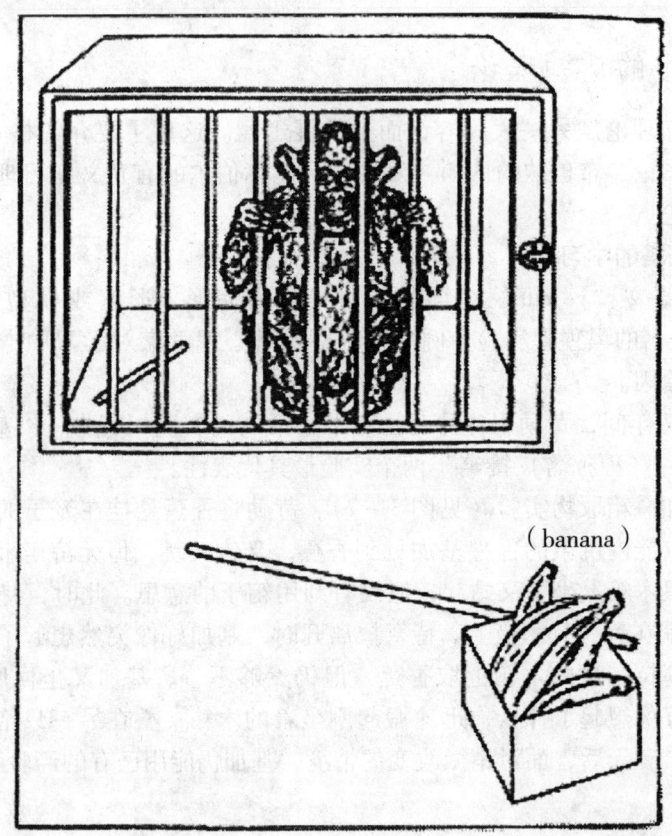

图3-8 苏丹接竿取物实验

在猩猩接起短棒打下高处的香蕉的实验情境中，黑猩猩在未解决这个难题之前，它对面前情境的知觉是模糊的、混乱的。当它看出几根短棒接起来与高处的香蕉的关系时，它便产生了顿悟，解决了这个问题。而且它可以在以后的类似情境中立即运用已经"领悟"了的经验。在格式塔心理学家看来，学习就是知觉的重新组织。这种知觉经验变化的过程不是渐进的尝试与错误的过程，而是突然的领悟。所以，格式塔的学习理论又称"顿悟说"。至于顿悟产生的原因，他们又从两方面来回答：一方面，强调刺激情境的整体性和结构性，因此，在布置实验情境时，强调整个问题情境要能让动物直接感知到；另一方面，假定心本身有一种组织的功能，能填补缺口或缺陷。

早期的格式塔学习理论，强调在整体环境中研究学习和强调知觉经验组织的作用，这有一定的积极意义。但他们把知觉经验组织的作用归因于脑的先天本能，则带有严重的唯心主义和神秘主义的色彩。

第三章 学习的基本理论

（二）托尔曼的认知地图论

托尔曼反对"刺激－反应"这一框架，强调"刺激－反应"的"中间变量"。他认为要分析一个完整的行为，就必须要考虑个体的认知这个中间变量，只有研究了中间变量，才能了解个体行为发生的机制。为了证明他的理论，托尔曼设计了一些巧妙的实验。实验情境见图3-9。在迷津中有三条通道可以到达食物箱，通道1最近，通道3最远。实验结果表明：若三条通道畅通，白鼠选择最近的通道1到达食物箱；若A处堵塞，白鼠选择走第2通道；若B处堵塞，白鼠则选择走最远的第3通道。托尔曼认为，动物的学习并非是一连串的刺激与反应，它们学习的实质是形成了认知地图。

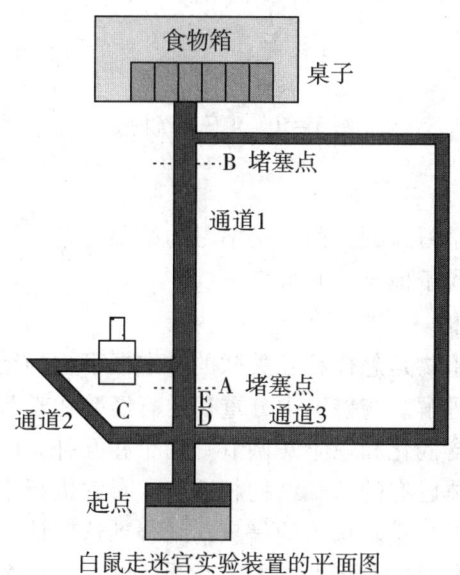

白鼠走迷宫实验装置的平面图

图3-9 白鼠学习方位的迷宫

（三）布鲁纳的认知 发现说

布鲁纳（J. S. Bruner）是美国著名的认知教育心理学家，主张学习的目的在于以发现学习的方式，使学科的基本结构转变为学生头脑中的认知结构，因此他的学习理论被称为认知-发现说或认知-结构论。布鲁纳的认知-发现说的基本内容有三个方面。

1. 学习的实质就是主动地形成认知结构

布鲁纳认为，学习者是主动地获得知识，并通过把新获得的知识和已有的认知结构联系起来，积极地建构知识体系。而认知结构就是编码系统，其主要成分就是类目，因此学习的过程也就是类目及其编码系统形成的过程。一个类目就是一组有关的对象或事件，也可以是一个概念或一条规则。例如，鸟是一个类目，它表征那些有羽毛、翅膀、双腿和嘴且会飞的动物。类目的概括水平是不一样的：类目愈一般，概括水平愈高，其囊括性愈大；类目愈具体，概括水平愈低，其囊括性愈小。图 3-10 就是类目消费商品的一个编码系统简介。

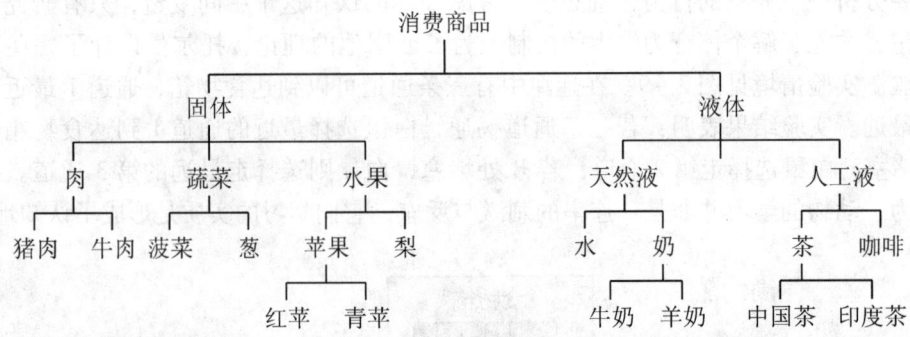

图 3-10 编码系统简介

2. 提倡发现学习

发现学习强调的是学习过程，而不是学习的结果。布鲁纳认为，只有学生自己亲自发现的知识才是真正属于他自己的东西。

3. 强调形成学习结构

学习结构就是学习事物是怎样相互关联的。掌握事物的结构，就是要使事物之间有意义联系起来去进行理解。布鲁纳十分重视已有经验在学习中的作用。他依据皮亚杰的说法，认为适应包含同化和顺应（调节）两个相互补充的过程。同化是为了使信息输入最大程度地与个体已有的认知结构相适合，对它进行组织和再组织。它的最终产物是把环境中得来的经过重新构造的信息，结合到这些认知结构中去。在这个意义上，学生是按照"他是什么"而不是按照"世界实际上是什么"去知觉世界的。

教学指导

布鲁纳的认知-发现说对教学的启示

认知-发现说是值得特别重视的一种学习理论，它对教师的教学有很好的启发作用。

1. 重视学科基本结构的掌握

布鲁纳认为，要让学生主动形成认知结构就必须重视学科基本结构的掌握。他强调"不论我们选教什么学科，务必使学生理解该学科的基本结构"。学科的基本结构包括基本概念、原理和规律，也就是每科教学要着重教给学生这"三基"。布鲁纳反复强调，认知结构是个体拿来认识周围世界的工具，它可以在不断的使用中自发地完善起来，学校的教学工作主要是帮助学生掌握基础学科的知识，并以此为同化点来完成对知识结构的更新，促使他们运用新的认知结构来完成对周围世界的感知，这就是有机体智慧生长的过程。因此，布鲁纳主张教给学科的基本结构，主要是让学生掌握概括性程度更高的概念或一般原理，以有利于后继新知识的同化和顺应。

2. 重视发现教学法

布鲁纳反复强调教学目的不是要学生记住教师和教科书上所陈述的内容，而是要培养学生发现知识的能力，培养学生卓越的智力。这样，学生就好比得到了打开知识大门的"钥匙"，可以独立前进了。

教师使用发现法应遵循六个步骤：提出和明确学生感兴趣的问题；使学生体验到对问题的某种程度的不确定性；提供解决问题的多种可能的假设；协助学生收集可供使用的资料；组织学生审查有关资料，得出应有的结论；引导学生用分析思维去证实结论。

布鲁纳之所以强调在教学中要重视学生的发现学习，原因在于他通过比较研究发现学习和接受学习，看到发现学习有以下几个比较明显的优点：第一，发现学习不仅强调对学习结果的存储，而且还重视学习者在学习中以有意义的方式组织知识，因而学习者对知识掌握的牢固程度要高。第二，发现学习强调学习者内部学习动机的激发，要求学习者在教师所提供的教学信息面前，自己探索解决问题的模型。所以实践表明，发现学习更加容易激发学习者的智慧潜能。第三，发现学习强调培养学生的直觉思维能力，注重在学习的过程中让学习者运用假设去推测关系，应用自己的能力去解决问题或发现新事物，因而发现学习在一定程度上可以有效提升学习者发现问题、解决问题的能力。第四，在发现学习的过程中，教师与学生处于合作状态，此时的学生就不再是静坐的听众或观众了，他们主动合作，投入教与学的互动中，在不断地探究中获得新的信息，从而大大提高学生学习的主动性。

（四）奥苏伯尔的有意义学习理论

1. 有意义学习的概念

奥苏伯尔为美国著名的认知教育心理学家。他对学习理论的贡献是提出了"有意义学习"的概念，因此其理论也以"有意义言语学习论"命名。

有意义学习就是符号所代表的新知识与学习者认知结构中已有的适当观念建立非人为的和实质性的联系。所谓实质性联系，是指新的符号或符号代表的观念与学习者认知结构中已有的表象以及已有意义的符号、概念或命题的联系。如"王先生"这个特殊对象（人）的名称的学习，若学生能把"王先生"这一新的符号组合与原来实际见到的王先生这个人的表象联系起来，则新的符号学习就合乎实质性联系的标准。这便是最简单的意义学习。相反，无意义音节和配对形容词等只能是机械学习，因为这些材料不能与人的认知结构中任何已有观念建立实质性联系。尽管为了便于记忆，人为地赋予某种意义，但其与学生的认知结构中的观念没有任何逻辑联系。这仍然属于机械学习。

2. 有意义学习的条件

在奥苏伯尔的学习论中,知识和意义是等价的。他区分了言语材料的逻辑意义、潜在意义和学习者个体的心理意义。逻辑意义相当于人类的知识,潜在意义是指在个体具有适当原有知识条件下能被个体同化的人类知识,心理意义指个体所习得的知识。

有意义学习必须具备一定的内部和外部条件。内部条件是学习者本身因素。它包括三个方面:一是学习者必须具有意义学习的心向,即学习者积极主动地把符号所代表的新知识与学习者认知结构中原有的适当知识加以联系的倾向性。二是学习者认知结构中必须具有适当的知识,以便与新知识进行联系。若学习材料本身具有逻辑意义,学生认知结构中又具备适当的知识基础,那么该学习材料对学生就构成了潜在意义。三是学习者必须主动积极地使这种具有潜在意义的新知识与其认知结构中有关的旧知识发生相互作用,使旧知识得到改造,新知识获得实际意义。外部条件指学习材料必须具有逻辑意义。学生学习的教材知识,是客观世界的反映,是理论的概括,一般而言都具有逻辑性。

3. 有意义学习的类型

有意义学习分成三种类型,即符号学习、概念学习和命题学习。

(1) 符号学习。符号学习又称代表性学习,指学习单个符号或一组符号的意义,或者说学习符号代表什么。符号学习的主要内容是词汇学习。汉字、英语单词的学习都属于符号学习。符号学习不仅包括语言符号学习,还包括实物、图像、图表、图形学习,也包括事实性知识学习如历史事件、历史人物、地理位置的学习。

奥苏伯尔认为,儿童最初对于某个词代表什么、有什么意义是浑然不知的。如"猫"这个符号对儿童最初是无意义的,但在儿童多次看到猫、经常听到成人发"猫"的声音时,再加之成人的指导和纠正性反馈,儿童便逐渐领悟到"猫"的声音刺激可以代表他实际看到的猫或头脑中猫的表象。由此可见,表征学习的实质是符号和它所代表的事物在儿童认知结构中建立了相应的等值关系。表征学习反映了儿童有意义的积极的认知过程。表征学习一旦形成,儿童就能迅速掌握大量有具体指称对象的词汇。

(2) 概念学习。概念学习是掌握同类事物共同的关键特征,是较高形式的有意义学习。如学习"三角形"这一概念,关键特征就是三个角和三条相联结的边,而与其大小、颜色和形状等特征无关。获得概念的方式有两种:一是概念形成,即同类事物的关键特征可以由学习者从大量的同类事物的不同例证中发现而形成获得;二是概念同化,即用定义的方式直接向学习者呈现,学习者利用认知结构中原有的有关概念理解新概念,从而获得概念。这里要区别的是概念学习和概念名称学习是两种性质不同的有意义学习。概念名称(或概念词)学习属于代表性学习,即用符号代表概念。同一个概念可以用不同的符号代表,如"狗"也可以用"dog"代表。

(3) 命题学习。命题分两类:一是非概括性命题,只表现两个或两个以上事物之间的关系,如"他是你同学"只陈述具体事实;一是概括性命题,表示若干事物或性质之间的关系,如"平行四边形的对角是相等的"。命题学习是学习若干概念之间的关系，它包含了代表性学习和概念学习。命题学习有三种形式，即下位学习（又称"类属学习"）、上位学习（又称"总括学习"）和并列结合学习。这也是概括地获得新知识意义的三种同化模式（见图3-11）。

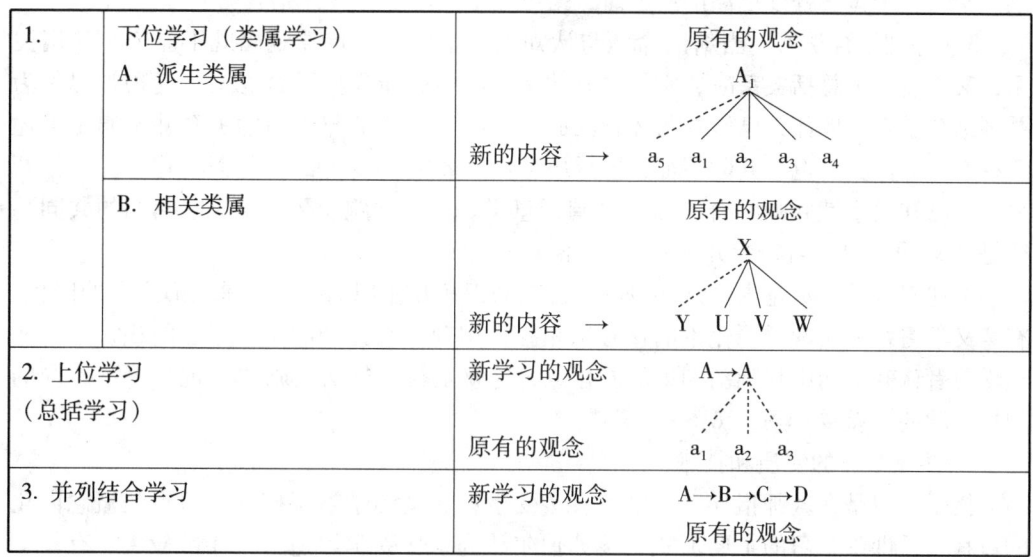

图3-11 获得新知识意义的三种同化模式

1）下位学习。下位学习主要是指学习者将概括程度处在较低水平的概念或命题纳入自身认知结构中原有概括程度较高水平的概念或命题之中，从而掌握新学习的有关概念或命题。按照新知识对原有知识产生影响的大小，下位学习又可以分为两种，即派生类属学习和相关类属学习。

派生类属学习是指新知识是学习者认知结构中原有观念的特例或证实。如学生已掌握"水果"概念，学习的新概念是"火龙果"，教师只要告诉学生"火龙果也是一种水果"，学生就懂得了火龙果具有水果的本质属性，原有水果概念的本质属性并没有发生改变。在该例中，新学习的内容只是作为已有内容的特例，或只是作为已有内容的证据或例证而加以学习的。因此，新学习的内容虽然使原有概念得到了充实或证实，但并未使原有概念发生本质属性的改变。在这样的情况下，新内容作为派生材料，其学习比较容易。

相关类属学习是指新知识纳入原有的观念后，原有的观念得到进一步扩展、深化、精确、限制或修饰。通过新内容的学习，已有内容也得到丰富而与原来的意义有所不同。例如，学生过去已经知道"对他人的劳动成果的爱护是对他人的尊重"。在进一步学习"不强行过问他人的隐私也是对他人的尊重"、"尊重还包括尊重他人的感情、人格等等，以及包括尊重自己等等"时，这些新的学习内容都类属于已有内容"尊重"这一概念中，因此是下位学习，但新的学习内容使已有概念"尊重"的内涵得到极大扩展和丰富。实际上，新认知结构中的"尊重"这一概念与原有认知结构中的"尊重"的意义已经发生了质的变化，这时的下位学习被称为相关类属学习。

2) 上位学习。当认知结构中已经形成了几个观念，现在要在这几个原有观念的基础上学习一个包含程度更高的命题时，便产生了上位学习（总括学习）。

3) 并列结合学习。当新的命题与认知结构中原有的特殊观念既不能产生从属关系，又不能产生总括关系时，它们在有意义学习中可能产生联合意义，这种学习称为并列结合学习。例如，已知热与体积的关系，现学习需求与价格的关系并不属于上述两种学习，但二者也有共同特征，即后一变量随着前一变量的变化而变化等。这样新关系与已知关系就并列结合，新关系有了意义。再如，跑、跳、走、吃它们的共同特征是"动词"等，可视为并列。

上述三种学习都是内部认知过程，新旧知识相互作用的结果就是新旧意义的同化，有意义学习才能实现。同化论的核心是相互作用观，它强调的是学习者的积极心向和在学习者认知结构中找到新知识的同化点，这就是与布鲁纳强调"发现学习"不同的积极主动的"接受学习"观。

4. 接受学习的实质和技术

接受学习是在教师指导下，学习者接受事物意义的学习。接受学习也是概念同化的过程，是课堂学习的主要形式。奥苏伯尔认为，接受学习适合于年龄较大、有较丰富的知识和经验的人。在接受学习中，所要学习的内容大多是现成的、已有定论的、科学的基础知识，包括一些抽象的概念、命题、规则等，这些内容通过教科书或老师的讲述，用定义的方式直接向学习者呈现。这时不可能发现什么新知识，学习者只能接受这些已有的知识，掌握它的意义。学习者接受知识的心理过程表现为：一是在认知结构中找到能同化新知识的有关观念；二是在认知结构中找到新知识与起固定点作用的观念的相同点；三是在认知结构中找到新旧知识的不同点，使新概念与原有概念之间有清晰的区别，并在积极的思维活动中融会贯通，使知识不断系统化。

奥苏伯尔认为，影响接受学习的关键因素是认知结构中适当的起固定作用的观念的可利用性。为此，他提出了"先行组织者"的技术。所谓"先行组织者"，是先于学习任务本身呈现的一种引导性材料，它的抽象、概括和综合水平高于学习任务，并且与认知结构中原有的观念和新的学习任务相关联。其目的是为新的学习任务提供观念上的固定点，增加新旧知识之间的可辨别性，以促进学习的迁移。例如，奥苏伯尔曾研究过"先行组织者"对学习有关钢的性质的材料的影响。实验组学生在学习该材料之前，先学习了一个"先行组织者"，它强调了金属和合金的异同、各自的利弊和冶炼合金的理由。控制组学生在学习该材料之前，先学习一个有关炼铁和炼钢方法的说明材料以提高学习兴趣，但没有提供可作为理解钢的性质的观念框架的概念。结果，两组学生在学习钢的性质的材料之后，实验组的平均成绩明显高于控制组的。

事实上，接受学习是学习者掌握人类文化遗产及先进科学技术知识的主要途径。在教师的讲授和指导下，学习者可以在较短时间内掌握大量的间接知识，所获得的知识是系统的、完整的、精确的，便于储存和巩固。在实际教学过程中，有意义接受学习理论的"先行组织者"技术很有价值，教师应灵活地运用这一技术，以促进学生知识的学习和保持。

教学指导

小学数学教学先行组织者策略的五种有效方式

1. 直接呈现法

在引入先行组织者时，有多种呈现方式。

（1）呈现一个数学概念。

【角的认识】角有许多含义，如羊角、棱角、货币单位角、角色等。在数学上有两种含义。①角的静态定义：具有公共端点的两条射线组成的图形叫做角。这个公共端点叫做角的顶点，这两条射线叫做角的两条边。②角的动态定义：一条射线绕着它的端点从一个位置旋转到另一个位置所形成的图形叫做角。所旋转射线的端点叫做角的顶点，开始位置的射线叫做角的始边，终止位置的射线叫做角的终边。

（2）呈现一段数学史料。

【使用计算器】计算器可以方便我们的计算，使人们的工作更加高效。关于计算器，有一段光荣的历史呢！最早的计算工具诞生在中国。中国古代最早采用的一种计算工具叫筹策，又被叫做算筹。这种算筹多用竹子制成，也有用木头、兽骨充当材料的，约二百七十枚一束，放在布袋里可随身携带。直到今天仍在使用的珠算盘，是中国古代计算工具领域中的另一项发明，明代时的珠算盘已经与现代的珠算盘几乎相同。此后，一直到20世纪50年代末才有电子计算器的出现。

（3）呈现实物模型。

【平行和相交】教师在生活中选取大量的平行或相交的现象作为认知的现实背景和有意义的素材，例如剪刀、铁路轨道、双杠、时针和分针、推拉门轨道、人叉开的两条腿等。让学生按照这些线条的位置关系，把这些图片分成两类，并说说每一类有什么特点。

2. 隐含导入法

以隐喻的方式导入一些与新授知识相关的内容，或者是对比的材料。

【加法交换律】

（1）先讲《朝三暮四》的故事。

（2）问：你觉得猴子们聪明吗？能不能用数学算式说明一下？

3. 问题中心法

即帮助学生提前准备好解决某个具体问题所需要的全部步骤，或者想办法让学生把注意力直接集中在问题本身上。

【解决问题的策略】主要要求学生发现和利用数量关系，如列表格等方法，通过

整理信息明确和把握数量关系,既是可操作的方法,也是解决问题的策略。例题:小明买了 3 本笔记本用去 18 元,小华买了 5 本笔记本,小华用去多少元?教师出示几种可供理解和解决此问题的方法。

(1) 分析法:小明买一本笔记本用去多少钱?小华买一本也用去多少钱?小华买 5 本用去多少钱?

(2) 线段图法:小明 3 段,小华有同样长的 5 段,小明一共 18 元,小华总共用多少元呢?

(3) 列表格法:小明 3 本 18 元,小华 5 本要多少元。

4. 对比法

强调的是在讲授新知过程中或知识讲授完毕之后给予的制造认知冲突的对比材料。

【混合运算】

师:昨天我布置了一道题:$70 - 20 \times 2 = ?$

改作业时发现有两种版本,我觉得都没有算错,怎么答案不一样呢?

第一种做法:$70 - 20 \times 2 = 50 \times 2 = 100$

第二种做法:$70 - 20 \times 2 = 70 - 40 = 30$

到底问题出在哪里?谁看出来了?

5. 操作法

【游戏的公平性】

让学生动手玩一个摸球游戏:

袋里有 4 个红球和 2 个黄球,每次任意摸 1 个球,摸后放回,一共摸 30 次。摸到红球的次数多算小明赢,摸到黄球的次数多算小玲赢。

问:你们觉得这场比赛怎么样?(学生会觉得不公平)

师:那你觉得怎么样的比赛才公平?能设计一个公平的比赛吗?试试看。

布鲁纳和奥苏伯尔同属现代认知结构论者,他们使用的术语不尽相同,而且对于如何获得新的意义过程强调重点亦有不同。布鲁纳强调发现,奥苏伯尔强调接受,但都认为学习过程是积极主动的过程,是认知结构的组织和再组织。这与格式塔的观点基本一致。但现代认知心理学家摒弃了早期格式塔心理学的神秘色彩,他们强调意义、理解、原有认知结构的作用,学习材料本身的内在联系以及新旧知识的相互作用。可以说,现代认识论者与他们前辈格式塔心理学家和托尔曼认知论观点的最大区别在于:旧认知论建立在动物心理学研究的基础上,只是停留在知觉水平的研究上,难于直接应用到人类的学习情境中去;而现代认知论却是研究学生课堂情境中的学习问题,达到了抽象思维水平,符合教学实际,能较满意地解释语言材料学习问题。

(五) 加涅的信息加工学习理论

加涅认为,学习是一个有始有终的过程,这一过程可分成若干阶段,每一阶段需进行不同的信息加工。与此相应,教学过程既要符合学生的内部加工过程,又要影响这一过程。因而，教学阶段与学习阶段是完全对应的。教学就是由教师安排和控制这些外部条件构成的；而教学的艺术，就在于学习阶段与教学阶段是否完全吻合。

1. 学习的信息加工模式

加涅认为，学习的模式是用来说明学习的结构与过程的，它对于理解教学和教学过程，以及如何安排教学事件具有极大的应用意义，并提出了影响深远的信息加工学习模式（见图3-12）。

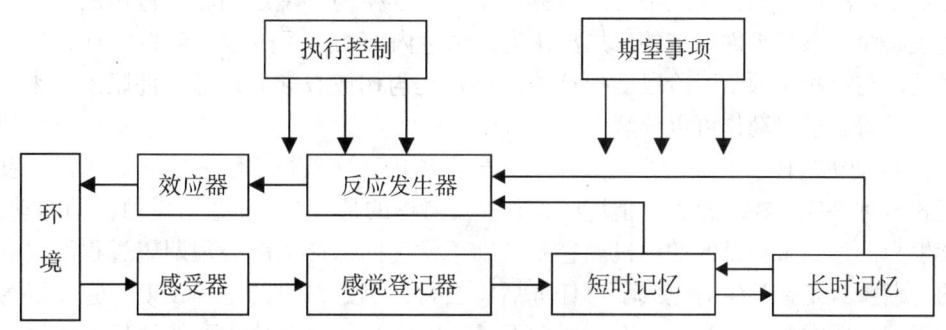

图3-12 加涅的信息加工学习模式

（1）信息流。从图3-12中可以看到信息是从一个假设结构流到另一个假设结构中去的过程。

首先，学生从环境中接受刺激，刺激推动感受器，并转变为神经信息。然后，这个信息进入感觉登记器，这是非常短暂的记忆储存，一般在百分之几秒内就可把来自各感受器的信息登记完毕。有些部分登记了，其余部分很快就消失了，这涉及注意或选择性知觉的问题。

被感觉登记的信息很快进入短时记忆，信息在这里可以持续二三十秒钟。短时记忆的容量很有限，一般只能储存6个左右的信息项目。一旦超过了这个数目，新的信息进来，就会把部分原有信息赶走。如果想要保持信息，就得采取复述的策略。但复述只能有利于保持信息以便进行编码，并不能增加短时记忆的容量。

当信息从短时记忆进入长时记忆时，信息发生了关键性转变，即要经过编码过程。所谓编码，不是把有关信息收集在一起，而是用各种方式把信息组织起来。信息是经编码形式储存在长时记忆中的。一般认为，长时记忆是个永久性的信息储存库。

当需要使用信息时，需经过检索提取信息。被提取出来的信息可以直接通向反应发生器，从而产生反应；也可以再回到短时记忆，对该信息的合适性作进一步的考虑，其结果可能是进一步去寻找信息，也可能是通过反应发生器做出反应。

（2）控制结构。除信息流程之外，在图3-12所示的信息加工学习模式的上部，还包含着期望事项与执行控制。期望事项是指学生期望达到的目标，即学习的动机。正是因为学生对学习有某种期望，教师给予的反馈才会具有强化作用。换言之，反馈

之所以有效，是因为反馈能肯定学生的期望。执行控制即加涅所讲的认知策略，执行控制过程决定哪些信息从感觉登记器进入短时记忆、如何进行编码、采用何种提取策略等。由此可见，期望事项与执行控制在信息加工过程中起着极为重要的作用。加涅之所以没有把这两者与学习模式中的其他结构联系起来，主要是由于这两者可能影响信息加工过程中的所有阶段，并且它们之间相互联结的关系目前还不是很清楚。

2. 学习阶段及教学设计

从学习的信息加工模式中可以看到，学习是学生与环境之间相互作用的结果。学习过程是由一系列事件构成的。加涅认为，学生内部的学习过程一环接一环，形成一个索链，与此相应的学习阶段则把这些内部过程与构成教学的外部事件联系起来。他还认为，每个学习动作可以分解成八个阶段。

（1）动机阶段。有效的学习必须要有学习动机，这是整个学习的开始阶段。动机的形式多种多样，在教育教学情境中，首先要考虑的是激发学生进行学习活动的动机，即学生力图达到某种目的的动机。它是借助于学生内部产生的心理期望过程而建立起来的。期望就是指学生对完成学习任务后将会得到满意结果的一种预期，它可以为随后的学习指明方向。但是，在有些场合下，学生最初并没有被达到某种目的的诱因所推动，这时就要帮助学生确立学习动机，形成学习期望。理想的期望只有通过学生自己的体会才能形成，而不能仅仅通过教师告诉学生学习的结果来形成。因此，为了使学生形成理想的期望，在学生实际获得某种知识和技能之前，应先做出安排使学生达到某种目标，以便向学生表明他们能够达到预期的目标。

（2）领会阶段。有了学习动机的学生，首先必须接受刺激，即必须注意与学习有关的刺激，而无视其他刺激。当学生把所注意的刺激特征从其他刺激中分化出来时，这些刺激特征就被进行知觉编码，储存在短时记忆中。这个过程就是选择性知觉。为了使学生能够有效地进行选择性知觉，教师应采用各种手段来引起学生的注意，如改变讲话的声调、手势动作等；同时，外部刺激的各种特征本身必须是可以被分化和辨别的。学生只有对外部刺激的特征做出选择性知觉后，才能进入其他学习阶段。

（3）习得阶段。当学生注意或知觉外部情境之后，就可获得知识。而习得阶段涉及的是对新获得的刺激进行知觉编码后储存在短时记忆中，然后再把它们进一步编码加工后转入长时记忆中。在短时记忆中暂时保存的信息，与被直接知觉的信息是不同的。在这里，知觉信息已被转化成一种最容易储存的形式，这种转化过程被称为编码过程。当信息进入长时记忆时，信息又要经历一次转换，这一编码的目的是为了保持信息。如用某种方式把刺激组织起来，或根据已经习得的概念对刺激进行分类，或把刺激简化成一些基本原理，这些都会有助于信息的保持。在此过程中，教师可以给学生提供各种编码程序，鼓励学生选择最佳的编码方式。

（4）保持阶段。学生习得的信息经过复述、强化后，以语义编码的形式进入长时记忆储存阶段。对于长时记忆，人类至今了解不深，但有几点目前是清楚的：①储存在长时记忆中的信息，其强度并不随时间进程而减弱，如七八十岁的老人回忆孩提时的事情往往比回忆当天的事情更清楚；②有些信息因长期不用会逐渐消退，如一个人已习得的外语单词会因经常不用而遗忘；③记忆储存可能会受干扰的影响，新旧信息的混淆往往会使信息难以提取。因此，如果教师能对学习条件作适当安排，避免同时呈现十分相似的刺激，可以减少干扰的可能性，从而提高信息保持的程度。

（5）回忆阶段。学生习得的信息要通过作业表现出来，信息的提取是其中必需的一环。相对其他阶段而言，回忆或信息提取阶段最容易受外部刺激的影响。教师可以利用各种方式使学生得到提取线索，这些线索可以增强学生的信息回忆量。但作为教师，最重要的是指导学生，使他们为自己提供线索，从而成为独立的学习者。所以，对于教学设计来说，通过外部线索激活提取过程固然重要，但更重要的是使学生掌握为自己提供线索的策略。

（6）概括阶段。学生提取信息的过程并不始终是在与最初学习信息时相同的情境中进行的。同时，教师也总是希望学生能把学到的知识运用于各种类似的情境中去，以达到举一反三的目的。因此，学习过程必然有一个概括的阶段，也就是学习迁移的问题。为了促进学习的迁移，教师必须让学生在不同情境中学习，并给学生提供在不同情境中提取信息的机会；同时，更为重要的是，要引导学生概括和掌握其中的原理和原则。

（7）作业阶段。一个完整的学习过程需要有作业阶段似乎是不言而喻的，因为只有通过作业才能反映学生是否已习得了所学的内容。作业的一个重要功能是获得反馈；同时，学生通过作业看到自己学习的结果，可以获得一种满足。当然，作业主要是给教师看的。一般来说，仅凭一次作业是很难对学生的学习情况做出判断的，有些学生可能碰巧做得很好，有些学生则可能碰巧做得不理想。因此，教师需要几次作业才能对学生的学习状况做出判断。

（8）反馈阶段。当学生完成作业后，他马上意识到自己已经达到了预期的目标。这时，教师应给予反馈，让学生及时知道自己的作业是否正确，从而强化其学习动机。当然，强化在学习过程中之所以起作用，是因为学生在动机阶段形成的期望在反馈阶段得到了肯定。教师在提供反馈时，不仅可以通过"对"、"错"、"正确"或"不正确"等词汇来表达，而且可以使用点头、微笑等许多微妙的方式反馈信息。同时，反馈并不总是需要外部提供，它也可以从学生内部获得，即进行自我强化。例如，学生可以根据已经学过的概念、规则，知道自己的答案是否正确。

总之，加涅认为教师是教学活动的设计者和管理者，也是学生学习效果的评定者。一个完整的学习过程是由上述八个阶段组成的。在每个学习阶段，学习者的头脑内部都进行着信息加工活动，使信息由一种形态转变为另一种形态，直到学习者用做业的方式做出反应为止。教学程序必须根据学习的基本原理来进行。在学习结果（即言语信息、认知策略、智慧技能、动作技能、态度）确定之后，它们必须按照教学工作目标的适当顺序安排。有效的教学要求教师根据学生的内部学习条件，创设或安排适当的外部条件，促进学生有效地学习，以实现预期的教学目标。

三、建构主义学习理论

(一) 建构主义学习理论概述

建构主义学习理论是学习理论从行为主义发展到认知主义以后的进一步发展。它与行为主义和认知学习观的根本区别在于：行为主义学习观和认知学习观共同主题是把学习看成学习者个体的活动，二者所不同的是行为观指向个体的外部，认知观指向个体的内部；而建构主义学习观则将学习作为个体原有经验与社会环境互动的加工过程。在教育心理学中，建构是指学习者通过新旧知识经验之间反复、双向的相互作用，形成和调整自己的经验结构过程。

建构主义主张，世界是客观存在的，但是对于世界的理解和赋予意义却是由每个人自己决定的。我们以自己的经验为基础来建构现实，或者至少说是在解释现实。我们个人的经验世界是用我们自己的头脑创建的。由于我们的经验以及对经验的信念不同，于是我们对外部世界的理解也就不同。因此，在学习上他们更加关注学习如何以原有的经验、心理结构和信念为基础来建构知识，他们强调学习的主动性、社会性和情境性，对学习和教学提出了许多新的见解。

(二) 建构主义学习理论的基本观点

1. 知识观

建构主义者一般强调，知识并不是对现实的准确表征，它只是一种解释、一种假设，它并不是问题的最终答案。相反，它会随着人类的进步而不断地被"革命"掉，并随之出现新的假设。而且，知识并不能精确地概括世界的法则。在具体问题中，并不是拿来便用、一用就灵，而是需要针对具体情境进行再创造。另外，建构主义者认为，知识不可能以实体的形式存在于具体个体之外，尽管通过语言符号赋予了知识一定的外在形式，甚至这些命题还得到了较普遍的认可，但这并不意味着学习者会对这些命题有同样的理解，因为这些理解只能由个体基于自己的经验背景而建构起来，它取决于特定情境下的学习历程。

建构主义的这种知识观尽管不免过于激进，但它向传统的教学和课程理论提出了巨大挑战，值得深思。按照这种观点，课本知识只是一种关于各种现象的较为可靠的假设，而不是解释现实的"模板"。科学知识包含真理性，但不是绝对正确的最终答案，它只是对现实的一种更可能正确的解释。而且，更重要的是，这些知识在被个体接受之前，它对个体来说是毫无权威可言的，不能把知识作为预先决定了的东西教给学生，不要用对知识正确性的强调作为让个体接受它的理由，不能用科学家、教师、课本的权威来压制学生。学生对知识的"接受"只能靠他自己的建构来完成，以他们自己的经验、信念为背景来分析知识的合理性。学生的学习不仅是对新知识的理解，而且是对新知识的分析、检验和批判。另外，知识在各种情况下的应用并不是简单套用，具体情境总有自己的特异性。所以，学习知识不能满足于教条式的掌握，而是需要不断深化，把握它在具体情境中的复杂变化，使学习走向"思维中的具体"。

2. 学习观

建构主义认为，学习不是由教师向学生传递知识，而是学生自己建构自己的知识的过程；学生不是被动的信息吸收者，而是信息意义的主动建构者，这种建构不可能由其他人代替。

学习是个体建构自己的知识的过程，这意味着学习是主动的。学生不是被动的刺激接受者，他要对外部信息做主动的选择和加工，因而不是行为主义所描述的 S－R 过程。而且，知识或意义也不是简单由外部信息决定的，外部信息本身没有意义，意义是学习者通过新旧知识经验间反复的、双向的相互作用过程而建构成的。其中，每个学习者都在以自己原有的经验系统为基础对新的信息进行编码，建构自己的理解，而且原有知识又因为新经验的进入而发生调整和改变，所以学习并不简单是信息的积累，它同时包含由于新旧经验的冲突而引发的观念转变和结构重组。学习过程并不简单是信息的输入、存储和提取，而是新旧经验之间双向的相互作用的过程。因此，建构主义又与认知主义的信息加工理论有所不同。

3. 学生观

建构主义者强调，学生并不是空着脑袋走进教室的。在日常生活中，在以往的学习中，他们已经形成了丰富的经验，小到身边的衣食住行，大到宇宙、星体的运行，从自然现象到社会生活，他们几乎都有一些自己的看法。而且，即使他们还没有接触过，没有现成的经验，但当有些问题一旦呈现在他们面前时，他们往往也可以基于相关的经验、依靠他们的认知能力（理智），形成对问题的某种解释。并且这种解释不是胡乱猜测，而是从他们的经验背景出发而推出的合乎逻辑的假设。所以，教学不能无视学生的这些经验，另起炉灶，从外部装进新知识，而是要把儿童现有的知识经验作为新知识的生长点，引导儿童从原有的知识经验中"生长"出新的知识经验。教学不是知识的传递，而是知识的处理和转换。教师不简单的只是知识的呈现者，他应该重视学生自己对各种现象的理解、倾听他们的看法、洞察他们这些想法的由来，以此为根据，引导学生丰富或调整自己的理解。这不是简单的"告诉"就能奏效的，而是需要与学生针对某些问题共同进行探索，并在此过程中相互交流和质疑，了解彼此的想法，彼此做出某些调整。由于经验背景的差异，学生对问题的理解常常各异，在学生的共同体之中，这些差异本身便构成了一种宝贵的学习资源。教学就是要增进学生之间的合作，使他看到那些与他不同的观点，从而促进学习的进行。

教学指导

建构主义学习观对教学的启示

建构主义学习观对教学的影响是全面的，尤其对教学设计、课堂教学模式的创建与使用、课程设计、学生心理辅导和教师的教育等都已经或将产生重要影响。

1. 教学设计

就教学设计而言,乔纳森认为,如果教学设计人员吸收一些建构主义建议,教学设计可能产生如下转变:

（1）教学的目标和目的应该是协商的而不是强加的。

（2）任务和内容分析不应过多集中于预先规定一条单一的最好的学习路线。

（3）教学设计的目标应该更少关心预先设定的教学策略。

（4）学习的评估应更少标准参照。

2. 教学模式

建构主义者提倡情境性教学,认为学习应在与现实情境相似的情境中发生,学习内容要选择真实性任务,以解决学生现实生活中遇到的问题为目标,指导学生探索并解决问题。教师应灵活地采用一些"新"的教学模式来进行创新式教学。

（1）抛锚式教学模式。抛锚式教学模式指以问题为中心,将知识抛锚在一定的问题情境中,以激发学生的好奇心和创造力的教学模式。这里所谓的"锚"指的是支撑课程与教学实施的支撑物,它通常是一个故事、一段历险或者是学生感兴趣的一系列问题情境。

抛锚式教学模式的教学操作可分为五个阶段。

1）教师介绍学习目的,呈现学习内容。教师以简洁的语言向学生介绍学习目的,运用多种方式向学生呈现将要学习的新内容。

2）将不同类型的"锚"呈现给学生。"锚"的呈现方式是多种多样的,可以师生讲述故事、学生参与扮演戏剧角色、教师绘制图画等方式呈现。生动、有意义的"锚"使学生易于进入问题解决的情境,主动参与,主动学习。

3）教师引导学生识别问题、分解问题并制订问题解决的计划。教师一般不直接呈现现成的问题,而是在学生逐步探索中根据学生的需要提供帮助,为其解决问题搭建脚手架,以便制订出问题解决的多种计划和策略。

4）学生分组,进行问题解决。在此过程中,合作学习是必要的。

5）教师进行整体评价。对学生解决问题的整个过程进行评价。

（2）认知学徒教学模式。"认知学徒"是指通过允许学生获取、开发和利用真实领域中的活动工具的方法来支持学生在某一领域中的学习。这一模式主张通过在真正现场活动中获取、发展和使用认知工具来进行特定领域的学习,强调要把学习者和实践世界联系起来。

认知学徒教学模式的具体操作程序一般分为四步。

1）示范。在示范过程中,要使学生明确,并不是教师所讲的每一个策略都是有效的,有些策略只在特定条件下才能使用。

2）指导。学生以小组的方式或师生讨论的形式解决某个问题,这时教师扮演一个教练或指导者。教师在学生中间来回走动,观察学生的解题过程,给学生提供脚手架。

3）消退。教师逐渐减少对学生的支持和帮助,直到学生能够完全独立解决问题为止。

4）练习。让学生自己独立练习解决问题，以巩固和强化教师所教的内容。

（3）随机进入教学。所谓随机进入教学，是指学习者可以随机通过不同途径、不同方式进入同样的教学内容的学习，从而获得对同一事物或同一问题的多方面的认识和理解。

随机进入教学的具体操作如下：

1）呈现情境。向学习者呈现与当前学习内容相关联的情境。

2）随机进入学习。向学习者呈现与当前所选内容不同侧面的特性相关联的情境，引导学习者自主学习。

3）思维发散训练。教师应特别注意发展学生的思维能力，引导学生发展"元认知"能力，使学生意识到自己在问题解决过程中所运用的认知策略的优势，帮助学生建立思维模型、培养学生发散思维能力等。

4）协作学习。围绕通过不同情境所获得的认识、所建构的意义展开小组讨论。

5）效果评价。对学习效果进行评价。

（4）支架式教学。支架式教学应当为学习者建构对知识的理解提供一种概念框架。这种框架中的概念是为发展学习者对问题的进一步理解所需要的。为此，事先要把复杂的学习任务加以分解，以便把学习者的理解逐步引向深入。

3. 课程设计、学生心理辅导及教师的教育

建构主义学习观必然对课程设计带来重大影响。为了反映建构主义思想，课程目标、教材内容和教学途径都要发生重要变化。例如，课程更注重学生的参与、学生的体验，课程中要反映复杂问题和真实情境，学生要多接触社会，通过社会实践学习。

建构主义课堂实践必然给学生的学习和教师的教学带来许多新困难。这就要求学校心理学辅导人员熟悉不同建构主义学习观的主要观点及其教育运用的含义，用建构主义思想指导学校心理学研究。例如，开发与建构主义思想相关的干预和咨询方法，研究困难学生的需要以及建构主义框架中的评估，等等。

凡是适合学生的学习理论同样适合教师的培训。传统的教师培训重在知识传授，却对教学能力影响不大。根据建构主义学习观，新老教师结对子，互帮互学；教师之间就某些教学案例开展研讨；教师注意在一定的教育理论指导下，经常对自己的教学经验进行反思；通过反思和总结，每一名教师逐渐形成自己独特的教学风格；等等，这些做法是值得提倡的。

四、人本主义学习理论

人本主义心理学是20世纪60年代在美国兴起的一种心理学思潮。人本主义心理学家认为，人性的本质是善的，只要后天环境适当，就会自然成长。强调尊重人的价值和主观能动性，认为心理学应该研究人的价值、创造性和自我实现。人本主义心理

学有两个核心的研究理念：一是强调人是不可分割的整体，要想了解人、研究人，必须从整个人着眼；二是每个人都有自己的需求和愿望，要想了解人、研究人，必须了解人的需求、欲望、感情、价值观等内在心理状态。人本主义学习理论的观点主要有三个方面。

（一）马斯洛的学习理论

马斯洛是人本主义心理学的主要创始人。他认为，学生本身就有学习的潜在能力。学习不能靠外在的强制，只能靠内在的动力。学习的活动应由学生自己选择和决定。教师的任务不是教学生学知识，而是为学生创设良好的学习环境，让学生自由选择，并给学生提供辅导。

马斯洛提出，教师的辅导有两重性，即当与不当。辅导得当，学生会因学习而成长；辅导不当，学生反倒因辅导而萎缩。它说明了教育责任的重大，即适当的教育固然可促进学生身心的成长，不适当的教育反倒会扼杀学生的心智。

（二）康布斯的全人教育思想

康布斯的学习理论，在教育上被作为实施情感教育的理论依据。康布斯主张，教育的目的绝不只限于教学生知识或谋生技能，更重要的是针对学生的情感需求，使他们能在知识、情感、意志或动机三方面均衡发展，从而培养其健全的人格。他认为，教育要重视实现以下七项目标：第一，针对学生各方面的需求，配合学生经验，设计学校教育，使学生所具有的各种潜力得以充分发展；第二，要使每个学生均能在教育环境中，不但在智能方面得以自我表现，而且在情感方面也能学到独立的观念和能力；第三，针对目前及未来的生活需求，能使每个学生学习到必要的知识、技能和处理人际关系及职业生活的能力，以适应多元化和多变的社会；第四，学校的一切措施，必须遵守因材施教的原则，务必使教育效果对每个学生都发生个人化的意义；第五，在所有的教育活动中，必须将知、情、意三者贯穿其中，以期发挥全人教育的功能；第六，营造学校的教育气氛，务必使整个校园变成一个虽有挑战但却充满自由、活泼、兴奋、关怀、支持而不具有威胁的学习情境；第七，培养学生纯真而开放的气质和认识自我的能力，既能学会在团体中尊重别人，也能学会在个人生活中解决自己心理上的问题。

（三）罗杰斯的学习理论

1. 学生为中心的教育理念

教师的任务不是教学生学习知识，也不是教学生如何学习，而是为学生提供各种学习资源，提供一种学习的气氛，让学生自己决定如何学习。促进学生学习的关键不在于教师的教学技巧，而在于营造特定的心理气氛。罗杰斯认为，和心理治疗领域中的咨询者对咨客的心理气氛是一致的，促进学习的心理气氛的因素有：真实或真诚，教师表现真我，没有任何掩饰、虚伪和防御；尊重、关注和接纳，教师尊重学生的情感和意见，关心学生的方方面面，接纳学生的价值观念和情感表现；移情性理解，教师能理解学生的内在反应，了解学生的学习过程。在这样的心理气氛下进行学习，以学生为中心，教师只是学习的促进者，"学生"才是学习的关键，学习的过程就是学习的目的所在。

2. 自由为基础的学习原则

罗杰斯对以往经验和研究做了总结，解释了他所坚持的以自由为基础的自由学习的原则。

（1）人性本善，且人人皆有学习潜力。这是人本主义学习理论的基本假设与基本前提，没有一个幼儿不是自动学会走路和说话的。

（2）教材有意义且符合学生的目的才会产生学习。教材是否有意义在于学生对教材的看法，如教材能满足学生的好奇心或能提高他的自尊感，他便乐于学习。

（3）在较少压力的教育情境下才会有效学习。教师必须充分理解每个学生的条件，尽量在教学要求上使每个学生都能获得成功，从而减少心理压力，以利于学生的学习。

（4）主动自发全心投入的学习才会产生良好效果。逼迫式教学不但使学生感到威胁，而且不能让他根据自己的知觉发现所学知识对自己有何意义。有效的学习是学生主动自发、全心投入的学习。

（5）自评学习结果可养成学生独立思维与提高学习的创造力。教学评估的目的不只是检查学生学到了多少知识，更重要的是让学生学习到如何检讨自己和如何改进自己。

（6）重视生活能力学习以适应变动的社会。变化是生活中最大的事实，学校学的知识未必适合未来生活的需要。因此，除了培养学生的求知能力外，学校教学活动还要生活化。

（7）突出学习者在教学中的地位。以学生为中心，教师最富有意义的角色不是权威，而是"催化剂"。

（8）涉及改变对自己看法的学习是有威胁的，并往往受到抵制。当学生的自我概念遭到怀疑时，他往往采取种种防御措施。

（9）强调要从做中学习。大多数意义学习是让学生直接体验到面临的实际问题。

教学指导

人本主义思想对教育教学的启示

1. 提出具有浓厚人本色彩的教育理念

（1）注重教学中培养学生健全人格。人本主义心理学家认为，教育的理想是在平常教学中将一个个活生生的个体培养成躯体、心智、情感、精神、心力融为一体的人。因此，教育既要重视知识的教授，更要重视积极情意的养成，以此塑造完整的人格。

（2）推行以学生为中心的教育理念。人本主义者强调以学生为中心的教育理念在很大程度上尊重了学生的心理需求，从而易于激发学生的学习动机和学习积极性。

（3）培养团体精神的合作学习。人本主义者所讲的合作学习具有五个主要特征，即分工合作、密切配合、各自尽力、社会互动及团体历程。人本主义着重培养学生的沟通技巧、人际关系的适应及尊重他人的态度，在教学上重视自由学习与合作学习。

（4）推崇人性中心课程。人本主义者将课程的重点从教材转向个人，以人的能力的全面发展为目的，主张开设知识、情意、自我实现课程，课程内容要符合学习者的兴趣，要重视人文学科的课程设置。

（5）提倡情感型的师生关系。人本主义者主张教师的主要任务是扮演教学角色的同时，更要成为一位真诚地与学生建立积极友谊关系的人，才能与学生真诚互动，进而提高学生的学习效果。因此，教师的个人人格特质中必须具备亲切和热心的素质。

2. 构建人本主义的典型教学模式

（1）以题目为中心的课堂讨论模式。其主要做法是围绕一个题目进行群体讨论，让师生之间、学生之间相互作用与相互促进。该模式强调学生将情感与思想都投入到课堂的群体讨论中，要求发言者结合他最近在生活中涉及的问题进行讨论，使讨论更有意义，还强调学生在课堂群体讨论的个别性与独特性，鼓励学生在讨论中表现得与众不同。

（2）自由学习的教学模式。罗杰斯认为，教师应最大程度地给予学生选择与追求有意义的学习目标的自由，这种模式比较适合大学的教学。其主要做法如下：学生参与决定学习的内容与授课方式；学生的学习可采用不同的方式和从不同的信息源来获取学习的内容；师生共同制定契约，指明学生在这一学期要做的工作种类与数量；安排不同类型的课堂结构，吸引不同兴趣与需要的学生自由参与；由学生对自己的学习进行评定。

（3）开放课堂的教学模式。开放课堂的典型特点是无拘无束、不拘形式。在实施开放课堂的学校里，学生并不需要将自己限制在某个课堂，走进教室后可以做他想做的事、学他想学的科目。教师的首要任务是在适当的时间促进儿童与学习的真正材料发生接触。

人本主义学习理论有两个独特之处：其一，人本主义的学习理论，不像行为主义心理学和认知心理学那样，从验证性研究中得到结论后做出推论，而多半是根据经验原则所提出的观点和建议；其二，人本主义学习理论，既不像行为主义心理学家只求解释简单的反应，也不同于认知心理学家那样只求解释知识学习，而是扩大视野，研究人类与自我实现有关的一切问题，强调教育环境的创设要符合学生人性发展的实际需求。

总之，学习就是学习者经过一定的练习以后出现的变化。该变化非常复杂，有运动的（如动作习惯的形成）、情感的（如喜悦恐惧）和认知的。而导致该变化的心理机制也是复杂的，有刺激－反应的联结、条件反射、认知结构的组织、尝试错误、理解、顿悟、观察模仿、信息加工等。而引起学习的原因也是多种多样的，有学习情境因素和学习者自身的因素。现实生活中存在着各种各样的学习，要用一种理论来满意地解释复杂而多样的学习是比较困难的。我们只能用不同的理论来解释不同类型的学习。诚然，如果综合考虑上述几种学习观，也许能较好地说明学习的各种现象和问题。

表3-4为几大流派学习理论的比较。

表 3-4 几大流派学习理论的比较

名称与年代	主要代表人物	实验和基本观点
行为主义 1913—	桑代克	迷笼中的猫的试误行为；学习是情境和反应的联结，学习遵循准备律、练习律和效果律
	巴甫洛夫	狗的唾液分泌实验；经典条件反射作用的提出者，学习具有泛化、分化和消退等规律
	华生	行为主义的奠基者和捍卫者，S-R模式的提出者；提出情绪习得的研究
	斯金纳	斯金纳箱，白鼠的操作性条件作用实验；操作性条件作用的提出者；提出强化、惩罚和程序性教学等理论
	班杜拉	提出替代性强化、观察学习、社会学习理论和示范教学等
认知派 1950—	苛勒	黑猩猩的顿悟实验；认为学习是形成新的完形
	托尔曼	白鼠的迷宫实验，预期实验；认为学习是在头脑中形成认知地图
	布鲁纳	认为学习是积极主动形成认知结构或知识的类目编码系统的过程；提出结构教学观和提倡发现学习
	奥苏伯尔	提出有意义学习、接受教学和先行组织者概念
	加涅	信息加工学习理论提出者；认为学习是一个有始有终的过程，每一阶段需进行不同的信息加工
人本主义 1950—	马斯洛	认为学习是人固有的自我实现过程，强调人的尊严和价值，强调无条件积极关注在个体成长过程中的重要作用
	康布斯	提出情感教育
	罗杰斯	提出以学生为中心的教育理念和自由学习原则
建构主义 1980—	维果茨基	强调学生自身的知识和经验，提出最近发展区、支架式教学

> **资料窗**
>
> ## 20世纪90年代后出现的新的建构主义哲学思潮
>
> 建构主义是一个广泛而模糊的术语。哲学家、教育学家、课程设计专家和心理学家等都使用这个术语，不同的人使用这个术语的含义并不相同。其学习观强调学习者在理解环境和赋予信息以特殊意义方面的积极作用。在学习心理学研究中，建构主义观点并不是一个新观点，但在20世纪90年代，建构主义哲学思潮在西方教育界广为流行，甚至影响到政府的教育政策。
>
> 沃尔福克（A. E. Woolfolk, 2001年）把建构主义观点分为三个阵营。
>
> 一、个体建构主义
>
> 个体建构主义者关心个人如何建构自己的认知或情绪成分。他们对个人的知识、信念、自我概念感兴趣，所以有时也称他们为心理建构主义者。他们共同强调人的内部心理世界。据此标准，信息加工心理学和皮亚杰的心理建构主义都属于这一阵营。
>
> 二、维果茨基的社会建构主义
>
> 维果茨基认为，社会相互作用、文化工具和活动影响个体的发展和学习。通过参与广泛的社会活动，学生体会到（内化）由别人共同工作所产生的成果。有些心理学家把维果茨基归入心理建构主义者阵营，因为他主要关心个体内的发展，但是他的理论主要依据社会相互作用和文化环境来解释学习，所以大多数心理学家把它归入社会建构主义者阵营。在某种意义上说，他既是个体建构主义者，又是社会建构主义者。他的理论的优点之一是在社会建构和个人建构之间架起了一座桥梁。例如，他的"最近发展区"概念，既鼓励儿童解决问题，又强调成人和其他更有能力的同伴的帮助。当成人使用来自文化的工具和习俗（语言、地图、计算机或音乐等）去指引儿童朝着该文化重视的价值目标前进时，文化造就了认知。当成人和儿童共同生成新的习俗和问题答案并使之进入该文化团体的库存中去时，认知创造了文化。
>
> 三、社会学建构主义
>
> 社会学建构主义者不关心个体的学习，他们关心的是学科（如自然学科、经济学或历史）中的公共知识是怎样建构的。除了这些学术性知识之外，他们也关心常识性观念、日常信念和对世界的共同理解是怎样向社会文化群体中的新成员传递的。在他们看来，所有的知识都是通过社会交互作用建构的，而重要的是，在决定什么构成这样的知识上，有些人比另一些人具有更大权力。教师、学生、家长和社团之间的关系是讨论的中心问题。合作理解不同观点受到鼓励，传统的知识常常受到挑战。
>
> （资料来源：皮连生《教育心理学》，上海教育出版社2004年版，第74～76页，有改动。）

知识巩固

1. 解释概念"学习"、"有意义学习"、"上位学习"、"下位学习"、"并列学习"。
2. 学生的学习有什么特点？
3. 中国古代学习心理思想可以从哪些方面体现出来？
4. 学习的联结理论的主要观点是什么？
5. 奥苏伯尔的有意义学习理论的主要观点是什么？

知识应用

他真的不是读书的料吗

赵明从入学开始就令老师非常头痛。上课的时候，他总是在做一些小动作，即使有时坐得很端正，看似在听讲，可一到老师布置课堂练习时，每次都是很自然地把头转向别的同学那里，抄别人的答案。如果被老师看紧了，没办法去抄，便会急得抓耳挠腮，好长时间也完成不了一个简单的练习。最令老师头痛的是家庭作业。不管作业量有多少，也不管作业的内容是什么，他一概不写。到老师检查作业的时候，只是死死地低着头，说不出任何一点理由。后来老师烦了，便自然地把他划入了"差生"的行列，懒得管他了。

赵明就这样成了"差生"，可他究竟"差"在哪儿？老师的说法是："他的智力一点不差，是属于那种懒得要命的孩子。谁能时时看着他？而且家长都不关注孩子的学习，不配合老师的工作，我们光操心也没有用。"

而家长则说："这孩子，天生不是读书的料。干什么事都挺机灵，就是不爱学习。"当问到家庭作业时，家长又说："这孩子，净撒谎，每次问他，他都说没有作业，我们还奇怪呢！"家长结束谈话的最后一句话总是："老师，拜托您了，您多费心吧！"

你认为赵明变成"差生"的主要原因是什么？能否提几条改进的建议？

第四章 学习动机

知识点预览

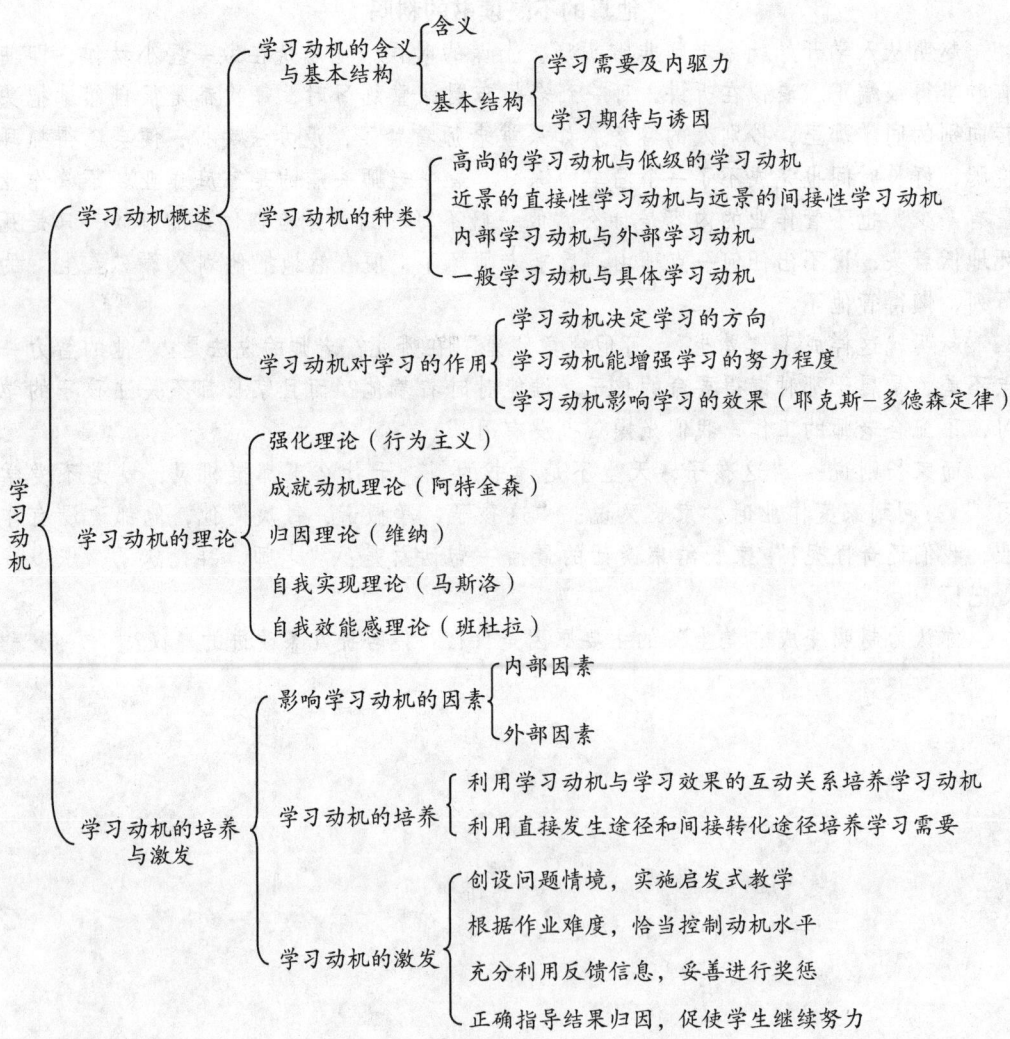

> **引言**
>
> **兰斯·阿姆斯特朗**
>
> 　　1999年，自行车手兰斯·阿姆斯特朗赢得了环法自行车比赛的冠军——填补了体育史上一个最了不起的空白。
>
> 　　1996年，阿姆斯特朗被诊断为患有睾丸癌并已扩散到了肺部和脑部。在承受了高强度的化疗后，阿姆斯特朗做出了重回训练场的决定。在接下来的3年时间里，他完成了他运动生涯中最辉煌的事情——于2000年再一次赢得了环法自行车赛的冠军。他的反对者们曾断言他1999年获得的冠军已是强弩之末，然而他2000年的胜利证明了他能打败世界上最优秀的自行车选手。
>
> 　　是什么力量帮助自行车手阿姆斯特朗战胜了癌症并赢得了环法自行车赛的冠军？是一种内因和外因相结合的力量，即动机。动机是获得成功的重要条件，学习亦是如此。

第一节　学习动机概述

一、学习动机的含义与结构

　　在了解什么是学习动机之前，我们先了解什么是动机。所谓动机，是指引起和维持个体的活动，并使活动朝向某一目标的内在心理过程或内部动力。动机一般具有以下三种功能：一是激活功能，即动机会促使人产生某种活动；二是指向功能，即在动机的作用下，人的行为将指向某一目标；三是强化功能，即当活动产生以后，动机可以维持和调整活动。

　　（一）学习动机的含义

　　学习动机是指激发个体进行学习活动、维持已引起的学习活动，并致使行为朝向一定学习目标的一种内在过程或内部心理状态。学习动机是直接推动学习行为的原因和动力，个体的学习活动主要是受学习动机支配的。

　　（二）学习动机的基本结构（基本成分）

　　学习动机的两个基本成分是学习需要和学习期待，两者相互作用形成学习的动机系统。

　　1. 学习需要及内驱力

　　学习需要是指个体在学习活动中感到有某种欠缺而力求获得满足的心理状态，它的主观体验形式是学习者的学习愿望或学习意向。在一定程度上，学习动机的实质就是学习需要，这种需要是社会、学校、家庭的影响在学习者头脑中的反映，其形式和内容是多种多样的：它可以是对于学习的必要性的认识及信念，可以是对学习的兴趣、

爱好或习惯，也可以是对于未来的一种理想，还可以表现为学习态度。总之，学习动机是学习需要的动态表现。

从需要的作用上来看，学习需要即为学习的内驱力。所以，学习需要也称为学习驱力。奥苏伯尔认为，学校情境中的成就动机主要包括三方面的内驱力，即认知内驱力、自我提高内驱力和附属内驱力。

认知内驱力是一种要求理解事物、掌握知识、系统地阐述并解决问题的需要。它以求知作为目标，从知识的获得中得到满足，是学习的内部动机。它指向的是学习任务和活动本身。

自我提高内驱力是指个体由自己的学业成就而获得相应的地位和威望的需要。它指向的是学业成就。它与认知内驱力不同，不直接指向学习任务本身，而是把成就看做赢得地位与自尊心的根源，因此是一种外部动机。

附属内驱力又称交往内驱力，是指个体为了获得长者（如教师、家长等）的赞许和同伴的接纳而表现出来的把工作、学习搞好的一种需要。它是个体为了从长者或同伴那里获得赞许和接纳的一种需要，也是一种外部动机。

这三种内驱力是构成学生学习动机的主要成分，某种内驱力作用的大小和它在学习动机中的比重不是固定不变的，通常因年龄、性别、社会地位、种族、人格结构等因素的不同而发生变化。在儿童早期，附属内驱力最为突出，他们努力学习获得学业成就，主要是为了实现家长的期待，并得到家长的赞许。在儿童后期和少年期，自我提高内驱力表现明显，他们的附属内驱力逐渐减弱，成就主要来自同伴、集体的赞许和认可。到了青年期，认知内驱力和自我提高内驱力是学生学习的主要动机，学习的主要目的是满足自己的求知需要，并从中获得相应的地位和威望。

2. 学习期待与诱因

学习期待是个体对学习活动所要达到目标的主观估计。学习期待不等于学习目标。学习目标是个体通过学习活动想要达到的预期结果。在个体完成学习活动之前，这个预想结果是以观念的形式存在于头脑之中的。学习期待就是学习目标在个体头脑中的反映。

诱因是指能够激起有机体的定向行为，并能满足某种需要的外部条件或刺激物。诱因可以是简单的物体如食物、水等，也可以是复杂的事情如名誉、地位等。诱因分为积极诱因和消极诱因。凡是使个体产生积极的行为，即趋向或接近某一目标的刺激物称为积极诱因。消极诱因可以产生负性行为，即离开或回避某一目标。

期待就其作用来说就是学习诱因，只不过学习期待是静态的，而诱因是动态的。

二、学习动机的种类

（一）高尚的学习动机与低级的学习动机

根据学习动机内容的社会意义，可以分为高尚的学习动机与低级的学习动机。高尚的学习动机的核心是利他主义，如学生把当前的学习同国家和社会的利益联系在一起。低级的学习动机的核心是利己的、自我中心的,即学习动机只来源于个体自己眼前的利益。

(二) 近景的直接性学习动机与远景的间接性学习动机

根据学习动机的作用与学习活动的关系,可以分为近景的直接性动机和远景的间接性学习动机。近景的直接性学习动机是与学习活动直接相连的,来源于对学习内容或学习结果的兴趣;远景的间接性学习动机是与学习的社会意义和个人的前途相连的。

(三) 内部学习动机与外部学习动机

根据学习动机的动力来源,可以分为内部学习动机和外部学习动机,这是所有分类中得到心理学家公认的。内部动机是指由个体内在的需要引起的动机,对学习活动影响大、时间持久。在学习活动中能转化成为学习动机的内部心理因素有多种,如学习的需要、愿望、好奇心、求知欲、兴趣、情感、信念、理想、自尊心、好胜心、责任感、义务感、荣誉感等。在学习过程中有效地培养学生的内部学习动机,实质上就是要培养那些能直接转化为内部学习动机的有关心理因素。外部动机是指个体由外部诱因所引起的动机,对学习活动的影响较小,维持的时间较短暂(如竞赛时学习积极性高涨、竞赛结束后这种积极性就不存在了)。外在诱因可分为三种:理智诱因,如目标与反馈;情绪诱因,如表扬与批评;社会诱因,如竞赛等。

内部学习动机与外部学习动机的划分不是绝对的。教师一方面应逐渐使外部动机转化成为内部动机,另一方面应利用外部动机使学生已经形成的内部动机处于持续的应激状态。

(四) 一般学习动机与具体学习动机

根据学习动机所起作用的范围不同,可分为一般学习动机与具体学习动机。一般学习动机是在许多学习活动中都表现出来的,较稳定、持久地努力掌握知识经验的动机。具体学习动机是在某一具体学科或学习活动中表现出来的动机。

三、学习动机对学习的作用

动机是活动的动力,在个体活动中起着十分重要的作用,它给个体的活动以推动力量,又对活动的方向进行控制。大量研究证实,学习动机在个体学习活动中的作用主要表现为决定学习的方向、增强学习的努力程度、影响学习的效果。

(一) 学习动机决定学习的方向

学习动机以学习目的为出发点,是推动学生为达到一定学习目的而努力学习的动力。其首要作用在于使学生具有明确的学习目标,知道自己为什么而学习、应朝着哪个方向努力。

(二) 学习动机能增强学习的努力程度

在学习活动中是认真还是马虎,是勤奋还是懒惰,是持之以恒还是半途而废,主要取决于学习动机。较高的学习动机能使学生积极主动、持之以恒地进行学习。

(三) 学习动机影响学习的效果

毫无疑问，学习动机肯定会影响学习的效果。有研究发现，成就动机强的被试比成就动机弱的被试更能坚持学习，且学习效果更好。但学习动机与学习效果的关系并不总是一致的，有些学生学习动机较强，但学习成绩却不理想。这种现象并不能否认学习动机对学习效果的影响，只能说明学习动机不是影响学习效果的唯一因素，它还受到其他因素如学习基础、学习方法、教师指导、学习习惯、智力水平、健康状况等的影响。

耶克斯和多德森的研究表明，动机强度与学习效率之间是一种倒"U"形曲线关系，如图4-1所示。各种活动都存在一个最佳的动机水平，它随着任务性质的不同而变化。在较容易的任务中，其效率随动机的提高而上升；随着任务难度的增加，动机的最佳水平有逐渐下降的趋势。以达到最佳学习成效的动机强度为最佳动机水平，在动机强度低于最佳水平时，随其强度的增加，学习成效不断提高；当动机强度超过最佳水平时，随其强度的增加，学习成效不断下降。也有研究表明，适度的动机水平对学习具有最佳的效果，动机水平过低或过高都不能引起大脑皮层的最佳工作状态，从而不能获得最佳学习效果。动机水平过低对学习活动的推动力不强，不能激发学习的积极性主动性；反之，动机过强，则会导致紧张和焦虑过度、注意与知觉范围缩小、思维受到一定的抑制，从而给学习带来不良的影响。总之，适中的学习动机最有利于提高学习效果。

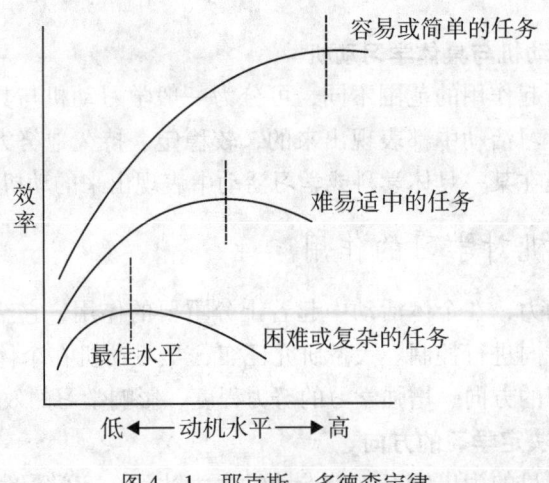

图4-1 耶克斯-多德森定律

第二节 学习动机的理论

一、强化理论

学习动机的强化理论是由联结主义心理学家提出来的。他们不仅用强化来解释学习的发生，而且用它来解释动机的产生。联结主义心理学家用 S-R 公式来解释人的行为，认为动机是由外部刺激引起的一种对行为的冲动力量，并特别重视用强化来说明动机的激发与作用。在他们看来，人的某种学习行为倾向完全取决于先前的这种学习行为与刺激因强化而建立起来的稳固联系，强化可以使人在学习过程中增强某种反应发生的可能性。与此相应，联结学习理论的中心概念是刺激与反应之间的联结，而不断强化则可以使这种联结得到加强和巩固。按照这种观点，任何学习行为都是为了获得某种报偿。因此，在学习活动中，采取各种外部手段如奖赏、赞扬、评分、竞赛等，可以激发学生的学习动机，引起其相应的学习行为。

学校中的强化既可以是外部强化，也可以是内部强化。前者是由教师施予学生身上的强化手段；后者则是自我强化，即学生在学习中由于获得成功的满足而增强了学习的成功感与自信心，从而增强了学习动机。无论是外部的还是内部的强化，都有正强化与负强化之分，并与惩罚有着千丝万缕的关系。一般来说，正强化与负强化都起着增强学习动机的作用，如适当的表扬与奖励、获得优秀成绩、取消讨厌的频繁考试等便是正强化或负强化的手段。惩罚则一般起着削弱学习动机的作用，但有时也可使一个人从失败阴影中走出并重新振作起来，如频繁的惩罚、考试不及格等便是惩罚的手段。在学习中如能合理地增强正强化，利用负强化，减少惩罚，将有助于提高学生的学习动机水平，改善他们的学习行为及其结果。

当然，强化动机理论就其主要倾向来说，是联结派的学习动机理论。由于联结派的强化动机理论过分强调引起学习行为的外部力量（外部强化），忽视甚至否定了人的学习行为的自觉性与主动性（自我强化），因而这一学习动机理论有较大的局限性。

二、成就动机理论

成就动机是由心理学家默里（H. A. Murry）提出的概念，它是指一种努力克服障碍、施展才能、力求又快又好地完成某事的愿望或趋势。后经其他心理学家的研究，逐步形成了一种动机理论。成就动机是在需要基础上产生的，它激励着个体对自己认为重要的或有价值的工作乐意去获得成功，是一种内在的驱动力。

成就动机理论的主要代表人物阿特金森（J. W. Atkinson）认为，成就动机由两种相反倾向组成，一种称为力求成功的动机，一种称为避免失败的动机。力求成功者的目的是获取成就，所以他们会选择有所成就的任务，而成功概率为 50% 的任务是他们最有可能选择的，因为这种任务能给他们提供最大的现实挑战，有助于他们通过努力

来提高自尊心和获得心理上的满足。当他们面对完全不可能成功或稳操胜券的任务时,动机水平反而会下降。相反,避免失败者则倾向于选择非常容易或非常困难的任务,如果成功概率大约是50%时,他们会回避这项任务,以防止自尊心受损和产生心理烦恼。选择容易的任务可以保证成功,使自己免遭失败;选择极其困难的任务,即使失败,也可以找到适当的借口,得到自己和他人的原谅,从而减少失败感。

针对这种情况,在教育实践中对力求成功者,应通过给予新颖且有一定难度的任务、安排竞争的情境、严格评定分数等方式来激发其学习动机;而对于避免失败者,则要安排少竞争或竞争性不强的情境,如果取得成功则要及时表扬给予强化,评定分数时要求稍稍放宽些,并尽量避免在公众场合下指责其错误。

在实际教学过程中应注意的是,虽然成就动机对学习具有重要影响,但也不能片面地只讲个人的成就和个人的自我提高。教师必须引导学生认识学习的社会价值,把追求个人成就和追求社会进步结合起来,并使个人成就服从于整个社会进步的需要。

三、归因理论

归因理论是由社会心理学家海德(F. Heider)首先提出来的。他认为人类有两种需要,即理解世界与控制环境。要使需要得到满足,最根本的就是了解人的行动原因,预言将如何行动。行动原因或在于环境或在于个人。在于环境时,个人丧失责任;在于个人时,个人承担责任。

后来,美国心理学家维纳(B. Weiner)从三个维度把归因分为内外性归因、稳定性与不稳定性归因、可控性与不可控性归因,如表4-1所示。具体到某一个体时,他又将归因分为四个方面原因,即能力高低、努力程度、任务难易、运气好坏。这四个方面的原因,有的是内在的,有的是外部的;有的可控,有的不可控;有的是稳定的,有的是不稳定的。

表4-1 维纳的归因维度

归因种类	归因维度					
	原因来源		稳定性		可控性	
	内部	外部	稳定	不稳定	可控	不可控
能力高低	√	—	√	—	—	√
努力程度	√	—	—	√	√	—
任务难易	—	√	√	—	—	√
运气好坏	—	√	—	√	—	√

归因理论主要从行为结果来推论行为动机,它有助于了解学生心理活动发生的因果链,有助于分析学生稳定的心理特征与个性差异,有助于从特定的学习行为及其结

果预测个体在相同或相似情况下可能产生的学习行为。

教师运用归因理论对了解学生学习动机、改善学生学习行为、提高学生学习效果具有一定的积极作用。但这一理论并非"放之四海皆准"，我们还是要本着客观、科学的态度来具体问题具体分析。

四、自我实现理论

美国心理学家马斯洛是自我实现理论的提出者和代表人物。他认为，人有五种基本的需要，由低到高依次排列为生理需要、安全需要、归属和爱的需要、尊重需要以及自我实现需要（见图4-2）。最高层次的自我实现需要是在前四种需要的基础上产生的，它的含义是完整丰满的人性的实现以及个人潜能或特性的实现。马斯洛认为，个体力求变成他想成为的样子就是自我实现，包括认知、审美和创造三个层面的需要的满足。马斯洛进一步指出，自我实现者的许多优良的人格特征，确认只有极少数人才能成为真正的自我实现者。

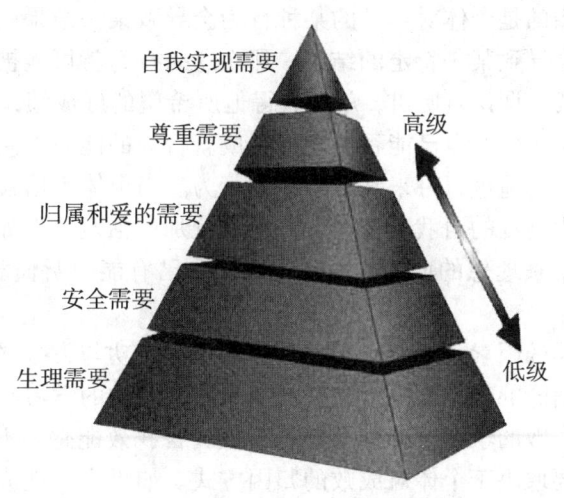

图4-2 马斯洛需要层次理论

需要层次理论说明，在某种程度上学生缺乏学习动机可能是由于某种缺失性需要没有得到充分满足而引起的。如家境清贫使其温饱需要得不到满足；父母离异使其归属和爱的需要得不到满足；教师过于严厉和苛刻，动辄训斥和批评学生，使其安全需要和尊重需要得不到满足；等等。而正是这些因素，会成为学生学习和自我实现的主要障碍。所以，教师不仅要关心学生的学习，也应该关心学生的生活和情感，以激发其学习动机。

五、自我效能感理论

自我效能感指人们对自己是否能够成功地从事某一成就行为的主观判断。这一概

念由班杜拉（1977年）最早提出。20世纪80年代以来，自我效能感理论得到了丰富和发展，也得到了大量实证研究的支持。

班杜拉在他的动机理论中指出，人的行为受行为的结果因素和先行因素的影响。行为的结果因素就是通常所说的强化，但他对强化的看法与传统的行为主义不同。他把强化分为三种：一是直接强化，即通过外部因素对学习行为予以强化，如奖励和惩罚便是学习中常用的两种强化形式；二是替代性强化，即通过一定的榜样来强化相应的学习行为或学习行为倾向；三是自我强化，即学习者根据一定的评价标准进行自我评价和自我监督，来强化相应的学习行为。他认为，在学习中没有强化也能获得有关的信息、形成新的行为，强化的作用在于激发和维持学生的学习行为。因此，他认为行为的出现不是由于随后的强化，而是由于人认识了行为与强化之间的依赖关系后而形成的对下一强化的期待。

"期待"就是班杜拉所说的先行因素，但他的期待概念不同于传统的期待概念。传统的期待概念指的只是对行为结果的期待，而他认为除了结果期待外，还有一种效能期待。结果期待指的是个体对自己的某种行为会导致某一结果的推测。如果个体预测到某一特定行为会导致某一特定的结果，那么这一行为就可能被激活和被选择。例如，学生认识到只要上课认真听讲，就会获得他所希望的好成绩，那他就很可能认真听课。效能期待则指个体对自己能否实施某种成就行为的能力的判断，它意味着个体是否确信自己能够成功地进行带来某一结果的行为。当个体确信自己有能力进行某一活动时，他就会产生高度的自我效能感，并会实施那一活动。例如，学生只有不仅认识到注意听课可以带来理想的成绩，而且还感到自己有能力听懂教师所讲的内容时，才会真正认真听课。

影响自我效能感的因素主要有以下几种：①学习成功与失败的经验。学生的直接经验对其自我效能信念的建立影响很大。一般来说，成功的学习经验会提高学生的自我效能感；相反，失败的学习经验则会降低学生的自我效能感。不过，成败经验对自我效能感的影响还要取决于个体对成败的归因方式。如果个体把成功归因为外部的不可控的因素，就会降低效能感；反之，如果把失败归因为外部的不可控的因素，就会增强效能感。②替代性经验。一个人的自我效能感是个人在与环境互动过程中形成的。当学生看见替代者（与自己相似的人）成功时，就会增强自我效能感；相反，则会降低自我效能感。替代者对自我效能感的影响主要受自我与替代者之间相似程度的影响，相似性越大，替代者成败的经验越具有说服力。③言语劝说。用语言说服学生相信自己具有完成给定任务的能力，会使学生在遇到困难时付出更大的努力。④情绪唤醒。通过调整学生的情绪状态，减轻其紧张和负面的情绪倾向，可以起到改变自我效能感的作用。

总之，自我效能感理论把个体的需要、认知、情感结合起来研究人的动机，具有较大的科学价值。

第三节 学习动机的培养与激发

要培养和激发学生的学习动机，必须了解影响学习动机的因素，这些因素可概括为两个方面，即内部因素和外部因素。

一、影响学习动机的因素

(一) 内部因素

1. 学生的自身需要与目标结构

在社会实践中，每个人的成长环境和经历不同，形成了自己独特的需要和认知事物的方式，从而反映在学习动机上的认知和求知需要也多种多样；由于每个人在需要的强度和水平上不尽相同，反映在学习上动机的强度和水平也就存在着很大的差异。

在课堂上，学生常常有两类主要的目标：一类是以掌握所学内容为定向的掌握目标。这类学生不管犯多少错误或遇到多大的困难，仍能坚持学习、钻研，能主动地寻求挑战，不断提高，具有较强的坚持性；在归因方面具有外归因的倾向，倾向于将成功归因于学习方法。另一类是以成绩为定向的成绩目标，这类学生则将注意力集中于他们的行为表现及别人对他们的评价。他们不是在意自己学到了什么或自己付出了多少努力，而是在意他人怎样看待自己、自己的分数在班上的位置；他们往往尽量避免出错，避免挑战，知难而退，坚持性较差；在归因方面具有内归因的倾向，倾向于将成功归于运气、能力和课题，而将失败归因于任务难度和运气。

2. 成熟与年龄特点

从各种动机表现中会发现，幼年期孩子对于社会影响和家长的过高要求常常不予理睬。按照马斯洛的理论：幼年期的孩子对于生理安全过分关注，而随着年龄的增大，渐渐会对社会影响如教师、家长的期望给予更多的注意；并且，其社会性的动机作用也有所增长，如注意自己在班级中的地位、学会与其他同学进行比较等等。

3. 学生的性格特征和个别差异

学习动机在形成过程中也受到学生本人的兴趣爱好、好奇心、意志品质等因素的影响。比如，有些学生以竞争中得首位、得到别人尊重的威信性动机为第一位的动机，而对另一些学生来说则交往性动机可能是最主要的。这在一定程度上既反映了年龄特征，也反映了个体差异。此外，成功与失败对不同学生的作用不同也反映了个体差异，有人趋于进取而有人则避免失败。

4. 学生的志向水平和价值观

学习动机与学生的理想、志向是紧密相连的，学生的人生观、世界观和价值观所直接反映的理想情况或志向水平都影响着其学习动机和目标结构的形成。理想水平高，则学生的学习的动机就越强。

5. 学生的焦虑程度

学生的焦虑通常是担心不能成功完成任务时产生的不舒适、紧张、担忧的感觉。焦虑水平高低不仅影响学生的学习动机，更会影响学生的学业成绩。焦虑程度过高或过低都会对任务完成有不良影响，中等程度的焦虑对学习是有益的。由于动机与学习相互影响，焦虑会对学生的学习产生影响，因此焦虑对动机的影响也是值得探究的一个问题。

（二）外部因素

1. 家庭环境与社会舆论

家庭环境包括物质环境、情感环境和精神环境，不同的家庭环境对于学生的动机形成产生不同的影响。国外有许多心理学家研究"家长的态度对学生学习成绩的影响"。美国心理学家凯尔和赫尔赛对两组打算上大学的男孩进行调查研究和互相比较，目的在于找出两组学生学习动机上的差异及与父母态度的相关。结果发现，父母的期望与管教具有相当大的影响。

2. 教师的榜样

大量研究证明，教师在学生学习动机形成中是一个强有力的因素。教师本人是学生学习动机的榜样，教师的期望也会对学生的动机和行为产生不同的影响。教师对不同的学生有不同的期望行为和期望结果，进而产生不同的对待方式，影响学生的自我概念、成就动机水平和报复水平。对学生学习动机的培养和激发，主要是通过教师的工作，把各种外部因素和学生的内部因素结合起来，配合各方面力量去完成的。

二、学习动机的培养

（一）利用学习动机与学习效果的互动关系培养学习动机

学习动机作为引起学习活动的动力机制，是学习活动得以发动、维持、完成的重要条件，并由此影响学习效果。而学习动机之所以能影响学习效果，是因为它直接制约学习积极性。所谓学习积极性，是指学生在学习活动中所表现出来的那种认真、紧张、主动和顽强的状态。这些心理状态，主要体现在学生对待学习的注意状态、情绪倾向和意志毅力三个方面，它们是学习动机的外在表现，与学习动机的性质和水平是相一致的。学习动机强的学生，必然在学习活动中表现出较高的学习积极性，他们在学习中能专心致志，具有深厚持久的学习热情，遇到困难时有顽强的自制力和坚强的毅力；反之，缺乏学习动机的学生，学习积极性必然低。而学习积极性的高低将直接影响学习效果。因此，学习动机可以影响到学习效果。

但是，心理学研究表明，不仅学习动机可以影响学习效果，学习效果也可以反作用于学习动机。如果学习效果好，主体在学习中所付出的努力与所取得的收获成正比，主体的学习动机就会得到强化，从而巩固了新的学习需要，使主体以更高的学习积极性去从事今后的学习活动，使学习更有成效。这样，学习需要与学习效果相互促进，从而形成学习上的良性循环，即个体获得了一种适应性的学习动机模式；反之，不良的学习效果，使学习的努力得不到相应的收获，从而削弱学习需要，降低学习积极性，导致更差的学习效果，最终形成学习上的恶性循环，即个体获得了一种非适应性的学习动机模式。

总之，学习动机是有效进行学习的前提，但学习动机的巩固和发展又依赖于学习效果。它们的相互关系如图4-3所示。

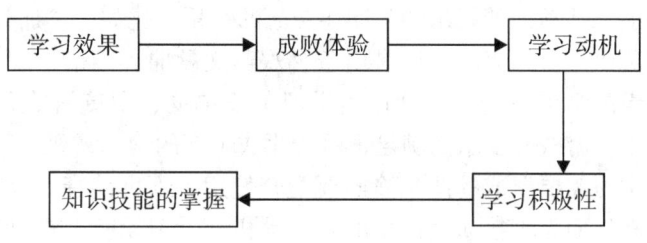

图4-3　学习动机与学习效果的相互关系

从图4-3中可以看出，要想使学习上的恶性循环转变成良性循环，关键在于：①改变学生的成败体验，使其获得学习上的成就感；②改善学生知识、技能的掌握情况，弥补其在基础知识和基本技能方面的欠缺。我们知道，学习效果虽然是客观的，对它的评定要遵循一定的客观标准，但是，学生对它的感觉有主观性。因此，教师应掌握评分的艺术，使学生保持学习上的成功感。为此，在实际教学中要注意：①学生的成败感与他们的自我标准有关，教师应注意这种个别差异，使每个学生都体验到成功。②课题难度要适当，即经过努力就可以完成；否则，总不能正确完成，就会丧失信心，产生失败感。③课题应由易到难呈现，以使学生不断获得成功感。④在某一课题失败时，可先完成有关基础课题，使学生下次在原来失败的课题基础上获得成功感。

当然，成功体验的获得，最终必须依赖于学习上的真正成功，即有效地掌握知识和技能。大多数成绩不良的实质问题，是在知识、技能的掌握或应用上存在障碍。由于新旧学习内容之间有着内在联系，先前学习中的问题必然会影响到今后的学习。因此，找出学习上的关键问题，填补知识、技能掌握方面的空缺，是取得好的学习效果且使恶性循环变成良性循环的关键，也是获得真正成功感的先决条件。

总的来说，教师要善于利用评分机会，使每个学生在每次学习中都获得主观上的成功感；但更重要的是，教师要加强对学生学习的指导，使学生掌握扎实的基础知识和基本技能，体验到真正的成功感。

（二）利用直接发生途径和间接转化途径培养学习需要

教育心理学研究表明，新的学习需要可以通过两条途径来形成：一是直接发生途径，即因原有学习需要不断得到满足而直接产生新的更稳定和分化的学习需要；二是间接转化途径，即新的学习需要由原来满足某种需要的手段或工具转化而来。

利用直接发生途径，主要应考虑的是如何使学生原有的学习需要得到满足。由于认知内驱力是最稳定、最重要的学习动机，因此，教师应耐心有效地解答学生提出的

问题,精心组织信息量大、有吸引力的课堂教学,以满足学生的求知欲。同时,教师要积极引导学生运用所学知识去解决实际问题,使学生了解到知识的价值,以形成掌握更多知识、探究更深问题的愿望。

从间接途径考虑,主要应通过各种活动,提供各种机会,满足学生其他方面的要求和爱好。就各种课外活动而言,很多学生的初衷可能并不是出于对某一门学科的爱好,而很可能是追求活动中的娱乐和与同伴交流的快乐。比如,参加英语小组的学生,可能不是出于对英语本身的兴趣,而是由于喜欢英文歌曲和英语游戏。但是在活动的过程中,英语小组的学生可能会逐渐产生学习英语单词、说英语等方面知识的愿望。结果,原来对娱乐、游戏等要求的满足,就转化成了新的学习需要。

总的来说,学习需要形成的两条途径要配合使用,不可偏废。因为只有间接途径转化而来的间接动机而无直接途径产生的直接动机,学习动机就难以巩固和发展;但仅有直接动机而无间接动机,又易使学习情境狭隘,阻碍学习动机的进一步发展。

三、学习动机的激发

(一) 创设问题情境,实施启发式教学

启发式教学与传统的"填鸭式"教学相比,具有极大的优越性。而要想实施启发式教学,关键在于创设问题情境。所谓问题情境,是指具有一定难度、需要学生努力克服而又力所能及的学习情境。简言之,问题情境就是一种适度的疑难情境。作业难度是构成问题情境的重要因素。

阿特金森在其成就动机理论中指出,在现实的学习活动中,存在着两类学习者,即力求成功者和避免失败者。由于绝大部分学生属于追求成功的学习者,因此我们主要探讨如何达到成功。如前所述,当问题的难度系数为50%时,学生的学习动机最强。因此,在学习过程中,如果仅仅让学生简单地重复已经学过的东西,或者去学习力不能及的过难的东西,学生都不会感兴趣。只有在学习那些"半生不熟"、"似懂非懂"、"似会非会"的东西时,学生才感兴趣而且迫切希望掌握它。因此,能否成为问题情境,主要看学习任务与学生已有知识经验的适合度。完全适合(太易)或完全不适合(太难),均不能构成问题情境;只有在既适合又不适合(中等难度)的情况下,才能构成问题情境。那么,教师应怎样去创设难度适宜的问题情境呢?

要想创设问题情境,首先要求教师熟悉教材,掌握教材的结构,了解新旧知识之间的内在联系;此外,要求教师充分了解学生已有的认知结构状态,使新的学习内容与学生已有水平构成一个适当的跨度。创设问题情境的方式可以多种多样:它既可以用教师设问的方式提出,也可以用做业的方式提出;它既可以从新旧教材的联系方面引进,也可以从学生的日常经验引进。

(二) 根据作业难度,恰当控制动机水平

美国心理学家耶克斯(Yerks)和多德森(Dodson)认为,中等程度的动机激起水平最有利于学习效果的提高。同时,他们还发现,最佳的动机激起水平与作业难度密

切相关：任务较容易，最佳动机激起水平较高；任务难度中等，最佳动机激起水平也适中；任务越困难，最佳激起水平越低。这就是有名的耶克斯-多德森定律（简称倒"U"曲线）。

由此可知，教师在教学时，要根据学习任务的不同难度，恰当控制学生学习的动机水平。在学习较容易、较简单的课题时，应使学生尽量集中注意力，尽量紧张一些；在学习较复杂、较困难的课题时，则应尽量创造轻松自由的课堂气氛，心平气和地耐心引导，以免学生过度紧张和焦虑。

（三）充分利用反馈信息，妥善进行奖惩

心理学研究表明，来自学习结果的种种反馈信息，对学习效果有明显影响。这是因为，一方面，学习者可以根据反馈信息调整学习活动，改进学习策略；另一方面，学习者为了取得更好的成绩或避免再犯错误，从而保持了学习的主动性和积极性。例如，在布克（W. F. Book）和诺维尔（L. Norvell）的一项研究中，让学生又快又准确地练习减法，每次练习30秒，共练习75次。在前50次练习中，让甲组学生知道每次练习的结果，不断鼓励和督促他们继续努力，并对所犯错误进行分析，而对乙组学生不进行反馈，结果甲组学生的成绩比乙组的好。在后25次练习中，给予乙组充分的反馈信息，而甲组学生不知道学习结果，结果乙组学生的成绩比甲组的好。这一实验说明，有关学习结果的反馈信息，对学习动机具有激发作用，有利于提高学习成绩。

在对学生进行评价时，奖励和惩罚对于学习动机的激发具有不同的作用。一般而言，表扬与奖励比批评与指责能更有效地激发学生的学习动机，因为前者能使学生获得成就感，增强自信心，而后者恰恰起到相反的作用。心理学家赫洛克（E. B. Hurlook）曾于1925年做过一个实验，他把106名四、五年级的学生分为4个等组，各组内的能力相当，在四种不同的情况下进行难度相等的加法练习，每天15分钟，共练习5天。控制组单独练习，不给任何评定，而且与其他3个组学生隔离。受表扬组、受训斥组和静听组在一起练习。每次练习之后，不管成绩如何，受表扬组始终受到表扬和鼓励，受训斥组始终都受到批评和指责，静听组则不给予任何评定，只静听其他两组受到表扬或批评；然后，探讨不同的奖惩后果对学习成绩的影响。结果如图4-4所示。

从练习的平均成绩来看，3个实验组的成绩优于控制组，这是因为控制组未受到任何信息作用。静听组虽然未受到直接的评定，但与受表扬组和受训斥组在一起，受到间接的评定，所以对动机的唤醒程度较低，平均成绩劣于受训斥组。受表扬组的成绩优于其他组，而且一直不断地呈直线上升。这表明，对学习结果进行评价，能激发学生的学习动机，对学习有促进作用；适当表扬的效果优于批评，所以在教学中要给予学生更多的表扬而非批评。

虽然表扬和奖励对学习具有推进作用，但使用过多或者使用不当，也会产生消极作用。有许多研究表明，如果滥用外部奖励，不仅不能促进学习，而且可能破坏学生的内部动机。

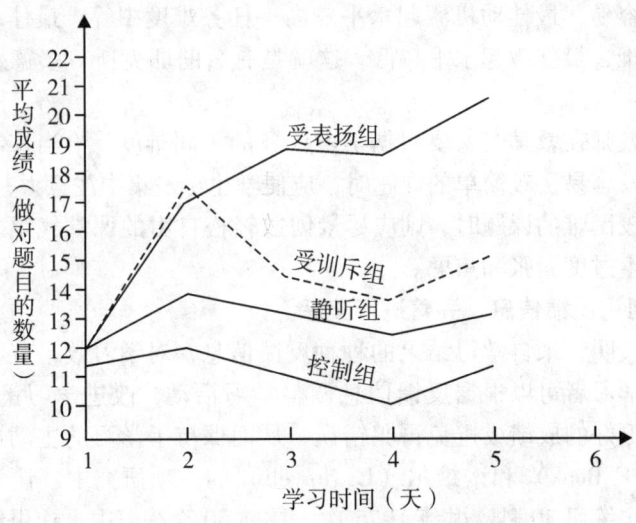

图4-4 奖励与惩罚对学习结果的影响

有效地进行表扬不是一件容易的事。在课堂上有大量的表扬没有针对学生的正确行为,而经常给予了那些不值得表扬的行为,或者当学生有进步、值得表扬时,却未能得到表扬。有时,在竞争情境中,某些学生似乎永远得不到表扬,久而久之就会失去对学习的兴趣。另外,表扬是否具有内在价值,即是否为学生所期望、所看重,会影响表扬的效用。因此,如何适时地、恰当地给予表扬应引起高度重视。教师应根据学生的具体情况进行奖励,把奖励看成某种隐含着成功的信息,其本身并无价值,只是用它来吸引学生的注意力,促使学生由外部动机向内部动机转换,对信息任务本身产生兴趣。同时,对于那些在竞争中处于劣势的学生而言,教师应给予更多的关注与鼓励,设置情境使其有成功的体验,以免产生自暴自弃的心理。

(四) 正确指导结果归因,促使学生继续努力

学生对学习结果的归因,不仅解释了以往学习结果产生的原因,更重要的是对以后的学习行为会产生影响。不同的归因方式会影响到学生今后的学习行为,所以可以通过改变学生的归因方式来改变学生今后的学习行为。在学生完成某一学习任务后,教师应指导学生进行正确的成败归因。一方面,要引导学生找出成功或失败的真正原因;另一方面,教师也应根据每个学生过去一贯成绩的优劣差异,从有利于今后学习的角度进行归因。无论对优生还是差生,归因于主观努力的方面均是有利的。因为归因于努力,可使优生不至于过分骄傲,能继续努力学习;使差生不至于过于自卑,能进一步努力学习,以便今后能取得成功。

知识巩固

1. 什么是学习动机？学习动机有哪些类型？
2. 学习动机与学习效果之间有什么关系？
3. 班杜拉自我效能感学习动机理论的内容是什么？对教师的教学有什么启示？
4. 维纳的归因理论的内容是什么？对教师教学有什么启示？
5. 怎样培养学生的学习动机？
6. 怎样激发学生的学习动机？

知识应用

小华今年上小学六年级，学习不太自觉，也不太刻苦。他常说："考前三名太累，考后三名太丑，就在班上中游，蛮好！"父母用金钱刺激他读书，考100分就奖励100元，考90分就奖励90元，考80分就奖励80元，考80分以下就要挨打。请用学习动机的相关理论知识分析这一现象。

第五章 学习迁移

知识点预览

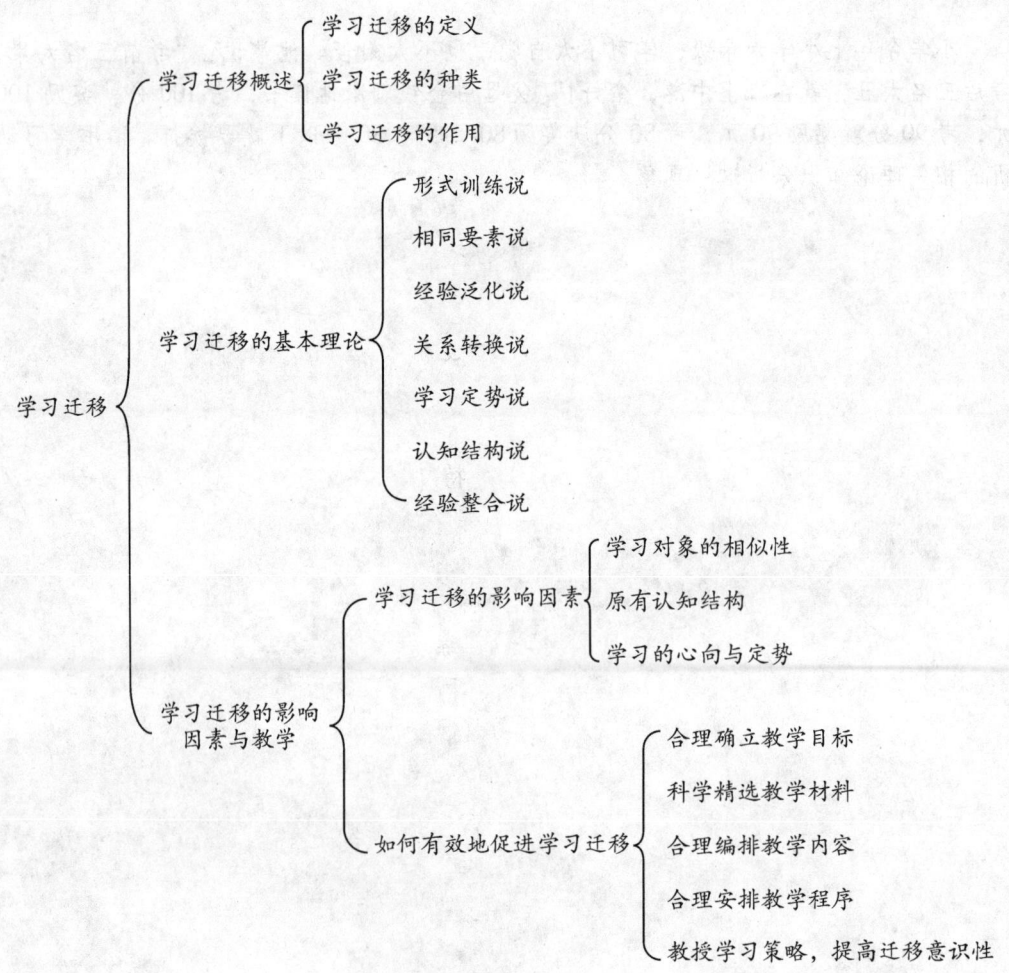

> **引言**
>
> **蝙蝠的故事**
>
> 　　提起蝙蝠，大家都会想到神勇无比而义胆忠诚的蝙蝠侠。
>
> 　　蝙蝠侠的创意，大概是来自这种稀罕而非凡的哺乳动物敏捷的飞行才能。但是，不知电影的拍摄者是否知道，作为原型的蝙蝠实际上并不是随地可以起飞的。
>
> 　　一般情况下，蝙蝠常在夜间出没，黑暗中在低空飞行盘旋。但奇怪的是，假如你把一只蝙蝠放置在地板或者平坦的路面上，你会观察到这只蝙蝠接下来唯一能做的，就是拖着一双脚，在水平地面上四处无助地来回挪动，始终飞不起来。
>
> 　　也就是说，它根本无法从水平位置上起飞。这时，如果你将一块厚木块放置在它眼前的水平地面上，蝙蝠立刻能借助仅比地面高出来一点的木块的高度，闪电般地飞向空中。
>
> 　　为什么会出现这种奇特的现象呢？研究者认为，正是由于蝙蝠从出生以来所学习的起飞模式已经在它们的脑中根深蒂固，反而阻碍了它们学习新的起飞动作。实际上，迁移效应不仅出现在动物界中，在我们人类身上的反应更为鲜明。

第一节　学习迁移概述

　　学生的学习包括知识、技能、情感和态度等多种类型的学习。一定类型的学习总是在原有学习基础上进行的；同时，不同类型学习之间也相互影响。原有的学习和不同类型的学习对一定学习活动的展开有促进作用，也可能会有干扰作用，这种影响就是学习迁移。

一、学习迁移的定义

　　学习迁移也称迁移，指一种学习对另一种学习的影响，或习得的经验对完成其他活动的影响。迁移广泛存在于各种知识、技能、行为规范与态度的学习中。比如，数学学习中审题技能的掌握可能会促进物理、化学等其他学科审题技能的应用。迁移是学习的一种普遍现象，平时我们所说的举一反三、触类旁通、闻一知十等即是典型的迁移形式。由于迁移的作用，几乎所有的习得经验都是以各种方式相互联系起来的。

　　迁移不仅存在于某种经验内部，而且也存在于不同的经验之间。例如，外语学习中，丰富的词汇知识的掌握将促进外语阅读技能的提高，而阅读技能的提高又可以促进更多的外语词汇知识的获得，知识与技能之间存在着相互迁移。迁移表明了各种经验内部及其不同经验之间的相互影响，通过迁移，各种经验得以沟通，经验结构得以整合。

二、学习迁移的种类

从不同角度，迁移的分类有不同的方法。

（一）正迁移与负迁移

根据迁移的性质不同，迁移可分为正迁移与负迁移。正迁移指一种学习对另一种学习起到积极的促进作用。例如，阅读技能的掌握有助于写作技能的形成。负迁移指两种学习之间的相互干扰、阻碍。例如，在学习对数运算法则时，受 $m(a+b) = ma + mb$ 的影响而错误地得到 $lg(a+b) = lga + lgb$。

资料窗

学邯郸人走路

战国时代，燕国寿陵有一位青年听说赵国邯郸一带的人走路姿态特别优美，于是就来到邯郸学习当地人走路的姿势。

到了邯郸，他来到大街上，发现这里的人走路的姿势确实与自己走的姿势不一样，并且比自己走得好看。一位邯郸人走过来，于是他就跟在这位年轻人后边学起来。年轻人迈左腿，他也抬左腿；年轻人迈右腿，他也抬右腿。但是他顾了腿顾不了胳膊，顾了下身忘了上身，搞得满头大汗。周围的许多人都指指点点，忍不住掩口而笑。

学步少年在邯郸待了一个月，盘缠也花光了，也没学出个眉目，于是就想离开。可是他突然发现自己手脚已经不知如何摆动，腰和腿不知如何配合，每走一步都特别吃力。没办法，他只好狼狈地爬回寿陵。

在这位寿陵少年身上发生了典型的学习迁移效应，而且是最糟糕的负迁移效应。

（资料来源：王春永《原来如此——问题背后的心理学》，中国发展出版社 2008 年版，第 52 页。）

（二）水平迁移与垂直迁移

根据迁移内容的抽象与概括水平划分，迁移可分为水平迁移和垂直迁移。

水平迁移也称横向迁移，是指处于同一概括水平的经验之间的相互影响，学习内容之间的逻辑关系是并列的。例如，化学中钾、钠等金属元素之间的关系是并列的，都处于同一抽象和概括层次，各种概念学习之间的相互影响即水平迁移。

垂直迁移又称纵向迁移，指处于不同概括水平的经验之间的相互影响。具体来说，是具有较高的概括水平的上位经验与具有较低的概括水平的下位经验之间的相互影响。垂直迁移表现在两个方面，一是自下而上的迁移，二是自上而下的迁移。前者指下位的较低层次的经验影响着上位的较高层次的经验的学习。比如，数学学习中由数字运算到字母运算的转化中即包含着自下而上的迁移。此类迁移也常见于归纳式的学习中。后者指上位的较高层次的经验影响着下位的较低层次的经验的学习。例如，一般平行四边形有关内容的掌握影响着菱形的学习，其中即包含着自上而下的迁移。此类迁移也常见于演绎式的学习中。

（三）顺向迁移与逆向迁移

按照迁移作用的方向划分，迁移可分为顺向迁移和逆向迁移。顺向迁移是指先前学习中所获得的经验对后继学习的影响。逆向迁移是指后继的学习对先前学习产生的影响，即后继学习引起先前学习中所形成的认知结构的变化。

（四）一般迁移与具体迁移

根据迁移内容的不同而进行划分，迁移可分为一般迁移和特殊迁移。一般迁移也称普遍迁移、非特殊迁移，是将一种学习中习得的一般原理、方法、策略和态度等迁移到另一种学习中去。例如，数学学习中形成的认真审题的态度及其审题的方法也将影响到化学、物理等学科中的审题活动。

具体迁移也称特殊迁移，指一种学习中习得的具体的、特殊的经验直接迁移到另一种学习中去，或经过某种要素的重新组合以迁移到新情境中去。如英语学习中，当学完单词 eye（眼睛）后，再学习 eyeball（眼球）时，即可以产生特殊迁移。也就是说，利用具体的相同字母组合的迁移来进行新的学习。特殊迁移的范围往往不如一般迁移广，仅适用于非常有限的情境中。但这并不意味着特殊迁移是不重要的；相反，它对于系统掌握某一领域的知识是非常必要的。

（五）同化性迁移、顺应性迁移与重组性迁移

这是根据迁移过程中所需的内在心理机制的不同而进行的划分。

同化性迁移是指不改变原有的认知结构，直接将原有的认知经验应用到本质特征相同的一类事物中去。原有认知结构在迁移过程中不发生实质性的改变，只是得到某种充实。平时我们所说的举一反三、闻一知十等都属于同化性迁移。

顺应性迁移指将原有认知经验应用于新情境中，需调整原有的经验或对新旧经验加以概括，形成一种能包容新旧经验的更高一级的认知结构，以适应外界的变化。这也表明，迁移并非仅是先前的学习或经验对以后的影响，也包括后面的学习对前面的影响。比如，学生头脑中有些日常概念，当这些日常概念不能解释所遇到的事例时，就要建立一个概括性更高的科学概念来标志某一现象或事物，新的科学概念的建立过程也是一种顺应的过程。

重组性迁移指重新组合原有认知系统中某些构成要素或成分，调整各成分间的关系或建立新的联系，从而应用于新情境。在重组过程中，基本经验成分不变，但各成分间的结合关系发生了变化，即进行了调整或重新组合。例如，将已经掌握的字母进行重新组合，形成新的单词；在操作技能形成过程中，许多不同成分的动作被结合成连续的整体动作，其中不涉及新的动作的增加，只是各动作成分的重新结合与重新排列。通过重组性迁移，可以提高经验的增值性，扩大基本经验的适用范围。

三、学习迁移的作用

第一，迁移对于提高解决问题的能力具有直接的促进作用。学习的最终目的并不是将知识经验储存于头脑中，也不是仅用于解决书本上的问题，而是要应用于各种不同的实际情境中，解决现实中的各种问题。能否准确、有效地提取有关经验来分析与解决目前的问题，这实际上就是一个迁移的问题。在学校情境中，大部分的问题解决是通过迁移来实现的，迁移是学生进行问题解决的一种具体体现。要培养解决问题的能力，就必须从迁移能力的培养入手，否则问题解决也就成为空谈。

第二，迁移是习得的经验得以概括化、系统化的有效途径，是能力与品德形成的关键环节。只有通过广泛的迁移，原有的经验才得以改造与概括化、系统化，原有的经验结构才更为完善、充实，从而建立起能稳定地调节个体活动的心理结构，即能力与品德的心理结构。迁移是习得的知识、技能与行为规范向能力与品德转化的关键环节。

第三，迁移规律对于学习者、教育工作者以及有关的培训人员具有重要的指导作用。应用有效的迁移原则，学习者可以在有限的时间内学得更快、更好，并在适当的情境中主动、准确地应用原有的经验，防止原有经验的惰性化。教育工作者以及有关培训人员应用迁移规律进行教学和培训系统的设计，在课程设置、教材的选择与编排、教学方法的确定、教学活动的安排、教学成效的考核等方面利用迁移规律，加快教学和培训的进程。

第二节 学习迁移的基本理论

各种学习理论都非常重视学习迁移问题。为了解释学习迁移现象，许多心理学家经过努力，提出了不同的学习迁移理论。

一、形式训练说

形式训练说是最早的有关学习迁移现象的系统假设。形式训练说以官能心理学为理论依据，认为"心智"是由诸如推理力、记忆力、判断力、意志力和注意力此类的官能构成的，通过某些特定学科的学习，可以训练或增强这些官能。形式训练说认为，迁移要经过一个"形式训练"的过程才能产生。对官能的训练就如同对肌肉的训练一样，而得到训练的官能又可以自动地迁移到其他活动中去，即一种官能改进了，其他所有官能也会在无形中得以加强。有研究认为，数学有利于训练推理能力，几何学有助于训练逻辑思维，拉丁语和希腊语对训练记忆力大有好处。官能训练注重训练形式而不注重训练内容。因为内容是会忘掉的，其作用是暂时的；而只有通过这种形式的训练而达到的官能的发展才是永久的，才能迁移到其他的知识学习，而且会终身受用。所以，在学校教育中，传递知识远不如训练官能来得重要。学生在校学习的时间是有限的，而知识浩如烟海，我们不可能把所有的知识都传授给学生。如果学生的官能由于训练而得到发展，任何知识随时都可以去吸收。所以，掌握知识是次要的，官能的发展才是最重要的。知识的价值在于作为训练官能的材料。

总之，形式训练说的基本观点是只要官能得到了训练，迁移是无条件的、自动发生的。

形式训练理论作为一种学习迁移的学说，渊源于古希腊罗马，形成于17世纪，盛行于十八九世纪；但在20世纪初以后，由于形式训练说缺乏科学的依据，不断遭到来自心理学实验结果的驳斥。其中，对形式训练说的致命打击，来自桑代克的两项实验：1924年，桑代克对8500名中学生的学业成绩与智商分数之间的迁移问题做了深入调查；三年之后，他又对另外5000名学生重复进行了这一实验。桑代克设想：如果某些学科在"发展心智"方面比其他学科更有效的话，那么这一事实必然会反映在智力测验上。然而实验表明，学习传统学科如拉丁语、几何学、英语和历史等的学生，并没有比那些原来智商相同、选修实用学科如算术、簿记和家政等的学生在理智能力上有更大的提高。因而，期待通过某些学科来使心智得到更大促进的希望破灭了，形式训练说随之被相同要素理论所取代。

二、相同要素说

这是桑代克于20世纪初提出的一种学习迁移说。相同要素说认为，只有在原先的学习情境与新的学习情境有相同要素时，原先的学习才有可能迁移到新的学习中去。而且，迁移的程度取决于这两种情境相同要素的多寡。也就是说，相同要素越多，迁移程度越高；相同要素越少，迁移程度越低。

桑代克批判了形式训练说的脱离学习内容的片面性，发现了学习任务间相同因素对迁移的作用，这是他的贡献。这一理论用以指导机械记忆和感知训练是有价值的。但是，由于它片面强调相同要素在迁移中的作用，忽视了人的主观因素的作用，故不能揭示人类高级认识领域的迁移现象，从而影响了这一理论价值。

相同要素说后来被伍德沃斯（R. S. Woodworth）修改为共同成分说，意指只有当学习情境和迁移测验情境存在共同成分时，一种学习才能影响到另一种学习，即产生迁移。

桑代克面积估计实验

1901年，桑代克做了一个"形状知觉"的实验。在实验中，他让被试对15～100平方厘米的大小不同的长方形面积进行估计；在被试经训练得到较大的提高之后，再让被试估计 150～300 平方厘米的长方形。结果被试在大的长方形的面积估计方面没有明显的进步。在另外一个实验中：桑代克让被试练习估计正方形的面积，在其相应的能力得到改善（估计的准确性提高）之后，再让他们估计其他几何图形如三角形的面积，结果表明，被试估计三角形等其他几何图形面积的成绩并没有得到改善。此实验表明，被试在估计正方形面积时所得到的训练却无法迁移到有相同官能的后来的学习情境中去。桑代克的迁移研究既否定了形式训练说的迁移观点，同时又提出了被称为"共同元素说"的迁移理论。

[资料来源：莫雷《论学习迁移研究》，载《华南师范大学学报》（社会科学版）1997 年第 6 期，第 50～58 页。]

三、经验泛化说

美国心理学家贾德（C. H. Judd）认为，先期学习中所获得的东西之所以能迁移到后期学习，是因为在先前学习中获得了一般原理，这种一般原理可以部分或全部运用于前后两种学习活动之中。两个学习活动之间存在的共同成分，只是产生迁移的必要前提；而产生迁移的关键是学习者在两种活动中概括出它们之间的共同原理，即在于主体所获得的经验的类化。

水下击靶实验

1908 年，贾德做了著名的射击水下靶子实验。他以五、六年级学生作为被试，分两组对比。在射击开始之前，他给一组学生充分讲解光的折射原理，而对另一组不然。然后开始用镖枪射击，靶子位于水下 4 英寸处。结果是学过与未学过光折射原理的学生，其成绩大体相同。也就是说，理论学习对实验操作似乎没有起作用。随后改变实验条件，将靶子移到水下 12 英寸处。这时两组射击成绩差异明显表露出来。没有学过光的折射原理的学生表现出极大的混乱，他们无法利用射击水下 4 英寸靶时的经验，错误持续发生。而另一组学生迅速适应了水下 12 英寸的射击条件，成绩不断提高。

（资料来源：熊川武《学习策略论》，江西教育出版社 1997 年版，第 175 页。）

与共同要素说相比，贾德的经验泛化说从本质上讲其实也强调了新旧学习的共同要素。不同的是，前者强调的只是泛泛的内容上的共同要素；而后者却更深一步地认为这种共同的因素是迁移主体概括出的经验和原理，不仅看到了学习情境的特点对迁移产生的影响,而且更强调了作为学习主体的人在学习迁移过程中认知的能动作用。所以,从这个角度来说,贾德的经验类化理论使人类对学习迁移的研究上升到了一个更高的层次。不仅给迁移的共同要素研究注入了新的内容,而且使得迁移研究的重点由对迁移情境的关注转向了对学习者心理活动尤其是高级心理活动的关注——这是迁移理论研究的一个质的转变。

四、关系转换说

关系转换说是格式塔心理学家关于学习迁移的观点。格式塔心理学的基本观点是强调行为和经验的整体性。所以,他们认为迁移发生的关键并不在于掌握原理和经验的概括化,而在于对两种学习情境中共同关系的"顿悟",特别是对手段与目的之间关系的觉察,顿悟情境中的一切关系才是获得迁移的根本。

他们的学说得到了格式塔心理学家苛勒的实验证实,这个实验就是苛勒于1929年做的"小鸡(或幼儿)觅食"的实验。

"小鸡(或幼儿)觅食"实验

1929年格式塔心理学家做了一个很有趣的实验,用小鸡和一个3岁幼儿做被试,让它(他)们在两张纸下面找食物。一张纸是浅灰色,另一张纸是深灰色。食物放在深灰色纸下面。先让被试学会在深灰色纸下取食物。然后改变实验条件,用一张更深的灰色纸代替原来的深灰纸,而用原来的深灰色纸代替原来的浅灰色纸,并将食物放在更深的灰色纸下面。这时,小鸡对新出现的更深的灰色纸做出反应(反应率70%),而较少顾及原来已被强化的深灰色(反应率30%)。幼儿被试者则不假思索地从更灰色纸下取食物,对新刺激的反应为100%。

(资料来源:熊川武《学习策略论》,江西教育出版社1997年版,第176页。)

通过实验发现,不论是小鸡还是幼儿,他们学会的是对刺激之间的相互关系做出反应,而不是对刺激的外在特征做出反应。而且转换现象受原先学习内容的掌握程度、诱因大小和练习量的影响。原先学习的内容掌握好、诱因大、练习量增加,转化现象较易产生。

从研究分析的视角来看,格式塔心理学家关系转换说的分析角度与贾德的概括说其实是相同的。首先,他们都强调了迁移主体的认知因素在迁移中的关键性作用。其次,他们都肯定了"共同因素"是迁移产生的重要前提,只不过格式塔对"共同因素"的理解已经不是贾德所说的"原理"、"经验",而是更深入、更具体的"关系"了。

五、学习定势说

学习定势说探讨的是学习方法的迁移问题，认为先前的学习对后来同类或相似课题学习的影响，是因为在先前的学习中形成的学习定势造成的。人们很早就发现，人类可以学会如何进行学习。学会如何学习代表了一种学习的永久现象，这种现象会在学习实践之后长期存在。当然，学习定势对新问题的解决有积极和消极两方面的作用。在条件不变的情况下，它能够使人运用已经掌握的方法迅速地解决问题；在条件发生变化时，又往往会妨碍人采用新的解决问题的方法。

哈罗的猴子实验

1949年，美国著名心理学家哈罗（H. E. Harlow）用猴子做被试进行研究，然后以儿童为被试进行重复实验。在哈罗的实验中，给恒河猴子呈现由两个刺激物组成的配对刺激（一个是圆柱体，一个是圆锥体），在一个刺激物（圆柱体）下面放有食物（葡萄干），在另外一个刺激物（圆锥体）下面不放任何东西。实验开始后，猴子偶然拿起一个刺激物进行观察，遇到食物就吃掉。这样反复练习6次之后，再呈现另外一种配对刺激物，仍然是其中一个刺激物下面放有食物，另一个刺激物下面没有食物，同样也进行6次辨别实验。然后再换另外的刺激物进行上述实验。如此下去，虽然不断地变换刺激物，但猴子选择放有食物的正确反应的百分比在快速上升，即尝试的次数越来越少。这种现象被解释为"学习方法的学习"（learning to learn），即形成了学习的定势。哈罗在解释这种现象时说："猴子已经获得了解决问题的学习定势。"

（资料来源：皮连生《教育心理学》，上海教育出版社2004年版，第274页。）

六、认知结构说

认知结构理论是现代认知学派用来解释知识学习迁移问题的理论。该理论可以用奥苏伯尔的观点作代表。

第一，奥苏伯尔非常重视认知结构在学习迁移中的作用。他在有意义言语学习的研究中强调，一切新的有意义学习都是在原有学习的基础上产生的。因此，一切有意义学习必然包括学习迁移，而原有的学习对新知识学习的影响是通过学习者原有认知结构的作用实现的。

第二，奥苏伯尔认为，学习者的认知结构在新知识学习中的迁移主要是通过认知结构特征的作用实现的。他认为，在有意义学习中，学生认知结构的特征始终是影响新的学习与保持的关键因素，认知结构（或说认知结构变量）具有可利用性、辨别性、稳定性和清晰性等主要特征。它们是影响知识学习迁移的重要因素。

第三，奥苏伯尔还从认知结构理论的观点对学习迁移的理论模式做了新的解释。他认为，原来的学习迁移模式仍然适用，但先前的学习不只是课题 A，还应包括过去经验即累积获得的适合当前学习任务的知识体系，而不是最近经验的一组刺激-反应联结。在学习课题 A 时所得到最新经验，并不是直接同课题 B 的刺激-反应成分发生相互作用，而是由于它影响了原有认知结构的有关特征，从而间接地对学习迁移产生影响。

第四，奥苏伯尔还对课堂学习中的迁移问题提出了自己的见解。他认为，在一般的课堂学习中，并不存在孤立的课题 A 和课题 B 的学习。学习 A 是学习 B 的准备和前提，对于 B 也不是孤立的学习，而是在同 A 相联系中学习。因此，学校课堂学习中的学习迁移，比实验室条件下的学习迁移所指的范围更加广阔。无论在哪种形式的课堂学习中，凡有已经形成的认知结构影响新的认知结构的地方，都有学习迁移现象存在。而且迁移的效果主要不是指提高了运用一般原理于特殊事例的能力，即所谓派生类属学习能力，而是指提高了相关类属学习、总括学习和并列结合学习的能力。

七、经验整合说

学习迁移的过程就是一个经验的整合过程，经验整合的实质就是要构建一种一体化、网络化的心理结构。整合的基础是概括，它是通过对不同学习中的经验构成成分的分析与抽象，以及对不同学习中的共同经验成分的综合及概括而实现的。整合是在概括的基础上实现的一种经验网络化现象。经验的整合指通过概括所获得的经验与原有经验相互作用，从而形成在结构上一体化与系统化、在功能上能稳定调节活动的一个完整的心理系统。整合是一个过程，是通过同化、顺应和重组三种基本途径来实现的。

同化指已有经验结构吸收新的经验成分或把新的经验成分纳入已有的经验结构之中的过程。同化性迁移的根本特点是"自上而下"的迁移。已有经验结构处于一种上位结构，新获得的经验成分属于下位结构，已有上位的经验结构可以把新建立的下位经验成分充分吸收到自身来，新习得的下位经验成分也可以被归入到已有的上位经验结构中去。这种迁移过程，是旧经验对新经验的具体化，也是新经验对旧经验的类化。

顺应指已有经验结构不能把新的经验成分吸收和纳入自身之中时，个体调整原有经验结构，从而形成能包含新旧经验的更高一级的经验结构，以适应外界变化的过程。这也是建立一个新的上位经验结构，以包容几个旧有的下位经验结构的过程。它通常在学习既有联系又有区别的并列教材或在日常概念的基础上学习科学概念时发生。

重组也称结构重组，是指习得的经验组成成分在新的组合中，仅仅在结合关系上

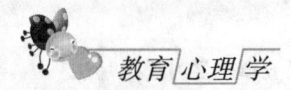

(如程序或位置）进行了调整或重新组合，而经验的构成成分不变。重组性迁移主要适用于迁移分类中的特殊迁移。结构重组在教学过程中非常重要。作为教师，首先必须教给学生进行结构重组的基本要素，即基础教材。在学生掌握了进行结构重组所必需的基础教材后，要善于利用这些基础教材的结构重组性迁移，大幅度促进学生对有关的派生性教材的掌握，以提高教学效率。

上述前四种学说对学习与迁移的研究，主要局限在动物学习和人的机械学习的领域。而学习有不同的类型，不同的学习宜用不同的理论来解释。传统的学习理论，没有区分机械学习与有意义学习，往往用机械学习规律来解释有意义学习，用低级学习规律来解释高级学习。在迁移方面也是这样，这就难免不犯片面性的错误。例如，桑代克的相同要素说适用于机械学习，经验泛化说和格式塔的关系转换说在某种程度上弥补了机械迁移理论的不足，但是它们没有涉及系统的教材知识的学习，其应用价值也是很有限的。

一般认为，现代认知学派的认知结构理论能比较好地解释知识学习，特别是有意义学习中的迁移现象，但不能解释技能、情感、学习中的迁移现象。因此，关于学习迁移问题的研究还必须继续深入。

第三节　学习迁移的影响因素与教学

一、学习迁移的影响因素

有学习就会有学习迁移，但它不是自动发生的，而是有条件的，受到一定因素的影响。影响学习迁移的因素主要有三个。

（一）学习对象的相似性

学习对象相似性的大小主要是由两个任务中含有的共同成分决定的，较多的共同成分将产生较大的相似性并导致迁移的产生。共同成分既可以是学习材料（如刺激）、学习中的环境线索、学习结果（如反应）、学习过程、学习目标等方面的，也可以是态度、情感等方面的。以学习材料的相似性为例，英语和法语这两种学习材料在语音、词汇、语法等方面具有许多共同特征，学习这两门外语时，在听、说、读、写以及记忆、思维等学习过程与学习结果方面也具有共同的要求，这些共同的成分决定了两种学习具有很大的相似性，因此彼此之间很容易产生正迁移。而英语与汉语之间的共同成分较少，因此相对而言不容易产生正迁移。

（二）原有认知结构

原有的学习对后继学习的影响是比较常见的一种迁移方式，原有认知结构的特征直接决定了迁移的可能性及迁移的程度。

根据奥苏伯尔的认知结构迁移理论，原有认知结构对迁移的影响主要表现在以下几个方面：

第一,学习者原有的相应背景知识是迁移产生的基本前提条件。已有的背景知识越丰富,越有利于新的学习,即迁移越容易。专家之所以具有较强的迁移能力,其原因之一就是他们具有解决某一问题的丰富的背景经验或认知结构。值得注意的是,有时即使个体拥有迁移所需的某种经验,但由于这些经验不能被学习者主动地加以应用,它们在头脑中处于一种惰性状态,因此,也无助于迁移的产生。

第二,原有的认知结构的概括水平对迁移起到至关重要的作用。一般而言,经验的概括水平越高,迁移的可能性越大,效果越好;经验的概括水平越低,迁移的范围越小,效果也越差。

第三,学习者是否具有相应的认知技能或策略以及对认知活动进行调节、控制的元认知策略,也影响着迁移的产生。某些情况下,学习者虽然掌握了某种迁移所必需的知识,且学习对象也具有相似性,但仍不能产生迁移,其原因之一就是缺乏必要的认知和元认知技能与策略。拥有认知策略和元认知策略,可以使学习者沿着正确、合理的程序分析问题,使其注意力集中到要迁移的问题上,促使个体知道何时、何处、如何迁移某种经验,也可以在一定程度上增强学习过程的相似性。掌握必要的认知策略和元认知策略,是提高迁移发生可能性的有效途径。

(三)学习的心向与定势

心向也称为定势,即先于一定的活动而又指向该活动的一种动力准备状态。定势的形成往往是由于先前的反复经验,它将支配个体以同样的方式去对待后继的同类问题,正因如此,定势在迁移过程中也起到一定的作用。定势对迁移的影响表现为两种,即促进和阻碍。定势既可以成为积极的正迁移的心理背景,也可以成为负迁移的心理背景,或者成为阻碍迁移产生的潜在的心理背景。

定势对迁移究竟是积极的影响还是消极的影响,这取决于许多因素。但是,关键要使学习者首先能意识到定势的这种双重性,具体分析学习情境,既要考虑如何充分利用积极的定势解决问题,同时又要打破已形成的僵化定势,灵活地、创造性地解决问题。

除前面所涉及的影响迁移的一些基本因素外,诸如年龄、智力、学习者的态度、教学指导、外界的提示与帮助等都在不同程度上影响着迁移的产生。

二、如何有效地促进学习迁移

学生迁移能力的形成有赖于教学,"为迁移而教"是当前教育界比较流行的口号,促进迁移的有效教学是高校教育教学中的重要任务之一,应从五个方面考虑。

(一)合理确立教学目标

教学目标是一切教学工作的出发点和最终归宿,一切教学工作都是为教学目标服务的。确立比较系统、明确而具体的教学目标是促进学习迁移的重要前提。由于任何学习都是在原有学习基础上的连续、分步构建的过程,而最终形成的心理结构也是具有一定层次关系的网络结构,因此,某一单元或某一课堂的教学目标的确立必须从所

要构建的心理结构的整体出发来考虑。同时,教学目标的表述应明确而具体,不能含糊笼统,应让学生能够确切把握其含义,以发挥它对学习材料的沟通作用。

（二）科学精选教学材料

要想使学生在有限的时间内掌握大量的有用的经验,教学内容就必须精选。教师应选择那些具有广泛迁移价值的科学成果作为教材的基本内容,而每一门学科中的基本知识（如基本概念、基本原理）、技能和行为规范具有广泛的适应性,其迁移价值较大。布鲁纳认为,所掌握的内容越基本、越概括,则对新情况、新问题的适应性就越广,也就越能产生广泛的迁移。在教学中,他强调要掌握每门学科的基本结构（即基本原理、基本概念等）,因为领会基本的原理和概念是通向适当的训练迁移的大道。当然,在选择这些基本的经验作为教材内容的同时,还必须包括基本的、典型的事实材料,脱离事实材料空谈概念、原理,则概念、原理也是空洞的、无生命力的,也无法迁移。大量实验证明,在教授概念、原理等基本知识的同时,配合具有典型代表性的事例,并阐明概念、原理的适用条件,则有助于迁移的产生。

（三）合理编排教学内容

精选的教材只有通过合理的编排才能充分发挥其迁移的效能,否则迁移效果小,甚至阻碍迁移的产生。从迁移的角度来看,合理编排的标准就是使教材达到结构化、一体化、网络化。结构化是指教材内容的各构成要素具有科学的、合理的逻辑联系,能体现事物的各种内在关系,如上下、并列、交叉等关系。一体化指教材的各构成要素能整合为具有内在联系的有机整体。为此,既要防止教材中各要素之间的相互割裂、支离破碎,又要防止相互干扰或机械重复。网络化是一体化的引申,指教材各要素之间上下左右、纵横交叉要联系沟通,要突出各种基本经验的联结点、联结线,这既有助于了解原有学习中存在的断裂带及断裂点,也有助于预测以后学习的发展带、发展点,为迁移的产生提供直接的支撑。

（四）合理安排教学程序

合理编排的教学内容是通过合理的教学程序得以体现与实施的,教学程序是使有效的教材发挥功效的最直接的环节。无论是宏观的整体的教学规划还是微观的每一节课的教学活动,都应体现迁移规律。先教什么、学什么,后教什么、学什么,处理好这种教学与学习的先后次序是非常必要的。在宏观上,教学中应将基本的知识、技能和态度作为教学的主干结构,并依此进行教学。在微观上,应注重学习目标与学习过程的相似性,或有意识地沟通具有相似性的学习。简言之,在教学过程中的每一个环节都应努力体现迁移规律。

（五）教授学习策略,提高迁移意识性

"授之以鱼,不如授之以渔。"这意味着仅教给学生组织良好的信息还是不够的,还必须使学生了解在什么条件下迁移所学的内容、迁移的有效性如何等等。掌握必要的学习策略及其元认知策略是达到这一目标的有效手段。许多研究证明,学习策略及元认知策略具有广泛的迁移性,同时它们又能够提高学习者迁移的意识性。结合实际学科的教学来教授有关的学习策略和元认知策略，这不仅可以促进学生对所学内容的掌握，而且可以改善学生的学习能力，使学生学会学习，提高了迁移的意识性，从根本上促进了迁移的产生。

知识巩固

1. 解释概念"学习迁移"、"同化性迁移"、"顺应性迁移"、"重组性迁移"、"相同要素说"。
2. 关于学习迁移的理论有哪些？
3. 影响学习迁移的主要因素是什么？
4. 如何有效地促进学习迁移？

知识应用

很多人都有这样的经历：在电脑上用汉语拼音的方式输入文字时，会不由自主地用英文字母的顺序去输入。请问你出现过这种现象吗？如何解释这种现象呢？

第六章 知识的学习

知识点预览

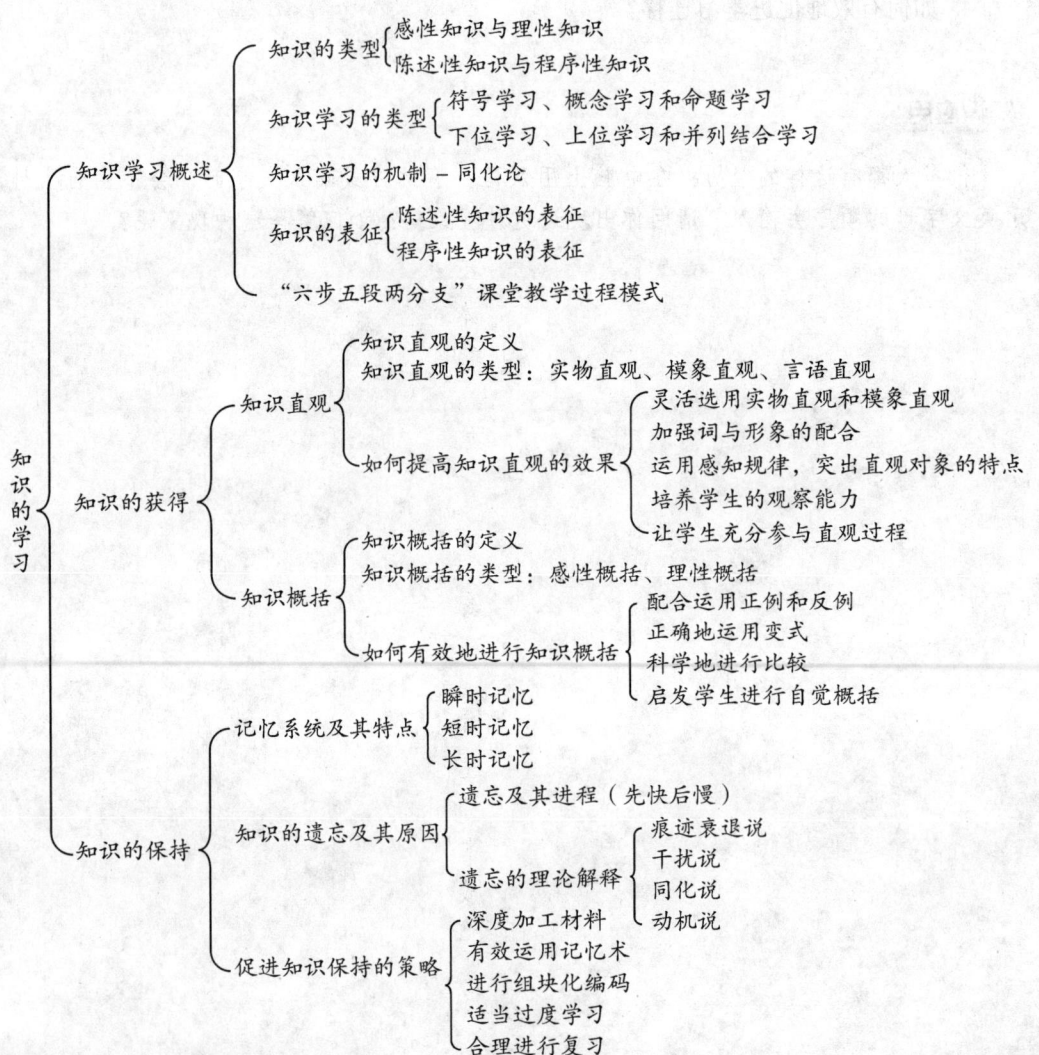

引言

亚里士多德的知识观

人类文明的发展是一个发现知识、积累知识、运用知识的过程。亚里士多德认为，知识大体有两类：一类是技术性知识，另一类是非技术性知识。如果说技术性知识是对人类求利本性的承认和满足，那么非技术性知识则是对人类求利本性的精神引导和制约。技术性知识对经济发展非常重要，但人类毕竟不是工具，而是目的本身。非技术性知识体现人的本质、尊严和价值。延续人类文明急迫地需要将技术性知识和非技术性知识协同发挥作用。因为，知识不仅造福人类，更重要的是能够保护人类，给人类以安全感；知识不仅能使人类富裕，而且能使人类充满智慧和快乐。

第一节 知识学习概述

一、知识的类型

根据现代认知心理学的观点，知识就是个体通过与环境相互作用后获得的信息及其组织。其实质是人脑对客观事物的特征与联系的反映，是客观事物的主观表征。

（一）感性知识与理性知识

根据反映活动的深度不同，可以把知识分为感性知识和理性知识。所谓感性知识，是对活动的外表特征和外部联系的反映，又可分为感知和表象两种水平。感知是人脑对当前所从事活动的反映。表象是人脑对从前感知过但当时不在眼前活动的反映。所谓理性知识，反映的是活动的本质和内在联系，包括概念和命题两种形式。概念反映的是活动的本质属性及其各属性之间的本质联系。命题表示的是概念之间的关系，反映的是不同对象之间的本质联系和内在规律，也就是通常所说的规则、原理等。

（二）陈述性知识与程序性知识

根据反映活动的形式不同，知识可以分为陈述性知识和程序性知识。陈述性知识也叫描述性知识，是个人能用文字进行直接陈述的知识。这类知识主要用来回答"是什么"和"为什么"的问题，可用来区别和辨别事物。目前，学校教学传授的主要是这类知识。程序性知识也叫操作性知识，是个体难以清楚陈述、只能借助某种作业形式间接推测其存在的知识。它主要用来解决"做什么"和"怎么做"的问题。

二、知识学习的类型

（一）符号学习、概念学习和命题学习

根据知识本身的存在形式和复杂程度，知识学习可以分为符号学习、概念学习和

命题学习（详见第三章第三节中的"奥苏伯尔的有意义学习理论"）。

（二）下位学习、上位学习和并列结合学习

根据新知识与原有认知结构的关系，知识的学习可以分为下位学习（类属学习）、上位学习（总括学习）和并列结合学习（详见第三章第三节中的"奥苏伯尔的有意义学习理论"）。

三、知识学习的机制－同化论

行为主义心理学反对猜测学习者头脑内部的机制，只强调研究所施加的刺激和所引发的可观察的行为之间的关系。同行为主义心理学相反，认知心理学强调研究学习者内部的心理过程。上面提到类属学习、总括学习和并列结合学习，都是内部的认知过程。奥苏伯尔认为，新知识的获得主要依赖认知结构中原有的适当观念，并且必须通过新旧知识的相互作用，意义学习才能实现。这种新旧知识相互作用的结果，就是新旧意义的同化，进而形成更为高度分化的认知结构。

同化论的核心是相互作用观。它强调学习者的积极主动精神，即有意学习的心向；强调潜在有意义的新观念必须在学习者的认知结构中找到适当的同化点。新旧观念相互作用的结果导致有潜在意义的观念转化为实际的心理意义，与此同时，原有认知结构发生变化。这种变化既有质变又有量变。

总之，在人类的认识活动中，奥苏伯尔提出的几种同化模式体现了外因是变化的条件、内因是变化的依据的辩证思想。这几种同化模式较具体地描述了人的认识是如何通过不同的内外因素的相互作用而产生新的认识图式的。

四、知识的表征

（一）陈述性知识的表征

陈述性知识是关于事物及其关系的知识，或者说是关于"是什么"的知识，它包括事实、规则、发生的事件、个人的态度等。陈述性知识主要是以命题及命题网络或图式等方式在头脑里进行表征。

1. 命题

命题是指一个判断的语义。它往往传达一定的信息，隐含一定的意义。人们可以通过命题来认识事物，获得某种知识经验。因此，知识的学习从根本上说是命题的学习，陈述性知识在人脑中存储的基本形式是命题。

2. 命题网络

如果两个命题中具有共同成分，通过这种共同成分，就可以把若干命题彼此联系组成命题网络。

3. 图式

现代认知心理学区分了两类图式。一类是关于客体的图式，另一类是关于事件的图式或做事的图式。整块的知识用图式表征。图式对于新信息的组织和加工具有重要意义。已有的图式可以"同化"新的信息，在同化新信息的同时，图式本身也不断得以丰富、发展和改进。

（二）程序性知识的表征

不同类型的知识有不同的表征方式。陈述性知识主要以命题和命题网络的方式表征，而程序性知识以产生式和产生式系统表征。

1. 产生式

现代认知心理学家认为，表征程序性知识的最小单位是产生式。产生式是所谓条件－活动规则（简称 C－A 规则）。C－A 规则与行为主义的 S－R 公式有相似之处，但也有原则上的区别。相似之处是，每当 S 出现或条件满足时，便产生反应或活动。不同的是，C－A 中的 C 不是外部刺激而是保持在短时记忆中的信息，A 也不仅是外显的反应，还包括内在的心理活动或运算。

2. 产生式系统

简单的产生式只能完成单一的活动。有些任务需要完成一连串的活动，因此需要许多简单的产生式。经过练习，简单的产生式可以组合成复杂的产生式系统。这种产生式系统被认为是复杂的技能心理机制。如果说若干命题通过其共同的观念而形成命题网络，那么产生式通过控制流而相互形成联系。当一个产生式的活动为另一个产生式的运行创造了所需要的条件时，则控制流从一个产生式流入另一个产生式。

五、"六步三段两分支"课堂教学过程模式

根据广义知识学习阶段和分类模式，吸取了加涅的课堂教学过程模式的优点，皮连生在《智育心理学》中提出了"六步三段两分支"课堂教学过程模式（见图 6－1）。

"六步"是指不论哪类知识，其完整的学习过程都经过注意与预期、激活原有知识、选择性知觉、新信息进入原有命题网络、认知结构重建与改组（变式练习、知识转化为技能）、根据线索提取知识（技能在新的情境中运用）六个步骤。同时，也就有相应的六个教学步骤：①引起注意与告知教学目标；②提示学生回忆原有知识；③呈现经过组织的信息；④阐明新旧知识的关系，促进理解；⑤对学生的复习与记忆策略提供指导（引出学生的反应，提供反馈与纠正）；⑥提供提取知识的线索（提供技能应用的情境，促进迁移）。

"三段"是指学习和教学的六个步骤可以概括为三段：第一步至第四步为一段，其中心任务是知识的理解；第五步和第六步分别为第二段和第三段，其中心任务是知识的巩固和转化（第二段）以及知识的提取与运用（第三段）。

"两分支"是指陈述性知识和程序性知识教学过程的前四步相同，从第五步开始出现分支：一支表示陈述性知识的巩固和提取，一支表示程序性知识的变式练习和迁移。

与我国传统的课堂教学过程模式相比，"六步三段两分支"课堂教学过程模式的

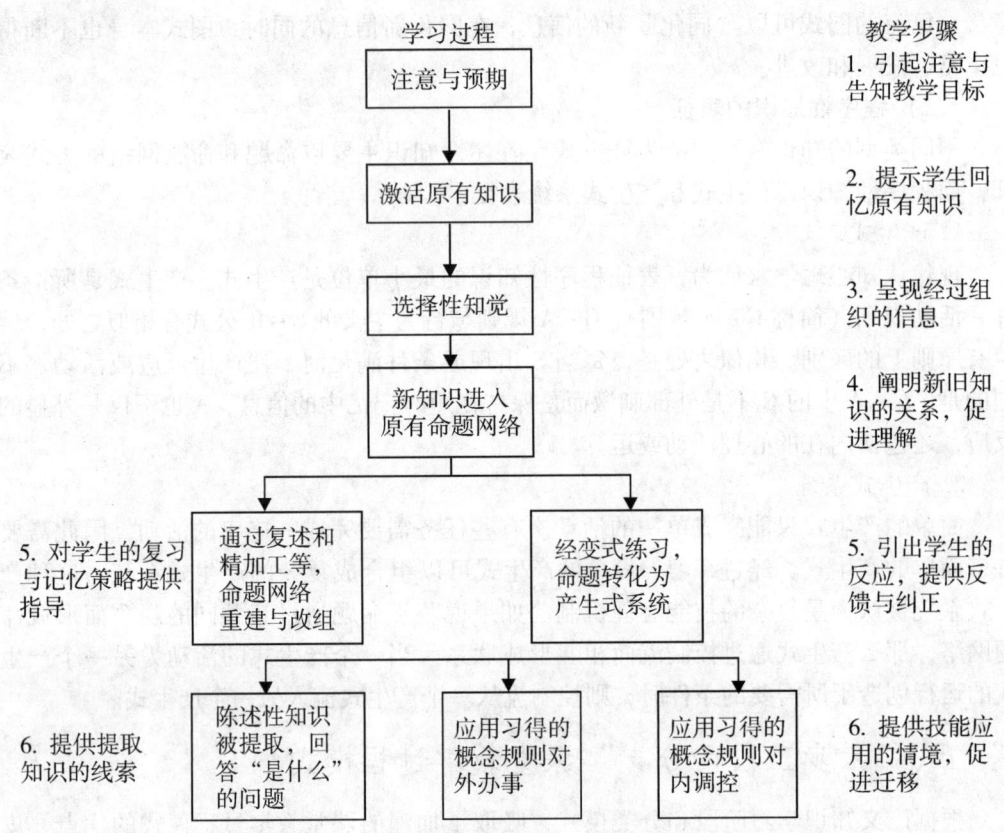

图6-1 "六步三段两分支"课堂教学过程模式

优点体现在三个方面：

（1）传统教学过程模式着眼于教师的行为，该模式则着眼于师生的双向活动。该模式认为，学习有自身的独立过程；而教本无独立过程，它是学习的外部条件，是为学而服务的，离开了学，就没有教。

（2）传统教学过程模式没有知识分类学习的思想；该模式反映了知识分类学习的思想。自第四步之后开始，学与教分为两支：一支代表陈述性知识的学与教，即第五步对学生的复习与记忆提供指导，第六步提供提取知识的线索；一支代表程序性知识的学与教，即第七步引出学生的反应、提供反馈与纠正，第八步提供技能应用的情境、促进迁移。

（3）与传统教学过程模式相比，该模式能清楚地解释基本课型的结构。课型的结构是指一节课的组成部分及各部分之间的联系、顺序及时间分配，它反映了一定教材单元体系中一节课的教学过程及其组织。不同类型的课有不同的教学任务与特点，其结构即教学过程会有相应的变化。而该模式为几种基本课型提供了可选择的教学步骤。

"六步三段两分支"课堂教学过程模式着眼于师生的双向活动，反映了知识分类学习的思想，并能清楚地解释基本课型的结构。

第二节 知识的获得

知识学习主要是学生对知识的内在加工过程。这一过程包括知识的获得、知识的保持和知识的提取三个阶段。知识的获得是知识学习的第一个阶段，在这个阶段，新信息进入短时记忆，与来自长时记忆系统的原有知识建立一定的联系，并纳入原有的认知结构，从而获得对新信息意义的理解。而要理解新信息的意义，必须通过知识直观和知识概括两个环节来实现。

一、知识直观

（一）知识直观的定义

直观是主体通过对直接感知到的教学材料的表层意义、表面特征进行加工，从而形成对有关事物具体的、特殊的、感性的认识的加工过程。直观是理解科学知识的起点，是知识获得的首要环节。

（二）知识直观的类型

在实际教学过程中，主要有三种直观方式，即实物直观、模象直观和言语直观。

1. 实物直观

实物直观就是通过观察实物与标本、演示性实验、教学性参观等形式，为知识的领会理解提供感性材料。这种直观形式的优点是形象、逼真，给人以真实感、密切感，有利于调动学生的学习兴趣和学习积极性。其缺点是本质的属性易被其他非本质属性掩盖，如用圆盘来作圆的直观就很不容易看出圆心、半径和直径。另外，受时间、空间和感官特性的限制，许多事物难以通过实物直观获得清晰的感性知识。例如，像植物和动物的生长过程、原子电子的结构、古代社会的生活方式等，却很难通过实物直观被感知。

2. 模象直观

模象直观也叫教具直观，是事物的模拟形象，指通过图片、图像、模型、幻灯和教学电影等模拟实物的形象而进行的一种直观方式。这种直观虽不如实物逼真，但可以人为地突出重点与本质，操作演示也方便灵活，不易受时间与空间的限制，可以补充实物直观的不足，为理解教材内容创造有利条件。但由于模象只是事物的模拟形象，而非实际事物本身，因此模象与实际事物之间有一定距离。为了使得通过模象直观而获得的知识在学生的生活实践中发挥更好的定向作用，一方面应该将模象与学生熟悉的事物相比较，同时，在可能的情况下应使模象直观与实物直观结合进行。

3. 言语直观

言语直观是通过语言（书面和口头）主动具体的描述、形象鲜明的比喻、合乎情理的夸张等形式，提供感性认识，加深对知识的理解。这种直观灵活、经济、方便，

不受时间、地点和设备条件限制的形式，不仅可以广泛使用，还可以运用语调和生动的形象去激发学生的感情，唤起学生的想象。但是言语直观所引起的表象，往往不如实物直观和模象直观鲜明、完整、稳定。因此，在可能的情况下，应尽量配合实物直观和模象直观。

（三）如何提高知识直观的效果

1. 灵活选用实物直观和模象直观

实物直观虽然真切，但是难以突出本质要素和关键特征；而模象直观虽然与实际事物之间有一定距离，却有利于突出本质要素和关键特征。因此，一般而言，模象直观的教学效果优于实物直观。

心理学家曾经研究过实物直观和模象直观对掌握花的构造的不同效果。该实验把学生分成能力相等的两组：一组为实物学习组，一组为挂图学习组。实物学习组的学生，到真实的花园去观察各式各样花的构造；挂图学习组只在教室内根据放大了的挂图来学习花的构造。两组学习时间相等，事后以有关花的知识与实物辨认两种方式来测量两组的学习成绩。结果发现，挂图学习组在两方面的成绩均优于实物学习组。形成这一现象的主要原因是实物学习组的学生受到过多无关刺激的干扰，不能从众多的刺激中发现事物的本质要素，不能很快地把握到要点。

以上实验说明模象直观一般比实物直观教学效果好。但是，这一结论只限于知识的初级学习阶段。当学习有了一定基础后，由简化的情境进入实际的复杂情境，即先进行模象直观，在获得基本的概念和原理后再进行实物直观，比一开始就进行实物直观的学习效果好。

2. 加强词与形象的配合

为了增强直观的效果，不仅要注意实物直观和模象直观的合理选用，而且必须加强词与形象的结合。在形象的直观过程中，首先，应提供明确的观察目标，提出确切的观察指导，提示合理的观察程序。其次，形象的直观结果应以确切的词加以表述，以检验直观效果并使对象的各组成要素进行分化。最后，应依据教学任务，选择合理的词与形象的结合方式。如果教学任务在于使学生获得精确的感性知识，则词与形象的结合应以形象的直观为主，词起辅助作用；如果教学任务在于使学生获得一般的、不要求十分精确的感性知识，则词与形象的结合方式可以采取以词的描述为主、形象直观起证实与辅助作用。

3. 运用感知规律，突出直观对象的特点

要想在直观过程中获得有关的知识，首先必须注意和观察直观对象。而要想有效地观察直观对象，必须运用感知规律，突出直观对象的特点。

（1）强度律。指作为知识的物质载体的直观对象（实物、模象或言语）必须达到一定强度，才能为学习者清晰地感知。因此，在直观过程中，教师应突出那些低强度但重要的要素，使它们充分地展示在学生面前。

（2）差异律。指对象和背景的差异越大，对象从背景中区分开来越容易。在物质载体层次,应通过合理的板书设计、教材编排等方面恰当地加大对象和背景的差异;在知识本身层次,应合理地安排新旧知识,使旧知识成为学习新知识的支撑点。

(3)活动律。指活动的对象较之静止的对象容易感知。为此,应注意在活动中进行直观、在变化中呈现对象,要善于利用现代科学技术作为知识的物质载体,使知识以活动的形式展现在学生面前。

(4)组合律。指空间上接近、时间上连续、形状上相同、颜色上一致的事物,易于构成一个整体为人们所清晰地感知。因此,教材编排应分段分节,教师讲课应有间隔和停顿。

4. 培养学生的观察能力

在直观过程中,教师通过对一定直观教材的操纵,其效果如何,主要取决于学生的观察能力。因此,为了更好地完成教学任务,必须认真组织和培养学生的观察能力。

观察前,必须让学生明确观察的目的和任务。只有这样,才能正确地组织学生的注意,使之指向和集中在所要观察的对象上。观察过程中,要认真培养学生观察的技能和方法,让学生把握合理的观察程序。一般来说,应先由整体到部分,再由部分到整体。观察后,要求学生做观察记录或报告。这一要求会大大促进学生观察的积极性与主动性,并使观察过程变得更认真。

5. 让学生充分参与直观过程

由于知识归根到底要通过学生头脑的加工改造才能掌握,因此在直观过程中,应激发学生积极参与的热情。在可能的情况下,应让学生自己动手进行操作(如让学生参与制作标本、让学生自己制作图表),改变"教师演,学生看"的消极被动的直观方式。

二、知识概括

(一)知识概括的定义

概括指主体通过对感性材料的分析、综合、比较、抽象等深度加工改造,从而获得对一类事物本质特征与内在联系抽象的、一般的、理性的认知过程。

(二)知识概括的类型

在实际教学过程中,学生对于知识的概括存在着抽象程度不同的两种类型,即感性概括和理性概括。

1. 感性概括

感性概括即直觉概括,它是在直观的基础上自发进行的一种低级的概括形式。例如,有的学生由于经常看到主语在句子的开端部位,因而就认为主语就是句子开端部位的那个词;有的学生看到锐角、直角、钝角等图形中都有两条交叉的线,就认为角是由两条交叉的线组成。

虽然从形式上看,感性概括也是通过一定的概括得来的、是抽象的,而且从外延上看,它也涉及一类事物而非个别事物。但是从内容上看,它并没有反映事物的本质

特征和内在联系，所概括的一般只是事物的外表特征和外部联系，是一种知觉水平的概括。

感性的、直觉的概括在中小学学生中很常见，但由于这种概括不能反映事物的本质特征与内在联系，所以在科学知识的获得过程中不能仅仅依靠这种概括来完成学习任务，必须使学生掌握高级的理性概括方式。

2. 理性概括

理性概括是在前人认识的指导下，通过对感性知识经验进行自觉的加工改造，来揭示事物一般的、本质的特征与联系的过程。

理性概括是一种高级的概括形式，它所揭示的是事物的一般因素与本质因素，是思维水平的概括。所谓一般因素，指的是一类事物所共有的，不是个别或某些事物所特有的；所谓本质因素，即内在地而非表面地决定事物性质的因素。

总之，从感性概括中，只能获得概括不充分的日常概念和命题；只有通过理性概括，才能获得揭示事物本质的科学概念和命题。因此，在教学条件下，我们关注的是如何有效地进行理性概括的问题。

（三）如何有效地进行知识概括

1. 配合运用正例和反例

我们知道，概括的目的在于区分事物的本质和非本质，抽取事物的本质要素，抛弃事物的非本质要素。因此，教师在指导学生概括时，不仅要注意抽取本质的一面，也要注意抛弃非本质的一面。为此，必须配合使用概念或规则的正例和反例。正例又称肯定例证，指包含着概念或规则的本质特征和内在联系的例证；反例又称否定例证，指不包含或只包含了一小部分概念或规则的主要属性和关键特征的例证。一般而言，概念或规则的正例传递了最有利于概括的信息，反例则传递了最有利于辨别的信息。

在实际教学过程中，为了便于学生概括出共同的规律或特征，教学时最好同时呈现若干正例，以一个个的例子来说明。同时，如有可能，教师最好能利用机会把正反两种例证同时加以说明。这样，概念和规则的学习将更加容易。因为反例的适当运用，可以排除无关特征的干扰，有利于加深对概念和规则的本质的认知。例如，在教"鸟"的概念时，可用麻雀、燕子作为正例，说明"前肢为翼、无齿有喙"是"鸟"的概念的本质特征；用蝙蝠作为反例，说明"会飞"是"鸟"的概念的无关特征。

2. 正确地运用变式

理性概括通过对感性知识的加工改造而完成，感性知识的获得是把握事物本质的基础和前提。因此，在教学实际中，要提高概括的成效，必须给学生提供丰富而全面的感性知识，必须注意变式的正确运用。

所谓变式，就是用不同形式的直观材料或事例说明事物的本质属性，即变换同类事物的非本质特征，以便突出本质特征。概念的关键特征越明显学习越容易，无关特征越多越明显学习就越困难。这一点从德怀尔的实验中得到证实。

> **资料窗**
>
> ### 德怀尔的实验
>
> 德怀尔让四组大学生作为被试,学习心脏的解剖结构。四组被试都听心脏解剖知识的录音讲解,但他们接触到的辅助材料不同。第一组,一面听录音,一面看屏幕上录音提到的心脏各解剖部位的名词;第二组,一面听录音,一面看屏幕上心脏部位的轮廓图;第三组,一面听录音,一面看屏幕上的心脏各部位的带阴影的详图;第四组,一面听录音,一面看屏幕上的心脏的实物照片。结果表明:第二组被试的学习效果最好,第四组的学习效果最差,第三组的学习效果位于两者之间。因为第二组的轮廓图突出了关键特征,而消除了无关特征。第四组中的实物照片中包括了大量的无关特征,而掩盖了关键特征。第一组的学习效果也很差,因为它们没有形象材料帮助理解。
>
> (资料来源:莫雷《教育心理学》,广东高等教育出版社2005年版,第179页。)

因此,在帮助学生理解概念时,教师要尽可能突出有关特征,减少无关特征。如在讲"果实"的概念时,不要只选择可食的果实(如苹果、西红柿、花生等),还要选择一些不可食的果实(如橡树子、棉子等),这样才有利于学生看到一切果实都具有"种子"这一关键属性,而舍弃其"可食性"等无关特征。又如,在讲惯性时,不仅要举固体的惯性现象,也要举液体和气体的惯性现象,这样学生才会形成"一切物体均有惯性"的正确观念,而不至于认为只有固体才有惯性。

在运用变式时,如果变式不充分,学生在对教材进行概括时,往往会发生下列两类错误,必须注意预防。一类常见的错误是把一类或一些事物所共有的特征看做本质特征。例如,在动物分类中,由于鲸和鱼类一样,都有生活在水里的共同特征,于是就把鲸列入鱼类。这种错误常常是由于把"生活在水里"当做鱼类的本质特征,不了解鱼类的本质特征是"用鳃呼吸"。另一类常见错误是在概括中人为地增加或减少事物的本质特征,不合理地缩小或扩大概念。例如,有的学生把直线看成是处于垂直或水平位置的线,而认为处于倾斜位置的线不是直线。这就是在直线概念中,人为地增加了一个本质特征——空间位置,从而不合理地缩小了概念。又如,有的学生在掌握"圆"的概念时,只是抽取出"圆心"与"封闭曲线"这两个本质特征,而遗漏了"圆心到圆周各点距离相等"这一本质特征,把人为地标上所谓圆心的椭圆和不规则图形也看做"圆",从而不合理地扩大了概念。

3. 科学地进行比较

概括过程即思维过程,也就是在分析综合的基础上进行比较,在比较的基础上进行抽象概括。因而,区分对象的一般与特殊以及本质与非本质的比较过程,对于知识

的概括具有非常重要的意义。

比较主要有两种方式：同类比较和异类比较。同类比较即关于同类事物之间的比较。通过同类比较，便于区分对象的一般与特殊、本质与非本质，从而找出一类事物所共有的本质特征。例如，为使学生获得"平原"这一地理概念，先让学生观察各种平原地带的图片和地图，然后要求他们去比较这些图片与地图上所见到的各个地带的特征，确定哪些是个别地带所特有的无关特征，哪些是各个地带所共有的关键特征。经过这样的比较，学生就能概括出："地势平坦"是这些地带所共有的关键特征，而地面上的植物、沙漠、湖泊等是个别地方才有的，对平原地带来说是无关特征。异类比较即不同类但相似、相近、相关的事物之间的比较。如对"重量"与"质量"、"压力"与"压强"、"岛"与"半岛"、"主语"和"谓语"等概念的比较。通过异类比较，不仅能使相关客体的本质更清楚，而且有利于确切了解彼此间的联系与区别，防止知识间的混淆与割裂，有助于知识的系统化。

4. 启发学生进行自觉概括

为了促进知识的获得，在实际教学情境中，教师应该启发学生去进行自觉的概括，鼓励学生自己去总结原理、原则，尽量避免一开始就要求学生记忆或背诵。

教师启发学生进行自觉概括的最常用方法是鼓励学生主动参与问题的讨论。在讨论的时候，不仅要鼓励学生主动提出问题，而且要鼓励他们主动解答问题。即使在讨论初期，学生提出的问题可能不着边际，回答的方式未必中肯，但经过这一阶段之后，至少他们对所讨论的原则中包含的概念可先获得澄清。教师如果在这个时候发现学生对原理中某一概念尚缺乏了解，那就说明学生对所学原理尚缺少一部分起点行为，教师必须在设法补足以后，再继续进行讨论。在讨论的过程中，教师应从旁辅导，但不宜代替学生匆匆作结论。

简言之，在概括过程中，教师应充分调动学生的思维，让他们自己去归纳和总结，从根本上改变"教师作结论，学生背结论"的被动方式。

第三节　知识的保持

一、记忆系统及其特点

现代认知心理学把人的记忆系统分为瞬时记忆、短时记忆和长时记忆三个子系统。

（一）瞬时记忆

客观刺激停止作用后，感觉信息在一个极短的时间内保存下来，这种记忆叫感觉记忆或瞬时记忆，它是记忆系统的开始阶段。瞬时记忆储存的时间为 0.25～2 秒。信息储存的方式具有鲜明的形象性，它完全保持输入刺激的原样，而且有一个相当大的容量。如果这些感觉信息受到特别注意，就会进入短时记忆；而那些没有受到注意的信息，则会很快变弱而消失。当然，如果刺激极为强烈深刻，也可能一次性印入长时记忆系统。

（二）短时记忆

短时记忆是感觉记忆和长时记忆的中间阶段，保持时间为5秒到2分钟。短时记忆的信息既有来自感觉记忆的，也有来自长时记忆的。它一般包括两个成分：一是直接记忆，即输入的信息没有经过进一步加工。它的容量相当有限，为7±2个组块。如果信息得到及时复述，则可能转入长时记忆系统而被长久保存，否则会很快消失。另一个成分是工作记忆，指长时记忆中储存的、正在使用的信息，是将储存在长时记忆中的信息提取出来解决当前问题的过程。在工作记忆中，来自环境的信息与来自长时记忆的信息发生了意义上的相互联系，从而使人们能够进行学习和做出决策。

（三）长时记忆

信息经过充分、有一定深度的加工后，在头脑中长时间保留下来，这种记忆叫做长时记忆。长时记忆是一种永久性的储存，它的保存时间长，从1分钟以上到许多年甚至终生，容量没有限度。其信息来源大部分是对短时记忆的内容进行深度加工的结果，但也有由于印象深刻而一次获得的。信息储存的方式是有组织的知识系统。这种有组织的知识系统对人的学习和行为决策有重要意义：它使人能够有效地对新信息进行编码，以便更好地识记；也能使人迅速有效地从头脑中提取有用的信息，以解决当前的问题。

从系统论的观点看，瞬时记忆、短时记忆和长时记忆是记忆系统三个不同的信息加工阶段，而不是非此即彼的记忆种类。它们之间相互联系、相互影响，任何信息都必须经过瞬时记忆、短时记忆才可能转入长时记忆，没有瞬时记忆的登记和短时记忆的加工，信息就不可能长时间储存在头脑中。

二、知识的遗忘及其原因

（一）遗忘及其进程

虽然在理论上信息可以在长时记忆系统中永久储存，但在现实生活中，我们常常体验到知识的遗忘。对于遗忘发展的进程，德国心理学家艾宾浩斯最早进行了系统的研究。为了对结果进行数量分析并排除过去经验的干扰，他采用了无意义音节作为记忆材料。这种材料是由中间一个元音、两边各一个辅音构成的音节，如xiq、suw等。艾宾浩斯采取重学法（又称"节省法"）来检验记忆的效果。他每次学习8组、每组13个无意义音节的字表，诵读到能连续两次无误背诵为止，并记录所需时间和诵读次数。然后，间隔不同的时间后进行重新学习，记录达到同样的背诵程度所需要的时间和诵读次数。然后比较两次学习所用的时间和诵读次数的差异，以重学比初学节省的时间或次数的百分数作为保持量的指标。其研究结果被绘制成曲线（见图6-2），这就是百余年来一直被广泛引用的经典的艾宾浩斯遗忘曲线。

从图6-2中我们可以看到，遗忘在学习之后立即开始，而且遗忘的过程最初进展得很快，以后逐渐缓慢；过了相当的时间后，几乎不再遗忘。也可以说，遗忘的发展是不均衡的，其规律是先快后慢，呈负加速型。

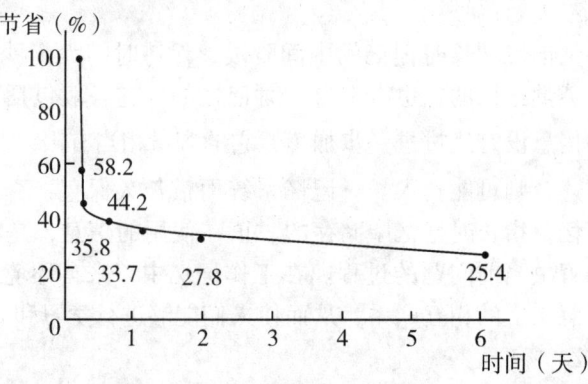

图6-2 艾宾浩斯遗忘曲线

（二）遗忘的理论解释

1. 痕迹衰退说

这是一种对遗忘原因的最古老的解释。按照这种理论，遗忘是由记忆痕迹衰退引起的，消退随时间的推移自动发生。它起源于亚里士多德，由桑代克进一步发展。桑代克在其"练习律"中指出，习得的刺激－反应联结如果得到使用，其力量会加强；如果失去使用，则联结的力量会减弱，以致逐渐消失。这实际上是用痕迹衰退说对遗忘所作的解释。尽管许多心理学家对痕迹衰退说提出了种种怀疑，并设计了大量实验来否认痕迹消退说。但至今没有可靠的证据表明神经系统中留下的记忆痕迹可以永久保持而不会衰退，并且记忆痕迹随时间的推移而逐渐消退的观点也符合事物的发生、发展和衰亡的一般规律，所以痕迹衰退仍然被认为是导致遗忘的原因之一。

2. 干扰说

现在，大多数心理学家认为，长时记忆中信息的相互干扰是导致遗忘的最重要原因。干扰说认为，遗忘是由于在学习和回忆之间受到其他刺激干扰的结果。一旦排除了干扰，记忆就可以恢复。在保持期间，如果没有其他信息进入记忆系统，则原有的信息不会遗忘。这种遗忘理论得到了大量实验的支持，近一个世纪以来它一直占据着统治地位。研究表明，干扰主要有两种情况，即前摄抑制和倒摄抑制。所谓前摄抑制，指前面学习的材料对识记和回忆后面学习材料的干扰；倒摄抑制，指后面学习的材料对保持或回忆前面学习材料的干扰。前摄抑制和倒摄抑制在许多记忆实验中，都获得了强有力的证据。在其他条件相等的情况下，一个学习材料两端的项目学习快、记忆得牢一些，而中间部分的项目总是学得慢、记得差一些。中间部分的记忆效果之所以较差，可能是由于同时受到前摄抑制和倒摄抑制双重干扰的结果；而最前部与最后部的记忆效果之所以较好，可能是由于仅受到倒摄抑制或前摄抑制造成的。

3. 同化说

奥苏伯尔根据他的有意义接受学习理论，对遗忘的原因提出了一种独特的解释。

他认为，干扰说是根据机械学习实验提出来的，只能解释机械学习的保持与遗忘，不能解释有意义学习的保持与遗忘。奥苏伯尔认为，在真正的有意义学习中，前后相继的学习不是相互干扰而是相互促进的，因为有意义学习总是以原有的学习为基础，后面的学习则是对前面的学习的加深和扩充。遗忘就其实质来说，是知识的组织与认知结构简化的过程。当我们学到了更高级的概念与规律以后，高级的观念可以代替低级的观念，使低级观念遗忘，从而简化了认识并减轻了记忆。这是一种积极的遗忘。但在有意义学习中，或者由于原有知识结构不巩固，或者由于新旧知识辨析不清楚，也有可能以原有的观念来代替表面相同而实质不同的新观念，从而出现记忆错误。这是一种消极的遗忘，教学中必须努力避免。

4. 动机说

动机性遗忘理论认为，遗忘是因为我们不想记，而将一些记忆信息排除在意识之外，因为它们太可怕、太痛苦或有损自我形象。这一理论最早由弗洛伊德提出。他在给精神病人施行催眠术时发现，许多人能回忆起早年生活的许多琐事，而这些事情平时是回忆不起来的。它们大多与罪恶感、羞耻感相联系，因而不能为自我所接纳，故不能回忆。也就是说，遗忘不是保持的消失而是记忆被压抑，因此这种理论也叫压抑理论。

总之，遗忘的原因是多方面的。上述每一种理论都能解释遗忘的部分现象，但不能解释所有的遗忘现象。因此，对于遗忘的原因，应当把上述几种理论综合起来加以解释。

三、促进知识保持的策略

（一）深度加工材料

认知心理学研究表明，如果人们在获得信息时对它进行深度加工，那么这些信息的保持效果就可得到提高，并有利于信息的提取和回忆。所谓深度加工，是指通过对要学习的新材料增加相关的信息来达到对新材料的理解和记忆的方法。例如，对材料补充细节、举出例子、做出推论，或使之与其他观念形成联想。例如，有人曾用英语材料做过这样一个实验：要求 A 组回答呈现的词是大写或小写的问题，要求 B 组回答呈现的词是否与给定的词押韵的问题，要求 C 组回答呈现的词是否在给定的句子中适合的问题。每个词呈现 1/5 秒，然后进行回忆与再认测验。结果 C 组回忆成绩比其他两组约高出 2 倍，而 A、B 两组再认的成绩与 C 组相差更大，原因就在于 A、B 两组只要对词的音和形进行了表面加工，而 C 组对词的意义进行了深层加工。

（二）有效运用记忆术

记忆术是运用联想的方法对无意义的材料赋予某些人为意义，以促进知识保持的策略。有人在利用记忆术帮助记忆外语单词的研究中创设了"关键词方法"，即在记忆外语单词时先在本族语言中找一个读音与外语类似，且能产生有趣联想的词。如英文的"gas"（煤气）一词，可以用汉语"该死"作关键词。两者读音相似，又可以产生"人因煤气中毒而死"的联想。这样"gas"一词很容易记住了。

（三）进行组块化编码

所谓组块，指在信息编码过程中，利用储存在长时记忆系统中的知识经验对进入到短时记忆系统中的信息加以组织，使之成为人所熟悉的有意义的较大单位的过程。组块可以是一个字母、一个数字、一个单词、一个词组，甚至是一个句子。组块的方式主要依赖于人过去的知识经验。例如，"认知心理学"5个字对于根本不懂心理学的人来说，是5个组块；对稍懂心理学的人来说，是2个组块（认知、心理学）；而对心理学家来说，则只是1个组块。再如，有这样一列数字：1851192118391937194919351935，如果把它看成孤立的数字来记忆，是28个组块，远远超过了短时记忆的容量。但熟悉中国历史的人可以把它组块化为1851、1921、1839、1937、1949、1935，把它看做中国近代史上的重要年代，则只有7个组块，就很容易记住了。

（四）适当过度学习

所谓过度学习，指在学习达到刚好成诵以后的附加学习。如读一首短诗，某人学习10分钟就刚好能背诵，在能够背诵之后增加的学习（如再读5分钟或再读5遍）便是过度学习。

在日常教学中，一般教师都知道，对于本门学科的一些基本概念、基本原理的学习，仅仅达到刚能回忆的程度是不够的，必须在全面理解的基础上达到牢固熟记的程度。例如，加减九九表中的162个数量关系是加减运算的基础，对于这些数量关系的记忆必须达到"滚瓜烂熟"，可以不假思索"脱口而出"的程度；对于乘法大九九表中的81个数量关系也应作如此要求。这些都是实际教学中过度学习的例证。当然，过度学习并不意味着复习次数越多越好。研究表明，学习的熟练程度达到150%时，记忆效果最好；超过150%时，效果并不递增，很可能引起厌倦、疲劳等而成为无效劳动。

（五）合理进行复习

1. 及时复习

艾宾浩斯遗忘曲线表明，在学习20分钟以后，知识就被遗忘了42%；一天以后，遗忘就达到了66%。如果过了很长时间，直到考试前才复习，就几乎等于重新学习了。所以，新学习的材料一定要注意及时复习，至少要在当天加以复习，以减缓遗忘的进程。正如一位教育家所说的，要及时"巩固建筑物"，而不要"在建筑物崩溃之后才去修补"。

2. 分散复习

分散复习是相对于集中复习而言的。集中复习就是集中一段时间一次性重复学习许多次，分散复习就是每隔一段时间重复学习一次或几次。对于大多数学习而言，分散复习的效果优于集中复习，因为分散复习可以降低疲劳感，可以减少前摄抑制和倒摄抑制的影响。因此，教师在教学中应鼓励学生进行分散复习，不要等到考前集中算"总账"。

3. 反复阅读结合尝试背诵

研究表明，反复阅读结合尝试背诵的效果优于单纯的重复阅读。单纯重复阅读的记忆效果之所以不如反复阅读结合尝试背诵，主要在于前者不利于及时发现学习中的薄弱点，因而在重复学习时有一定的盲目性；而后者则可以及时发现学习中的薄弱点，从而在重复学习时，便于集中注意，有针对性地加强薄弱点的学习。因此，教师在教学（如英语、语文）中应注意教育学生在阅读过程中边阅读边背诵，将阅读与背诵交替进行。

知识巩固

1. 知识有哪些类型？
2. 怎样有效运用直观教学？
3. 怎样有效进行知识概括？
4. 怎样促进知识的保持？

知识应用

计算机课老师在讲"认识计算机"时，先把主机内部各个部件的形状与功能通过图片展示给学生看，然后再打开一部旧电脑，现场详细讲解，学生可以清楚地看到每一个部件的位置和形状，而且还可以拔插各个部件，通过观看计算机出现的状况来了解各个部件在电脑里的功能。请问该老师在教学过程中使用了哪些教学直观？它们各有什么利弊？

第七章 技能的形成

知识点预览

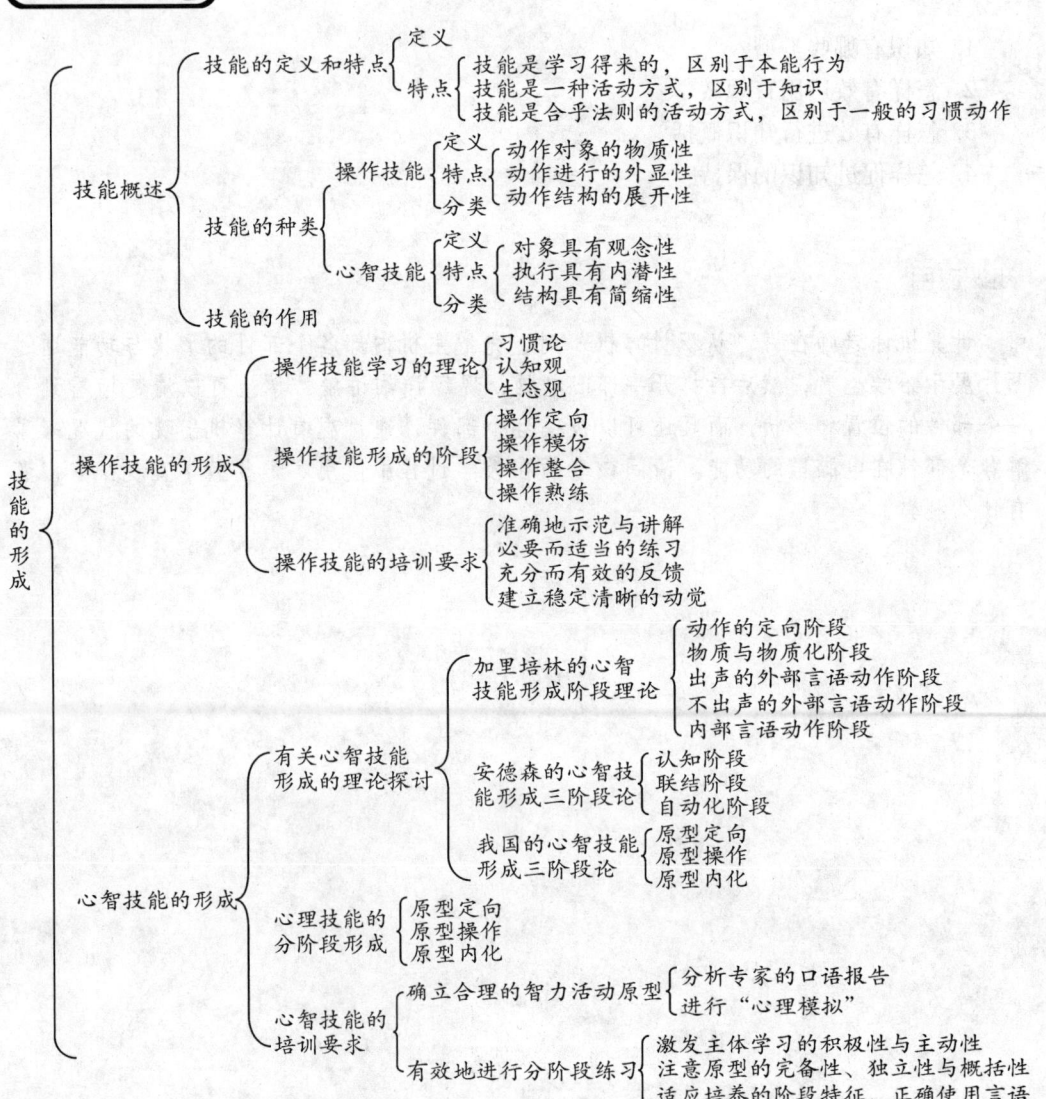

第七章 技能的形成

> **引言**
>
> **技能的重要性**
>
> 人类在历史发展的过程中，不仅积累、传递着关于现实的认识方面的经验，即知识，同时也积累、传递着用于直接适应和改造现实的操作经验。操作技能是一种操作性的经验，它使人类能够通过有效的、合理的活动直接与环境相互作用，从而更好地适应和改造环境，变革现实。从日常生活中的衣、食、住、行，到计算机、人造卫星等高科技领域，其中各种产品的产生无不包含着多种多样的操作技能。正是如此多样的操作技能，才使得人类社会发生了巨大的变革。传授和掌握操作技能应当成为学校教育的重要内容之一，尤其在各种职业教育中操作技能的掌握占有特别重要的地位。

第一节 技能概述

一、技能的定义和特点

（一）技能的定义

技能是个体运用已有的知识经验，通过练习而形成的自动化的动作方式或智力方式。如写字、游泳、阅读、写作、体操、绘画等都是复杂程度不同的技能。心理学对技能的早期研究主要是在相对简单的动作技能如打字、发电报等方面，而现在则对更复杂的技能如阅读技能、解题技能等进行研究。

（二）技能的特点

1. 技能是学习得来的，区别于本能行为

技能不是先天就有的，而是个体在日常生活、劳动、学习等实践活动中形成的，是后天经过练习获得的，与先天的本能行为有本质区别。在学习的最初阶段，练习对技能学习有非常明显的促进作用，随着不断地练习，进步速度逐渐减慢，但仍有进步。

2. 技能是一种活动方式，区别于知识

从广义的角度上讲，技能也是一种知识。但是，从狭义的即严格的意义来看，技能和知识是既相联系又相区别的。首先，知识是技能形成的必要条件，为活动提供定向依据，而技能控制活动的执行。技能是在掌握知识的前提下，根据问题目标使认知活动或动作能够有序而顺利进行的一种活动方式，是通过反复动作练习而获得的。其次，在区别上，知识是经验的概括，技能是对动作方式的概括和熟练。

3. 技能是合乎法则的活动方式，区别于一般的习惯动作

合乎法则的活动方式指活动的动作构成要素及其次序应符合活动的内在规律，体现活动本身的客观法则要求，而不同于一般的习惯动作。习惯是自然习得的，它既可

能符合规律，也可能不符合法则；而技能是通过系统的学习与教学而形成的，是在主客体相互作用的基础上通过动作经验的不断内化而形成的。通过练习，技能的自动化程度不断提高，意识的控制程度逐渐减少。

二、技能的种类

根据技能的性质和表现形式，通常把技能分为两类，即操作技能（或称为"动作技能"）和心智技能（或称为"智力技能"、"认知技能"）。

（一）操作技能

1. 操作技能的定义

操作技能也称动作技能，是指以肌肉骨骼运动实现的程序化、自动化和完善化的外显动作方式。换言之，它是通过学习而形成的合乎法则的动作活动方式。如体操、打球、游泳、演奏乐器、滑冰等，都是操作技能。

2. 操作技能的特点

（1）动作对象的物质性。就动作的对象来说，动作活动的对象是物质性客体或肌肉，是关于物质的加工、改造活动，具有物质性。

（2）动作进行的外显性。就动作的进行而言，动作活动由外部显现的肌体运动来实现，具有外显性。

（3）动作结构的展开性。就动作的结构而言，动作活动的每个动作必须切实执行，不能合并、省略，在结构上具有展开性。

3. 操作技能的分类

操作技能可以从不同的角度进行分类：根据动作的精细程度与肌肉运动强度不同，可以分为细微型操作技能与粗放型操作技能；根据动作的连贯与否可以分为连续型操作技能与断续型操作技能；根据动作对环境的依赖程度不同，可以分为闭合型操作技能与开放型操作技能；根据操作对象的不同又可以分为徒手型操作技能与器械型操作技能等。

（二）心智技能

1. 心智技能的定义

心智技能也称智力技能、认知技能，是人借助于内部言语在头脑中完成的智力活动方式，是通过学习而形成的合乎法则的心智活动方式。阅读技能、运算技能、记忆技能等都是常见的心智技能。

2. 心智技能的特点

心智技能与操作技能相比，具有三个特点。

（1）对象具有观念性。心智活动的对象是客体在人脑中的主观映象，是客观事物的主观表征，是知识、信息。

（2）执行具有内潜性。心智活动的执行既不像操作活动那样以外显的形式通过肢体运动来实现，也不像言语活动那样可以借助于言语器官或口腔肌肉的运动信号觉察活动的存在，它是借助于内部言语在头脑内部默默地进行的，只能通过其作用对象的变化而判断其存在。

（3）结构具有简缩性。心智活动不像操作活动那样必须将每一个动作实际做出，也不像外部言语那样必须把每个字词一一说出，而是不完全与片断的、是高度省略和简化的。

3. 心智技能的分类

有关心智技能的分类存在着较大的争议，其关键在于心智技能与学习策略（认知策略）的关系问题。根据加涅的观点，心智技能与学习策略都属于程序性知识的范畴，其区别在于前者的作用是对外办事，后者用于对内调控。最近，加涅根据自动化程度（自动与受控）对程序性知识进行了进一步的研究。他认为，有些程序性知识经过不断的练习，可以达到高度自动化程度，如作为人的基本素质的读、写、算等。当这样一些程序性知识支配人的行为时，知识就转化成了自动化的技能。有些程序性知识即使经过了长期的练习，也很难以自动化，需要受意识控制，如阅读与解题的方法和步骤。若这样一些方法和步骤支配人的阅读、解题等认知活动，在提高了人的认知活动效率的基础上，这些知识也转化成了学习策略。据此，我们把受意识明显控制的程序性知识界定为认知策略；而把以程序性知识为基础、经过学习和训练能达到高度自动化的认知活动，界定为心智技能。

三、技能的作用

技能是合法则的活动方式，不是一般的随意动作或无规则动作。正是由于这种特性，它能够对活动进行调节与控制。它可以控制动作的执行顺序和执行方式，从而可以使个体的活动表现出稳定性、灵活性，能够适应各种变化的情境。

技能还是获得经验、解决问题、变革现实的前提条件。经验获得的过程是通过一系列的心智动作实现的。通过心智活动，对感性经验进行加工，形成更高级的理性经验。技能调节着经验获得的过程，决定着经验获得的速度和水平，是经验获得的手段。解决问题的过程也包含着一系列的心智活动和外部操作活动，从形成问题表征、确定问题的性质与类型、探索解决问题的可能的方法到实施解决问题的方案，都是通过各种心智与操作动作实现的，而合法则的心智与操作技能保证了问题的顺利解决，也达到了变革现实的目的。

第二节 操作技能的形成

一、操作技能学习的理论

像其他领域的学习一样，心理学家对操作技能的学习也提出了多种解释。在众多的解释中，可分为强调行为的、强调认知的和强调生态的三种基本不同的观点。

（一）习惯论

习惯论主张用习惯来解释。习惯论认为，一种运动成分所产生的反应刺激，通过习惯的形成而与下一个运动成分联系起来。当习惯联结形成时，一旦开始某一动作，那么这种反应所产生的刺激就引发了另一个行为成分，从而使一系列动作得以流畅地执行。习惯在这里所起的作用不仅是将外部的刺激与一种反应联系起来，而且还将一种动作成分与另一种动作成分联系起来。习惯的形成遵从桑代克提出的效果律，即通过奖励和惩罚来增强或减弱习惯的强度。

（二）认知观

20世纪六七十年代以后，许多心理学家偏向于用认知的理论来解释操作技能的学习。在这些理论解释中，比较突出的是闭环理论和开环理论。

1. 闭环理论

闭环理论是由加拿大心理学家亚当斯提出的。他认为，人的操作技能的学习是对反馈信息进行加工并减少错误的过程，并不是习惯强度的增强。换句话说，动作行为是由反馈机制控制的。当我们执行动作行为时，可以从肌肉与关节的感受器以及前庭器官中得到一些来自内部的反馈，此外还可以从视听渠道获得一些来自外部的反馈。接下来，我们会把这些反馈信息与头脑中表征的预想达到的状态进行比较，当觉察到不一致时，便对当前的动作行为进行修改，以便达到或维持预想的状态。闭环理论强调反馈的作用，尤其适合解释相对缓慢或连续的动作行为（如开车之类的追踪任务）的习得与控制。

2. 开环理论

开环理论认为我们的动作行为受头脑中的动作程序控制，不涉及反馈信息的加工和使用，因而也没有觉察和纠正错误的机制。这一理论适合解释那些要作为整体而快速执行的操作技能的习得和控制。美国心理学家施密特提出的图式理论是开环理论的重要代表。在他的理论中，动作行为不是由具体的动作程序控制，而是由一般化的动作程序（即图式）控制。一般化的动作程序是在一类动作的许多具体例子基础上经概括而形成的。它有一些固定不变的成分，如运动的顺序；也有一些参数或变量需要在动作行为执行之前或之中得到满足，如动作的执行要使用哪些肌肉。

（三）生态观

生态观强调在动作的控制中动作执行者与动作发生的环境之间的相互作用，倾向于在自然的研究场景中研究动作行为。该理论认为，知觉和动作在机能上是密不可分的，由一些肌肉、关节和动作单元组成的动作系统调适并直接受知觉状态的影响，而不是受计算性的、类似于小人的中枢脑结构所控制。

二、操作技能形成的阶段

通过分析操作技能形成过程中的动作特点，一般认为操作技能的形成可以分为操作定向、操作模仿、操作整合与操作熟练四个阶段。

（一）操作定向

1. 操作定向的含义

操作定向即了解操作活动的结构与要求，在头脑中建立起操作活动的定向映象的过程。虽然操作技能表现为一系列的操作活动，但在形成之初，学习者必须了解做什么、怎么做的有关信息与要求，形成对动作的初步认识，即首先要掌握与动作有关的陈述性知识与程序性知识。有了这种定向映象，学习者在以后实际操作时就可以受到该映象的调节，知道做什么、怎么做。

2. 操作活动的定向映象

在操作定向阶段形成的映象应包括两个方面：一是有关操作动作本身的各种信息，即对操作活动的结构要素及其关系的认识和对操作活动方式的认识等；二是与操作技能学习有关或无关的各种内外刺激的认识与区分，如有哪些反馈信息可以利用、哪些刺激容易引起分心等。

（二）操作模仿

1. 操作模仿的含义

操作模仿即实际再现出特定的动作方式或行为模式。个体在定向阶段了解了一些基本的动作机制，而在模仿阶段则试图尝试做出某种动作。模仿的实质是将头脑中形成的定向映象以外显的实际动作表现出来。因此，模仿是在定向的基础上进行的，缺乏定向映象的模仿是机械的模仿。就有效的操作技能的形成而言，模仿需要以认知为基础。

2. 操作模仿阶段的动作特点

（1）动作品质。动作的稳定性、准确性和灵活性较差。

（2）动作结构。各个动作要素之间的协调性较差，互相干扰，常有多余动作产生。

（3）动作控制。主要靠视觉控制，动觉控制水平较低，不能主动发现错误与纠正错误。

（4）动作效能。完成一个动作往往比标准速度要慢，个体经常感到疲劳或紧张。

（三）操作整合

1. 操作整合的含义

操作整合即把模仿阶段习得的动作固定下来，并使各动作成分相互结合，成为定型的、一体化的动作。学习者在模仿阶段只是初步再现定向阶段所提供的动作方式，只有通过整合，各动作成分之间才能协调联系，动作结构才逐步趋于合理，动作的初步概括化才得以实现。

2. 操作整合阶段的动作特点

（1）动作品质。动作可以表现出一定的稳定性、精确性和灵活性，但当外界条件发生变化时，动作的这些特点都有所降低。

（2）动作结构。动作的各个成分趋于分化、精确，整体动作趋于协调、连贯，各

动作成分间的相互干扰减少，多余动作也有所减少。

（3）动作控制。视觉控制不起主导作用，逐渐让位于动觉控制。肌肉运动感觉变得较清晰、准确，并成为动作执行的主要调节器。

（4）动作效能。疲劳感、紧张感降低，心理能量的不必要的消耗减少，但没有完全消除。

（四）操作熟练

1. 操作熟练的含义

操作熟练指所形成的动作方式对各种变化的条件具有高度的适应性，动作的执行达到高度的完善化和自动化。自动化并非无意识，而是指它的执行过程不需要意识的高度控制，可以将注意分配于其他活动。操作熟练的内在机制是在大脑皮层中建立了动力定型，即大脑皮层概括的、巩固的暂时神经联系。

2. 操作熟练阶段的动作特点

（1）动作品质。动作具有高度的灵活性、稳定性和准确性，在各种变化的条件下都能顺利完成动作。

（2）动作结构。各个动作之间的干扰消失，衔接连贯、流畅，高度协调，多余动作消失。

（3）动作控制。动觉控制增强，不需要视觉的专门控制和有意识的活动；视觉注意范围扩大，能准确地觉察到外界环境的变化并调整动作方式。

（4）动作效能。心理消耗和体力消耗降至最低，表现在紧张感、疲劳感减少，动作具有轻快感。

三、操作技能的培训要求

（一）准确地示范与讲解

示范、讲解在操作技能形成过程中是不可缺少的，准确地示范与讲解有利于学习者不断调整头脑中的动作表象，形成准确的定向映象，进而在实际操作活动中可以调节动作的执行。

示范可以促进操作技能的形成，但示范的有效性取决于许多因素，如示范者的身份、示范的准确性、示范的时机等等。

言语讲解在技能形成过程中也起到重要的作用。进行讲解与指导时，要注意言语的简洁、概括与形象化，不仅要讲解动作的结构与具体要求，也要讲解动作所包含的基本原理；不仅要讲解动作的物理特性，也要指导学生注意、体验执行动作时的肌肉运动知觉。

（二）必要而适当的练习

1. 练习和练习曲线

练习是形成各种操作技能所不可缺少的关键环节，也是操作技能形成的基本途径。所谓练习，就是以掌握一定的动作（或活动）方式为目标所进行的反复操作过程。练习的进程和结果可用练习曲线来表示。练习曲线是在连续多次的练习期间所发生的动作效率变化图解，表示一种技能形成过程中练习次数和练习成绩之间的关系。对练习曲线的分析，有助于进一步明了技能形成各阶段的特点。

通常用两种指标来分析所需掌握技能的进程：一是完成某项活动所需的时间，二是完成这项动作时所出现的错误的数量。绘制练习曲线图，也就是利用这两者作为指标。练习曲线的样式有两种：一种是在练习曲线图中把练习的次数作为横坐标，把完成动作所需的时间或完成动作时所出现的错误的数量作为纵坐标。由于在练习的进程中错误的数量或完成动作所需要的时间是逐渐减少的，因而练习曲线就显示出逐渐下降的趋势。还有一种练习曲线图，把练习的时间作为横坐标，把单位时间内完成的工作量作为纵坐标，由于工作量是随着练习的进程而增加的，因而练习曲线就显示出逐渐上升的趋势。

2. 练习进程的一般趋势

（1）练习进程的总趋势。练习进程的总趋势是练习成绩逐步提高，表现在速度的加快和准确性的提高上。练习曲线对成绩逐步提高的这种共同趋势主要有三种不同的表现形式：第一种是练习的进程先快后慢，这属于多数情况；第二种是练习的进程先慢后快，这属于少数情况；第三种是练习进程速度先后比较一致，这种情况很少。造成以上三种情况的主要原因有：①技能本身的难易，比较容易的技能练习进程先快后慢，较难的技能练习进程是先慢后快；②练习的先后有无旧技能的迁移，如有正迁移的练习进程先快后慢，如有负迁移的练习进程会先慢后快；③练习者前后的兴趣浓厚程度、情绪饱满程度、主观努力程度是否一致。

（2）高原现象。动作技能并不总是随着练习量的增加而提高，在练习的中后期往往出现进程的暂时停顿现象，即所谓的高原现象。高原现象产生的主要原因有二：一是由于活动结构的改造，而新活动结构和完成活动的新方法还未形成，这时进程会处于停顿状态；二是由于学生练习的兴趣降低，对练习产生了厌倦等消极情绪，或者是身体状况欠佳。

高原现象并不具有普遍性。如果技能结构比较简单，又没有上述主观原因，在练习曲线上不会出现"高原期"。

（3）"极限"状态。在技能发展的最后阶段，出现成绩的相对稳定，曲线的上升相对地停滞下来。似乎练习的发展达到了"极限"。所谓极限是相对的，从人的生理素质和机制来看，每个人掌握某种技能都有一定的发展限度，要想超越这个限度是比较困难的。但是，在一般情况下，一个人所掌握的各种技能都没有达到发展限度，提高技能是有潜力的，只要通过有计划的顽强学习并善于总结经验，就能使技能的水平继续提高。

3. 练习进程的差异

各种技能的练习进程一般来说都遵循上述的共同规律。但是，由于各种原因，同一个人学习不同的技能或者不同的人学习同一种技能，其练习进程会出现各不相同的情况，表现出练习进程的差异性。造成差异的主要原因有：技能的复杂程度不同，练习的方式方法不同，练习者的个性特点、练习态度、对练习的准备不同，等等。

4. 练习的分类

采取何种练习方式也直接影响着操作技能的学习。练习方式有多种：根据练习时间分配的不同有集中练习与分散练习，根据练习内容的完整性的不同有整体练习与部分练习，根据练习途径的不同有模拟练习、实际练习与心理练习，等等。

（三）充分而有效的反馈

一般来讲，反馈来自两个方面：一是内部反馈，即操作者自身的感觉系统提供的感觉反馈；二是外部反馈，即操作者自身以外的人和事给予的反馈，有时也称结果反馈。前者是个体通过自身的视觉、听觉、触觉、动觉等获取的反馈信息，尤其是动觉反馈信息最有代表性。后者是教师、教练、示范者、录像、计算机等外部信息源对学习者的操作结果及其操作过程的反馈。毫无疑问，反馈在操作技能学习过程中的作用是非常关键的，其中结果反馈的作用尤为明显。准确的结果反馈可以引导学生矫正错误动作、强化正确动作，并鼓励学生努力改善其操作。

（四）建立稳定清晰的动觉

动觉是复杂的内部运动知觉，它反映的主要是身体运动时的各种肌肉活动的特性，如紧张、放松等，而不是外界事物的特性。这些有关肌肉活动的各种感知觉等与视觉、听觉有所不同，如果不经过训练，它们很难为个体明确地意识到，并经常受到外部因素的影响，处于被掩盖的地位。由于运动知觉的模糊性，经常会发生学习者对自己的错误动作不能意识到的现象，当然也就很难对动作进行有意识的调节或控制。这样就容易导致技术水平不稳定，难以找出动作失误的确切原因，使操作技能的学习陷入盲目状态。因此，有必要进行专门的动觉训练，以提高其稳定性和清晰性，充分发挥动觉在技能学习中的作用。

第三节 心智技能的形成

一、有关心智技能形成的理论探讨

（一）加里培林的心智技能形成阶段理论

对心智技能最早进行系统研究的是苏联心理学家加里培林。他于1959年系统总结了有关的研究成果，提出了心智动作按阶段形成的理论。加里培林认为，心智技能是由一系列的心智动作构成的，心智动作既不是神秘的灵魂的特性，也不是人脑固有的特性。心智动作不同于外部的实践动作，但来源于实践动作。心智动作本身是外部的实践动作的反映，心智动作是通过实践动作的"内化"而实现的。"内化"是外部动作向内部的转化，即内部动作映象形成的过程。实践动作的内化要经过一系列的阶段，在不同的阶段，动作执行方式得到不断改造，而关于动作本身的映象也相应地发生质的变化。也就是说，心智动作的形成要经过一系列的阶段，在每一阶段心智活动的性质与水平都发生相应的变化。

由于心智技能是由一系列的心智动作构成的，所以心智动作的形成过程与心智技能的形成过程是一致的，心智动作的形成阶段也可用来说明心智技能的形成阶段。加里培林将心智动作的形成分成五个阶段：一是动作的定向阶段，二是物质与物质化阶段，三是出声的外部言语动作阶段，四是不出声的外部言语动作阶段，五是内部言语动作阶段。

（二）安德森的心智技能形成三阶段论

著名认知心理学家安德森认为，心智技能的形成需经过三个阶段，即认知阶段、联结阶段和自动化阶段。在认知阶段，要了解问题的结构，即起始状态、要达到的目标状态、从起始状态到目标状态所需要的步骤与算子。对于复杂的问题而言，要了解问题的各个子目标及其达到子目标所需要的算子。在认知技能形成的第二阶段，即联结阶段，学习者应用具体的方法来解决问题，主要表现在把某一领域的描述性知识转化为程序性知识，这种转化即程序化的过程。随着对某一技能不断地练习，学习者对解决问题的法则的言语复述逐渐减少，而能够直接再认出某一法则的可适用性。在该阶段，个体逐渐产生一些新的产生式法则，以解决具体的问题。在自动化阶段，个体获得了大量的法则并完善这些法则，操作某一技能所需的认知投入较小，且不易受到干扰。安德森认为，复杂技能的学习可以分解为对一些个别成分法则的学习，但这些个别成分并不是分散、孤立的，而是可以组织成一个大的技能学习过程。

（三）我国的心智技能形成三阶段论

我国教育心理学家通过教学实验，在加里培林和安德森等学者研究的基础上，提出了原型定向、原型操作、原型内化的心智技能形成三阶段论。这一理论目前已对我国中小学的学校教育产生了积极影响。心智技能原型的模拟基于心智活动是实践活动的反映，因此，心智技能的培养首先必须确定心智技能的操作原型即实践模式。不过，确定心智技能的操作原型是一项相当困难的工作，因为形成了的心智技能不仅是内潜的，而且是借助于内部言语以高度简练的形式自动进行的。不仅旁观者难以观察到，就连活动的主体也难以自我意识，这就给操作原型的确定造成了很大困难。但自20世纪60年代以来，随着控制论功能模拟思想向心理学的渗透，我们终于找到了可用来确立心智技能操作原型的"心理模拟法"。

目前，我国心理学界一般认为，用心理模拟法来建立心智活动的实践模式需经过两个步骤，这就是创拟确立模型和检验修正模型，其中第一步是关键。

为了创拟确立心智技能的操作原型，首先必须对活动进行系统分析。在对活动作系统分析时，先对系统进行功能分析，分析系统对环境的作用，其中包括作用的对象、条件及结果；然后再对系统作结构分析，分析系统的组成要素及组成要素之间的相互关系；并将功能分析与结构分析有机地结合起来，作为创拟模式的基本方法。同时，实践模式中的基本操作要依据操作系统的性质及学生的能力水平而确定，以能为学生理解并执行为原则。

在拟定假设性的操作原型后，还应通过实验来检验这种原型的有效性。在实验中如能取得预期的成效，则证明此假设原型是真实可靠的，这种经实验证实了的原型就可以在教学上应用；反之，如果在实验中假设原型不能取得预期成效，则对此原型必须予以修正或重新拟定。当然，模式的检验除了可以通过教学心理实验的方法进行以外，也可以通过计算机进行。不过，用计算机进行检验时，过程分解要细，必须分解到机器可以执行这些基本操作为止。

但是，所模拟的心智技能的原型不应是原始的心智活动的实践模型，而应是对理想的科学思维过程的模拟。由于形成了的心智技能一般存在于有着丰富经验的专家头脑之中，因此创拟确立模型的过程实际上是把专家头脑中观念的、内潜的、简缩的经验"外化"为物质的、外显的、展开的"心理模型"的过程（也称"物质化"过程）。不过，这一心理模型必须能确实揭示并反映专家头脑内部的思维操作过程；同时，该原型不应该是某一个专家的心智活动原型，而应是对一批该领域专家心智活动模型的总结与经验的概括化与系统化。

当然，模拟专家头脑经验的目的是想使得专家头脑的经验能够"内化"为学生（新手）头脑中的心智技能，变成他们自己经验世界的组成部分。这一把专家头脑中的经验"内化"为学生自己经验的过程，就是心智技能的培养过程。

二、心智技能的分阶段形成

（一）原型定向

所谓原型定向，就是了解心智活动的实践模式，了解"外化"或"物质化"了的心智活动方式或操作活动程序，了解原型的活动结构（动作构成要素、动作执行次序和动作执行要求），从而使主体知道该做哪些动作和怎样去完成这些动作，明确活动的方向。原型定向阶段也就是使主体掌握操作性知识（即程序性知识）的阶段。这一阶段相当于加里培林的"活动的定向阶段"。

在原型定向阶段，主体的主要学习任务可以归结为两点：首先要确定所学心智技能的实践模式（操作活动程序），其次要使这种实践模式的动作结构在头脑中得到清晰的反映。为完成这些任务，教师必须做到以下几点：

（1）要使学生了解活动的结构，即了解构成活动的各个动作要素及动作之间的执行顺序，并了解动作的执行方式。这样，学生对于活动才能有一个完整的映象，才能为以后的学习奠定基础。

（2）要使学生了解各个动作要素、动作执行顺序和动作执行方式的各种规定的必要性，提高学生学习的自觉性。

（3）采取有效措施发挥学生的主动性与独立性。构成活动的动作不能以现成的形式教授，而应该激发学生的学习需要，发挥学生的主动性与独立性，师生共同总结各步动作及其执行顺序。这样，才能使学生体会到各动作划分的原因及动作顺序的合乎法则性，从而为学生所理解和接受。

（4）教师的示范要正确，讲解要确切，动作指令要明确。

总之，通过原型定向阶段的教学，学生建立起了关于活动的初步的自我调节机制，从而为进行实际操作提供了内部控制条件。

(二) 原型操作

所谓原型操作，就是依据心智技能的实践模式，把主体在头脑中建立起来的活动程序计划，以外显的操作方式付诸实施。

在这一阶段，活动的执行是在物质与物质化水平上进行的，因而在加里培林及其学派的著作中称之为"物质或物质化活动阶段"。其实，活动的最初形式可以是物质的，也可以是物质化的。在物质的活动形式中，动作的客体是实际事物，是对象本身。在物质化的活动形式中，动作的客体不再是对象本身，而是它的代替物。但不论哪种情况，都是对原型的操作，因而我们称此阶段为"原型操作"阶段。

研究表明，为了使心智技能能在操作水平上顺利形成，教师必须做到以下几点：

（1）要使心智活动的所有动作以展开的方式呈现。也就是说，主体要依据心智活动的原型，把构成这一活动的所有动作系列，依次按照一定的顺序做出，不能遗漏或缺失。而且每个动作完成之后，要及时检查，考查动作的方式是否能正确完成、对象是否发生了应有的变化。因为只有在展开的活动中，主体才能确切了解活动的结构，才能在头脑中建立起完备的动作映象，同时也才能获得正确动觉经验及确保活动方式的稳定性。

（2）要注意变更活动的对象，使心智活动在直觉水平上得以概括，从而形成关于活动的表象。心智技能作为合法则的活动方式，其适用范围应具有广泛性。采用变式加以概括，有利于学生心智技能的掌握和内化。

（3）要注意活动的掌握程度，并适时向下一阶段转化。强调原型操作阶段应以展开的方式出现，并不是说最终不要简缩。当学生连续多次能正确而顺利地完成有关动作程序时，应及时转向内化阶段，以免活动方式总停留在展开水平，阻碍心智活动的速度。

（4）为了使活动方式顺利内化，动作的执行应注意与言语相结合，一边进行实际操作，一边用言语来标志和组织动作的执行。因为心智技能作为一种心智活动方式，是借助于内部言语默默进行的，而内部言语必须以外部言语为基础。在原型操作阶段，外部言语作为心智动作的标志及执行工具，在"内化"过程中具有十分重要的作用。因而，在边做边说的场合下，活动易于向言语执行水平转化。

总之，通过原型操作，学生不仅有了程序性知识，而且通过实际操作获得了完备的动觉映象，这就为原型内化奠定了基础。

(三) 原型内化

所谓原型内化，即心智活动的实践模式向头脑内部转化，由物质的、外显的、展开的形式变成观念的、内潜的、简缩的形式的过程。这一过程又可划分成三个小的阶段，即出声的外部言语阶段、不出声的外部言语阶段和内部言语阶段。要想使操作原型成功地内化成心智技能，教学中必须注意以下几点：

（1）动作的执行应遵循由出声的外部言语到不出声的外部言语再到内部言语的顺序，不能颠倒。

（2）在开始阶段，操作活动应在言语水平上完全展开，即用出声或不出声的外部言语完整地描述原型的操作过程（此时已没有实际操作），然后再逐渐缩减。

（3）在这一阶段也要注意变换动作对象，使活动方式得以进一步概括，以便广泛适用于同类课题。

（4）在进行由出声到不出声、由展开到压缩的转化过程中，也要注意活动的掌握程度，转化不能过早，也不宜过迟，而应适时。

总之，依据心智活动是实践活动的反映这一观点，任何新的心智技能的形成，在原则上必须经过上述三个基本阶段才能实现。不过，分阶段练习的要求只是针对心智技能中新的、主体未经掌握的动作成分来说的。如果某种心智技能，其动作成分是由主体已掌握了的一些动作构成的，则此心智技能的形成就可利用已有动作经验的迁移得以实现，不必按前面提到的心智技能形成的三个基本阶段分别进行严格训练。

三、心智技能的培训要求

（一）确立合理的智力活动原型

由于形成的智力技能一般存在于有着丰富经验的专家头脑之中，因此，模拟确立模型的过程实际上是把专家头脑中观念的、内潜的、简缩的经验"外化"为物质的、外显的、展开的活动模式的过程。当然，模拟专家头脑经验的目的是想使专家头脑的经验能够"内化"为学生（新手）头脑中的智力技能，变成他们自己经验世界的组成部分。把专家头脑中的经验"内化"为学生自己经验的这一过程就是智力技能的培养过程。探索专家的智力活动模型的方法有两种，即分析专家的口语报告和进行"心理模拟"。

1. 分析专家的口语报告

心智活动是实践活动的反映。因此，心智技能及心智活动方式的培训，首先必须确定心智技能的实践模式，即确定心智技能的操作原型或操作活动程序。确定心智技能的操作原型是一项相当困难的工作：因为形成了的心智技能不仅是内潜的，而且是借助于内部言语以高度简练的形式自动进行的，不仅旁观者难以观察，就连活动的主体也难以自我意识。早先较为广泛应用的一种方法是分析专家的口语报告。这种方法似乎比较简单，而且较为可靠，但实际上并非如此。仅仅依靠这种分析方法难以建立心智活动的实践模式，必须配合其他方法，如心理模拟等。

2. 进行"心理模拟"

20世纪60年代以来，随着控制论、信息论与系统论向心理科学的渗透，为确定心智技能的操作原型开辟了新的途径，这就是心理模拟法。模拟是指如果两个系统能够显示出功能上的平行（在关键性的特征上能够产生一一对应），那么，一个系统就是另一个系统的模拟。因此，心理模拟就是模拟与人的心理的功能系统平行的系统，即找出能与心理的关键性特征一一对应的物质系统。这类模拟是依据事物中存在的同功异构的特点，即同样的功能但其结构不同。例如，计算机与人脑的结构虽然不同，但却与人脑有一些相似的功能，有些功能甚至胜过人脑。所以，人们把计算机称为电脑，意即对人脑的某部分功能的模拟，这是现代心理模拟的一个理论基础。目前，通过采用这种方法，许多心理学研究工作者在广泛领域取得了一些突破性的进展。

（二）有效地进行分阶段练习

由于心智技能是按一定的阶段逐步形成的，因此在培养方面只有分阶段进行，才能获得良好的教学成效。为提高分阶段训练的成效，必须充分依据心智技能的形成规律，采取有效措施。

1. 激发主体学习的积极性与主动性

任何学习任务的完成均依赖于主体的学习积极性与主动性。学习的积极性与主动性取决于主体对学习任务的自觉需要。对学习任务缺乏自觉的学习需要就不可能有高度的学习积极性，而自觉的学习需要的产生往往同对学习任务的必要性认识及体验分不开。由于心智技能本身难以认识的特点，主体难以体验其必要性。因而，在主体完成这一学习任务时，往往缺乏相应的学习动机及积极性。为此，在培养工作中，教师应采取适当措施，以激发主体的学习动机，调动其学习的积极性。

2. 注意原型的完备性、独立性与概括性

心智技能的培养，开始于主体所建立起来的原型定向映象。在原型建立阶段，一切教学措施都要考虑到有利于建立完备、独立而具有概括性的定向映象。所谓完备性，指对活动结构（动作的构成要素、执行顺序和执行要求）要有清楚的了解，不能模糊或缺漏。所谓独立性，指应从学生已有的经验出发，让学生独立地来确定或理解活动的结构及其操作方式，而不能是教师给予学生现成的模式。所谓概括性，是指要不断变更操作对象，提高活动原型的概括程度，使之具有广泛的适用性，扩大其迁移价值。有关研究表明，定向映象的完备性、独立性与概括性不同，则活动的定向基础就有差异，就会影响到心智技能最终形成的水平。

3. 适应培养的阶段特征，正确使用言语

心智技能是借助于内部言语而实现的，因此言语在心智技能形成中具有十分重要的作用。言语在不同的阶段，其作用是不同的。言语在原型定向与原型操作阶段，其作用在于标志动作并对活动的进行起组织作用。所以，这时的培养重点在于使学生了解动作本身，利用言语来标志动作，并巩固对动作的认知，切不可忽视对动作的认识而片面强调言语标志练习。学生过于注意言语而忽视动作，对心智技能的形成非但无益，而且能起阻碍作用。为此，一定要在学生熟悉动作的基础上再提出言语要求，以言语来标志所学动作，并组织动作的进行。此外，在用言语来标志动作时，用词要恰当，要注意选择表现力强而学生又能接受的词来描述动作。

言语在原型内化阶段，其作用在于巩固形成中的动作表象，并使动作表象得以进一步概括，从而向概念性动作映象转化。这时言语已转变成为动作的体现者，成为加工动作对象的工具。所以，这时培养的重点应放在考查言语的动作效应上。在这一阶段，不仅要注意主体的言语动作是否正确，而且要检查动作的结果是否使观念性对象发生了应有的变化。此外，要随着心智技能形成的进展程度，不断改变言语形式，如由出声到不出声、由展开到简缩、由外部言语转向内部言语。

当然，除上述三点基本要求外，教师在集体教学中还应注意学生的个别差异，充分考虑学生所面临的主客观条件，并针对学生存在的具体问题采取有针对性的辅助措施，以求最大限度地发展学生的心智技能。

知识巩固

1. 怎样理解技能？
2. 动作技能和心智技能各有什么特点？
3. 加里培林心智技能的形成有哪些阶段？
4. 操作技能的培养有哪些要求？
5. 心智技能的培养有哪些要求？

知识应用

假如你是一名小学体育老师，应怎样使学生有效地掌握全国第三套小学生广播体操《七彩阳光》？

第八章 学习策略

知识点预览

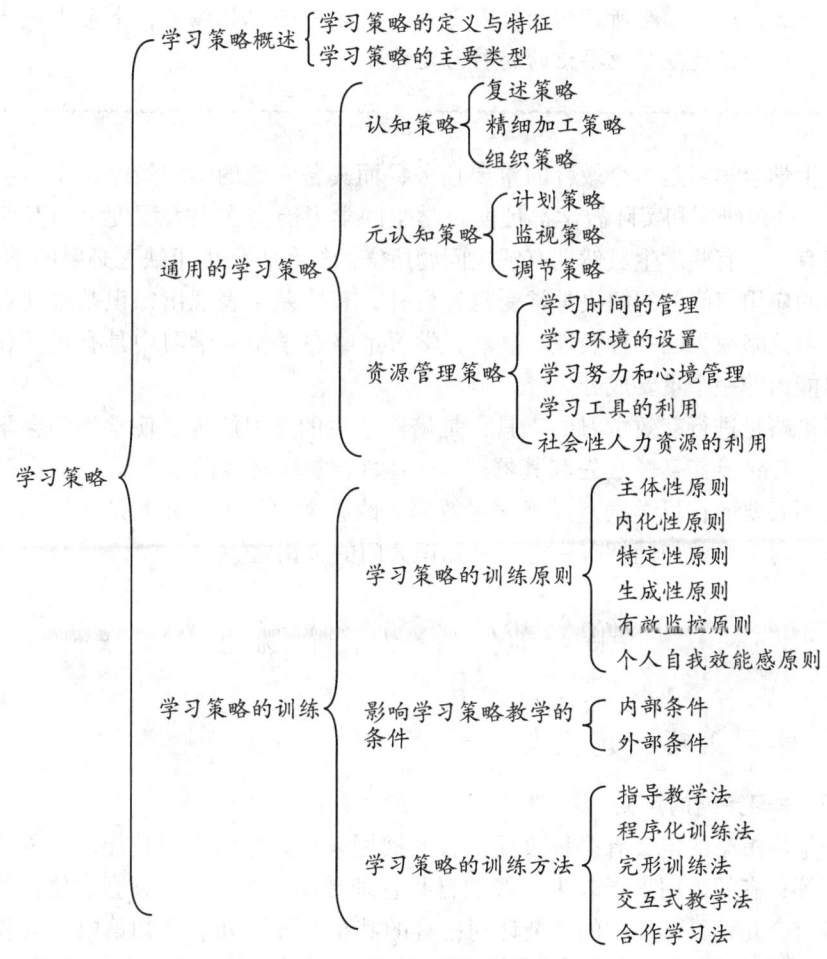

> **引言**
>
> **圆周率是如何被记住的**
>
> 在中国古代有这样一个故事，说是有位教书先生不务正业，喜欢到山上找道士喝酒。为了不让学生乱跑，他每次临行前都留给学生一道作业——背诵圆周率。
>
> 开始的时候，每个学生都苦不堪言。后来，一位聪明的学生想出一个巧妙的方法，把圆周率的内容与眼前的情况和自己的愿望联系起来，编了一段顺口溜：山巅一寺一壶酒（3.14159）尔乐苦煞吾（26535）把酒吃（897）酒杀尔（932）杀不死（384）乐尔乐（626）……先生回来一检查，发现学生们个个都背得滚瓜烂熟，这一下子傻眼了，再也找不出理由溜号。
>
> 实际上，这个学生所运用的，就是通过自创一套记忆编码，来形成一个特定的链节，然后通过联想把要记的材料与之结合。

让学生学会学习是当今教育的重要任务，而具备一定的学习策略是学生会学习的主要特征。许多研究和实际教学都证明，学生的学习能力在很大程度上与其所掌握的学习策略有关。有些学生虽然拥有解决问题所需的知识，但由于缺乏必要的学习策略，致使知识的应用与问题的解决常常受阻。另外，有些差生表现出知识基础薄弱，而实际上是学习策略缺失的一种表现。显然，学习策略在学生的学习中具有重要作用，是构成学习能力的一个重要成分。

学习策略是进行有效学习的工具，是培养学生的学习能力、使学生学会学习的前提条件。"工欲善其事，必先利其器。"学生如能掌握必要的学习策略，可避免走弯路，减少不必要的盲目尝试，提高学习效率，改善学习能力。尤其是在当前的信息时代，拥有学习策略就如同拥有一把开启知识大门的金钥匙。

第一节　学习策略概述

一、学习策略的定义与特征

（一）学习策略的定义

关于学习策略的定义有多种表述，有的被用来指具体的学习技能，如复述、想象和列提纲等；有的被用来指较为一般的自我管理活动，如计划、领会、监控等；有的被用来指组合几种具体技术的复杂计划；有的甚至与元认知、认知策略、自我调节等学习术语相互重叠。各种表述所使用的术语也各异，诸如"知道如何学习"、"知道何时、何处及如何记忆和思维"、"学会学习"、"学习技能"、"认知策略"等。

综合各种表述，学习策略是指学习者为了提高学习的效果和效率、有目的有意识地制订有关学习过程的复杂的方案。或者说，学习策略是学习者习得的、用于改善自己在某一学习任务上的表现，并提高学习效果和效率的一组或多组方法、技巧或程序。

（二）学习策略的特征

第一，学习策略是学习者为完成一定的学习任务而积极主动使用的。学习策略将随着学习任务性质的不同而有变化。它们可以被看成是一种工具，正如一项工作需要用扳手和螺丝刀，而另一项工作需要用榔头一样。因此，不同类型的策略，为的是完成不同类型的任务。学习者正是根据学习任务的需要有针对性地使用不同的学习策略。

第二，学习策略是有效学习所必需的。所谓策略，是从效果和效率的角度而言的。学习者之所以使用策略展开学习，其根本目的在于提高学习效率，离开了效率无所谓策略问题。如背诵一篇文章，如果一遍一遍反复接触，最终也能记住；如果采用理解记忆的策略，记忆的效果和效率就会大大提高。

第三，学习策略是学习结果。罗伯特·加涅将学习结果分为五种类型，即言语信息、动作技能、智慧技能、认知策略和认知态度。其中的认知策略就是学习策略中的一种。可见，学习策略属于学习结果，是个体在学习过程中通过外显学习和内隐学习获得的。

第四，学习策略是有关学习过程和学习方法的。这一特点表明，学习策略与学习活动密切相关，它规定学习者在学习活动中做什么不做什么、先做什么后做什么、用什么方式做、做到什么程度和水平等诸方面的问题。

资料窗

何谓"会学习"

所谓"会学习"有以下几层意思：①会学习就是会根据自身的基础和主客观条件，计划、调控和评价学习，从而不断调整和优化自己的知识结构，适应进一步学习和社会发展需要；②会学习就是能够用最短的时间、尽量少的精力，以最快的速度获取尽可能多的知识和技能，会采用最适宜、有效的方法和策略，获得最好的学习效果；③会学习就是会把握学习的重点，不只是满足于获取某种知识，而是重点掌握思维过程和方法，也就是说，学习的目的不是重在得到"鱼"和"金子"，而是要学到捕鱼和点金之术；④会学习就是会把所学的知识应用到生产和社会需要的实践中去，并且会在实践中进一步学习，不断丰富和深化自己的知识。学到知识却不会应用，或者不善于在实践中应用，实质上不能算是会学习。

由此可见，所谓"学会学习"就是学会自主学习、学会高效学习、学会学习方法、学会学以致用。换言之，"学会学习"就是学会自主地选择学习目标，运用适宜的、科学的学习策略和方法高效地进行学习，在获取更多知识的同时，习得获取知识的方法，并且能将获得的知识灵活地应用到实践中去。

(资料来源：王言根《学会学习》，教育科学出版社2005年版，第2页。)

二、学习策略的主要类型

由于学习任务、学习阶段、学习者等各种因素的不同，具有最佳效能的学习策略也可能是不同的；而不同的学习策略的教学所需的最佳条件也有一定的差异。因此，了解学习策略的不同类型有助于最大程度地发挥学习策略的效能。

由于研究者所依据的标准不同，对学习策略的分类角度也不同。下面介绍几种较有代表性的分类。

（一）依据功能的不同进行分类

1. 尼斯比特等的分类

尼斯比特等（Nisbet et al.，1986年）认为有六种重要的策略。

（1）提问：即形成假想，确立所要达到的目标，将目前的任务与以前的工作联系起来。

（2）计划：即确定学习活动的时间程序，对问题进行归类或分解，确定完成任务所需的操作步骤。

（3）监控：试图将结果与预期目标进行对比。

（4）检查：对活动结果进行初步评估。

（5）矫正：重新计划或重新设置目标。

（6）自测：对活动结果作最终的自我评价。

2. 丹瑟洛的分类

丹瑟洛（D. F. Dansereau，1985年）将学习策略分为具有相互联系的两大类。

（1）基本策略：主要用于直接操作学习材料，即直接作用于认知加工过程。该类策略主要包括领会与保持策略、提取与应用策略。

（2）支持策略：主要用于确立恰当的学习目标体系，维持适当的学习心态。该类策略主要包括计划与时间安排策略、专心管理策略、监控与诊断策略。

（二）依据概括程度和适用范围的不同进行分类

尼斯比特等（1986年）根据策略不同的适用范围，将策略分为三个层次。

1. 通用策略

通用策略主要是与学习态度、学习动机密切相关的学习策略。该类策略既适用于认知领域的学习，也适用于动作与情感领域的学习，因此是一般性的、普遍性的策略。

2. 宏观策略

宏观策略是较为概括的策略，与学习者的知识经验密切相关，随经验的增长而不断得到改善。如一般的解决问题策略、思维策略等都属于宏观策略。

3. 微观策略

微观策略是非常具体的、适合于某一特定的具体任务与具体领域的策略。这种策略比较容易教授，但其适用范围很有限。

（三）依据学习进程进行分类

根据学习的信息加工模式，有效的学习应经历几个阶段，如注意有关信息、在短时记忆中保持该信息、新信息之间及新旧信息之间建立联系、信息的长期保持、有关信息的提取与应用等。与学习的进程相对应，也可以有相应的学习策略。

我国皮连生教授认为学习策略可分为五类。

（1）促进选择性注意的策略，如自我提问、做笔记等。

（2）促进短时记忆的策略，如复述、形成组块等。

（3）促进新信息内在联系的策略，如分析内在逻辑结构、多问为什么等。

（4）促进新旧知识联系的策略，如列表比较新旧知识的异同等。

（5）促进新知识长期保存的策略，如记忆术等。

第二节　通用的学习策略

一般认为，通用的学习策略包括认知策略、元认知策略和资源管理策略。

一、认知策略

认知策略是加工信息的一些方法和技术，有助于主体有效地从记忆中提取信息，包括复述策略、精细加工策略和组织策略。

（一）复述策略

复述指为了保持信息而对信息进行多次重复的过程。使用复述策略可以提高学习成绩，但并不是所有的人都会自发使用复述策略。要想通过复述真正达到提高记忆效果的目的，宜采用阅读与尝试背诵相结合的方法。

对于复杂知识的学习，复述策略包括边看书边讲述材料，在阅读时对材料的重点、难点和要点用画线、圈点、加注符号等方式将其凸显出来。

（二）精细加工策略

精细加工策略是一种将新学材料与头脑中已有知识联系起来从而增加新信息的意义的深层加工策略。如果一个新信息与其他信息联系得越多，能回忆出该信息原貌的途径就越多，回忆就越容易。因此，它是一种理解性的记忆策略，和复述策略结合使用，可以显著提高记忆效果。常用的精细加工策略有记忆术、做笔记、提问和利用背景知识联系实际等。

在复杂知识的学习中，精细加工策略包括释义、写概要、创造类比、用自己的话写注释或解释、自问自答等具体技术。

做笔记是心理学中研究较多的精加工技术，维特罗克称之为"生成技术"。研究表明，笔记有助于指引个人的注意，有助于发现知识的内在联系，有助于建立新知识与旧知识之间的联系。

为了培养学生做笔记的良好学习习惯，教师讲课时应注意如下几点：①讲课速度不宜过快；②重复比较复杂的材料；③把重点写在黑板上；④为学生提供一套完整和便于复习的笔记；⑤为学生记笔记提供结构上的帮助，如列出大小标题、标明知识的层次。

（三）组织策略

组织策略是整合所学新知识之间、新旧知识之间的内在联系，形成新的知识结构。当然，组织策略和精细加工策略是密不可分的。

在复杂知识学习中，可以采用列课文结构提纲和画网络图的方法对材料进行组织。结构提纲提供大小标题及其层次和序号，可以使读者清晰地知觉课文的内在逻辑关系。教师在讲课时，也可以在黑板上列出内容结构提纲，为学生学习这种方法提供示范。

有心理学家建议采用如下步骤训练学生列结构提纲：①给学生提供较完整的结构提纲，其中留出一些下位的细目空位，要求学生通过阅读或听讲填补这些空位；②提纲中只有一些大标题，所有小标题要求学生完成；③提纲中只有小标题，要求学生写出大标题。

二、元认知策略

在学习的信息加工系统中，存在着一个对信息流动的执行控制过程，这种执行控制功能的基础是元认知。所谓元认知，是对认知的认知。具体地说，是关于个人自己认知过程的知识和调节这些过程的能力。它具有两个独立但又相互联系的成分：对认知过程的知识和观念与对认知行为的调节和控制。元认知知识是对有效完成任务所需的技能、策略及其来源的意识，是在完成任务前的一种认识。它主要包括：①对个人作为学习者的认识。在完成某一任务时，学习者首先要对自己或他人作为学习着或思维着的认知加工者的一切特征有相应的认识。②对任务的认识。对学习材料的性质、长度、熟悉性、结构特点、材料的呈现方式、逻辑性等因素以及学习目标和任务的认识。③对有关学习策略及其使用方面的认识。对学习各种策略及其优点和不足、应用条件和情境以及效力的认识。

元认知策略包括计划策略、监视策略和调节策略。

（一）计划策略

元认知计划是根据认知活动的特定目标，在一项认知活动之前计划各种活动，预计结果、选择策略，想出各种解决问题的方法，并预估其有效性。元认知计划策略包括设置学习目标、浏览阅读材料、产生待回答的问题以及分析如何完成学习任务。

（二）监视策略

元认知监视是在认知活动进行的实际过程中，根据认知目标及时评价、反馈认知活动的结果与不足，以及正确估计自己达到认知目标的程度、水平；并且，根据有效性标准评价各种认知行动、策略的效果。元认知监控策略包括阅读时对注意加以跟踪、对材料进行自我提问以及考试时监视自己的速度和时间。

(三) 调节策略

元认知调节是根据对认知活动结果的检查,如发现问题则采取相应的补救措施,根据对认知策略效果的检查,及时修正、调整认知策略。元认知调节策略与监控策略有关。例如,当学习者意识到自己不理解课文的某一部分时,他们就会退回去读困难的段落,在阅读困难或不熟的材料时放慢速度,复习他们不懂的课程材料;测验时跳过某个难题,先做简单的题目;等等。调节策略能帮助学生矫正他们的学习行为,使他们补救理解上的不足。

元认知策略的这三个方面是相互联系在一起工作的。学习者学习一般先认识自己的当前任务,然后使用一些标准来评价自己的理解、预计学习时间、选择有效的计划来学习或解决问题;然后,监视自己的进展情况,并根据监视的结果采取补救措施。而且,元认知策略总是和认知策略一道起作用的。

三、资源管理策略

资源管理策略是辅助学生管理可用环境和资源的策略,有助于学生适应环境,并调节环境以适应自己的需要,对学生的动机具有重要作用。资源管理策略包括学习时间的管理、学习环境的设置、学习努力和心境管理、学习工具的利用、社会性人力资源的利用等。

(一) 学习时间的管理

学习时间的管理包括统筹安排学习时间、高效利用最佳时间和灵活利用零碎时间。

1. 统筹安排学习时间

每个人都应当根据自己的总体目标,对时间做出总体安排,并通过阶段性的时间表来落实。对每一天的活动,都要列出一张活动优先表来。在制订学习计划时,要注意将学习计划落实在学习成果上;在执行学习计划时,要有效防止拖拉作风。

2. 高效利用最佳时间

在不同的时间里,人的体力、情绪和智力状态是不一样的,也就是说,学习时间的质可能是不一样的。首先,要根据自己的生物钟安排学习活动。其次,要根据一周内学习效率的变化安排学习活动。最后,要根据一天内学习效率的变化来安排学习活动。此外,要根据自己的工作曲线安排学习活动。学习时,随着学习的进行,人的精神状态和注意力会发生变化。一般来说,存在三种变化模式,即先高后低、中间高两头低、先低后高。每个人要根据自己的模式,安排学习内容,确保状态最佳时学习最重要的内容。

3. 灵活利用零碎时间

首先,可以利用零碎时间处理学习上的杂事。其次,读短篇或看报纸杂志,拓宽自己的知识面,或者背诵诗词和外文单词。此外,可以进行讨论和通讯,与他人进行

交流，在轻松的气氛里与人交流有助于创造性思维的启发。

(二) 学习环境的设置

首先，要注意调节自然条件，如流通的空气、适宜的温度、明亮的光线以及和谐的色彩等。其次，要设计好学习的空间，如空间范围、室内布置、用具摆放等因素。

(三) 学习努力和心境管理

为了使学生维持自己的意志努力，需要不断地鼓励学生进行自我激励。这包括激发内在动机，树立为了掌握知识而学习的信念，选择有挑战性的任务，调节成败的标准，正确认识成败的原因，自我奖励，等等。

(四) 学习工具的利用

善于利用参考资料、工具书、图书馆、广播电视以及电脑与网络等进行学习。

(五) 社会性人力资源的利用

善于利用老师的帮助以及通过同学间的合作与讨论来加深对内容的理解。

资料窗

树形复习法

任何一门学科都有其独特、严密的知识体系，各个知识点之间存在一定的逻辑关系，相互并列、交叉、包容或从属，犹如一棵大树，主干、枝条、叶片，看似错综复杂、杂乱无章，其实各就各位、秩序井然。根据这一特点，同学们在复习中可以采用与此相应的策略方法，我们称之为"树形复习法"。

一、先从课本的目录复习起

如前所述，一门课就好比一棵树，目录里的每一章都好比树的每一个分枝；每一章里还有小节，这些小节就是分枝上更细的分枝，树叶都长在这些细枝上。每一棵树，树叶是最多的，要记住这么多的树叶太难了，复习时先把这些树叶统统丢掉，不去管它。这起码就把任务和难度卸载了一半。从课本的目录复习起，就是抓主干、抓枝干，就是把握关键、提纲挈领。

二、搞清"粗枝"和"细枝"

尽管树叶是知识点，但是，如果你先去管这些树叶，你就会用去大部分时间还未必管住多少。树叶尽管最多，但出现在考卷上的几率却往往最少。因此，你必须首先抓枝干。当然，抓枝干也不是伸出手臂乱抓一通，你先要把树干和树枝搞清楚，就是说先抓重头。树干就是这门课，你不必记，但你要把哪根树枝长在树干的什么地方，就是说与树干的关系搞清楚，然后把粗枝和细枝分明白，看更小的树枝长在哪根粗树枝上。如此把这门课的所有细枝都长在哪些粗枝上，把它们的来龙去脉都搞清楚，这样就抓住了大头，抓住了主要的东西。事实上，你绝不会对一点树叶都没印象,你平时头脑里已经记住的其实是那些知识点,只是这些知识点在你头脑里还是零散的树叶。你如果把这门课的来龙去脉搞清楚,那些零散的树叶就在这个过程中有相当一部分自然而然地长在那树枝上了。没有长在树枝上的知识点,不是活的知识。知道哪些知识点长在哪个枝头,知识就活了,丢不掉忘不掉了。这样去复习,难度就下降了至少一半。

三、利用余力抓"树叶"

如果你还有时间和余力,再去对付那些"树叶"。对于印象不深的"树叶",主要在于弄明白它们长在哪些枝头,能捡多少算多少。此时来搞定那些"树叶",其速度和成功率比死记硬背要快得多、高得多,如此就更有把握了。

特别需要提一句,"树形复习法"对任何人在任何情况下都很适用,尤其是对于那些成绩处于中等程度的同学,在时间不很充裕的情况下非常适用,可以使复习收到多、快、好、省的效果。

(资料来源:陈德华《学习中的心理问题·备考应考篇》,上海教育出版社2007年版,第30页。)

第三节 学习策略的训练

一、学习策略的训练原则

学习策略的教学不仅受到学习策略特点的制约,而且还受其自身的特殊性及具体策略的适用性制约。在学习策略的教学过程中,可以遵循六大基本原则。

(一)主体性原则

主体性原则指任何学习策略的使用都依赖于学生主动性和能动性的充分发挥。这是学习策略训练的目的,也是必要的方法和途径。如果学生处于一种被动状态,学习目标、过程、方法都由他人包办,学习的效果也由他人评价,那么学生还是处于不会学习的状态。因此,教师要向学生阐明策略教学的目的和原理,使其领会,同时应指导他们何时、何地与如何使用策略。另外,要给学生充分运用学习策略的机会,并指导他们分析和反思策略使用的过程与效果,以帮助他们进行有效的监控。

(二)内化性原则

内化性原则指训练学生不断实践各种学习策略,逐步将其内化成自己的学习能力,并能在新的情境中加以灵活应用。如果没有将各种学习策略内化为自己的学习能力,学生的学习将是被动的、机械的。

(三)特定性原则

特定性原则指学习策略一定要适于学习目标和学生的类型。实践证明,同样一个学习策略,年长的和年幼的、成绩好的和成绩差的学生用起来的效果是不一样的。因此,教师必须针对学生发展水平来确定学习策略。不仅要有一般的策略,还要有非常

具体的策略如记忆术等。

（四）生成性原则

生成性原则指学生要利用学习策略对学习材料进行重新加工，生成某种新的东西。这要求学生进行深度加工。要使一种学习策略有效，这种心理加工是必不可少的。生成性程度高的策略包括写内容提要、向别人提问、列提纲、图解要点之间的关系等主要内容。生成性程度低表现在不加区分的画线、不抓要点的记录等，这对学习是不利的，应当避免。

（五）有效监控原则

有效的监控指学生应当知道何时以及如何应用他们的学习策略，能反思并描述自己对学习策略的运用过程。有的教师常常会忽略这一点，可能是他们没有意识到其重要性，也可能是他们认为学生自己能行。应该知道，如果交代清楚何时使用一个策略，那么学生就更有可能记住和应用它。

（六）个人自我效能感原则

个人自我效能感指教师给学生一些机会使他们感觉到策略的效力以及自己使用策略的能力。学习策略不能强加给学生，学习策略的有效使用与学生对其效果的信任程度有关。如果知道怎样使用策略，但是他们不愿意使用，那么他们的学习是不会得到改善的。因此，教师不但要使学生感受到策略的效力，还要让他们有信心学好学习策略，树立学习策略的自我效能感。同时，教师要在学生具体学习时，不断向他们提问和检查，并根据这些评价给评定成绩，促进其使用学习策略，以使其体验到使用学习策略的收获。特别是对高年级学生来说，他们在以往的学习中已经积累了很多属于自己的学习策略，对于新的学习策略不愿去尝试，除非它们能给学习成绩带来很大的提高。

二、影响学习策略教学的条件

（一）内部条件

1. 原有的知识背景

根据信息加工过程理论，策略对整个信息加工过程起调控作用，使用策略的目的就是提高信息加工的效率。这就使得策略的应用与它所加工的信息有着十分密切的关系。研究表明，策略的应用离不开被加工的信息本身，儿童在某一领域的知识越丰富，就越能应用适当的加工策略。

2. 反省认知发展水平

反省认知成分的掌握情况主要取决于个体自我意识发展水平的高低。它是个体在学习中随经验的增长而逐渐发展起来的，要经历一个逐步提高的过程。正是由于反省认知发展水平的这种限制，使我们不可能随意对儿童进行策略训练。

3. 学生的动机水平

研究表明，学生的动机决定他们选择什么策略，并决定他们使用这些策略的效果。

具有外部动机的学生倾向于选择和使用机械学习的策略,具有内部动机的学生倾向于选择和使用有意义的和起组织作用的策略;动机强的学生倾向于经常使用他们习得的策略,动机弱的学生对策略的使用不敏感。

(二) 外部条件

1. 训练方法

训练方法是影响策略学习的一个重要的外部条件。一般的看法是:策略学习以与教材内容相结合为宜;策略训练不能离开专门领域的知识和特殊策略的学习;先提供策略应用的实例,通过师生讨论,共同归纳出有关策略,然后在教师的指导下学生进行策略应用的练习。

2. 练习情境的相似与变化

促使学习策略从陈述性知识向程序性知识转化的最重要的教学条件是在相似情境和不同情境中的练习。这些练习必须有连续性,通过一系列彼此联系的练习,帮助学生完成知识的转化。此外,练习还必须有变化,只有经过在变化的情境中练习,学习策略才能获得迁移、才能灵活运用。

3. 有一套外显的可以操作的训练技术

学习策略是个体对自己的内在过程的调控活动,它可以在个体的认知行为中得到反映。如果我们把学习策略转化为一套具体可操作的技术来控制学习者的认知行为,就有可能培养学生的良好认知或学习习惯,改变其不良的认知行为或习惯,进而培养他们的学习策略。

了解了上述影响策略学习的内外部条件,教师就可以据此进行教学设计,创设有利于学习的条件,排除或弥补不利因素或欠缺因素,使策略教学取得最佳效果。

三、学习策略的训练方法

学习策略的训练不等同于学习策略知识的传授。学习策略的使用是一种程序性知识,另一种技能,不只是一种陈述性知识的习得。教师应该从程序性知识获得的角度去思考学习策略训练的方法,注重各种策略使用的条件,提高学生对策略使用的元认知水平,并进行大量的练习和实践。以下介绍几种有效的训练方法。

(一) 指导教学法

指导教学模式与传统的讲授法十分类似,由激发、讲演、练习、反馈和迁移等环节构成。在教学中,教师先向学生解释所选定学习策略的具体步骤和条件,在具体应用中不断给以提示,让其口头叙述和明确解释所操作的每一个步骤以及报告自己应用学习策略时的思维。通过不断重复这种内部定向思维,可加强学生对学习策略的感知与理解保持。同时,教师在教学中依据具体策略选择恰当的事例来说明其应用的多种可能性,使学生形成对策略的概括化认识;提供的事例应从学生的认知水平出发,由简到繁,使学生从单一策略的应用发展到多种策略的综合应用,从而形成一种综合应用能力。

（二）程序化训练法

所谓程序化训练，就是将活动的基本技能如解题技能、阅读技能、记忆技能等等，分解成若干有条理的小步骤，在其适宜的范围内，作为固定程序，要求活动主体按此进行活动，并经过反复练习使之达到自动化程度。程序化训练的基本步骤是：①将某一活动技能，按有关原理分解成可执行、易操作的小步骤，而且使用简练的词语来标志每个步骤的含义。例如，PQ4R阅读策略，包括预览（preview）、提问（question）、阅读（read）、反思（reflet）、背诵（recite）、复习（review）六个步骤。②通过活动实例示范各个步骤，并要求学生按步骤活动。③要求学生记忆各步骤，并坚持练习，直至使其达到自动化程度。

（三）完形训练法

完形训练就是在直接讲解策略之后，提供不同程度的完整性材料促使学生练习策略的某一个成分或步骤，然后，逐步降低完整性程度，直至完全由学生自己完成所有成分或步骤。例如，在教学生列提纲时，教师可先提供一个列得比较好的提纲，然后解释这些提纲是如何统领材料的。下一步就给学生提供一个不完整的提纲，分步对学生进行训练：①提供一个几乎完整的提纲，需要学生听课或阅读时填写一些支持性的细节。②提供一个只有主题的提纲，要求学生填写所有的支持性细节。③提供一个只有支持性细节，而要求学生填写主要的观点。如果学生给以适当的练习，就能学会写出很好的提纲。

完形训练的好处就在于能够使学生有意注意每一个成分或步骤，而且每一步训练所需的心理努力都是学生能够胜任的；更为重要的是，每一步训练都给学生以策略应用的整体印象。

（四）交互式教学法

交互式教学法，主要是用来帮助成绩差的学生阅读领会，它是由教师和一小组学生（大约6人）一起进行的。交互式教学法旨在教学生这样四种策略：①总结——总结段落内容。②提问——提与要点有关的问题。③析疑——明确材料中的难点。④预测——预测下文会出现什么。一开始，教师做一个示范，然后教师指定一个学生扮演"教师"，彼此提问。在这里，教师先树立一些榜样性行为，示范四种主要策略，然后改变自己的角色，在学生不会使用策略时给以必要的帮助，起一个促进者和组织者的作用。

（五）合作学习法

在这种学习方法中，两个学生一组，按学习内容一节一节地彼此轮流向对方总结材料。当一个学生主讲时，另一个学生倾听并纠正其错误和遗漏；然后，两个学生彼此变换角色，直到学完所学材料为止。关于这种学习方法的一系列研究证明，以这种方式学习的学生比独自总结的学生或简单阅读材料的学生，其学习和保持都有效得多。有意思的是，合作性讲解的两个参与者都能从这种学习活动中受益，而主讲者比听者获益更大。

在实际教学中，教师不管采用什么方法进行学习策略的教学，都要结合学科知识。有研究认为，学习策略知识不是孤立的，不能脱离专门知识。专门领域的基础知识是有效利用策略的前提条件，脱离知识内容的单纯训练容易导致形式化倾向，难以保证学生提高学习策略水平。教师要善于不断探索优化自己的教学步骤，为学生提供可以仿效的活动程序；同时，要根据学生原有的学习方式来启发学生的思路，让其有意识地内化有效的学习策略。

知识巩固

1. 解释概念"学习策略"、"认知策略"、"元认知策略"、"资源管理策略"。
2. 通用的学习策略有哪些？
3. 学习策略的训练原则是什么？
4. 学习策略的训练方法有哪些？

知识应用

1. 对照自己的学习，看看在获得知识和解决问题过程中是否采用了本章所讲的策略，并据此试论如何改进自己的学习。
2. 与同学交流有关学习策略和执行方面的经验与技巧。
3. 回忆自己学习经历中最为成功的一次体验，并认真分析一下成功的学习策略是什么？能否在以后的学习活动中有意识地迁移或变通这种成功的学习策略？
4. 学习方法测试。

下面有25道题，每道题有3个备选项，请根据自己的实际情况，每题选择一个答案。其相应字母的意义是："A"为较符合、"B"为不确定、"C"为不符合。

（1）喜欢用笔勾出或记下阅读中不懂的地方。
（2）阅读一些与自己学习无直接关系的书籍。
（3）在观察或思考时，重视自己的看法。在遇到问题时，对自己的看法很有信心。
（4）对老师将要讲的课会做很充分的预习，并且会预先做一些练习。
（5）一遇到问题，我就和同学们一起讨论。
（6）为更好地理解老师讲的课程，我会对笔记等内容归纳成条文或图表。
（7）听老师讲解问题时，眼睛注视着老师。
（8）我喜欢利用参考书和习题集。
（9）对于学习中的要点，我会很注意归纳并写出来。
（10）我不经常查阅字典、手册等工具书。
（11）我对作业和考试中的错误会进行修改，并根据试卷分析自己错误的原因。

(12) 重要的内容，就格外注意听讲和理解。
(13) 阅读中若有不懂的地方，非弄懂不可。
(14) 会经常联系其他学科内容进行学习。
(15) 在动笔解题以前，先做全面的审题，有了设想后，才会去解题。
(16) 阅读中认为重要的或需要记住的地方就画上线或做上记号。
(17) 遇到解不出的问题，努力独立解决它，实在解不出，请教老师或与同学讨论。
(18) 喜欢讨论学习中遇到的问题。
(19) 我很注意别人好的学习方法，并努力学习。
(20) 对需要记牢的公式、定理等反复进行记忆。
(21) 经常观察实物或参考有关资料进行学习。
(22) 听课时，对重点、难点做适当的笔记。
(23) 我有专门的错题本。
(24) 一遇到解不出的习题，马上就看答案再做。
(25) 我经常制订学习计划，但不一定按照计划来做。

评价方法：
每小题都有相对正确的选择，选对一题得1分，凡选B的均得0.5分。
参考答案：(1) A　(2) A　(3) A　(4) A　(5) C　(6) A　(7) A　(8) A　(9) A　(10) C　(11) A　(12) A　(13) A　(14) A　(15) A　(16) A　(17) A　(18) A　(19) A　(20) A　(21) A　(22) A　(23) A　(24) C　(25) C

评价结果：高于20分，说明你的学习方法比较理想；16～20分，说明你的学习方法还不够好，要进一步完善；16分以下，说明你的学习方法很成问题，要注意改进。

(资料来源：郑玉琴《洒向心灵的阳光》，长江出版社2011年版，第236页。)

第九章 问题解决与创造性

知识点预览

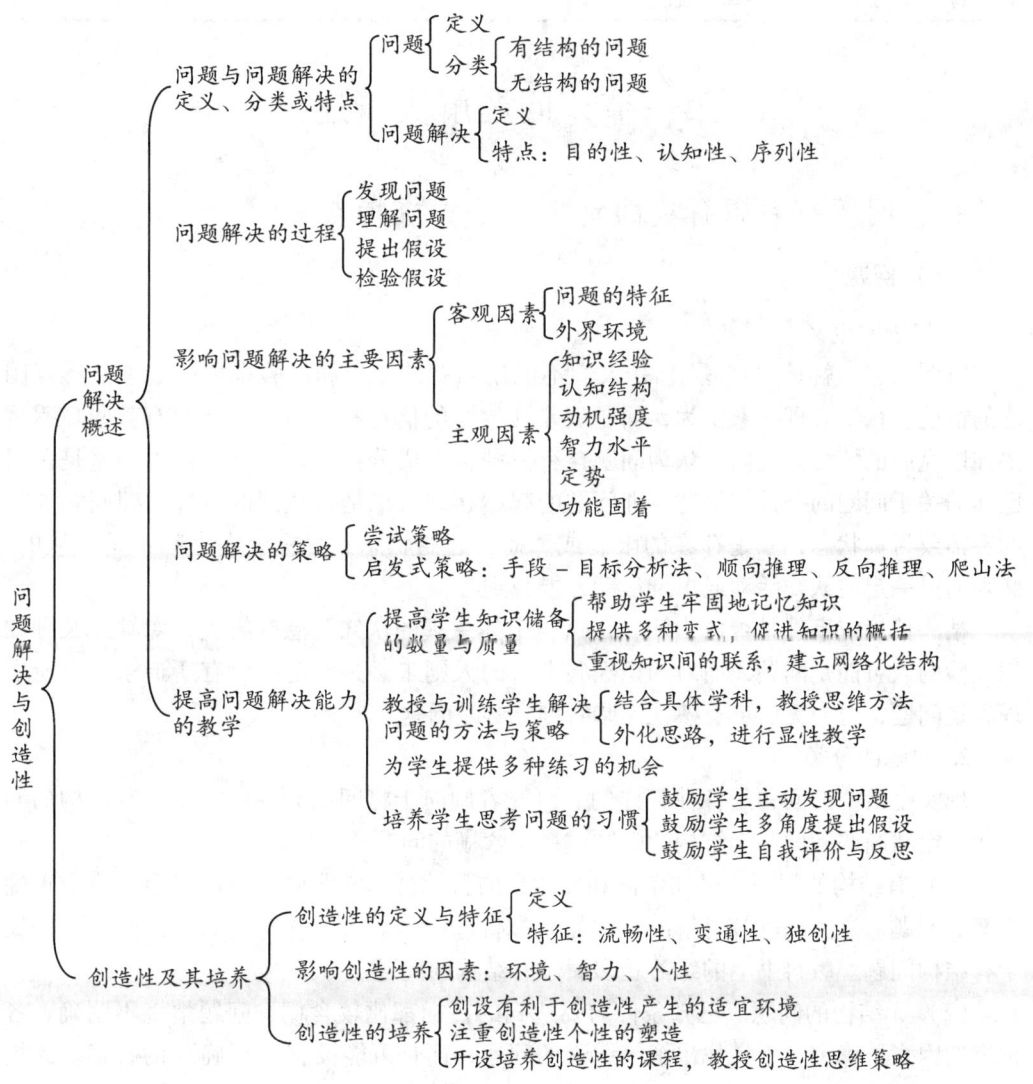

> **引言**
>
> **智取财产**
>
> 有一则寓言,说的是有一个阿拉伯大财主,一天把他的两个儿子叫到跟前,对他们说:"你们赛马跑到沙漠里的绿洲去。谁的马跑得慢,我就把全部财产给谁。"兄弟俩按照父亲的要求,骑着各自的马开始比谁的马走得慢。这在烈日如火烧的大沙漠里实在是一件痛苦的事。两人下马休息时,突然哥哥想到了一个好办法,等弟弟醒悟过来,已经来不及了。哥哥终于赢得了这场特别的比赛。
>
> 故事中的哥哥是怎样解决这个问题的呢?——换马。我们不得不感叹这位父亲富有创意的财产分配方案。

第一节 问题解决概述

一、问题与问题解决的定义、分类或特点

(一) 问题

1. 问题的定义

所谓问题,就是"难题",是人们不能用已有的知识和经验来加以处理并感到困惑的情境。认知心理学家认为,问题就是在给定的信息和目标状态之间有某些障碍需要加以克服的情境。他们还认为问题含有三种基本成分:一是给定的条件,这是一组已知的关于问题的条件的描述,即问题的起始状态;二是要达到的目标,即问题要求的答案或目标状态;三是存在的限制或障碍,起始状态到目标状态之间不是直接的,必须通过一定的认知活动或思维活动才能找到答案。

某一情境或事件是否成为问题,这与个体主观的认知与感受有关,对缺乏某种知识经验的人可能是问题,而对知识经验丰富的人则未必是问题;对有所追求、有所发现者是问题,对一无所求、熟视无睹者则未必是问题。

2. 问题的分类

现实生活中的问题是各种各样的。研究者倾向于将问题分为两类,即有结构的问题或界定清晰的问题和无结构的问题或界定含糊的问题。

(1) 有结构的问题。已知条件和要达到的目标都非常明确,并最终会有一个正确答案的问题。这类问题较易解决。比如,"对代数式 $a_2 - 2ab + b_2$ 进行因式分解"即属于有结构问题。教科书上的练习题多属于有结构的问题。

(2) 无结构的问题。已知条件与要达到的目标都比较含糊,问题情境不明确、各种影响因素不确定,不易找出解答线索的问题,而且可能没有"正确"的答案。此类

问题在实际中经常遇到，较难解决，往往需要创造性思维。如怎样培养学生的创新意识？如何依据学生心理发展的规律实施有效的教学？这些都是重要但又无确切的、唯一正确答案的问题。

（二）问题解决

1. 问题解决的定义

问题解决是由一定的情境引起的，按照一定的目标运用各种认知活动、技能等，经过一系列的思维操作，使问题得以解决的过程。问题解决不是一种被动的、非自动化的加工，而是一种有目的的、主动的认知活动过程。纽韦尔和西蒙用问题空间的概念来说明问题解决的过程。问题空间是指问题解决者对所要解决问题的一切可能的认识状态，包括对问题的初始状态和目标状态的认识以及如何由初始状态转化为目标状态的认识等。他们认为，问题解决就是在问题空间中进行的认知搜索，以找到一条从问题的初始状态到达目标状态的通路。

2. 问题解决的特点

（1）目的性。问题解决具有明确的目的性，它总是要达到某个特定的目标状态。没有明确目的指向的心理活动如漫无目的的幻想，则不能称为问题解决。

（2）认知性。问题解决需要运用高级规则进行信息的重组，它是在个体认知系统内进行的。任何问题最终解决的效果都取决于认知活动参与的强度和质量，只包括一个心理步骤、只需简单的记忆提取和自动化的操作，如走路、穿衣等虽有明确的目的性，但不能称为问题解决。

（3）序列性。问题解决包含一系列的心理活动即认知操作，如分析、联想、比较、推论等。仅仅是简单的记忆提取等单一的认知活动，都不能称之为问题解决。

与问题类型相对应，问题解决也有两种类型：一是常规性问题解决，使用常规方法来解决有结构的、有固定答案的问题；二是创造性问题解决，综合应用各种方法或通过发展新方法、新程序等来解决无结构的、无固定答案的问题。各种发明创造都可以看做创造性问题解决的典型例证。当然，常规和创造是相对的，同样的一种解决问题的方式，对老师而言可能属于常规性的，对于学生而言则可能是创造性的。

二、问题解决的过程

问题解决是一个复杂的过程，早期心理学对问题解决的研究多以动物为对象，提出了各种理论。例如，桑代克的尝试错误说与苛勒的顿悟说。另外，以杜威等人为代表，对人类问题解决的过程也进行了分析，认为问题解决是一个循序渐进的、分阶段的过程。这些理论都曾产生过广泛的影响。20世纪50年代出现的认知心理学以信息加工的观点来研究人的问题解决，将问题解决看做对问题空间的搜索，并进行计算机模拟，取得了显著的进展。综合有关研究，可以将问题解决的过程分为发现问题、理解问题、提出假设和检验假设四个阶段。

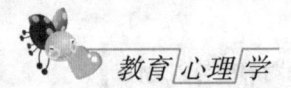

（一）发现问题

问题就是矛盾，矛盾在人们的生活中普遍存在。发现问题就是认识到矛盾的存在并产生解决矛盾的需要和动机。发现问题是解决问题的开端，发现不了问题，就谈不上解决问题的思维过程。只有发现问题，才能把社会的需要转化为个人的探索欲望，才能产生强大的动力，才能激励和推动人们投入到解决问题的思维活动中。因此，爱因斯坦认为："提出一个问题比解决一个问题更重要，因为后者仅仅是方法和实践的过程，而提出问题则要找到问题的关键要害。"

能否发现具有重大社会价值的问题，取决于多种因素。

首先，依赖于个体的活动积极性。思想懒汉和因循守旧者都很难发现问题。古人云："学贵多疑。"只有勤于思考、善于钻研的人，才能从细微平凡的事件中发现关键性的问题。牛顿之所以能从人们司空见惯的"苹果落地"现象中发现万有引力定律，揭示物体间相互吸引的客观规律，就是与他勤于思考的心理品质有关。

其次，依赖于个体的态度。人的活动态度越认真负责，越富有社会和历史的责任感，就越容易在人们熟视无睹的事物中发现具有重大价值的问题。

再次，依赖于个体的兴趣、爱好和求知欲。兴趣广泛、求知欲强烈的人，不满足于对事物一般的、表面的解释，而是力求探究事物的内部原因，能够见人所未见、想人所未想，发现事物发展的内在奥秘。

最后，依赖于主体的知识经验。一般来说，知识渊博、经验丰富的人，能够提出深刻而有价值的问题；而知识缺乏的人提出的问题肤浅幼稚，没有很高的科学价值。有经验的教师比无经验的教师更容易发现学生存在的问题。

（二）理解问题

理解问题就是把握问题的性质和关键信息，摒弃无关因素，并在头脑中形成有关问题的初步印象，即形成问题的表征。表征既是个体在头脑中对所面临的事件或情境的表现和记载，也是个体解决问题时所加工的对象。对问题的表征既包括问题的表面特征，也包括其深层特征，后者是解决问题的关键。在表征问题时，人们经常借助于外在的具体的形式如画图表、路线图等，使表征更明确、直观。

迅速而准确地明确问题依赖于两个条件：一是全面系统地掌握感性材料，问题总是在具体事实上表现出来的，只有当具体事实的感性材料十分丰富且符合实际时，才能通过分析、综合、抽象和概括，充分暴露并抓住其中的问题；二是已有的知识经验，知识经验越丰富，越容易从一系列的问题中区分出主要的问题。

（三）提出假设

能否有效地提出假设，受到个体思维的灵活性与已有的知识经验的影响。思维越灵活，越能多角度地分析问题，就能提出越多的合理假设；与问题解决相关的知识经验越丰富，就越有利于扩大假设的数量并提高其质量。

（四）检验假设

问题解决的最后步骤是检验假设。假设是对解决问题方案的探索和设想，假设是否正确，需要借助一定的手段来检验。检验假设有效的方法有两种：一种是直接检验，即通过实验和实践活动来检验。实践是检验真理的唯一标准，这是假设检验最根本、最可靠的手段。另一种是间接检验，即在头脑中根据已经掌握的科学原理，利用思维对假设进行论证。对于那些不能立即通过实践直接检验的某些特殊活动中的假设，常采用间接假设，如医生设计的治疗方案、军事指挥员提出的各种作战方案等，总是先在头脑中反复推敲、论证，而后付诸实践。当然任何假设的真伪对错，都要接受实践标准的最终检验。

在解决较简单的问题时，上述几个阶段可能并不明显，往往是比较简缩的，可能在理解问题的同时就提出了解决问题的假设。但在解决比较复杂的问题时，它们是明显存在的，并可能出现多次的反复循环。

三、影响问题解决的主要因素

问题解决受到多种因素的影响，但概括起来可分为客观因素和主观因素。

（一）客观因素

1. 问题的特征

个体解决有关问题时，常常受到问题的类型、呈现的方式等因素的影响。教师课堂中各种形式的提问以及各种类型的课堂和课后练习、习题或作业等，都是学校情境中常见的问题形式。不同的呈现问题的方式将影响个体对问题的理解。

实际教学与研究发现，学生解决抽象而不带具体情节的问题比较容易，解决具体而接近实际的问题比较困难；解决不需要通过实际操作的"文字题"比较容易，解决需要实际操作的"实际题"比较困难。此外，由于问题的陈述方式或所给图示的不同，也会直接影响问题解决的过程。比如，有些陈述或图示直接提供了问题解决的线索，便于寻找解决问题的方法、方向；而有些则包含某些多余的信息，或者问题解决所需的部分条件被隐含起来，这就增加了问题解决的难度，需要个体能够发现、分离出解决问题所需的必要条件，撇开表面现象，抓住问题的本质特征。

2. 外界环境

外界环境如果太嘈杂会降低问题解决的效率。

（二）主观因素

1. 知识经验

知识经验的量与质都影响着问题的解决。拥有某一领域的丰富的知识经验是有效解决问题的基础，与问题解决有关的经验越多，解决该问题的可能性也就越大。但若大量的知识经验是以杂乱无章的方式储存于头脑中的，则无益于问题解决。显然，知识经验在头脑中的储存方式决定了问题能否有效解决。

对专家与新手的对比研究发现，专家不仅拥有某一领域的大量的知识经验，而且这些知识经验在头脑中的组织是非常合理的，并且在需要的时候可以快速地提取，并加以应用。专家不仅拥有丰富、组织合理的陈述性知识，而且也拥有解决问题所必需

的、有效的心智技能和认知策略。

2. 认知结构

认知结构是人们头脑中已有的知识结构，是问题解决过程中一个至关重要的因素。认知结构中的概念、图式、原理等对问题的解决有很大帮助。在新情境中，原有经验起着"先行组织者"的桥梁作用，通过改组原有的经验并改变原来的认知结构，使之适合新的问题要求。良好认知结构的迁移效应将有利于问题的解决。

3. 动机强度

动机是推动行为的内部动力。动机过强或过弱都会影响问题的解决。根据耶克斯－多得森定律，中等强度的动机最有利于问题的解决。有关研究表明，由过强的动机水平所导致的高度焦虑，容易使问题解决者产生顽固的定势，从而限制了思维的开阔性和灵活性。

4. 智力水平

智力水平的高低是影响问题解决非常重要的因素。智力中的推理能力、记忆能力、理解能力、信息加工能力和分析能力等成分都影响着问题的解决。智力水平高的问题解决者比智力水平低的问题解决者更容易解决问题。

5. 定势

定势又称心向，是人的心理活动的一种准备状态。它是个体按照某种比较固定的方式去解决问题的一种心理倾向。从生理机制上讲，定势是人们多次以某种方式解决问题所形成的动力定型的结果，它影响着解决后续问题的态势。定势的影响有消极的也有积极的，具体表现为：当解决相同或相似问题时，定势有助于人们对问题的适应而提高反应的速度；但对变化了的情境或问题，定势常有消极的作用，会阻碍人们产生更合理更有效的思路，影响解决问题的速度和效率。在学习过程中，习惯于死记硬背、缺乏灵活性的学生，在解决问题时易受到定势的消极影响。要解除定势的消极影响，就要改变思维方式，运用多路思维或逆向思维，以达到问题的顺利解决。

6. 功能固着

"功能固着"这一概念是由德国心理学家邓克尔（K. Duncker, 1945 年）提出的。功能固着也可以看做一种定势，即从物体的正常功能角度来考虑问题的定势。也就是说，当一个人熟悉了某种物体的常用或典型的功能时，就很难看出该物体所具有的其他潜在的功能。而且最初看到的功能越重要，就越难看出其他的功能。当在某种情形下需要利用某一物体的潜在功能来解决问题时，功能固着可能起到阻碍的作用。功能固着是后天习得的，而作为一种习得的东西，它表明了过去经验在解决问题中的重要作用。

除了上述因素外，个体的性格特征、情绪状态、认知风格和世界观等个性心理特性也制约着问题解决的方向和效果。

四、问题解决的策略

问题解决是一个复杂的心理过程。在问题解决的探索过程中，逐渐形成了一些问题解决的策略，主要包括尝试策略与启发式策略。

（一）尝试策略

尝试策略是指对一个问题的所有解决途径都加以尝试。如开一个四位数的密码锁（每位数字号为 0～9）就需要进行 104 种尝试。这种方法较为浪费时间，而且当问题相当复杂时，只通过尝试是不能高效率地解决问题的。

（二）启发式策略

启发式策略是凭借经验来解决问题的一种策略。通过对经验中最有可能成功解决问题的途径进行探索来促进问题的解决。这种策略又可分为四种。

1. 手段-目标分析法，是将目标分为若干个子目标、将问题分为若干个子问题后，寻找解决每一个子问题的手段。通过一系列子目标的实现及子问题的解决，最终使问题得到解决。

2. 顺向推理，是从问题的已知条件出发，逐步扩展已有信息直到问题解决。研究表明，顺向推理是专家问题解决行为的一个重要特点。

3. 反向推理，是从目标状态出发，以此为起点逐步往后推，得出达到目标需要的条件，将这些条件与问题提供的已知的条件进行对比，若吻合则推理成功问题也得到解决。

4. 爬山法，是先设立一个目标，然后朝着目标方向走到与起始点邻近的某一点，逐步逼近目标，所以也称为局部最优法。

五、提高问题解决能力的教学

在学校情境中，大部分问题解决是通过解决各个学科中的具体问题来体现的，这也意味着结合具体的学科教学来培养解决问题的能力是必要的，也是可行的。具体可从以下几个方面着手。

（一）提高学生知识储备的数量与质量

1. 帮助学生牢固地记忆知识

知识记忆得越牢固、越准确，提取得也就越快、越准确，成功地解决问题的可能性也就越大。教师应教给学生一些记忆和提取的方法，鼓励学生应用这些方法。

2. 提供多种变式，促进知识的概括

只有深刻领会和理解的知识才能牢固地记忆和有效地应用，因此，教师要重视概括、抽象、归纳和总结。应用同质不同形的各种问题的变式来突出本质特征，加强对不同类型问题的区分与辨别，提高学生对所学内容的理解水平。

3. 重视知识间的联系，建立网络化结构

问题解决经常是综合应用各种知识的过程，知识之间的有机联系是保证正确解决问题的基础。为此，教师要有意识地沟通课内外、不同学科、不同知识点之间的纵横交叉联系，使学生所获得的知识不只是一个孤立的点，而是能够融会贯通、有机配合的网络化与一体化的知识结构。

（二）教授与训练学生解决问题的方法与策略

1. 结合具体学科，教授思维方法

有效的思维方法或心智技能可以引导学生正确解决问题。教师既可以结合具体的学科内容，教授相应的心智技能，如审题技能、构思技能等，也可以根据已有的研究成果开设专门的思维训练课。教授心智技能或策略的主要目的就是使学生学会学习、学会解决问题，成为一个自主的、自我调控的有效的学习者。

2. 外化思路，进行显性教学

教师在教授思维方法时，应遵循由内而外的方式，即把教师头脑中的思维方法或思路提炼出来，明确地、有意识地外化出来，给学生示范，并要求学生模仿、概括和总结，这在一定程度上可以避免学生不必要的盲目摸索。学生通过这种学习，可以逐步掌握各种思维方法，将教师的经验转化为自己的经验，充实或完善自己的内部认知结构，这是一个由外而内的内化过程。

（三）为学生提供多种练习的机会

应避免低水平的、简单的提问或重复的机械练习，防止学生埋没于题海之中；应考虑练习的质量，根据不同的教学目的、教学内容、教学手段等来精选与设计例题或习题，充分考虑练什么、什么时候练、练到什么程度、以什么方式练、如何检验练的效果等。比如，既要训练学生解决有结构的问题，又要训练他们面对无结构问题存在的事实；既要有直接利用领会的知识进行解答的基本问题，又要有灵活、综合利用有关知识进行解答的较复杂的问题；既要有一般的语言文字问题，又要有一定数量的动手操作的问题；既要有促进学生理解所学知识的基本问题，又要有适当的结合现实的实际问题；既可以要求学生去解决、回答有关的问题，又可以要求学生自己去提问题、编问题。多种形式的练习，可以调动学生主动参与学习的积极性，提高学生知识应用的变通性、灵活性与广泛性。

（四）培养学生思考问题的习惯

1. 鼓励学生主动发现问题

鼓励学生对平常事物多观察，不要被动地等待教师指定作业后，才去套用公式或定理去解决问题。

2. 鼓励学生多角度提出假设

在明确问题的基础上，教师可以鼓励学生从不同的角度，尽可能多地提出各种假设，而不要对这些想法进行过多的评判，以免过早地局限于某一解决问题的方案中。这时，重要的是数量，而不是质量。

3. 鼓励学生自我评价与反思

要求学生自己反复推敲与分析各种假设、各种方法的优劣，对解决问题的整个过程进行监控与评价。也就是说，应注重培养学生的元认知能力，以有效地调控问题解决的过程。

第二节 创造性及其培养

一、创造性的定义与特征

(一) 创造性的定义

尽管对创造性有不同的定义,但一般认为,创造性是指个体产生新奇独特的、有社会价值的产品的能力或特性。新奇独特意味着能别出心裁地做出前人未曾做过的事。凡是科学发明或文艺创作中足以为世人所称颂者,都符合新奇的条件。但只是超越前人所做而无价值,也不足以称为真正创造,有社会价值意味着创造的结果或产品具有实用价值或学术价值或道德价值或审美价值等。

创造有真正的创造和类似的创造之分。前者是一种产生了具有人类历史首创性成品的活动。例如,鲁班发明锯子。后者产生的成品并非首创,只对个体而言具有独创性。例如,高斯少年时做数字 1~100 的连加,自己发现了一种简便的方法,即首尾相加,将连加变为乘法。虽然这种方法不是高斯首创,但对他个人而言,也是具有创造意义的。无论是真正的创造还是类似的创造,它们所表现出来的思维或认知能力在本质上是相同的。可以说,创造性不是少数人的天赋,而是人类普遍存在的一种潜能。在中学生身上,也同样存在着创造的潜能。

(二) 创造性的特征

尽管各种不同的研究及其相关测验分别强调创造性的不同特征,但目前较公认的是以发散思维的基本特征来代表创造性的基本特征。发散思维也叫求异思维,是沿不同的方向去探求多种答案的思维形式。与发散思维相对,聚合思维是将各种信息聚合起来,得出唯一正确答案或最好解决方案的思维形式。研究者认为,发散思维是创造性思维的核心,其主要特征有三个。

1. 流畅性

个人面对问题情境时,在规定的时间内产生不同观念的数量的多少。该特征代表心智灵活,思路通达。对同一问题所想到的可能答案越多,即表示他的思维流畅性越好。

2. 变通性

变通性即灵活性,指个人面对问题情境时,不墨守成规、不钻牛角尖,能随机应变、触类旁通。对同一问题所想出不同类型答案越多者,变通性越强。

3. 独创性

个人面对问题情境时,能独具匠心,想出不同寻常的、超越自己也超越同辈的意见,具有新奇性。对同一问题所提意见越新奇独特者,其独创性越高。

二、影响创造性的因素

(一) 环境

家庭与学校的教育环境是影响个体创造性的重要因素。父母的受教育程度、管教方式以及家庭气氛等都在不同程度上影响孩子的创造性。研究发现,父母受教育程度较高、对子女的要求不过分严格、对子女的教育采取适当辅导策略、家庭气氛比较民主,则有利于孩子创造性的培养。

在学校教育方面,学校气氛较为民主,教师不以权威方式管理学生;教师鼓励学生的自主性,容许学生表达不同意见;学习活动有较多自由,教师容许学生在自行探索中去发现知识;等等。这些均有利于创造性的培养。

(二) 智力

研究表明,创造性与智力的关系并非简单的线性关系,两者既有独立性,又在某种条件下具有相关性。一般而言,其基本关系表现在四个方面:①低智商不可能具有高创造性;②高智商可能有高创造性,也可能有低创造性;③低创造性的智商水平可能高,也可能低;④高创造性者必须有高于一般水平的智商。

上述关系表明,高智商虽非高创造性的充分条件,但可以说是高创造性的必要条件。

(三) 个性

有研究表明,创造性与个性之间具有互为因果的关系。综合有关研究,高创造性者一般具有六大特征。

1. 具有幽默感

即使面对较困难或严肃的问题情境时,也能表现出较多的幽默。

2. 有抱负和强烈的动机

对工作有热忱、有决心,即使遇到困难或面对单调乏味的工作情境,也能坚持并自得其乐。

3. 能够容忍模糊与错误

承认矛盾,对无结构的问题或错综复杂的问题、对那些违反"常识"的假设和观念都能够坦然接受,反对以武断、虚假、简化等草率的方式处理复杂的问题;具有较高的挫折忍受力,愿意付出无报酬的代价去从事无法预期的工作。

4. 喜欢幻想

在日常生活中比一般人有更多的梦想,但能够自由地往返于现实与幻想之间。

5. 具有强烈的好奇心

不断地提出问题,有浓厚的认识兴趣,喜欢猎奇,喜欢尝试新奇的方法来探究问题,不怕失败。

6. 具有独立性

常常不迷信权威,不随大流,不落俗套,好表现,很少考虑自己在他人心目中的印象。

三、创造性的培养

（一）创设有利于创造性产生的适宜环境

1. 创设宽松的心理环境

教师应给学生创造一个能支持或容忍标新立异者或偏离常规思维者的环境，让学生感受到"心理安全"和"心理自由"。只有这样，才能真正激发学生学习的积极性和主动性，促进学生的认知功能和情感功能的充分发挥，以提高学生的创造性。

2. 给学生留有充分选择的余地

在可能的条件下，应给学生一定的权力和机会，让有创造性的学生有时间、有机会干自己想干的事，为创造性行为的产生提供机会。比如，可以创造条件使学生有机会选择不同的课程来学习，给学生呈现应用创造性思维才能解决的问题，等等。

3. 改革考试制度与考试内容

应使考试真正成为选拔有能力、有创造性人才的有效工具，在考试的形式、内容等方面都应考虑如何测评创造性的问题。比如，在学业测试中，可以增列少部分无固定答案的问题，让学生有机会发挥其创造性。评估学生的考试成绩时，也应考虑其创造性的高低。

（二）注重创造性个性的塑造

由于创造性与个性之间具有互为因果的关系，因此，从个性入手来培养创造性，这也是促进创造性产生的一条有效途径。

1. 保护好奇心

应接纳学生任何奇特的问题，并赞许其好奇求知。好奇是创造活动的原动力，可以引发个体进行各种探索活动，应给予鼓励和赞赏，不应忽视或讥讽。

资料窗

犹太人的问题意识

犹太人非常重视知识，但更加重视问题意识的培养。他们把仅有知识而没有才能的人比喻为"背着许多书本的驴子"。他们认为，学习应该以思考为基础，而思考则是由一连串的问题组成的，学习便是经常怀疑，随时发问。问题是智慧的大门，知道得越多，问题就越多。所以提问使人进步，问题和答案一样重要。犹太人出名的口才与高超的智力与他们注意培养问题意识不无关系。

（资料来源：杨雁斌《创新思维法》，华东理工大学出版社2005年版，第82页。）

2. 解除个体对答错问题的恐惧心理

对学生所提问题，无论是否合理，均以肯定态度接纳他所提出的问题。对出现的错误不应全盘否定，更不应指责，应鼓励学生正视并反思错误，引导学生尝试新的探索而不循规蹈矩。

3. 鼓励独立性和创新精神

应重视学生与众不同的见解、观点，并尽量采取多种形式支持学生以不同的方式来理解事物；对平常问题的处理能提出超常见解者，教师应给予鼓励。

4. 重视非逻辑思维能力

非逻辑思维是创造性思维的重要成分，在各种创造活动中都起着重要作用，贯穿整个创造活动的始终。教师应鼓励学生大胆猜测，进行丰富的想象，不必拘泥于常规的答案。给学生机会进行猜测，并尽量让他们有猜测的成功体验；在丰富学生的想象力方面，可以应用实物、图片、多媒体辅助教学手段，或者组织参观、访问、开辟丰富多彩的课外活动等，使学生头脑中的表象更为鲜明、完整。

5. 给学生提供具有创造性的榜样

通过给学生介绍或引导阅读文学家、艺术家或科学家传记，或带领其参观各类创造性展览、与有创造性的人直接交流等，使学生领略到创造者对人类的贡献，受到创造者优良品质的潜移默化的影响，从而启发他们见贤思齐的心理需求。

（三）开设培养创造性的课程，教授创造性思维策略

通过各种专门的课程来教授一些创造性思维的策略与方法，训练学生的创造力。

1. 发散思维训练

训练发散思维的方法有多种，如用途扩散、结构扩散、方法扩散与形态扩散等。

用途扩散即让学生以某件物品的用途为扩散点，尽可能多地设想它的用途。比如，尽可能多地说出别针的用途。结构扩散即以某种事物的结构为扩散点，设想出利用该结构的各种可能性。比如，尽可能多地画出包含△结构的东西，并写出或说出它们的名字。方法扩散即以解决某一问题或制造某种物品的方法为扩散点，设想出利用该种方法的各种可能性。比如，尽可能多地列举出用"吹"的方法可以完成的事情。形态扩散即以事物的形态（如颜色、味道、形状等）为扩散点，设想出利用某种形态的各种可能性。比如，利用红色可以做什么事。

2. 推测与假设训练

这类训练的主要目的是发展学生的想象力和对事物的敏感性，并促使学生深入思考，灵活应对。比如，让学生听一段无结局的故事，鼓励他们去猜测可能的结局，或读文章的标题去猜测文中的具体内容。还可以让学生进行各种假设、想象。比如，假设你当校长你如何管理这个学校等等。

3. 自我设计训练

教师考虑到学生的兴趣及其知识经验，给他们提供某些必要的材料与工具，让学生利用这些材料，实际动手去制作某种物品，如贺卡、图画、各种小模型等。学生通

过实际操作活动，完成自己的设计。此项训练通常需要教师协助学生确定所设计的课题，并提供各种形式的帮助。

4. 头脑风暴训练

通过集体讨论，使思维相互撞击，迸发火花，达到集思广益的效果。具体应用此方法时，应遵循四条基本原则：一是让参与者畅所欲言，对所提出的方案暂不作评价或判断；二是鼓励标新立异、与众不同的观点；三是以获得方案的数量而非质量为目的，即鼓励多种想法，多多益善；四是鼓励提出改进意见或补充意见。

可以先由教师提出问题，然后鼓励每个学生从自己的角度提出解决问题的方法，通过集体讨论，可以拓宽思路，产生互动，激发灵感，进而提高创造性。

上述所列方法彼此之间有一定的交叉或重叠，教师可根据实际情况选择恰当的训练方式。培养创造性的方法是多种多样的，但并不存在捷径或"点金术"。创造性的产生是知识、技能、策略、动机等多方面综合发展的结果。虽然各种直接的、专门的创造性训练是有效、可行的，但不应取代或脱离课堂教学。许多研究证明，结合各个学科特点进行创造性思维训练，既可以发挥教师的创造性，也可以有效地提高学生的创造力。排斥或脱离学科而孤立地训练创造力，这实际上是舍本逐末的做法，也不可能真正提高学生的创造性。

资料窗

创造型教师的教学艺术

在创造性教育中，教师是不是一个创造型教师，以及是否恰当地运用教学技巧使创造性教育成为充满艺术性的教学，对强化学生创造意识及提高创造能力，将会产生重要的影响。R. 哈尔曼总结了创造型教师的教学艺术，列举了其中有利于学生创造性培养的几种方法。

（1）培养学生主动地学习，鼓励他们亲自实践。

（2）放弃权威态度，在班上倡导学生相互合作、相互支持，使集体创造力得以发挥。

（3）鼓励学生广泛涉猎，开拓视野，使学生对知识加深理解，灵活运用。

（4）对学生进行专门的创造性思维训练。

（5）延迟判断，给他们足够的时间去创造。

（6）发展学生思维的灵活性。

（7）鼓励学生独立评价，即用自己的标准评价别人的想法，不要受其他人的影响或暗示。

（8）训练学生的感觉敏锐性。

（9）重视提问，既对学生的提问表现出深厚的兴趣并认真对待，也向学生提一些不拘泥于课本的问题，以刺激学生的思维。

（10）尽可能创造多种条件，让学生接触不同的概念、观点以及材料、工具等。

（11）注重对学生挫折忍受力的培养。

（12）注重整体结构，把知识系统地教给学生。

（资料来源：郭亨杰《心理学——学习与应用》，上海教育出版社2008年版，第215页。）

知识巩固

1. 问题的基本成分有哪些？
2. 问题解决有哪些特点？
3. 影响问题解决的因素有哪些？
4. 怎样提高学生的问题解决能力？
5. 影响创造力的因素有哪些？
6. 怎样提高学生的创造力？

知识应用

课堂上有位学生指出老师对某个问题的解释有错误，老师当时就恼怒起来："某某同学，算你厉害，老师不如你，以后老师的课就由你来上好了！"全班同学随老师一起嘲笑这位学生，该生从此再也不敢在课堂提问题，也不会主动回答问题了。请结合本章关于创造性的内容分析这位老师的做法，并给出你的建议。

第十章　态度与品德

知识点预览

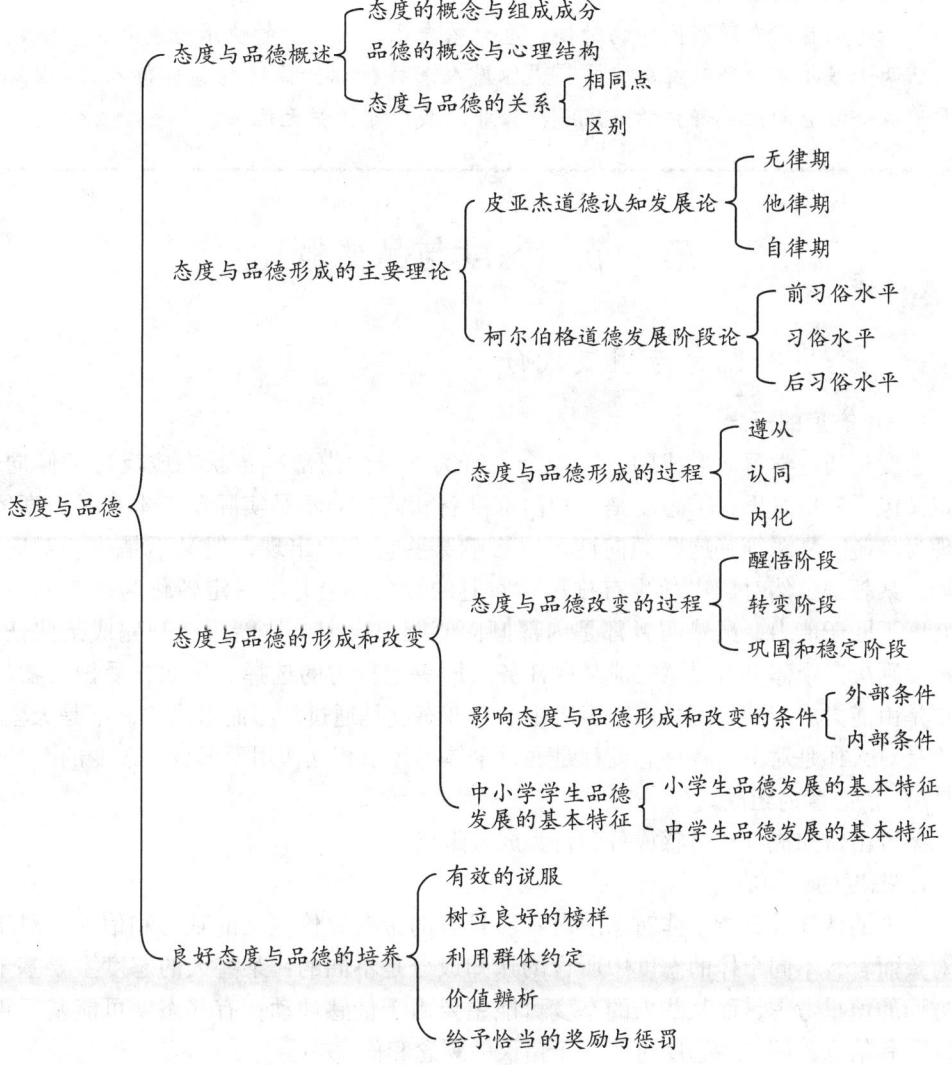

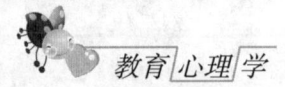

> **引言**
>
> **及时行善**
>
> 有个纽约人名叫迈克,每个月一领到薪水都会先买三双手套,并且存起来,直到寒冷的冬天来临,他就把手套拿到街上,沿途发给那些没有手套的人。"多少钱?"拿到的人惊讶地问。"不要钱,握握手就行了。"
>
> 他的善行传出去之后,每年都有人寄来手套,并请他帮忙分赠。
>
> 迈克的这项举动,为冷漠的纽约带来无限的温暖。原来,迈克在美国经济大萧条中长大,下雪天根本没有手套可戴。因此,他的父亲曾教导他:"永远不要使自己失去施予的乐趣。"
>
> 行善的甘露在滋润他人的时候,也会给自己带来无穷的快乐与满足。
>
> 两千多年前,耶稣有句名言:"你愿人怎样待你,你就要怎样待人。"因此,要形成全社会的乐善好施的好风气,除非从我做起,另无他法。

第一节 态度与品德概述

一、态度的概念与组成成分

(一) 态度的概念

态度是通过学习而形成的、影响个人行为选择的内部准备状态或反应的倾向性。该定义包括三层意思:①态度是一种内部准备状态,而不是实际反应本身。态度经常表现为趋避、喜恶等,这些倾向性可以影响某些行为的出现,但又不是一一对应的。例如,某教师虽然对调皮学生有排斥、回避的倾向,但并不一定转化为外在的行为。②态度不同于能力,虽然两者都是内部倾向。能力决定个体能否顺利完成某些任务,而态度则决定个体是否愿意完成某些任务,即决定行为的选择。例如,爱护公物的行为不是由能力决定的,而是由态度决定的。③态度是通过学习而形成的,不是天生的。无论是对人还是对事,各种态度都是通过个体与环境相互作用而形成、改变的。

(二) 态度的组成成分

态度由认知成分、情感成分和行为成分组成。

1. 态度的认知成分

态度的认知成分指个体对态度对象所具有的带有评价意义的观念和信念。对于某一对象而言,不同个体的态度中所含的认知成分是不同的:某些人的态度主要基于理智方面的慎重考虑,而某些人的态度可能主要由于情感冲动;有些态度可能基于正确的观念和信念,而有些态度可能基于错误的观念和信念。

2. 态度的情感成分

态度的情感成分指伴随态度的认知成分而产生的情绪或情感体验，是态度的核心成分。研究表明，态度发生变化时，情感也会发生相应的改变。但不同态度的情感成分不尽相同，有的态度理智成分较多，有的态度却是非理智的、情绪化的。

3. 态度的行为成分

态度的行为成分指准备对某对象做出某种反应的意向或意图，即行为的准备状态而非实际的行为。

一般情况下，态度的上述三种成分是一致的，但有时也可能不一致。比如，行为成分与认知成分相分离，外在的行为不一定是内在的真实态度的体现，或者口头表达的态度常常不能付诸行动，即知行脱节。

二、品德的概念与心理结构

（一）品德的概念

品德是道德品质的简称，是社会道德在个人身上的体现，是个体依据一定的社会道德行为规范行动时表现出来的比较稳定的心理特征和倾向。在理解这一定义时，应把握以下三点：①品德反映了人的社会特性，是将外在于个体的社会规范转化为个体的内在需要的复杂过程。它不是个体的先天禀赋，是通过后天学习形成的。②品德具有相对的稳定性。若只是此一时、彼一时的偶然表现，则不能称之为品德，只有经常地表现出一贯的规范行为，才标志着品德的形成。③品德是在道德观念的控制下进行某种活动、参与某件事情或完成某个任务的自觉行为。也就是说，是认识与行为的统一。如果没有形成道德观念或道德认识，那么，即使个体的行为符合社会规范，也不能说是有品德的；反之，亦然。比如，精神病患者的行为尽管可能不符合社会规范，但也不能说是不道德的。

（二）品德的心理结构

品德的心理结构包括道德认识、道德情感和道德行为三个成分。

1. 道德认识

道德认识是对道德规范及其执行意义的认识。道德认识的结果是获得有关的道德观念、形成道德信念。道德认识是个体品德的核心部分。

道德观念、道德信念的形成有赖于道德认识。当个体对某一道德准则有了较系统的认识，感到确实是这样时，就形成有关的道德观念。当认识继续深入，达到坚信不疑的程度，并能指导自己的行动时，就形成了道德信念。道德信念对行为具有稳定的调节与支配作用，只有道德观念而无道德信念时，就经常会发生诸如明知故犯之类的错误行为。

2. 道德情感

道德情感是伴随着道德认识而产生的一种内心体验。它既可以表现为个体根据道德观念来评价他人或自己行为时产生的内心体验，也可以表现为在道德观念的支配下采取行动的过程中所产生的内心体验。道德情感渗透在人的道德观念和道德行为中。道德情感的主要内容包括爱国主义情感、集体主义情感、义务感、责任感、事业感、自尊感和羞耻感，其中，义务感、责任感和羞耻感对于儿童和青少年尤为重要。缺乏义务感、责任感和羞耻感，也就无所谓品德的发展。

道德情感从表现形式上看，主要包括三种：一是直觉的道德情感，即由于对某种具体的道德情境的直接感知而迅速发生的情感体验。由于其产生非常迅速，因而当事人往往不能明显意识到这个过程；二是想象的道德情感，即通过对某种道德形象的想象而发生的情感体验；三是伦理的道德情感，即以清楚地意识到道德概念、原理和原则为中介的情感体验。其中，伦理的道德情感具有清晰的意识性和明确的自觉性，具有较大的概括性和较强的理论性，具有稳定性和深刻性。例如，爱国主义情感和集体主义情感就属于伦理的道德情感。

3. 道德行为

道德行为是个体在一定的道德认识指引和道德情感激励下所表现出来的对他人或社会具有道德意义的行为。它是道德观念和道德情感的外在表现，是衡量品德的重要标志。道德行为包括道德行为技能和道德行为习惯。它们与一般的技能和习惯并无区别，只是在用来完成一定的道德任务时，它们便有了道德的性质。

三、态度与品德的关系

（一）态度与品德的相同点

态度是一种习得的影响个人行为选择的内部状态，品德是依据一定的道德行为规范行动时所表现出来的比较稳定的心理特征。它们的结构是一致的，都是由认知、情感和行为三个方面构成。

（二）态度与品德的区别

1. 涉及的范围不同

态度涉及的范围大，包括对社会、对集体、对他人的态度，对劳动、对生活、对学习的态度，对外物、对自己的态度，等等。有的涉及社会道德规范，有的不涉及道德规范，只有涉及道德规范的那部分稳定的态度才能称为品德。

2. 价值的内化程度不同

因价值内化水平不同，态度可以从轻微持有且不稳定到受到高度评价且稳定之间发生多种程度的变化。价值内化的最低水平是"接受"（或注意），稍高一级水平为"反应"，进一步内化就达到"评价"水平。评价指学生按价值准则行动后获得满意感或愉快感，对行为赋予价值。第四级水平是个体的价值观念系统的"组织"，即对价值进行观念化并运用这些观念判断各观念之间的关系，以克服各种不同价值标准的矛盾和冲突。最高水平是价值"性格化"，即将各种价值观念组织在一个内在和谐的系统之内，使之成为个人性格的一部分。价值内化的各级水平就是态度变化的水平，但只有价值观念经过组织且已成为个人性格的一部分时的稳定态度才能被称为品德。

资料窗

德与才

德，主要是指人的政治立场、政治观点和道德作风，它是一定社会或一定阶级的政治道德原则、规范在个人身上的体现和凝结，是处理个人与他人、个人与社会关系的一系列行为中所表现出来的比较稳定的特征和倾向。它由认识、情感、意志、信念、行为五个方面的要素构成，是一个综合性范畴。

才，主要包括才识、才能和才学，是完成某种活动所必需的各种知识、能力和素质的结合。

德才是一个不可分割的有机统一体。宋代史学家司马光对德与才的关系做了精辟的分析。他说："才者，德之资也；德者，才之帅也。"一方面，才是德的基础，是人得以发展和成功的基本条件。一个人只有具备了相应的才能，方有得力的依托以显示其德行。另一方面，德是才的方向和灵魂，是才发展的内在动力。一个人也只有具有高尚的德行，方能使才按正确的方向得以施展。因此，德才兼备是古今中外培养、鉴别和选拔人才的标准。

正由于德育在人才成长中的独特作用，古今中外，世界各国教育都把德育放在十分重要的地位。在古希腊的苏格拉底看来，教育的目的就是学会"应当怎样做人"、"敦促你（人）们专心向善"以"努力成为有德行的人"；在柏拉图那里，"如果你问什么是教育的用处，答案是简单的——造就好的人，而好的人就是德行高尚的人"。

当今世界，道德教育已愈来愈成为整个教育的重心。20世纪70年代，国际教育界最流行的用语"学会生存"现已变成"学会关心"。也就是说，过去以知识和技能学习为主的模式已让位于以道德熏陶为主的模式。尽管各国的社会制度和价值取向、道德标准不尽相同，但重视道德教育、提高人的思想道德素质的呼声是一致的。

我国德育思想博大精深，源远流长。在某种意义上可以说，中华民族五千年的教育史就是伦理道德教育的历史。古代的《大学》中就有"大学之道，在明明德，在亲民，在止于至善"的教育思想。新中国成立后，毛泽东同志提出了德智体全面发展的教育方针；改革开放以后，邓小平同志又提出了有理想、有道德、有文化、有纪律"四有"新人的培养目标。1998年，江泽民同志又在庆祝北京大学建校一百周年大会上的讲话中明确指出："求知与修养相结合，是中华民族的一个优秀文化传统。没有好的思想品德，也不可能把学到的知识真正奉献给祖国和人民，也就难以大有作为。青年时期注重思想修养，陶冶情操，努力树立正确的世界观、人生观、价值观，对自己一生的奋斗和成就将会产生长远而巨大的作用。"因此，德才兼备，把德育放在首位，仍是对新世纪合格人才的第一位的要求。

（资料来源：王言根《学会学习》，教育科学出版社2005年版，第104页。）

第二节 态度与品德形成的主要理论

态度与品德形成的主要理论包括皮亚杰道德认知发展论、柯尔伯格道德发展阶段论。

一、皮亚杰道德认知发展论

瑞士心理学家皮亚杰在20世纪30年代对儿童的道德判断进行了系统研究，出版了《儿童的道德判断》一书。他以科学方法研究道德发展，用认知发展的观点解释道德发展，这初步奠定了品德心理研究的科学基础。他认为，儿童的道德发展大致分为三个阶段。

（一）无律期（五六岁以前）

社会对这一时期的儿童没有约束力，他们没有"必须怎样做"的观念和认识。在游戏中也没有合作，没有规则，只是自己独立活动，按自己的想象去执行规则。这一阶段的儿童正处于前运算阶段，他们对问题的考虑是以自我为中心的，对引起事情的结果只有朦胧的了解，行为直接受行为结果的支配。因此，他们既不是道德的，也不是非道德的。只有随着年龄的增长，他们才能对行为做出一定的判断。

（二）他律期（10岁前）

在10岁以前，儿童对道德行为的判断主要是依据他人设定的外在标准，称为他律道德。

在该阶段，道德判断受外部的价值标准所支配和制约，表现出对外在权威的绝对尊敬和顺从的愿望。他们认为，规则是必须遵守的，是不可更改的，只要服从权威就是对的。比如，听父母或大人的话就是好孩子。这个阶段的儿童对行为的判断主要根据客观结果，而不考虑主观动机。

这是比较低级的道德思维阶段。这个阶段的儿童一般具有以下几个特点：

（1）儿童认为规则是万能的、不变的，尚未认识到规则实际上是由人自己制定的，是可以改变的。

（2）儿童在评定行为是非时，抱极端的态度，好与坏之间，非此即彼。

（3）儿童对行为好坏的判断，是依据行为后果，不考虑行为的主观动机。

（4）儿童把惩罚视为天意，认为惩罚就是一种报应，目的是使过失者的遭遇与他们所犯的过失相一致。

（三）自律期（10岁以后）

10岁以后，儿童的判断主要是依据自己认可的内在标准，称为自律道德。他们开始认识到规则不是绝对的、一成不变的，可以与他人合作，共同决定或修改规则，规则只是维护自己与他人的关系。儿童的思维已从自我中心解脱出来，能够站在他人的立场上考虑问题。

这个阶段的儿童有以下几个特点：

（1）认识到规则是由人制定的，可以根据人们的愿望对之加以改正，而且规则已不再被当做存在于自身之外的强加的东西。

（2）对行为的判断已建立在行为的意图及行为的结果上。

（3）提出的惩罚与所犯的错误较为贴切，把惩罚看成是对过失者的一种教训。

皮亚杰认为，在从他律到自律的发展过程中，认知能力和社会关系对个体具有重大影响。道德教育的目标就是使儿童达到自律道德，使他们认识到道德规范是在相互尊重和合作的基础上制定的。而要达到这一教育目标就必须注意培养同伴之间的合作，注意成人与儿童的关系不应是权威和服从的关系；在儿童犯错误时，要使他了解为什么这样做不好，以发展儿童的道德认识。

二、柯尔伯格道德发展阶段论

在皮亚杰之后，柯尔伯格继承了皮亚杰的理论，在20世纪60年代提出了道德发展阶段论。他开创了道德两难故事法来研究道德发展问题。

柯尔伯格的两难问题举例：偷药的故事。

海因兹太太患了癌症：一种可治疗的药物只有一个药店有卖，原价200美元，其老板现提高到2000美元，海因兹先生凑了1000美元还是不行，在绝望中只好去偷药出来，救了太太的命。

问题：海因兹先生是对还是错？该不该去偷？该不该判罪？他是不是好丈夫？药店老板对不对？如果生病人不是他太太，他会不会去偷？从法律看，从道德看，是对？是错？法、理如何安排？

他采用这样的道德两难故事法，测试了十来个不同国家的大量的六七岁至21岁的被试者，发现尽管种族、文化、社会规范等各方面都不相同，但道德判断的能力随年龄发展而发展的趋势是一致的。他提出了三种水平六个阶段理论。

（一）前习俗水平（preconventional level）

前习俗水平大约出现在幼儿园及小学低中年级阶段。该时期的特征是，儿童遵守规范，但尚未形成自己的主见，着眼于人物行为的具体结果与关心自身的利害。这时期又分为两个阶段：①惩罚和服从的定向阶段。缺乏是非善恶观念，只是因为恐惧惩罚而要避免它，因而服从规范；认为免受处罚的行为都是好的，遭到批评指责的事都是坏的。②工具性的相对主义定向阶段。行为的好坏按行为的后果带来的赏罚来定，得赏者为是，受罚者为非，没有主观的是非标准；或是认为行为对自己有利就好，对自己不利就是不好。

（二）习俗水平（conventional level）

习俗水平是在小学中年级以上出现的，一直到青年、成年，这时期的特征是个人由于认识到团体的行为规范，进而接受并付诸实践。这时期又可分为两个阶段：①人际协调的定向阶段。个体按照人们所称的"好孩子"的要求来做，以得到别人的赞许。如"偷"不对,"互助"是对的。②维护权威或秩序的定向阶段。个体服从团体规范,尽本分,要尊重法律权威。海因兹先生"偷"药是不对的。这时判断是非已有了法制观念。

(三)后习俗水平(postconventional level)

这个阶段已经发展到超越现实道德规范的约束,达到完全自律(自己支配)的境界,至少是青春期人格成熟之后的人,才能达到这一境界。这个水平是理想的境界,成人也只有少数人达到。这一时期也可分为两个阶段:①社会契约定向阶段。有强烈的责任心与义务感,尊重法制,但相信它是人制定的,不适于社会时理应修正。②普遍道德原则的定向阶段。有个人的人生哲学,对是非善恶有其独立的价值标准。对事有所为有所不为,不受现实规范的限制。

关于这六个阶段,柯尔伯格通过研究提出了以下几点:

(1)儿童道德判断力的发展在10岁大都处于第一种水平;13岁前后半数以上处于第二种水平,只有极少数进入第三种水平;16岁以上30%进入第三种水平。

(2)儿童道德性发展的先后次序是固定不变的,这与儿童的思维发展有关。但具体到每个人,时间有早有晚,这与文化背景、交往等有关。

(3)要促进儿童道德发展,必须让他不断接触道德环境和道德两难问题,以利于讨论和展开道德推理的练习。

第三节 态度与品德的形成和改变

一、态度与品德形成的过程

态度与品德形成的过程包括遵从、认同和内化三方面。

(一)遵从

遵从包含两种情况,即从众和服从。从众是指人们在社会舆论或群体气氛的压力下,放弃自己的意见而采取与大多数人一致的行为。服从是指个体按照社会要求、群体规范或者权威意志而做出的行为。这种服从可能是出于自愿,也可能是被迫的。被迫的服从也叫顺从,即表面接受他人意见或观点,在外显行为方面与他人相一致,而在认识与情感上与他人并不一致。遵从态度和行为具有盲目性、被动性、工具性和情境性等特点。个体对道德规范行为的必要性尚缺乏充分的认识,也缺乏情感体验,行为主要是靠外在压力推动而产生的,而不是依靠内在的需要和驱力。一旦这种外在情境发生变化,态度也会随之变化。

为了促进学生遵从社会行为规范,教育者必须注意群体特性、个体特性以及直接和间接的外在压力的影响。

(二)认同

认同是在思想、情感、态度和行为上主动接受他人的影响,使自己的态度和行为与他人相接近。认同行为具有一定的自觉性、主动性和稳定性等特点。主体虽然对道德行为规范本身仍缺乏清楚的认识与体验，但其意图在于与榜样一致，成为值得仰慕的人。认同的愿望越强烈，对榜样的模仿就越主动，在困难面前就越能表现出坚强的意志和毅力。

为了促进学生认同正确的道德行为规范，教育者在教育过程中应注意榜样人物的相似性与权威性、榜样行为的性质与后果及其示范行为的方式等。

（三）内化

内化阶段也可称为社会规范学习的信奉阶段。内化指在思想观点上与他人的思想观点一致，将自己所认同的思想和自己原有的观点、信念融为一体，构成一个完整的价值体系。当个人按自己内化了的价值行动，在内化过程中解决了各种价值的矛盾和冲突时，会感到愉快和满意；当出现了与自己的价值标准相反的行动时，会感到内疚、不安。个体根据信奉做出反应：把一种价值结合进自己的体系，并组织这个体系，形成一种指导自己行为的价值复合体。

二、态度与品德改变的过程

态度与品德改变指个体在同环境相互作用中已形成的特定道德品质或态度的变化，它包括方向的改变和程度的改变。这个转化过程须经历醒悟、转变以及巩固和稳定三个阶段。

（一）醒悟阶段

醒悟指道德品质不良的学生开始认识自己的错误，从而产生改过自新的愿望。这种愿望一般是在事实的教育和教育者的引导下，学生意识到继续坚持错误的严重后果时产生的。在醒悟阶段，道德品质不良学生的道德观念开始战胜非道德观念，它是道德品质转化的基础和前提。

引起道德品质不良学生醒悟的方法有：一是消除疑惧。道德品质不良的人也有被社会"承认"的需要。道德品质不良者往往抱有一种可能受到他人谴责的态度定势，一旦适时地给予适当的表扬而不是谴责，就可以渐渐地消除他们的疑惧，为进一步的道德教育提供互相信任的基础。二是引发其他需要。许多品德不良的人往往意识不到自己的行为会给予自己有切身利益的人或事物带来什么后果，教育者如果能够抓住时机适时引导，可以引发他们的其他需要，从而引发他们醒悟。

（二）转变阶段

当道德品质不良的个体产生改过自新的意向，并对自己的错误有初步的认识时，会在行为上发生一定的转变。教育者应抓住这个醒悟和转变的良机，趁热打铁，因势利导，进行耐心细致的启发疏导，积极促进其转化；采取表扬和鼓励的办法，使其进步的愿望变为进步的实际行动，促进其道德行动不断地得到强化而巩固下来。

在转变阶段，道德品质不良的个体常有反复的现象。出现反复的原因可能是对自己不良德行的危害性认识不深，也可能由于外界的诱因再度出现，或者由于恶习太深

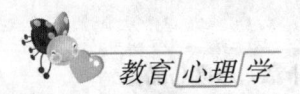

而自我控制能力薄弱，等等。教育者应分析其行为反复的原因，尽量防止较大反复的出现。首先要让品德不良学生暂时避免旧有的刺激，以免近墨则黑；然后积极地让他们经受考验，同时向他们提供正误范例，提高其是非感。

（三）巩固和稳定阶段

道德品质不良的个体经过长时期的转变之后，如果不再出现反复，或很少出现反复，就逐步进入巩固与稳定阶段。这时他们以崭新的面貌出现，对自己的前途充满希望，决心忏悔过去，重新做人。他们希望社会接纳他们、信任他们、尊重他们。

这时要注意两点：①避免歧视和翻旧账，要倍加关心他们的成长；②促进他们形成完整的自我观念。一个具有完整、健康的自我观念的个体，充分意识到自己过去的行为、今天的行为、明天的行为是自己生活史中的一个个篇章；无论过去的行为如何，都是自己的价值观念、信仰的表现，要敢于对自己的行为负责，并具有向上发展的意向而不为别人的歧视所动。

三、影响态度与品德形成和改变的条件

（一）外部条件

1. 家庭教养方式

研究表明，学生的态度和品德特征与家庭的教养方式有密切关系。若家庭教养方式是民主、信任、容忍的，则有助于儿童的优良态度与品德的形成与发展；若家长对待子女过分严格或放任，则孩子容易产生不良的、敌对的行为。

2. 社会风气

社会风气由社会舆论、大众媒介传播的信息、各种榜样的作用等构成。作为社会的一个成员，学生不可能与社会隔绝，也无力控制、净化社会环境，再加上自身的选择、判断能力有限，因此，社会上良好与不良的风气都有可能影响其道德信念与道德价值观的形成，这也使得德育工作难度加大。

3. 同伴群体

归属于某一个团体是个体的一种基本需要，因此，正式的班集体、非正式的小团体等对学生都具有一定的吸引力，他们试图使自己的言行态度与同伴群体保持一致，以得到同伴群体的接纳和认可。可以说，学生的态度与道德行为在很大程度上受到他们所归属的同伴群体的行为准则和风气的影响。青少年的同伴群体，对于青少年的影响，有时候甚至超过教师和父母。

（二）内部条件

1. 认知失调

认知失调理论是美国心理学家费斯廷格提出的。他认为，人类具有一种维持平衡和一致性的需要，即力求维持自己的观点、信念的一致，以保持心理平衡。当认知不平衡或不协调时，比如新出现的事物与自己原有的经验不一致或者自己的观点与他人的、社会的观点或风气不一致等，这时内心就会有不愉快或紧张的感受，个体就试图

通过改变自己的观点或信念,以达到新的平衡。费斯廷格提出四种认知失调的情况:一是逻辑上不一致,二是与社会风气不一致,三是个人的一贯行为倾向与其特殊的行为不一致,四是新出现的事物与个人的旧经验不一致。可以说,认知失调是态度改变的先决条件。

2. 态度定势

个体由于过去的经验,对所面临的人或事可能会具有某种肯定或否定、趋向或回避、喜好或厌恶等内心倾向性,这种事先的心理准备或态度定势常常支配着人对事物的预料与评价,进而影响着是否接受有关的信息和接受的量。假如学生对教师有消极的态度定势,则教师的教诲与要求可能会成为耳旁风,甚至引发冲突。帮助学生形成对教师、对集体的积极的态度定势或心理准备是使学生接受道德教育的前提。

3. 道德认知

态度与品德的形成与改变取决于个体头脑中已有的道德准则和规范的理解水平与掌握程度,取决于已有的道德判断水平。根据皮亚杰和柯尔伯格的研究,要改变或提高个体的道德水平,必须考虑其接受能力,遵循先他律而后自律、循序渐进的原则。比如,当学生的道德判断能力处于其发展的第三阶段时,最好向他们讲解第四阶段的道理;否则,一味向他们灌输第五或第六阶段的大道理,即使他们可以熟记这些大道理,也不能被他们的认知结构同化,自然也不能作为一种内在的道德信念来指导行为。实施道德教育时,不应只注意道德教育的形式进行道德说教,而应结合学生的实际生活和切身体验,动之以情,晓之以理。

4. 受教育程度

品德行为是个人价值内化的结果。学生的道德认知和道德判断能力,无疑与教育程度密切相关。随着受教育程度的提高,道德认知能力和判断能力都有所提高。总体上,教育程度与品德的关系,类似于智力与品德的关系。

此外,个体的智力水平、年龄等因素也对态度与品德的形成与改变有不同程度的影响。

富翁和渔夫

有一天,风和日丽,一位富翁来到海边游玩。他踩着细软的沙滩散步间,忽然看到海边的岩石上有一个渔夫在睡大觉。爱管闲事的他走上前去,推醒了渔夫。

"有什么事吗?"渔夫揉着眼睛问。

"这么好的天气,是不是很适合捕鱼啊?你今天怎么不出海捕鱼呢?"

"我已经出过海了,我捕的鱼够吃几天了。"

"你为什么不多捕一些呢?"富翁很惊讶。

"为什么要多捕呢?"渔夫似乎更惊讶。

"你多捕呢就能在鱼市场上多卖得一些钱。"

"要那么多钱有什么用呢?"

"钱多了你就可以买一条稍大一些的船,还可以捕更多的鱼;于是,又可以卖更多的钱,买更大的船。慢慢地,你就可以有自己的船队,可以当大老板了……"富翁说得不由陶醉起来。

可是,渔夫好像还是没开窍:"当老板又能怎么样?"

"你真傻,"富翁真有点不耐烦了,"当老板怎么样?你看看我,我就是大老板。如果你也当了大老板,你就可以和我一样,到海边来休闲度假,在沙滩上散散步,晒晒太阳了。"

渔夫瞪了富翁一眼,回答道:"我现在不是已经在晒太阳了吗?"

(资料来源:林华民《世界经典教育案例启示录》,农村读物出版社2004年版,第304页。)

四、中小学学生品德发展的基本特征

(一)小学生品德发展的基本特征

1. 逐步形成和谐的道德认识能力

小学生的道德认识能力具有依附性,同时也缺乏原则性,但发展的趋势是稳定的、和谐的。①在道德认识的理解上,他们从直观、具体、较肤浅的理解逐步过渡到较为抽象、本质的理解;②在道德品质的评价上,他们从只注意行为效果,逐渐过渡到较为全面地考虑动机和效果的统一关系;③在道德原则的掌握上,道德判断从简单依附于社会的、他人的规则,逐渐过渡到受内心道德原则的制约。

2. 道德言行从比较协调到逐步分化

一般来讲,年龄越小,言行越一致,随着年龄的增加,逐渐出现言行一致和不一致的分化。其原因在于年龄较小的儿童,行为比较简单,不善于掩蔽自己的行为,所想、所说、所做比较一致,但这种一致性的水平是比较低的。年龄较大的儿童的行为比较复杂,日益学会掩蔽自己的行为,致使言行脱节、不一致。导致言行不一致的原因有很多。例如,不加选择地盲目模仿;只会说,不会做,缺乏行为技能;缺乏主动调控自己言行的意识;等等。

3. 明显地表现出自觉纪律的形成

自觉纪律是出自内心要求而非外力强制的纪律。其形成过程是将外部的教育要求转化为内部的需要。具体要经过三个阶段:一是依靠外部教育要求阶段(教师制定具体规定并检查);二是过渡阶段(体会到纪律要求并遵守,但尚未形成自觉纪律);三是将纪律原则变成自觉行动阶段。

小学儿童违反纪律或缺乏自觉纪律的现象也是存在的,并存在着年龄差异与个别差异。年龄小的儿童可能因不了解纪律性质、好奇或疲劳等违反纪律;年龄大的儿童原因较复杂,有可能是明知故犯、故意捣乱,也可能是个体差异如对教师有对立情绪、意志力差、精力旺盛、特殊爱好没有满足等。

总体来看,小学生的品德发展是从依附性向自觉性、从外部监督向自我监督、从服从型向习惯型过渡,发展较为平稳,显示出协调性。在过渡的过程中,存在着转折或质变的时期,即关键年龄。从整体发展来看,小学生品德发展的关键年龄大致在三年级(9岁左右)。

(二)中学生品德发展的基本特征

1. 伦理道德发展具有自律性,言行一致

在整个中学阶段,学生的品德迅速发展,处于伦理形成时期。伦理是人与人之间的关系以及必须遵守的行为准则,它是道德关系的概括,伦理道德是道德发展的最高阶段。

(1)形成道德信念与道德理想。中学阶段是道德信念和道德理想形成并以此指导行动的时期。中学生逐渐掌握伦理道德并服从它,表现为独立、自觉地依据道德信念、价值标准等去行动,使学生的道德行为更有原则性与自觉性。

(2)自我意识增强。在品德发展的过程中,中学生更加关注自我道德修养,并努力加以提高。可以说中学生对自我道德修养的反省性和监控性有明显的提高,这为产生自觉的道德行为提供了有效的前提。

(3)道德行为习惯逐步巩固。由于不断地实践、练习,加之较为稳定的道德信念的指导,中学生逐渐形成了与道德伦理相一致的、较为定型的道德行为习惯。

(4)品德结构更为完善。中学生的道德认识、道德情感与道德行为三者相互协调,形成一个较为完善的动态结构,使他们不仅按照自己的道德准则去行动,而且也逐渐成为稳定的个性心理结构的一部分。

2. 品德发展由动荡向成熟过渡

(1)初中阶段品德发展具有动荡性。从总体上看,初中即少年期的品德虽然具有伦理道德的特性,但仍旧不成熟、不稳定,具有动荡性。其具体表现为:道德观念的原则性、概括性不断增强但还带有一定程度的具体经验特点,道德情感表现丰富、强烈但又好冲动;道德行为有一定的目的性,渴望独立自主行动,但愿望与行动经常有距离。此阶段,既是人生观开始形成的时期,又是容易发生品德两极分化的时期。品德不良、违法犯罪多发生在这个时期。根据研究,初二年级是学生品德发展的关键期。

(2)高中阶段品德发展趋向成熟。高中阶段或青年初期的品德发展进入了以自律为主要形式、应用道德信念来调节道德行为的成熟时期,表现在能自觉地应用一定的道德观点、信念来调节行为,并初步形成人生观和世界观。

总体来看,初中生的伦理道德已开始形成,但具有两极分化的特点;高中生伦理道德的发展具有成熟性,可以比较自觉地运用一定的道德观念、原则、信念来调节自己的行为。

根据上述分析,教育者应以中小学学生品德发展的基本特征为德育工作的出发点,在德育的内容、形式、评价标准等方面都应该遵循发展规律,重视发展过程中的关键期,采取合理的教育措施,有的放矢,因材施教。

资料窗

中小学综合素质评价的标准

教育部在《关于积极推进中小学评价与考试制度改革的通知》中提出了以促进学生发展为目标的评价体系。其中,基础性发展目标包括六个方面。

道德品质:爱祖国、爱人民、爱劳动、爱科学、爱社会主义,遵纪守法、诚实守信、维护公德、关心集体、保护环境。

公民素养:自信、自尊、自强、自律、勤奋,对个人的行为负责;积极参加公益活动,具有社会责任感。

学习能力:有学习的愿望与兴趣,能运用各种学习方式来提高学习水平,有对自己的学习过程和学习结果进行反思的习惯,具有初步的研究与创新能力。

交流与合作能力:能与他人一起确立目标并努力去实现目标,尊重并理解他人的观点与处境;能评价和约束自己的行为,能综合地运用各种交流和沟通的方法进行合作。

运动与健康:热爱体育运动,养成体育锻炼的习惯,具备锻炼健身的能力、一定的运动技能和强健的体魄。

审美与表现:能感受并欣赏生活、自然、艺术和科学中的美,具有健康的审美情趣,积极参加艺术活动。

(资料来源:陈美荣《心理学》,中山大学出版社2008年版,第178页。)

第四节 良好态度与品德的培养

教师可以综合应用一些方法来帮助学生形成或改变态度和品德。常用而有效的方法有说服、树立榜样、群体约定、价值辨析、奖励与惩罚等。

一、有效的说服

用言语说服学生,主要通过向学生提供信息作为论据,或者支持学生原来的态度和品德,或者反对学生原来的态度和品德。常用的说服技巧有四种。

（一）有效地利用正反论据

教师经常应用言语来说服学生改变态度。在说服的过程中，教师要向学生提供某些证据或信息，以支持或改变学生的态度。对于理解能力有限的低年级学生，教师最好只提供正面论据，以免学生产生困惑，无所适从。对于理解能力较强的高年级学生，教师可以考虑提供正反两方面的论据，使学生产生客观、公正的感觉，从而相信教师所言，改变态度。当学生没有相反的观点时，教师应只呈现正面观点，不宜提出反面观点，以免转移学生的注意，误导学生怀疑正面观点；当学生原本就有相反的观点时，教师应该主动呈现两方面观点，以增强学生对错误观点的免疫力。当说服的任务是解决当务之急的问题时，应只提出正面观点，以免延误时间；当说服的任务是培养学生长期稳定的态度时，应提出正反两方面的材料。

（二）发挥情感的作用，以理服人和以情动人

教师的说服不仅要以理服人，还要以情动人。一般而言，说服开始时，富于情感色彩的说服内容容易引起学生的兴趣，然后再用充分的材料进行说理论证，比较容易产生稳定的、长期的说服效果。对于低年级的学生来说，情感因素作用更大些。通过说服也可以引发学生产生某些负向的情绪体验，如恐惧、焦虑等，这对于改变作弊、吸烟、酗酒等简单的态度有一定的效果。在说服过程中，情感因素和理智因素各起什么作用，哈特曼对此做过一些实验。哈特曼发现，富有情绪因素的说服就能够起到立竿见影的效果，但是不能长久；说服的理智因素则能够起到长期的作用。因此，一般情况下，对于低年级学生，说服的时候可以多一点情感因素；而对于高年级学生，说服的时候可以多一点理智因素更加适合。当然，能够把两者结合起来效果会更好。

（三）考虑原有态度的特点

教师进行说服时，还应考虑学生原有的态度。若原有的态度与教师所希望达到的态度之间的差距较大，教师不要急于求成，不要提出过高的不切实际的要求，否则将难以改变态度，而且还容易产生对立情绪。教师应该以学生原有的态度为基础，逐步提高要求。

（四）逐步提高要求

研究发现，学生现有的态度与教师要求他们形成的态度之间差距的大小，也是影响学生改变态度的重要因素。两者差距不大，学生比较容易改变态度；两者差距过大，学生不容易改变态度。这就要求教师能够"循序渐进"，按照小步子原则，一点一点地提高对学生的要求，以达到最终使得学生形成良好态度的目标。

二、树立良好的榜样

班杜拉的社会学习理论以及大量的实践经验都表明，社会学习是通过观察、模仿而完成的，态度与品德作为社会学习的一项内容，也可以通过观察、模仿榜样的行为而习得。

社会学习主要指人如何在社会环境中进行学习。班杜拉认为，在社会学习过程中，

人不是消极地接受外在刺激，而是经过一系列的主动加工过程，对外在刺激进行选择、组织，并以此调节自己的行为。观察学习是社会学习的一种最重要的形式，它是通过观察他人所表现的行为及其结果而发生的替代性学习。这种学习过程并非直截了当完成的，相反要经过注意榜样的行为特征、在头脑中组织和编码所观察到的信息、以适当的方式再现出所观察到的行为方式、对这种行为方式进行各种形式的强化等过程来实现。其中，强化不仅包括外部强化，还包括自我强化和替代强化。替代强化即观察者因看到榜样受到强化而如同自己也受到强化一样，是一种间接的强化方式。

　　班杜拉的大量实验表明，榜样在观察学习过程中起到非常重要的作用。榜样的特点、示范的形式及榜样所示范行为的性质和后果都会影响到观察学习的效果。班杜拉在一个经典实验研究中，将3～6岁的儿童分成三组：先让他们观看一个成年男子（即榜样）对大小如成人一样的充气玩偶进行攻击，如大声吼叫或拳打脚踢。然后让第一组儿童看到"榜样"攻击玩偶后受到另一成人的表扬和奖励，让第二组儿童看到"榜样"攻击玩偶后受到另一成人的惩罚，第三组儿童则只看到"榜样"攻击玩偶。之后，把这些儿童一个个单独领到一个房间里去。房间里放着各种玩具，其中包括玩偶。对儿童的行为观察表明，第一组儿童产生较多的攻击性行为，第二组儿童则比第三组儿童显示更少的攻击性行为。实际上，三组儿童都学会了攻击行为，但由于不同的替代强化或替代惩罚，使他们在一定的情境中表现或不表现出与榜样相似的行为。班杜拉认为，观察学习中替代强化或替代惩罚是非常重要的。

　　由于榜样在观察学习中的重要作用，因此，给学生呈现榜样时，应考虑到榜样的年龄、性别、兴趣爱好、社会背景等特点，应尽量与学生相似。这样可以使学生产生可接近感，避免产生高不可攀或望尘莫及之感。另外，给学生呈现受人尊敬、地位较高、能力较强且具有吸引力的榜样，这样的榜样具有感染力和可信性，使学生产生情感共鸣。榜样本身也容易成为学生向往的、追随的对象，激发学生产生见贤思齐的上进心。学生希望通过学习这样的榜样来发展自我、完善自我。

　　榜样行为的示范有多种方式，既可以通过直接的行为表现来示范，也可以通过言语讲解来描述某种行为方式；既可以是身边真人真事现身说法的示范，也可以借助于各种传播媒介象征性地示范。教师可以根据实际情况，选择和充分利用恰当的示范方式。一般而言，多种示范方式的结合是较有效的。教师作为学生的榜样，也应注意其示范作用，必须言行一致才能取得良好的教育效果，而且身教重于言教。此外，各种大众传播媒介也应发挥其独特的作用，为学生提供良好的榜样示范，坚决杜绝消极的、不健康的内容。

　　由于观察学习受到多种因素的影响，因此，即使呈现最引人注目的榜样，也不一定使观察者产生相同的行为。为了使学生能够最大限度地做出与榜样的示范行为相匹配的反应，教师需要反复示范榜样行为，并给予指导。当学生表现出符合要求的行为时，应给予鼓励。

三、利用群体约定

研究发现，经集体成员共同讨论决定的规则、协定，对其成员有一定的约束力，使成员承担需要执行的责任。一旦某成员出现越轨或违反约定的行为，则会受到其他成员的有形或无形的压力，迫使其改变态度。在第二次世界大战期间，勒温做了这样一个实验：当时，美国政府希望人们用动物内脏做菜，美国人不喜欢吃动物内脏。勒温把家庭妇女分成几个小组。有的小组请人讲如何用内脏做菜，然后发一些菜谱；另外的小组，先是共同讨论，然后做出规定，回去必须用内脏做菜。结果，前面的小组，3%的人用内脏做菜了；后面的小组，32%的人这样做了。

教师可以利用集体讨论后做出集体约定的方法来改变学生的态度。具体可按如下程序操作：①清晰而客观地介绍问题的性质，使学生在思想上认清问题。②唤起班集体对问题的意识，使他们明白只有改变态度才能更令人满意。③清楚而客观地说明要形成的新态度，让学生提出所要达到的态度目标。④引导集体讨论改变态度的具体方法。⑤使全体学生一致同意把计划付诸实施，每位学生都承担执行计划的任务。⑥学生在执行计划的过程中改变态度。⑦引导大家对改变的态度进行评价，使态度进一步概括化和稳定化。

如果态度改变未获成功，则应鼓励学生从第④步开始，重新制定方法，直至改变态度。

四、价值辨析

（一）价值观的定义

关于价值观，不同的人有不同的理解。笔者认为，价值观是个体在一定社会条件下，全部生活实践和学习过程中逐渐形成和发展的关于周围客观事物（包括人、事、物）的是非、善恶、美丑和意义及重要性的总评价和总看法。价值观的作用常见于兴趣、信念和理想三种表现形式。我们可以从以下几个方面对价值观加以理解。

（1）价值观作为一种观念，它是内在的。

（2）价值观是个体在社会实践和学习中逐渐形成的，并不是天生的。并且，社会实践和学习两者相互促进、相互补充，共同铸成一个完整的价值观。

（3）价值观一旦形成，就具有相对的稳定性；但并不是一成不变，而是在社会实践和学习过程中随着主客体环境的变化而发生改变。

（4）价值观反映的是主体需要和客体的有用性之间的关系，即主体有需求、客体有价值；价值观是两者在不断地社会实践中融合形成的。

价值观中最本质、最核心的内容就是价值标准和价值取向，一个价值观与另一个价值观之所以有区别就在于价值标准和价值取向的不同。价值标准也就是评价过程中的评价标准，是我们用来衡量、评判对象世界的尺度和准则。它是由价值主体的需要、目标和理想，以及价值客体的共同的本质特征所决定的。

（二）价值观的特征

1. 主观性

个体对于好和坏、善和恶、成与败等的标准都是根据自己的内心尺度加以评价，尽管客体本身是客观存在的，但个体对于客体意义的理解、认识和评价取决于主体自身的需求。

2. 选择性

个体的价值观是主观的、有意识地按照符合自己的评价标准进行选择并形成的。

3. 稳定性

个体的价值观一经形成就具有相对的稳定性，在一定的时间内不易改变，并在个体的兴趣、信念、理想中表现出来。

4. 社会历史性

个体处于不同的历史时代和社会生活环境中具有不同的价值观。

（三）价值观的结构类型

价值观是一个复杂的多维度多层次的心理倾向的结构系统。奥尔波特根据德国哲学家和心理学家 E. 斯普兰格的观点把价值观分成六个结构类型。

（1）理论价值型：个体以探求事物本质和发现真理为人生最高的价值。

（2）经济价值型：个体以追求经济利益为人生最高的价值。

（3）政治价值型：个体以操纵他人和掌握权力为人生最高的价值。

（4）社会价值型：个体以与他人交际和助人为乐为人生最高的价值。

（5）审美价值型：个体以感受美为人生最高的价值。

（6）宗教价值型：个体以信仰宗教、体验神圣为人生最高的价值。

（四）价值观形成与发展的条件

1. 影响价值观形成与发展的外部条件

影响价值观形成与发展的外部条件主要是指社会、家庭和学校环境对个体态度的形成或改变的影响；艺术作品、人物传记、理论书籍、电影、电视、报纸杂志等大众传播媒介对形成和发展个体的价值观也有着重要作用。

（1）家庭环境。家庭是个体首先接触到的"社会"，对个体价值观的萌芽和雏形具有决定作用。家庭的社会地位、家庭的生活方式、父母的教育方式、个体在家庭中的地位、家庭主要成员的职业特点，都直接影响着个体价值观的内容和性质。

（2）学校环境。随着年龄的增长，家庭影响逐渐减弱，学校影响相对增强。学校不但为个体提供了同龄人集体，而且为个体提供了专门的教育条件，这两方面对个体态度的形成都是很重要的。个体在学校不仅学到了各种知识技能，而且通过学校的集体生活和教育学到了各种观念和态度，并且纠正了个体从家庭中习得的某些不正确的价值观。

（3）社会环境。目前，许多心理学家都认为，价值观的形成具有社会性的特征，一个人也正是在社会环境的影响下，他的价值观才开始成熟和稳定起来。当一个人开始独立地踏入社会生活时，他会根据现实和社会的要求，综合各方面的条件，摒弃一些不符合社会要求的价值观，同时保留和重新形成一些适应社会的价值观。每个人都是按他所处的社会地位和社会对他提出的特殊要求来形成自己独特的价值观的。

（4）大众传播媒介。艺术作品、人物传记、理论书籍、电影、电视、报纸杂志等大众传播媒介对形成和发展个体的价值观也起着重要作用。艺术作品以其具有鲜明的和充满激情的人物形象，触动人的情感体验和丰富联想并以感情的形式发生作用，对个体的价值观施以影响，而不是通过逻辑的和理性的方法。这种影响是潜移默化的、深刻的、深远的，因此往往比一些抽象的理论和说教更有说服力。而理论书籍则通过以理服人的方法对人的价值观产生影响。人在阅读这些书籍时，通常会把书籍里的观点和自己实际的生活感受、体验加以对比后做出选择。

2. 影响价值观形成与发展的内部条件

（1）思维能力的高度发展。价值观反映主体对客体的需求，而这种需求又是建立在主体对于客体的多种属性有一个全面、深刻而又完整认识的基础之上的。这就要求主体必须具有高度发展了的思维能力，尤其是抽象思维能力和辩证思维能力。个体只有当他的思维发展到能概括社会生活和精神生活的意义时，他才能真正形成自己的价值观。

（2）自我意识的高度分化。价值反映主体与客体之间的关系，客体必须通过主体的需要才能以价值的形态表现出来并且具有意义。人们在认识世界和改造世界的实践活动中，都是从个体自己的实际需要出发，并把意识到的需要变成个体自己的利益，由此对现实生活中的各种事物和现象进行评价、比较、选择判断其有无价值而形成人生价值观。而且，价值的大小以及性质如何，依赖于客体满足主体需要的程度。因此，只有当个体能进行自我观察、自我分析以充分了解自己的需求、自己的能力、自己的个性特点，并以此对自己提出明确的要求时，他才能依据自身的特点和条件积极主动地塑造自己的价值观。

一般来说，人的价值观刚开始不能被个体清醒地意识到，必须经过一步步的辨别和分析，才能形成清晰的价值观念并指导自己的道德行动。在价值观辨析的过程中，教师引导学生利用理性思维和情绪体验来检查自己的行为模式，鼓励他们努力去发现自身的价值，并根据自己的价值选择来行事。有多种策略可以促进辨析。例如，大组或小组讨论，解决假定的与真实的两难问题。针对个体时，教师抓住个别学生表示某种态度、志向、目的、兴趣及活动的时机，做出适当而简短的言语反应，以促使学生对自己的所说所为作进一步反省与探讨，达到辨析并形成自己价值观的目的，针对团体时，可通过讨论，让每个人都公开表示自己的意见，了解其他人持某种价值观的理由，以促进学生的道德认知和做出正确的道德抉择。

3. 价值观形成的过程

不论应用什么策略，一种观念要真正成为个人的道德价值观，须经历三个阶段七个过程。

第一阶段：选择阶段。

（1）自由选择。让学生思考："你认为你是从什么时候第一次产生这种想法的？"

（2）从多种可选范围内选择。让学生思考："在你产生这一想法之前，你经常考虑什么事情？"

（3）充分考虑各种选择的后果之后再进行选择。让学生思考："每一种可供选择途径的后果将会怎样？"

第二阶段：赞赏阶段。

（4）喜爱自己的选择并感到满意。让学生考虑："你为这一选择感到高兴吗？"

（5）愿意公开承认自己的选择。让学生回答："你会把你知道的选择途径告诉你的同学吗？"

第三阶段：行动阶段。

（6）按自己的选择行事。教师可以对学生说："我知道你赞成什么了，现在你能为它做些什么呢？需要我帮忙吗？"

（7）作为一种生活方式加以重复。教师问学生："你知道这一途径已经有一段时间了吗？"

个体只有从头至尾地完成这一过程，才能说他真正具有某个稳定的价值观念，也才能较持久地指导行动。这整个过程实际上就是一个"赋值过程"。

由于价值辨析的方法基本是诱导性的，而不是灌输性、说教性的，因此，教师的作用就在于设计各种活动，运用各种策略来诱发学生暴露、陈述、思考、体验并实现某种价值观。教师自己的观点只能作为一个范例，而不是唯一正确的答案。教师必须诱发学生的态度和价值陈述，接受学生的思想、感情和信念，向学生提问或组织集体讨论，帮助学生思考自己的价值观念，但一切抉择都得由学生自己做出。当然，教育者不仅要帮助学生去辨析各种价值观念，而且还要引导学生自觉、自愿地选择符合社会道德原则的价值观念。

五、给予恰当的奖励与惩罚

奖励和惩罚作为外部调控手段，不仅影响着认知、技能或策略的学习，而且对个体态度与品德的形成也起到一定的作用。

奖励是为了增加学生良好行为发生的可能。奖励有内部奖励和外部奖励。内部奖励是指学生的某种行为发生以后学生感到的满足感。外部奖励是教师、学校给予学生的奖励。

奖励有物质的（如奖品）也有精神的（如言语鼓励），有内部的（如自豪、满足感）也有外部的。给予奖励时，首先要选择、确定可以得到奖励的道德行为。一般来讲，应奖励诸如爱护公物、拾金不昧、尊老爱幼等一些具体的道德行为，而不是奖励一些概括性的行为。其次，应选择、给予恰当的奖励物。同一种奖励物，其效用可能因人而异，应考虑个体的实际情况选用最有效的奖励物。最后，应强调内部奖励。外部的物质奖励只是权宜之计,不可过多使用,应引导学生进行自我强化,让学生亲身体验做出道德行为后的愉快感、自豪感和欣慰感,以此转化为产生道德行为的持久的内部动力;不要大事小事事事奖励,同时奖励还应该及时。

惩罚是为了消除学生不良行为再发生的可能。惩罚的效果,心理学家各说其是。虽然对惩罚的教育效果有不同看法,但从抑制不良行为的角度来看,惩罚还是有必要的,也是有助于良好态度与品德形成的。当不良行为出现时,可以用两种惩罚方式:一种是给予某种厌恶刺激,如批评、处分、舆论谴责等;另一种是取消个体喜爱的刺激或剥夺某种特权等,如不许参加某种娱乐性活动。应严格避免体罚或变相体罚,否则将损害学生的自尊,或导致学生更严重的不良行为如攻击性行为。惩罚不是最终目的,给予惩罚时,教师应让学生认识到惩罚与错误行为的关系,使学生从心理上能接受,口服心服;同时,还要给学生指明改正的方向,或提供正确的、可替代的行为。

资料窗

陶行知与四块糖的故事

陶行知先生有一天发现学生王友用泥块砸自己的同学,他当即制止了王友,并令他放学后到校长办公室。放学时陶先生来到校长室,发现王友已等在门口。陶先生立即掏出一块糖果送给他:"这是奖给你的,因为你按时来到这里,我却迟到了。"王友带着怀疑的眼神接过糖果。陶先生又掏出一块糖果放在他手里:"这也是奖给你的,因为我不让你再打人时,你立即就住手了,这说明你很尊重我。"接着陶先生又掏出第三块糖果塞进王友手里:"我调查过了,你砸他们,是因为他们欺负女学生。这说明你很正直,有跟坏人作斗争的勇气!"王友哭了:"你打我两下吧,我错了,我砸的不是坏人,是我的同学呀……"

陶先生满意地笑了,他随即掏出第四块糖果递给王友:"为你正确地认识错误,我再奖给你一块糖果……我的糖完了,我看我们的谈话也该完了。"

无独有偶,当代著名教育家魏书生老师处罚学生用三种方式:犯了小错误,罚他给全班同学唱支歌;犯了比较重一点的错误,要他去做一件好事来补偿;犯了严重的错误,要他写一份500字的说明书。魏老师还向学生说明,说明书不是检讨书,犯错误的学生可以为自己辩护。如果确实认识到自己的错误,写明犯错误的心理活动过程就行了。魏老师的这个提议自然得到全班同学的一致表决通过。从此,有人迟到了,作为小错误看待,他要在自习课上给大学唱支歌,既训练了唱歌的本领,又提高了当众表演的能力。当然,唱歌时心中还隐隐地升起一种羞愧感。至于犯了重一点的错误,则需要自己去寻找做好事的机会。

陶先生与魏老师的成功就在于他们都有一颗宽容的心。教师对犯错学生的宽容,

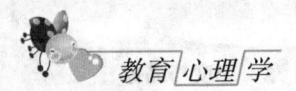

最能引发起学生心中的愧疚感，对老师产生感激之情，下意识地改掉自己的毛病。因此，宽容教育是最成功的教育形式，带着爱心与宽容心走向学生心中的教师，必将成为最成功的教育大师。

(资料来源：林华民《世界经典教育案例启示录》，农村读物出版社2004年版，第88页。)

除上述介绍的各种方法外，角色扮演、小组道德讨论等方法对于态度与品德的形成和改变也都是非常有效的。

角色扮演，既指让学生按照自己的身份做事情，也指在有的时候让他们模仿别人的角色做事情。心理学家发现，一个人在扮演角色的时候，如果所扮演的角色与自己的态度是不同的，学生很可能会逐渐改变自己原先的态度并形成新的态度。而且，这种角色扮演愈是困难，学生改变自己态度的概率就愈大。在现实的教育生活中，也有这样的事例。有些学习英语不认真的学生，被教师挑选为英语课代表以后，不仅改变了学习态度，学习成绩也有了相当的提高。

小组道德讨论是美国的布莱特提出的。小组道德讨论，主要是让道德发展水平不同的学生，在一起讨论道德两难问题。在这个过程中，道德发展水平低的学生，能够接受道德发展水平高的学生的影响，但道德发展水平高的学生却不会受到道德发展水平低的学生的影响。柯尔伯格认为，小组道德讨论，符合苏格拉底的"产婆术"的精神（"产婆术"的教学法则是为思想接生，是要引导人们产生正确的思想），所以称它为"新苏格拉底模式"。

知识巩固

1. 解释概念"态度"、"品德"、"他律"、"自律"。
2. 态度和品德的关系如何？
3. 态度与品德的形成过程与改变过程分别经历了哪几个阶段？
4. 柯尔伯格道德发展阶段论的主要内容是什么？
5. 影响态度与品德形成和改变的条件是什么？
6. 良好态度与品德培养的常用方法有哪些？

知识应用

1. 2011年4月18日，国务院总理温家宝在同国务院参事和中央文史研究馆馆员座谈时说，近年来相继发生"毒奶粉"、"瘦肉精"、"地沟油"、"彩色馒头"等事件，这些恶性的食品安全事件足以表明，诚信的缺失、道德的滑坡已经到了何等严重的地步。你认为出现这些现象的原因是什么？你觉得如何才能减少这种现象的发生？
2. 请你认真阅读下面的文章，并写出自己的感受。

在一次讨论会上，一位著名的演说家没讲一句开场白，手里却高举着一张20美元的钞票。面对会议室里的200个人，他问："谁要这20美元？"一只只手举了起来。

他接着说："我打算把这20美元送给你们中的一位，但在这之前，请允许我做一件事。"他说着将钞票揉成一团，然后问："谁还要？"仍有少数人举起手来。

他又说："那么，假如我这样做又会怎么样呢？"他把钞票扔到地上，踩上一脚，并且用脚碾它。然后他拾起钞票。钞票已变得又脏又皱。

"现在谁还要？"还是有几个人举起手来。

"朋友们，你们已经上了一堂很有意义的课。无论我如何对待那张钞票，你们还是想要它。因为它并没贬值，它依旧值20美元。人生路上，我们会无数次被自己的决定或碰到的逆境击倒、欺凌甚至碾得粉身碎骨。我们觉得自己似乎一文不值，但无论发生什么，或将要发生什么，在上帝的眼中，你们永远不会丧失价值。在他看来，肮脏或洁净、衣着齐整或不齐整，你们依然是无价之宝。"生命的价值不依赖于我们的所作所为，也不取决于我们所结交的人物，而是取决于我们本身！我们是独特的——永远不要忘记这一点！

第十一章　心理健康教育

知识点预览

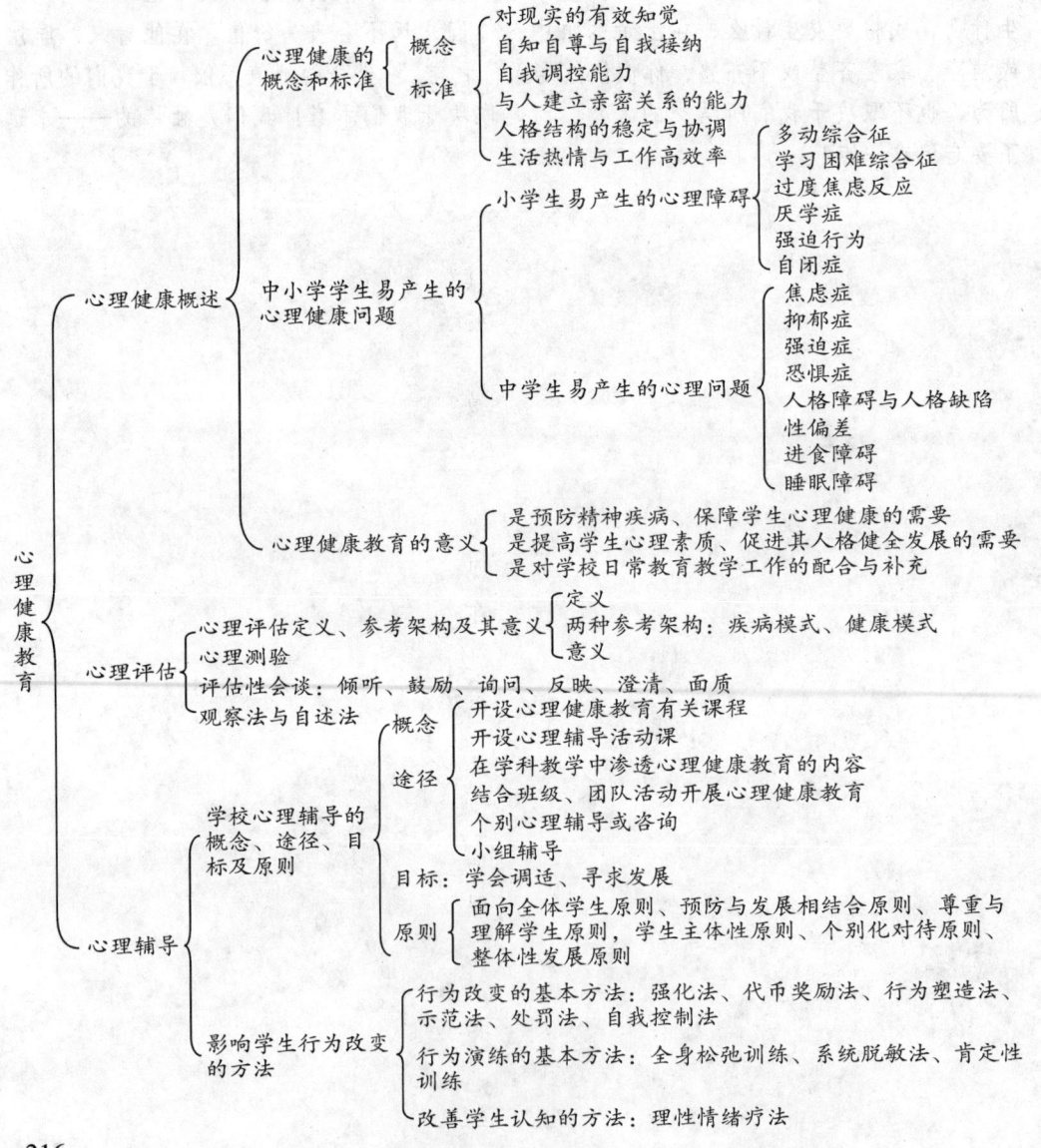

第十一章 心理健康教育

> **引言**
>
> **台湾作家三毛的自传摘录**
>
> 初二的时候，我数学总是考不好。有一次，我发现数学老师每次出考试题都会从课后的习题中选几道。当我发现这个秘密时，就每天把数学题目背下来。由于我记忆力很好，那阵子我一连考了 6 个 100 分。数学老师开始怀疑我了，这个数学一向差劲的小孩功课怎么会突然好了起来呢？一天，她把我叫到办公室，丢了一张试卷给我，并且说："陈平，这 10 分钟里，你把这些习题演算出来。"我一看上面全是初三的考题，整个人都呆了。我坐了 10 分钟后，对老师说不会做。下一节课开始时，她当着全班同学的面说："我们班上有一个同学最喜欢吃鸭蛋，今天老师想请她吃两个。"然后，她叫我上讲台，拿起笔蘸上墨汁，在我眼睛周围画了两个大黑圈。她边画边笑着对我说："不要怕，一点也不痛不痒，只是晾晾而已。"画完后，她又厉声对我说："转过身去让全班同学看一看！"当时，我还是一个不知道怎样保护自己的小女孩，就乖乖地转过身去，全班同学哄堂大笑起来。第二天早上，我悲伤地上学去，两只脚像灌了铅似的迈不动，走到教室门口，我昏倒在地上，失去了知觉。从此，我离开了学校，把自己封闭在家里。
>
> 教师不应无视孩子幼小心灵的存在，而应尊重孩子，维护孩子的心理健康。

第一节 心理健康概述

一、心理健康的概念和标准

（一）心理健康的概念

1948 年，联合国卫生组织提出关于"健康"的新概念，即"健康不仅是疾病与体弱的消失，而且是生理健康、心理健康和社会适应的完美状态"。并且指出："健康是基本人权，达到尽可能的健康水平，是世界范围内的一项最重要的社会性目标。"联合国卫生组织关于健康的这个定义，不仅包括人的生物学意义和精神上两个方面的健康状态，而且把健康问题扩展到包括一个人的社会交互影响的质量方面。把人的身心、家庭生活和社交生活的健康幸福状态都包括在内。1989 年，世界卫生组织在宣言里把健康的内容扩展为四个方面，即躯体健康、心理健康、社会适应良好和道德健康。这是健康概念的进一步深化，它使健康的范围涉及个体和群体生活的各个方面，特别是明确指出健康的社会意义。

所谓心理健康，就是一种良好的、持续的心理状态与过程，表现为个人具有生命的活力、积极的内心体验、良好的社会适应、能够有效地发挥个人的身心潜力以及作为社会一员的积极社会功能。

（二）心理健康的标准

心理健康的标准是心理健康概念的具体化。研究者归纳出心理健康的六条标准：①对现实的有效知觉；②自知自尊与自我接纳；③自我调控能力；④与人建立亲密关系的能力；⑤人格结构的稳定与协调；⑥生活热情与工作高效率。

在理解与把握心理健康标准时，主要应该考虑以下几点：

（1）判断一个人心理健康状况应兼顾个体内部协调与对外良好适应两个方面。

（2）心理健康概念具有相对性。心理健康有高低层次之分。高层次心理健康不仅是没有心理疾病，而且能充分发挥个人潜能，发展建设性人际关系，从事具有社会价值和创造性的活动，追求高层次需要满足，追求生活的意义。

（3）心理健康是一种状态，也是一种过程。心理健康不是无失败、无冲突、无痛苦，而是能在这些情况下做有效的自我调整，且能保持良好的工作效率。

（4）心理健康与否，在相当程度上可以说是一个社会评价问题。

不同社会由于其主流化、价值观念、社会规范不同，对于同一行为正常与否，往往会做出不同的判断。

二、中小学学生易产生的心理健康问题

习惯上，人们把心理问题根据其严重程度由低到高分为心理困扰、心理障碍和心理疾病。以下是中小学学生易产生的心理问题。

（一）小学生易产生的心理障碍

1. 多动综合征

多动综合征是小学生最常见的一种以注意力缺陷和活动过度为主要特征的行为障碍综合征。高峰发病年龄为8～10岁，多数在7岁之前就有异常表现，发病率达3%～10%。男童的患病率明显高于女童。

多动综合征儿童主要表现在以下三个方面：

（1）活动过多。这种儿童的多动与一般儿童的好动不一样，他们的活动是杂乱的、缺乏组织性和目的性。

（2）注意力不集中。不能专注于一种活动，做事经常有头无尾、丢三落四。

（3）冲动行为多。经常未经考虑就行动，在做集体游戏时，难以耐心等待。有时突然喊叫，袭击别人。

儿童多动综合征产生的原因既可能是先天体质上的，也可能是后天不安的环境引起精神高度紧张的结果。儿童多动综合征可在医生指导下采用药物治疗，也可采用各种行为疗法，如强化奖励法、代币奖励法等。另外，研究者采用自我教育训练方法，即发展儿童的自我对话，加强内部言语对自身行为的引导与控制作用，用以处理儿童冲动行为，获得了明显的成效。

2. 学习困难综合征

学习困难综合征在小学生中比较多见。有一组调查资料表明，19%的男童和3%

的女童，不同程度地表现出诵读困难。

学习困难学生是指那些无明显视听、智力、能力缺陷，无经济、文化环境的不良影响，而在行为与心理方面表现出相当不平衡现象，以致无法有效适应环境并且无法依靠学校通常教育方法进行有效学习的儿童。换言之，就是在智力、感觉器官都正常条件下学习效果未达到教学目标的儿童。

学习困难学生具有四个基本特征：①差异性。许多学生实际表现出来的行为与所期望的行为之间存在显著差异。②缺陷性。此类学生有特殊的行动障碍，他们在很多学科方面能学得很好，但却不能做其他儿童很容易做的事。③集中性。他们的缺陷往往集中在包括了语言或算术的基本心理过程中。④排除性。学习困难的问题不是由听力、视力或普通的心理发育迟缓问题引起的，也不是由问题或缺乏学习机会引起的。

学习困难综合征是儿童多动综合征的一种表现。但多动症学生的学习困难主要是由于好动、冲动、注意力缺陷和行为障碍所造成的；而患有学习困难综合征的学生，他们在个性发展上是健康的，不存在多动综合征学生所表现的情绪和行为问题。

3. 过度焦虑反应

过度焦虑反应是儿童情绪障碍的一种表现，其中，女生较男生常见。过度焦虑的儿童常对学习成绩、陌生环境反应敏感或担心害怕甚至惶恐哭闹，显得很不安宁。当过度焦虑反应急性发作时，除焦躁、紧张等心理反应外，还伴有睡眠不安稳、做噩梦、说梦话、食欲不振以及心慌等植物神经功能失调症状。

儿童过度焦虑反应与儿童焦虑性人格特质以及家庭、环境的影响有密切关系。儿童焦虑性人格特点如敏感、多虑、缺乏自信等往往在其父母身上也可以找到。家庭或学校教育期望过高、要求过严等不适合儿童自身发展水平的教育措施，也容易加剧儿童的焦虑反应。

4. 厌学症

厌学是由于人为因素所造成的儿童情绪上的失调状态。儿童厌学症是一种社会心理状态的产物，已越来越引起人们的关注。儿童厌学症主要表现为对学习不感兴趣，讨厌学习，对学习有一种说不出来的苦闷感。厌学症学生对教师或家长有抵触情绪，学习成绩不好，有的还兼有品德问题，严重时还会发生旷课、逃学或辍学现象。

儿童厌学症的产生主要受学校教育失误、家庭教育方式不当和社会上不良风气的影响，因此其治疗必须采用教育治疗、家庭治疗和社会治疗的方法予以矫正。

5. 强迫行为

强迫行为是儿童情绪障碍的又一表现。研究发现，7～8岁是继2岁之后正常儿童出现强迫现象的又一高峰年龄。正常儿童的强迫现象包括反复玩弄手指、摇头以及走路时喜欢反复数栏杆、触摸路旁的灯柱、踩路沿走等等。不应把儿童在特定发育年龄出现的这种强迫现象视为异常行为，只有在这类呆板、机械的重复行为造成严重的适应不良时，才可考虑是否属于病理现象。

儿童强迫行为在小学高年级男生中较常见，主要表现为强迫性洗手、强迫性计数、

强迫性自我检查、刻板的仪式动作或其他强迫行为。儿童的强迫行为不存在明显的心理冲突，只是机械地重复某些行为。儿童强迫行为除遗传因素外，主要是由社会心理因素和个人心理因素造成的。

6. 自闭症

自闭症是一种由于神经系统推敲导致的发育障碍，最本质的特征在于社交障碍。其基本特征包括：对外界事物不感兴趣；未能主动与人交往，未掌握社交技巧，缺乏合作性；语言发展迟缓，对语言理解和非语言沟通有不同程度的困难；模仿语句，如常常不断重复他人的一句话；兴趣狭窄，会极度专注于某些物体；很强的视觉-空间思维技巧。

（二）中学生易产生的心理问题

1. 焦虑症

焦虑症是以与客观威胁不相适合的焦虑反应为特征的神经症。焦虑是由紧张、不安、焦急、忧虑、恐惧交织而成的一种情绪状态，同时也是焦虑症、抑郁症、强迫症、恐惧症等各种神经症的共同特征。正常人也会出现焦虑，只是他的焦虑与客观情意的威胁是相适应的。

（1）焦虑症的表现。焦虑症主要表现为：①紧张不安、忧心忡忡、集中注意困难，极端敏感，对轻微刺激做过度反应，难以做决定；②在躯体症状方面，有心跳加快、过度出汗、肌肉持续性紧张、尿频尿急、睡眠障碍等不适反应。中学生常见的焦虑反应是考试焦虑，表现为随着考试临近，心情极度紧张，考试时不能集中注意，知觉范围变窄，思维刻板，出现慌乱，无法发挥正常水平。

（2）考试焦虑对学习效率和考试成绩的影响。考试焦虑对学习（包括复习）和考试成绩有重大影响。心理学家研究发现：当男生智力为中等水平时，焦虑程度越大，学习成绩越差；女生则在高智力组和中智力组都出现这种情况（即女生比男生受考试焦虑影响要大一些）。另外，考试焦虑低的同学在难度大的考试中成绩最佳，中等考试焦虑水平的同学在难度小的考试中成绩最好，而高焦虑的同学无论是在容易的考试中还是在困难的考试中成绩都差。

（3）焦虑症产生的原因。学生焦虑症产生的原因主要是升学的压力、家长的过高期望、学生个人的好胜心理、学业的失败体验等，以及具有容易诱发焦虑反应的人格基础——遇事易于紧张、胆怯，对困难情境作过高程度估计，对身体的轻微不适过分关注，在发生挫折与失败时过分自责。

（4）焦虑症的辅导。采用肌肉放松、系统脱敏法，运用自助性认知矫正程序，指导学生在考试中使用正向的自我对话如"成绩并不重要，学会才是重要的"，对于缓解学生的考试焦虑都有较好的效果。

2. 抑郁症

抑郁症是以持久性的心境低落为特征的神经症。过度的抑郁反应常伴有严重的焦虑感。焦虑是个人对紧张情境的最先反应，如果一个人确信这种情境不能改变或控制时，抑郁就取代焦虑成为主要症状。

（1）抑郁症的表现。抑郁症主要表现为：①情绪消极、悲伤、颓废、淡漠，失去满足感和生活的乐趣；②消极的认识倾向，低自尊、无能感，从消极方面看事物，好责难自己，对未来不抱多大希望；③动机缺失、被动、缺少热情；④躯体上疲劳、失眠、食欲不振等。抑郁症的产生主要是由心理原因造成的。

（2）抑郁症的辅导。在给抑郁症的学生进行辅导时，应注意给当事人以情感支持和鼓励；以坚定而温和的态度激励学生做一些力所能及的事情，从活动中体验成功与交往的乐趣；也可采用认知行为疗法，改变学生已习惯的自贬性的思维方式和不适当的成败归因模式，发展对自己、对未来更为积极的看法；严重的还可以服用抗抑郁药物以缓解症状。

3. 强迫症

（1）强迫症的表现。强迫症包括强迫观念和强迫行为。强迫观念指当事人身不由己地思考他不想考虑的事情，强迫行为指当事人反复去做他不希望执行的动作，如果不这样想、不这样做，他就会感到极端焦虑。强迫洗手、强迫计数、反复检查、强迫性仪式动作都是生活中常见的强迫症状。大多数人都有过强迫观念，但只有它干扰了我们的正常生活时，才是神经症的表现。

（2）强迫症产生的原因。关于强迫症产生的原因有各种不同的解释。有人认为，强迫观念与动作是我们无意识地防止具有威胁性的冲动进入意识的一种替代方式。一个忙碌于强迫性仪式的人，一个脑中充满了琐碎强迫观念的人，必然无机会思考那些具有威胁性的事件与观念。

学生强迫症的原因与学生的先天素质及性格有关。患强迫症学生的性格大都具有好思虑、犹豫不决、谨小慎微、拘谨、不敢抛头露面、沉默寡言、主观任性、过分爱干净、注意琐事、拘泥于细节、生活习惯刻板、往往有强烈的道德观念等特点。

父母的不良性格、教育方法不当等，也是强迫症的病因之一。如成人禁止子女表达负面的情感，是子女产生强迫症状的十分有代表性的背景特征。

严重的疾病、头部外伤，突然严重的心理创伤，或长期处于过度的心理紧张状态、心理负担过重等，均可诱发有关强迫症症状。

（3）强迫症的辅导。

1）日本的森田疗法。"带着症状投入生活，不把自己当病人，为所当为"，这就是森田疗法治疗强迫症的精髓所在。森田疗法在治疗强迫症时主张顺其自然、为所当为。所谓顺其自然，就是接受和服从事物发展的客观规律。想要做到这一点，强迫症学生必须正视消极体验，接受各种症状的出现，并忍受痛苦。所谓为所当为，是指在顺应自然的态度指导下的行动，控制那些可以控制之事。

2）"暴露与阻止反应"。例如，让有强迫性洗涤行为的人接触他们害怕的"脏"东西，同时坚决阻止他们想要洗涤的冲动，不允许洗涤。

4. 恐惧症

恐惧症是对特定的无实在危害的事物与场景的非理性惧怕。

（1）恐惧症的表现。恐惧症可分为单纯恐惧症（对一件具体的东西、动作或情境的恐惧）、广场恐惧症（害怕大片的水域、空荡荡的街道）和社交恐惧症。中学生社交恐惧症较多见，包括与异性交往的恐惧。患有社交恐惧症的人害怕在社交场合讲话，担心自己会因双手发抖、脸红、声音发颤、口吃而暴露自己的焦虑，觉得自己说话不自然，因而不敢抬头、不敢正视对方眼睛。

（2）恐惧症产生的原因。精神分析派观点认为，恐惧是焦虑的移置，即个人将焦虑转移到不太危险的事物之上，从而避免了对焦虑来源的忧虑。行为主义观点认为，恐惧是学习得来的，或者是由直接经验中学习得来的，如在受到狗的一次攻击后，发展起对狗的恐惧；或者是由观察学习得来的，如观察父母对某种场景的恐惧，而使自己形成同样性质的恐惧；或者是由信号学习得来的，如一个学生在采黄花时被蜜蜂蜇了，就形成了对黄花的恐惧。认知派心理学家则认为恐惧症源于个人对某些事物或情境的危险做了不现实的评估。

（3）恐惧症的辅导。系统脱敏法是治疗恐惧症的常用方法，使用这一方法最好要及时进行。想帮助学生克服学校恐惧症，一方面，父母要有坚持性和耐心，要坚决而友善地要求孩子回到学校，习惯学校生活；另一方面，学校教师应改善班级中人际关系，营造宽松、自由的学习氛围，适当减轻学习压力，使学生获得成功体验。

5. 人格障碍与人格缺陷

人格障碍是长期固定的适应不良的行为模式，这种行为模式由一些不成熟的不适当的压力应对或问题解决方式所构成。人格障碍有许多类型。例如，依赖型人格障碍者有被动的生活取向，不能决策和接受责任，有自我否定的倾向；反社会型人格障碍者有两个显著特点：一是缺乏对他人的同情与关心，二是缺乏羞耻心与罪恶感。"人格障碍"一词多用于成人，对于18岁以下的儿童或青少年的类似行为表现通常称作人格缺陷、品行障碍或社会偏差行为。

人格障碍是个体先天素质与后天教养的产物。早期失去父母的爱，从小受到溺爱而缺乏惩戒或受到不一致的惩戒，一直受到保护从未受到挫折因而没有能力体验与同情他人的痛苦，父母提供的不正确行为范例，等等，都是导致人格障碍形成的重要因素。

根据班杜拉社会学习原理，为有人格障碍的人提供良好的行为范例，奖励他们对良好行为的模仿，促使他们将社会规范与外部价值纳入到自我结构中，对于矫正他们的反社会行为有一定作用。

6. 性偏差

性偏差是指青少年性发育过程中的不良适应。如过度手淫、迷恋黄色书刊、早恋、不当性游戏、轻度性别认同困难等，一般不属于心理障碍。但对这些不适应行为，应给予有效干预。

(1) 手淫问题及其辅导。手淫问题在青春期是一个极为普遍的性行为问题。美国性学专家的一项报告指出,在美国,每个男子至少有一次以上的手淫记录。并指出,从十一二岁起青少年的手淫次数就急剧增多,14～16岁达到高峰,以后就直线下降,婚后次数逐渐减少。我国情况大致相同。

青少年学生的手淫问题,关键不在其出现率的多寡,而在于对手淫这种现象的正确认识与引导。有许多研究材料表明,青少年对手淫问题有许多不正确的看法,这些看法在不同程度上影响了他们的身体健康。有过手淫经验的青少年常对此感到内疚,手淫后感到情绪低落、担心、困惑、害怕、痛苦。他们认为,手淫有害身体、损伤大脑、有害性功能,是一种不道德的行为;还有的认为手淫是有罪的。

对于青少年学生手淫问题进行疏导与教育,最重要的是帮助他们卸掉心理包袱,使他们形成对手淫的科学认识。性科学研究表明,手淫与日后的智力、成就、社会适应及性功能等,没有必然的联系。从性道德的角度看手淫也不是什么可耻行为,更谈不上道德败坏或低级下流。手淫的真正危害,在于错误认识所导致的心理挫伤,以及过度手淫所引起的不良身心反应。当然,过度手淫仍然是一种不良行为习惯。

(2) 早恋问题及其辅导。有关部门调查表明,我国初中生约有15%、高中生约有19%的人有过早恋行为,近年来呈上升趋势。许多中学生因早恋而神情恍惚,学习意志松懈,学习成绩下降。由于早恋而受到各方面的阻拦和压力,也造成他们性格上的缺陷和情绪上的扰乱,进而影响其身心的正常发育。由于中学生在伦理判断上不够成熟、情感好冲动、意志力有限,也很容易出现出格行为,因而影响以后的生活。因此,早恋问题不容忽视。

针对早恋问题,宜导不宜堵。实践已反复证明,对早恋问题粗暴禁止、简单化处理,不仅达不到预期的目的,而且还会使事情走向反面。

中学生早恋问题的辅导和教育,要从以下几方面着手:①及时进行爱情教育,以便解除对异性吸引的神秘感和好奇心;②引导正常的异性交往,使其爱意在丰富多彩的集体活动中得到升华或提高;③对有早恋苗头的学生,要个别谈心,帮助其明确危害,正确理解爱的真谛,努力引导他们把精力转移到学习和有益的身心活动中去。

家长和教师也要注意千万不要对孩子们之间的异性交往过分敏感,不要把问题复杂化,动辄扣早恋的帽子。由于身心发展,他们对异性有想法,造成某阶段成绩下降,家长和教师不要忽视他们,以免导致他们以异性交往取代学习上的失落感。作为中学生,自己也不要内疚、自责,因为正是精力充沛、记忆力好的时期,只要为自己确立学习上的目标,就会迎头赶上的。

7. 进食障碍

进食障碍包括神经性厌食、贪食和异食癖等。其中,神经性厌食是一种由于节食不当而引起的严重体重失常。凡是由于患者厌恶进食而导致正常体重骤然下降25%者,即被视作厌食症的症状。神经性厌食症症状是对食物极端厌恶甚至恐惧,四肢无力,女生则有闭经现象。该症多发生于女生(女生比男生多20倍)。神经性厌食的形

成，可能与青少年担心发胖而极度限制饮食的错误做法以及父母过分关注孩子体形或姿态的态度有关。神经性厌食可采用行为疗法、认知疗法予以矫正。

8. 睡眠障碍

睡眠障碍包括失眠、过度嗜睡、睡行症、夜惊、梦魇等。失眠可能由压力事件、脑力或体力劳动过度引起，也可能是神经症的伴生物；夜惊可能与儿童发育阶段精神功能暂时失调有关；梦魇与学生日常情绪压力有关。可采用肌肉松弛法来治疗失眠。

三、心理健康教育的意义

（一）心理健康教育是预防精神疾病、保障学生心理健康的需要

学校是学生心理健康教育的主要场所。调查表明，我国学生心理健康状况令人担忧。近年来，各地中小学教师自发地开展各种形式的心理健康教育的直接动因是帮助学生克服各种心理障碍，预防精神疾病的发生。

（二）心理健康教育是提高学生心理素质、促进其人格健全发展的需要

学生在成为一名独立的社会成员之前，会经历一系列发展中的矛盾与人生课题，儿童所经历的心理冲突、矛盾和困扰是比较特殊的。儿童迫切希望教师在尊重他们日益增长的独立性的前提下，给予他们人生之旅以真诚的指导和帮助。从更积极的意义上说，心理健康教育的目的是提高学生心理素质，促进其人格健全地发展。

（三）心理健康教育是对学校日常教育教学工作的配合与补充

通过心理健康教育，改善学生心理素质，可以为有效实施道德教育提供良好的心理背景。

第二节 心理评估

一、心理评估定义、参考架构及其意义

（一）心理评估的定义

心理评估是指依据用心理学方法和技术搜集得来的资料，对学生的心理特征与行为表现进行评鉴，以确定其性质和水平并进行分类诊断的过程。心理评估既可采用标准化的方法如各种心理测验，也可以采用非标准化的方法如评估性会谈、观察法、自述法等。

（二）心理评估的两种参考架构

现有的评估手段是在两种参考架构——疾病模式和健康模式的基础上制定的。

1. 疾病模式

疾病模式的心理评估旨在对当事人心理疾病的有无以及心理疾病的类别进行诊断。

2. 健康模式

健康模式的心理评估旨在了解健康状态下的心智能力及自我实现的倾向。健康模

式的心理评估关注的是人的潜能、人的价值实现的程度、人的心理素质改善的程度，在学校心理健康教育中应受到高度重视。

（三）心理评估的意义

1. 心理评估是有针对性地进行心理健康教育的依据

心理健康教育、心理辅导与咨询是一项高度个别化的教育工作。为了有针对性地开展工作，制订正确的辅导与咨询方案，首先必须正确找出个体的问题症结并了解其所处环境的特征，准确地把握其认识世界的独特观念。

2. 心理评估是检验心理健康教育效果的手段

心理评估不但是了解个体心理健康水平及其行为表现的工具，也是评价心理健康教育绩效的工具。心理健康教育成效如何，只能从学生个人或群体心理症状的减轻、心理素质的改善来加以确认。

二、心理测验

心理测验是为心理评估搜集数量化资料的常用工具。测验通过测量人的行为，去推测受测者个体的智力、人格、态度等方面的特征与水平。

按照所要测量的特征，大体上可把心理测验分为认知测验和人格测验。认知测验包括智力测验、特殊能力测验、创造力测验、成就测验。人格测验包括多项人格调查表、兴趣测验、成就动机测验、态度量表等。

需要注意的是，各种标准化的测验，特别是智力测验的施测与解释，都要求由经过专门培训的施测人员来进行。教师在选择测验时，必须充分考虑测验的意图、测验的适用年龄、测验的方式和性质等；特别是在对测验结果的解释上，更是谨慎从事，不能迷信测验分数，而应当把测验看做一种检测学生某个方面特点的工具，并与其他信息来源结合在一起，这样才能充分发挥心理测验的功能。

三、评估性会谈

会谈是心理咨询与辅导的基本方法。会谈可分为评估性会谈与影响性会谈。会谈法的优点是：在会谈中可以当面澄清问题，以提高所获得资料的准确性，通过观察会谈过程中双方的关系及学生的非言语行为，可以获得许多重要的附加信息。为了使会谈富有成效，辅导教师要运用一些专门的技术。

（一）倾听

倾听是专注而主动地获取信息的过程，是建立良好辅导关系的手段。倾听不会给对方造成心理压力，可以减少对方的心理防卫。倾听应该采取开放的态度，同对方保持目光接触，注意获取言语沟通与非言语沟通信息。

（二）鼓励

辅导教师应向对方提供鼓励信息，如说"嗯，我懂"、"请继续讲"等。

（三）询问

不要提过多的问题，少提封闭式问题，多提开放式问题，如"你能说说原因吗"。不但要问事实，还要问看法和感受，如"我想知道你对这事的感受如何"。

（四）反映

反映就是辅导教师将来访者表达出的思想、观念或流露出的情绪，加以综合整理，用自己的言语再表达出来，以协助学生更好地了解自己。

（五）澄清

当事人处于思想困扰时，其思考与言语表达往往不明确。辅导教师应把当事人的不连贯的、模糊的、隐含的想法和感受说出来，帮助对方理出思想眉目。

（六）面质

当发现来访者前后说法不一致，辅导教师可以向他提问，以协助其弄清自己的真实感受。

四、观察法与自述法

（一）观察法

观察法是按照研究目的，有计划、有系统地直接观察学生个体的行为表现，对所观察的事实加以记录和客观地解释，以了解学生心理和行为特征的一种方法。记录方式通常有三种，即项目检核表、评定量表、轶事记录。

（二）自述法

自述法是通过学生书面形式的自我描述来了解学生生活经历及内心世界的一种方法。日记、周记、作文、自传、内心独白都是自述法的具体形式。

第三节　心理辅导

一、学校心理辅导的概念、途径、目标及原则

（一）心理辅导的概念

心理辅导是指在一种新型的建设性的人际关系中，学校辅导教师运用其专业知识和技能，给学生以合乎其需要的协助与服务，帮助学生正确地认识自己、认识环境，依据自身条件，确立有益于社会进步与个人发展的生活目标，克服成长中的障碍，增强与维持学生心理健康，使其在学习、工作与人际关系各个方面做出良好适应。

（二）心理辅导的途径

开展心理健康教育的途径多种多样，不同学校应根据自身的实际情况灵活选择与使用，注意发挥各种途径的综合作用，增强心理健康教育的效果。在学校开展心理健康教育有以下几条途径：①开设心理健康教育有关课程；②开设心理辅导活动课；③在学科教学中渗透心理健康教育的内容；④结合班级、团队活动开展心理健康教育；

⑤个别心理辅导或咨询；⑥小组辅导。

（三）心理辅导的目标

学校心理辅导的一般目标与学校教育目标是一致的，但心理辅导只是学校教育的一个方面，其目标应有自己的独特之处。综合多数学者意见，可以把心理辅导的一般目标归纳为两个方面：第一是学会调适，包括调节与适应；第二是寻求发展。这两个目标中，学会调适是基本目标，以此为主要目标的心理辅导可称为调适性辅导；寻求发展是高级目标，以此为主要目标的心理辅导可称为发展性辅导。简言之，这两个目标就是要引导学生达到基础层次的心理健康与高层次的心理健康。

（四）心理辅导的原则

1. 面向全体学生原则

学校心理辅导是通过对学生的引导、指导、协助和服务，来促进学生的成长和发展。当我们对全体学生的辅导工作做得有成效时，学生的问题便少发生或容易解决。因此，我们在制订辅导计划时要着眼于全体学生，确定心理辅导活动内容时要考虑大多数学生共同需要与普遍存在的问题，组织团体辅导活动时要创造条件让尽可能多的学生参与其中，特别是要给那些内向、沉静、腼腆、害羞、表达能力差、不太引人注目的学生提供参与和表现的机会，使全体学生都得到有效的心理辅导。

2. 预防与发展相结合原则

预防是指帮助学生掌握有关知识和技能，学会人际交往，学习自主地应付由挫折、冲突、压力、紧张等带来的种种心理困扰，减轻痛苦、不适的体验，保持正常的生活秩序与学习效率。发展是指导学生树立有价值的学习与生活目标，认清自身的潜力和可利用的资源，承担生活责任，发挥个人潜能，使生活过得健康、充实、有意义。在预防的同时要追求发展（发展也是积极的预防），两者相互配合、相互促进。因为心理健康不仅指没有心理疾病、行为符合规范，而且意味着积极的理想追求、良好的社会功能、高效率的学习状态、和谐与友好的人际关系、独立自主的人格和丰富多彩的精神生活等。

3. 尊重与理解学生原则

"尊重与理解"是心理辅导过程中对待学生态度应该遵循的基本原则。尊重就是尊重学生的人格与尊严，尊重每个学生平等的权利。理解则要求教师以平等的态度，按学生的所思所想、所作所为、所感受的本来面目去了解学生。做到了尊重与理解，师生之间达到心灵沟通，从而产生一种"遇到自己人"的感觉。只有教师尊重学生时，学生才会尊重自己，珍惜自己的成绩和进步，体验到做人的尊严感。而自尊、自重、自信正是健全人格的重要特征，是心理辅导追求的重要目标之一。学生如果被教师尊重和理解，他就会信任教师，愿意向老师倾吐内心的思虑、惶恐、苦闷。这种良好的师生关系，是心理辅导获得成效的基本条件。

建立平等尊重的咨访关系，是心理辅导能否取得成效的前提和基础。首先，要尊重来访学生的人格和身份，形成良好的信任和依赖关系，这是取得圆满咨询结果的重

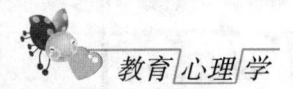

要保证。其次，要理解角色差异，善于换位思考。对学生进行心理辅导，要出自真诚的理解，体现老师对学生的爱心和人文关怀，做到一视同仁、人格平等，以此作为心理辅导取得积极效果的根本出发点。

贯彻这一原则应考虑到以下三个方面：

(1) 尊重学生个人的尊严，以平等的、民主的态度对待学生。在教育教学过程中，教师不能居高临下训斥学生，不能羞辱、挖苦、讽刺学生，不能用粗暴的强制性手段解决学生身上的问题。不论学生在谈话中说出怎样的消极、不正常、不好听的话，教师都要尊重他、接纳他，认真倾听他的诉说、设想他的内心感受，要蹲下身来看学生。

(2) 尊重学生的选择。辅导教师承认每个学生是自主的，具有抉择的能力和作决定的权利。教师不能强迫学生选择什么，只是向学生提供资料和建议、提供认知前提，使学生对自己的选择承担责任。

(3) 运用同感的态度和技术加深对受辅导学生的理解。在同学生谈话中，教师不但要理解学生明确表达出来的思想和感受，而且要觉察出学生故意回避，或以隐喻形式透露出来的深层含义，"透过受辅导学生的眼睛看世界"，并要在辅导中把教师对学生的这种理解反馈给学生，使学生感受到教师对他的尊重、理解和接纳，从而抛开心理上的防范，对自己的内心世界作更自由的、深入的探索。

4. 学生主体性原则

我们在心理辅导中要尊重学生的主体地位。这是因为心理辅导促进学生成长与发展，而成长与发展从根本上说是一种自觉的和主动的过程。心理辅导是一种助人自助的过程。"助人"只是手段，让学生"自助"才是目的，目标是发展学生自我理解与自我指导的能力。青少年时期是学生自我意识、独立倾向快速发展时期，学生渴望通过自己独立思考与主动探索解决面临的问题。此时，他们对外界的压力和成人的过度保护往往表示反感。在辅导中充分发挥学生主体作用，使学生形成独立个性的需要而得到满足。

贯彻学生主体性原则应考虑到以下三个方面：

(1) 开设心理辅导活动课要以学生需要为出发点。心理辅导不以传授系统学科知识为目的，其内容的选取与安排应充分考虑到学生的需要，围绕学生关心的实际问题来进行。

(2) 尊重学生主体地位，鼓励学生"唱主角"。在活动设计中要给学生发挥想象留有余地，在辅导过程中要鼓励学生发表看法、宣泄情感、探索解决问题的办法。在同学生沟通的过程中，作为协助者，教师应避免使用"你听我说"、"我告诉你"之类的命令式与灌输式的口吻；宜用鼓励性的、商量式的语气说话，例如"请听听我的意见"、"我想做一点补充"、"如果这样看是不是更全面"等。

(3) 开展活动是学校心理辅导的基本形式。因为活动可以吸引更多学生参加，可以满足学生自我表现的欲望，使学生进入特定情境，有更充分的情感投入。

5. 个别化对待原则

重视学生个别差异，强调对学生的个别化对待，是学生辅导的精髓。

贯彻个别化对待原则应考虑到以下四个方面：

（1）注意对学生个别差异的了解。教师不但要了解学生的共性，更要注重了解学生的个别性、差异性；通过一对一、面对面的接触来真正了解一个学生，恰当处理学生的害羞、自卑、防卫心理带来的沟通障碍。

（2）对不同学生实行区别对待。心理辅导是一种颇具弹性的助人活动方式。我们要充分考虑学生的年龄特征、性别特征、个性特征，灵活应用心理辅导的通用原理，找出适合每个学生的处置方法，才能做到事半功倍。

（3）认真做好个案研究。个案研究是一种重视学生个别差异的辅导方法，对象是单个学生，通常是特殊学生。开展个案研究，积累个案资料，有利于深入探索个别化教育的经验，提高个别辅导的实效。

（4）制定个别化对待的特殊目标。个别化对待的特殊目标是针对个别学生的特殊问题，根据心理辅导过程中特定的要求所确定不同层次的具体目标。

6. 整体性发展原则

心理辅导追求学生人格的整体性发展。从社会价值取向看，它重视学生德、智、体全面发展；从满足学生自我完善的需求看，它注重学生知、情、意、行几方面协调发展。心理辅导的对象是完整的活生生的人，而不是人的局部、人的智能侧面，或仅仅是人的心理障碍。

贯彻这一原则应考虑到以下两个方面：

（1）树立学生个性全面发展的观念。不论从事哪一个领域的辅导，都要关注学生人格整体的完善。

（2）不宜把心理辅导课程变为单纯的知识传授课。心理辅导涉及学生知识、社会技能、情感、态度、价值等方面的学习，而不仅是让学生掌握知识。因此，开展多种多样的活动就显得十分必要。

另外，严格保密和坚守诚信，是维护心理辅导工作信誉以及心理辅导工作的需要，这是能否有效进行辅导的根本性问题。必须做到为来访学生保守秘密，尊重个人隐私，这是每一个辅导老师的基本职业道德，也是其义不容辞的职责。

二、影响学生行为改变的方法

良好的辅导关系是心理辅导工作的前提。辅导教师与学生之间要建立起一种新型的、建设性的、具有辅导与治疗功能的人际关系。其主要特点是：①积极关注；②尊重；③真诚；④同感——辅导教师设身处地地去体会受辅导学生的内心感受，进入到他的内心世界之中。

（一）行为改变的基本方法

行为改变的基本方法有强化法、代币奖励法、行为塑造法、示范法、处罚法、自我控制法等。

1. 强化法

根据学习原理，一个行为发生后，如果紧跟着一个强化刺激，这个行为就会再一次发生。例如，一个学生不敢同老师说话，学习上遇到了疑难问题也没有勇气向老师求教，当他一旦敢于主动向老师请教并得到老师的表扬和耐心解答，这个学生就能学会主动向老师请教的行为方式。

2. 代币奖励法

代币是一种象征性强化物，筹码、小红星、盖章的卡片、特制的塑料币等都可作为代币。代币疗法的实施步骤：第一，确定所要矫治的目标行为；第二，确定实质性强化措施的性质，如代币的用途等；第三，让来访者相信代币的作用；第四，规定完成各项特定行为时给予代币的量、实际强化物的价值以及如发生不良行为是否要扣回代币等。

心理学家凯茨登等人对代币与实物强化进行了比较，总结出代币在治疗及矫正过程中的优点有以下方面：①预期行为发生后，往往很难给予立即的实物强化，代币可以弥补这一时间上的延迟；②任何时间都可以用代币来对预期行为进行强化；③使用代币可以无需间断地进行强化，从而弥补了有时候弥补行为需要持续一段时间并按顺序进行，而又不可能将实物强化物分割成很多部分来给予的缺陷；④使用代币所需要的条件相对较少，从而有利于其他强化作用的发挥；⑤获得实物奖励，可能使获奖者产生饱足感，从而降低强化的作用，而代币可避免饱足感的产生；⑥代币可满足获奖者对实物强化的不同偏好；⑦弗斯特等人发现，将多种强化实物结合，其作用可以累加。因此，采用可换取多种实物的代币，较之单一的实物强化，其激励作用更大。

在学校心理教育工作中，代币疗法在治疗学生的不良行为、上课注意力不集中、做小动作以及学习成绩不佳等方面都取得了很好的疗效，已被广泛运用于学生不良行为的矫正。

3. 行为塑造法

这是根据斯金纳的操作条件反射原理而设计的培育和养成新反应或行为的一项行为治疗技术。主要是通过不断强化逐渐趋近目标的反应，来形成某种较复杂的行为。具体操作一般有五个步骤：①由治疗者与来访者一起确定最终要达到的目标行为；②选择为实现最终目标所需要塑造的靶行为；③确定行为塑造的起点；④设计逐步逼近最终目标应采取的步骤与每一步骤的子目标；⑤确定达到每一子目标的有效强化物或奖励。

行为塑造法的运用，不仅要求来访者的积极参与，而且也需要来访者周围有关人员的参与（如老师、家长等）。在具体运用中，还应注意以下几个方面：①目标行为要明确；②正确把握塑造行为的起点，过高或过低的起点水平对塑造新行为皆不利；③塑造的步子要适宜，一般倾向于小步子；④塑造的步子不宜太快或太慢。

4. 示范法

示范法是通过来访者观察和模仿来矫正其适应不良行为与神经症反应的，1967年由班杜拉等人首创。其基本原理是：人的各种行为，无论是适应性行为还是不良行为，都是通过后天学习获得的。因此，同样的方式也可以改变不良行为，或重新学习适应性行为。

示范疗法适用于矫正恐惧症、遗尿、攻击行为、懒散行为、社交障碍等。具体做法大多是运用图片、录像、现实榜样，并同时配以积极强化。

在运用示范疗法时，还要注意：①示范者与观察者在性别、年龄、身份等方面相似性越高，观察模仿学习的效果就越好；②示范和观察之间的匹配性越紧密，观察者模仿学习的效果也就越好。这对临床应用有直接的实践意义。观察、模仿教师呈示的范例（榜样），是学生社会行为学习的重要方式。模仿学习的机制是替代强化。替代强化的含义是：当事人（学习者）因榜样受强化而使自己也间接受到强化。由于范例的不同，示范法有以下几种情况：辅导教师的示范，他人提供的示范，电视、录像、有关读物提供的示范，角色的示范。

5. 处罚法

处罚的作用是消除不良行为。处罚有两种：一是在不良行为出现后，呈现一个厌恶刺激（如否定评价、给予处分）；二是在不良行为出现后，撤销一个愉快刺激。

6. 自我控制法

自我控制是让当事人自己运用学习原理，进行自我分析、自我监督、自我强化、自我惩罚，以改善自身行为。从理论指导来说，它是一种经过人本主义心理学改善过的行为改变技术。其好处是强调当事人（学生）个人责任感，增加了改善行为的练习时间。

（二）行为演练的基本方法

1. 全身松弛训练

全身松弛训练或称松弛训练，是通过改变肌肉紧张，减轻肌肉紧张引起的酸痛，以应对情绪上的紧张、不安、焦虑和气愤。这种松弛训练法由雅各布松在20世纪20年代首创，经后人修改完成。其要点是，训练者要学会接受自身生理状态的信息，辨认肌肉紧张、放松的感觉，对肌肉做"紧张—坚持—放松"的练习，从紧张与放松的感觉对比中学会放松；对全身多处肌肉按固定次序依次放松，每日练习，坚持不断。

2. 系统脱敏法

此法为美国心理学家沃尔帕首创，主要用于治疗恐惧症，如对减轻学生考试表现的恐惧有明显的治疗效果；同时，也适用于其他以焦虑为主要症状的行为障碍，如口吃、强迫症等等。

具体做法是治疗者与来访者共同设计出一个能引起恐惧感的由轻到重的恐惧事物分级表，然后要求来访者在放松的状态下逐级训练，想象恐惧事物同时放松，等恐惧感接近消失时，再升级想象更恐惧的内容。按恐惧事物分级表想象完成后，再过渡到真实事物的逐级训练。

在系统脱敏治疗中，注意来访者对放松训练的反应很重要。因为有些来访者要他放松时反而更紧张。因此，要建立来访者对治疗的信心。治疗时，来访者应坐在舒适的扶手椅上，治疗地点要隔音，治疗者要用温和而单调的语声促进来访者放松。

采用系统脱敏法治疗时须掌握的要点有：①帮助来访者建立对治疗的信心，要求来访者积极配合，坚持治疗；②在引起焦虑的刺激参照时，要求来访者不发生任何回避行为或意向，因为回避能强化恐惧的心理生理反应；③每一次治疗后，要与来访者进行讨论，对其成功加以赞扬，以强化来访者适应性行为。

使用系统脱敏法常常遇到的难题有三个：①放松困难。此时要注意检查是否有妨碍放松的因素（如环境嘈杂、座位不舒适），要求来访者想象最令人松弛和愉快的情境，治疗者在一旁施加言语暗示。必要时同时给予小量抗焦虑药物。②设计等级困难。通常是由于病史采集不全所致，可通过向其周围人了解，进一步收集资料加以解决。③来访者不会作视觉想象，这是一个真正的困难，将导致系统脱敏法无法实施。但有些来访者想象可怕情境有困难，可让其先想象自然情境或想象愉快事件后再想象可怕情境，获得想象能力，再施以系统脱敏法。

3. 肯定性训练

肯定性训练也称自信训练、果敢训练，其目的是促进个人在人际关系中公开表达自己真实情感和观点，维护自己权益也尊重别人权益，发展人的自我肯定行为。自我肯定行为主要表现在三个方面：①请求。请求他人为自己做某事，以满足自己合理的需要。②拒绝。拒绝他人无理要求而又不伤害对方。③真实地表达自己的意见和情感。实际生活中，许多学生表现出的是不肯定行为。例如，谈话时眼睛不敢看对方，不敢提出合理要求，不敢拒绝别人的无理要求，不敢表示自己的不满情绪；与同学发生矛盾时不敢正面解决问题，而是找老师；等等。

肯定性训练是通过角色扮演以增强自信心，然后再将学得的应对方式应用到实际生活情境中。通过训练，当事人不仅减低了焦虑程度，而且提高了应对实际生活的能力。

（三）改善学生认知的方法

认知疗法是根据认知过程影响情感和行为的理论假设，通过认知和行为技术改变学生不良认知的一类心理治疗方法的总称。认知疗法中比较著名的是理性情绪疗法（情绪 ABC 理论）。这是由美国心理学家阿伯特·艾里斯于 20 世纪 50 年代末提出的。其基本观点是，一切错误的思考方式或不合理的信念是心理障碍、情绪和行为问题的症结。理性情绪疗法认为，人的情绪和行为反应不是由某一诱发性事件本身引起的，而是由经历这一事件的人对该事件的解释和评价引起的。而人的想法，来源于人的信念。合理的信念能使个体对事物做出恰当的认识，产生恰当的情绪和行为反应；而不合理的信念则使人产生不恰当的情绪和行为反应。因此，理性情绪疗法主要是治疗者对来访者不合理信念的诘难，一般采用有针对性的、直接有系统的提问方式，使来访者逐步认识信念或信念系统是引起情绪或行为反应的直接原因，使之对自己不合理的信念产生动摇，进而取得疗效。

理性情绪疗法具体说来有五个步骤（ABCDE）：

A. 个体遇到的主要事实、行为、事件。
B. 个体对 A 的信念、观点。
C. 事件造成的情绪结果。
D. 个体对某种观念的驳斥。
E. 个体形成的新观念及正向情绪。

理性情绪治疗是一项具有浓厚教育色彩的心理治疗法。台湾学者吴丽娟在此基础上编拟了"理性情绪教育课程"。该课程首先让学生分辨理性观念与非理性观念，然后试图驳斥非理性观念。以下是一实例。

A. 事件："考不好，受父母训斥。"
B. 观念："同学会取笑我，真丢面子。"
C. 情绪：难过、沮丧。
D. 驳斥：这不是事实，只是我的主观想法，怎么知道同学会取笑？即使有人取笑，难道我就真的无法忍受？
E. 新观念：可能无人取笑我；被取笑只是一时，只要用功，成绩可以改善；何况我还有其他长处。

上面我们分别介绍了一些基本的辅导方法，在学校心理辅导实际活动中，我们应根据辅导目标的要求，综合运用各种方法，形成一个统一的辅导工作的基本模式。

知识巩固

1. 心理健康的标准有哪些？
2. 小学生易产生的心理障碍有哪些？
3. 中学生常见的心理问题有哪些？
4. 什么是心理评估？心理评估的意义和技巧有哪些？
5. 学校心理健康教育的原则和途径有哪些？
6. 心理辅导的方法有哪些？

知识应用

学生 A，15 岁，高一男生。看似比较懂事，内向，平常不容易被老师、同学发现和注意。本学期发生的两件事让同学和老师都很意外。一次是将家长给他上交给老师的晚托班费"弄丢"了，死活不承认是自己用做他途了。另一次是因为过生日家长未买蛋糕而向任课老师发脾气。平常喜欢说谎，喜欢将所有的错误与不对归结到他人身上，而自己却无错可改。运用本章相关的知识，分析该生出现上述现状的原因，并设计一个方案来帮助他。

第三编
教师与教学心理

第十二章 教师心理

知识点预览

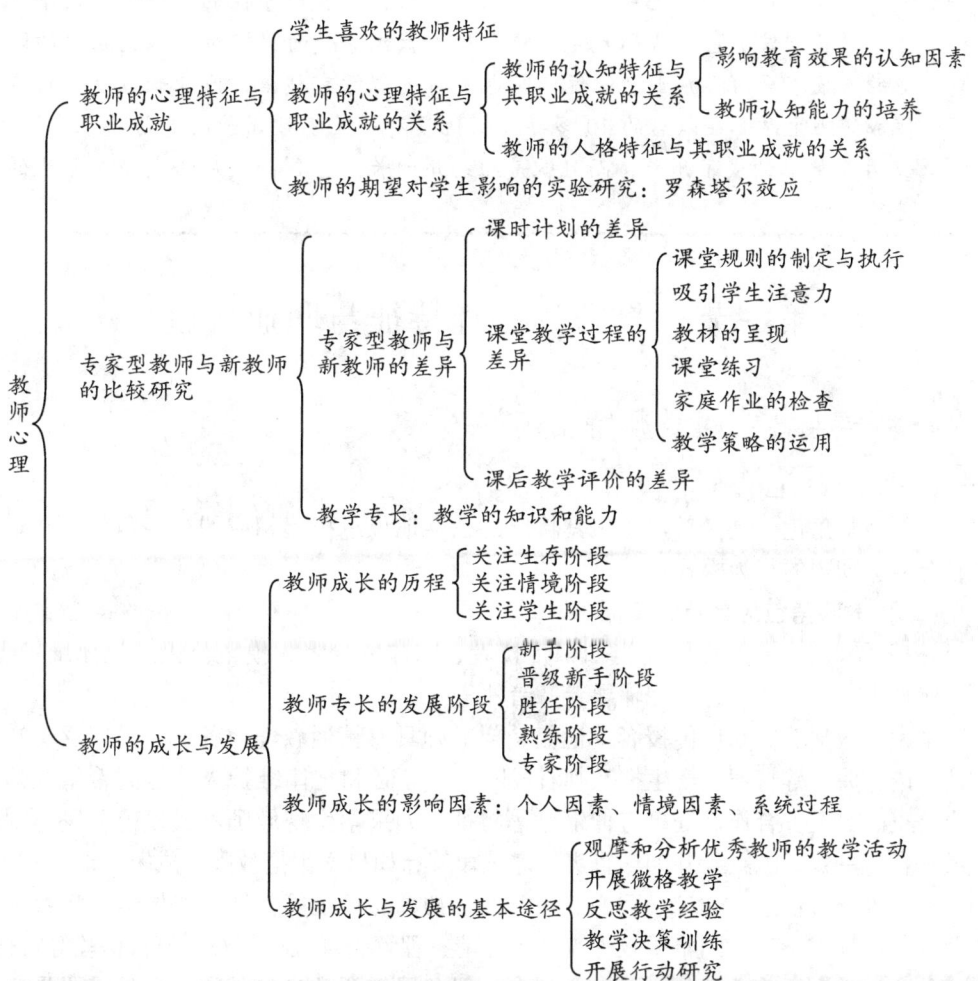

> **引言**
>
> **从 5 吨船长到纽约州长**
>
> 1961 年的皮尔·保罗被聘为诺必塔小学的董事兼校长。当时正值美国嬉皮士流行的时代。他走进诺必塔小学的时候,发现这儿的孩子比"迷惘的一代"还要无所事事。他们旷课、斗殴,甚至砸烂教室里的黑板。当罗杰·罗尔斯从窗台上跳上跳下,伸着小手走向讲台时,皮尔·保罗说,我一看你修长的拇指就知道,将来你会成为纽约州的州长。保罗校长的这句话让罗杰·罗尔斯大吃一惊,因为长这么大,只有他奶奶让他振奋过一次,说他可以成为 5 吨重的小船的船长。这一次皮尔·保罗先生竟说他可以成为纽约州州长,确实出乎他的意料。他记下了这句话,并且相信了它。从那天起,纽约州州长就像一面旗帜时时飘扬在他的眼前。他的衣服不再沾满泥土,他说话时也不再夹着污言秽语,他开始挺直腰杆走路,他成了班主席。在以后的 40 多年间,他没有一天不按州长的身份要求自己。51 岁那年,他真的成了州长,而且就是纽约州州长。可见,教师的期望对学生的影响是终生的。

第一节 教师的心理特征与职业成就

一、学生喜欢的教师特征

(一)教师角色

所谓教师角色,是指教师按照其特定的社会地位承担起相应的社会角色,并表现出符合社会期望的行为模式。

(二)教师角色应具有的特征

心理学家认为,教师要充当知识传授者、团体领导者、模范公民、纪律维护者、家长代理人、亲密朋友、心理辅导者等诸种角色。

学生把教师看成知识传授者,他们希望教师具有精通教学业务、兴趣广泛、知识渊博、语言明了等特征;学生把教师看成团体领导者和纪律维护人,他们希望教师表现出公正、民主、合作、处事有伸缩性等特征;如果学生把教师看成模范公民,则要求教师言行一致、幽默、开朗、直爽、守纪律等;如果学生把教师看成家长的代理人,则希望教师具有仁慈、体谅、耐心、温和、亲切、易接近等特征;如果学生将教师看成朋友、心理辅导者,则希望教师表现出同情、理解、真诚、关心、值得信赖等特征。

总之,学生喜欢的教师不仅需要具有一般公民需要的良好品质,而且需要具备教师职业所需要的特殊品质。

二、教师的心理特征与职业成就的关系

(一) 教师的认知特征与其职业成就的关系

1. 影响教育效果的认知因素

教师所具备的教育和培养儿童的才能,是使教育活动获得成功的重要条件之一。教师的认知特征在一定程度上决定了他的教育才能。根据经验推论,教师的智力应该与他的教学效果有很大的关联。但研究统计表明,两者的关联并不十分显著。而国外的研究材料表明,教师的知识水平与学生成绩间无显著相关或相关很弱。

多项研究表明,在智力与知识达到一定水平之后,教师的表达能力、组织能力、诊断学生学习困难的能力以及他们思维的条理性、系统性、合理性与教学效果有较高的相关。学生知识的学习同教师表达的清晰度有显著的正相关,教师讲解得含糊不清与学生的学习成绩有负相关;教师思维的流畅性与他们的教学效果有显著的正相关。教师的这些特点对小学生的影响更大。

2. 教师认知能力的培养

以上研究结果启示我们,教师需要某些特殊能力,其中最重要的可能是思维的条理性、逻辑性以及口头表达能力和组织教学活动的能力。

(1) 教师思维能力的培养。所谓思维的条理性、逻辑性,是指在考查问题时,遵循严格的逻辑顺序,在推论中有充足的逻辑依据。教师虽然主要是向学生传授课本知识,但是如何传授、如何处理教材内容之间的关系,特别是对于一些现实生活中的新问题,需要教师在备课的过程中重新理解、重新思考、研究、加工、创造。在教学过程中,讲课要合乎逻辑规律,重视推理过程。

教师思维能力的培养关键在于提高语言表达能力。从思维与语言的关系来看,思维是内部语言在头脑中进行的一种心理过程。内部语言不像外部语言那样,它要求很强的逻辑性与条理性,它通常是以简化、压缩、跳跃的形式出现。

如果教师能够经常把内部语言转化为外部语言,由外部语言再转化为书面语言,那么,教师的思维能力必将得到迅速的提高。

(2) 教师口头表达能力的培养。由于教学主要是以口语为媒介进行的,因而口头表达能力显得特别重要。教师的口语应做到:准确简练、叙述连贯、逻辑性强;通俗易懂、设问多、比喻多、停顿多,讲究艺术、富于情感。口头表达能力要在实践中经过长期的锻炼才能提高。教师在进行有意识的自我培养过程中,要力求做到"八不要":第一,不要拖泥带水,喋喋不休;第二,不要颠三倒四,不知所云;第三,不要满口专业术语,故作高深;第四,不要滥用辞藻,词不达意;第五,不要不懂装懂,误人子弟;第六,不要干巴枯燥,平淡乏味;第七,不要挖苦讥笑,低级趣味;第八,不要陈词滥调,生搬口号。

(3) 教师组织教学活动能力的培养。组织教学活动同样是教师应具备的最基本的能力。有关研究指出,教师组织教学活动的能力与学生的学习质量有密切的关系。良

好的组织教学活动的能力要求教师善于根据教学目的、教材内容和学生的认知水平组织策划课堂教学活动。

(二) 教师的人格特征与其职业成就的关系

教师人格是指以教师角色为其重要的社会角色的教师主体，在其生理素质的基础上，在履行角色责任和义务中自觉形成的相应的和相对稳定的心理特征的总和。

关于教师人格的作用，被广泛接受的是乌申斯基的观点："教师人格对于年轻的心灵来说，是任何东西都不能代替的最有用的阳光；教育者的人格是教育事业的一切。"

研究材料表明，在教师的人格特征中有两个重要特征对教学效果有显著影响：一是教师的热心和同情心，二是教师富于激励和想象的倾向性。有研究表明，有激励作用、生动活泼、富于想象并热心于自己学科的教师，他们的教学工作较为成功。在教师的激励下，学生的行为更富有建设性。还有研究发现，教师对学生思想的认可与学生成绩有正相关的趋势，尽管教师的表扬次数与学生成绩之间未发现明确的关系，但教师的批评或不赞成次数与学生成绩之间却存在着负相关。

三、教师的期望对学生影响的实验研究

期望是教师基于对学生已有智力、学业或品德水平等方面的评价，表现出的是对学生未来可能达到的水平的估计。教师对学生的期望通过教师自觉或不自觉的言行直接或间接作用于学生，在学生身上产生意想不到的教育效果。

美国心理学家罗森塔尔做了一项实验，研究教师的期望对学生成绩的影响。他来到一所乡村小学，给各年级的学生做语言能力和推理能力的测验。测完之后，他并没有看测验结果，而是随机选出20%的学生，告诉他们的老师说这些孩子很有潜力，将来可能比其他学生更有出息。8个月后，罗森塔尔再次来到这所学校，奇迹出现了，他随机指定的那20%的学生成绩果然有了显著提高。

为什么会出现这种情况呢？是教师的期望起了关键作用。教师们相信专家的结论，相信那些被指定的孩子确有前途，于是对他们寄予了更高的期望，投入了更大的热情，更加信任、鼓励他们。这些孩子感受到教师对自己的信任和期望，自信心得到增强，因而比其他学生更努力、进步得更快。罗森塔尔把这种期望产生的效应称之为"皮格马利翁效应"。皮格马利翁是希腊神话中的一位雕刻师，他耗尽心血雕刻了一位美丽的姑娘，并对她倾注了全部的爱。上帝被雕刻师的真诚打动了，使姑娘的雕像获得了生命。

这项实验告诉我们，教师对学生的期望会在学生心理上产生巨大的影响。教师以积极的态度期望学生，学生就可能会朝着积极的方向改进；相反，教师对学生的偏见也能产生消极的结果而影响学生的学习积极性。

当然，在实际教育情境里，教师期望效应的发生，既取决于教师自身的因素，也取决于学生的人格特征、原有认知水平、归因风格、自我意识等心理因素。

第二节　专家型教师与新教师的比较研究

专家与新手比较研究是认知心理学家研究专门领域的知识时经常采用的方法。其研究步骤大致可分三步：选出某一领域内的专家和新手，给专家和新手提出一系列任务，比较专家和新手怎样完成这一任务。

一、专家型教师与新教师的差异

新教师主要指刚走上工作岗位 1～2 年的教师或是在中小学实习的师范大学毕业生。专家型教师是指从教 15 年以上，具有丰富的和组织化了的专业知识，能高效率地解决教学中的各种问题，富有职业洞察力和创造力的教师。

教师成长的过程实际上就是教师从新手成长为专家的过程。根据研究结果，专家型教师和新教师在课时计划、课堂教学过程和课后教学评价三个方面都存在差异。

（一）课时计划的差异

课时计划通常分为两种，一种是写成书面的教案，另一种是教师头脑内的课时计划。对教师课时计划的分析表明，与新教师相比，专家型教师的课时计划更简洁、灵活、以学生为中心并具有预见性。这些体现在以下几点：

（1）专家型教师的课时计划只是突出了课的主要步骤和教学内容，并未涉及一些细节；相反，新教师却把大量时间用在课时计划的一些细节上。

专家型教师认为，教学的细节方面是由课堂教学活动中学生的行为所决定的，他们可以从学生那里获得一些有关教学细节的问题；而新教师的课时计划往往依赖于课程的目标，仅限于课堂中的一些活动或一些已知的课程知识，而不能够把课堂教学计划与课堂情境中的学生行为联系起来。

（2）专家型教师在制订课时计划时，能根据学生的先前知识来安排教学进度。专家型教师认为实施计划是要靠自己去发挥的，因此，他们的课时计划就有很大的灵活性。而新教师仅仅按照课时计划去做，并想办法去完成它，却不会随着课堂情境的变化来修正他们的计划。

（3）专家型教师的课时计划修改与演练所需的大部分时间都是在正式计划的时间之外，自然地在一天中的某个时候发生；而新教师要在临上课之前针对课时计划做一下演练。

另外，还有研究表明，在备课时，专家型教师会表现出一定的预见性，他们会在头脑中形成包括教学目标在内的课堂教学表象和心理表征，并且能预测执行计划时的情况；而新教师则认为自己不能预测计划执行时的情况。

（二）课堂教学过程的差异

1. 课堂规则的制定与执行

专家型教师制定的课堂规则比较明确，并能坚持执行；而新教师制定的课堂规则较为含糊,不能坚持执行。

2. 吸引学生注意力

专家型教师有一套完善的维持学生注意的方法,新教师则相对缺乏这些方法。

专家型教师会采用下述方法吸引学生的注意:在课堂教学中运用不同的"技巧"来吸引学生的注意力,如声音、动作及步伐的调节;在一个活动转移到另外一个活动,或有重要的信息时,能提醒学生注意。

新教师的表现是:往往在没有暗示的前提下,就要变换课堂活动;遇到突发的事情,如有课堂活动之外的事情干扰,就会自己停下课来,但却希望学生忽略这些干扰。

3. 教材的呈现

专家型教师在教学时注重回顾先前知识,并能根据教学内容选择适当的教学方法,新教师则不能。

在教学内容的呈现上,专家型教师通常是用导入式方法,其课堂中新材料的呈现基本上是通过言语表达或演示实验;而新教师一上课就开始讲一些较难的和使人迷惑的教学内容,而不注意此时学生还未进入课堂学习状态。

4. 课堂练习

专家型教师将练习看做检查学生学习的手段,新教师仅仅是把它当做必经的步骤。

学生做练习时,专家型教师往往是这样做的:提醒学生在规定的时间内做完练习,帮助他们把握做作业的速度;在课堂上来回走动,以便检查学生的作业情况;对练习情况提供系统的反馈;关心学生是否学到了刚才教的知识,而不是纪律问题。

而新教师在这方面的特点是:对课堂练习的时间把握不准,往往延时;只照顾自己关心的学生,而不顾其他学生;对练习无系统的反馈;要求学生做作业时要安静,并把这看做课堂中最重要的事情。

5. 家庭作业的检查

专家型教师具有一套检查学生家庭作业的规范化、自动化的常规程序,整个过程只需 2 分钟。相比之下,新教师则要花上 6 分钟来检查家庭作业。

6. 教学策略的运用

专家型教师具有丰富的教学策略,并能灵活应用。新教师或者缺乏或者不会运用教学策略。在提问策略与反馈策略上,专家型教师与新教师存在着许多差异:首先,专家型教师比新教师提的问题更多,学生获得反馈的机会就多,学习更加精确的机会也越多。其次,在学生正确回答后,专家型教师比新教师更多地再提另外一个问题,这样可促使学生进一步思考。再次,对于学生错误的回答,专家型教师较之新教师更易针对同一学生提出另一个问题,或者是给出指导性的反馈。最后,专家型教师比新教师在学生自发的讨论中更可能提出反馈。在对学生发出的非言语线索上,专家型教师常利用这条线索来判断和调整教学;在处理学生分心的问题上,专家型教师常常采用一些课堂管理策略。

(三) 课后教学评价的差异

在课后教学评价时，专家型教师和新教师关注的焦点不同。研究发现，对课后教学评价新教师更多地关注课堂中发生的细节，而专家型教师则多谈论学生对新材料的理解情况和自己认为课堂中值得注意的活动，很少谈论课堂管理问题和自己的教学是否成功；专家型教师多关心那些他们认为对达到目标有影响的活动，而新教师对课的评价却不相同。

二、教学专长

专家型教师所具备的有关教学的知识和能力，统称为教学专长（teaching expertise）。伯林纳（Berliner，1992年）提出一个教师专长、教学能力和教学结果的作用模式，如图15-1所示。

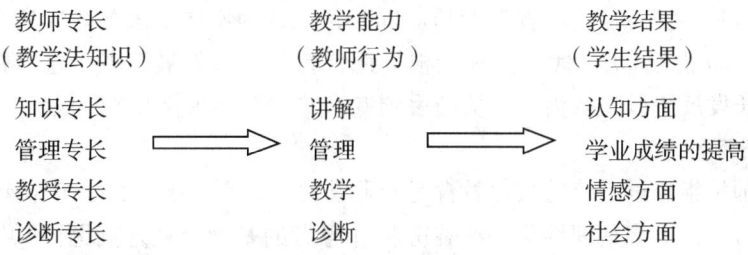

图15-1　教师专长、教学能力和教学结果的作用模式

在此模式中，专长层次的内容是教师的教学法知识；能力层次由受教学法知识直接作用的课堂行为组成；评定标准层次是指学生的发展状况，包括认知能力的增长，动机、价值观的变化等。可以看出，教师专长影响教师的教学能力，并最终影响教学结果。

第三节　教师的成长与发展

一、教师成长的历程

福勒和布朗根据教师的需要和不同时期所关注的焦点问题，把教师的成长划分为关注生存、关注情境和关注学生三个阶段。

（一）关注生存阶段

处于这一阶段的一般是新教师，他们非常关注自己的生存适应性，最担心的问题是"学生喜欢我吗"、"领导是否觉得我干得不错"等等。有些新教师可能会把大量的时间都花在如何与学生搞好个人关系上。

（二）关注情境阶段

当教师感到自己完全能够生存时，便把关注的焦点投向提高学生的成绩，即进入

了关注情境阶段。在此阶段，教师关心的是如何教好每一堂课的内容，一般总是关心诸如班级的大小、时间的压力和备课材料是否充分等与教学情境有关的问题。

（三）关注学生阶段

当教师顺利地适应了前两个阶段后，成长的下一个目标便是关注学生。教师将考虑学生的个别差异，认识到不同发展水平的学生有不同的需要，某些教学材料和方式不一定适合所有学生。能否自觉关注学生是衡量一个教师是否成长成熟的重要标志之一。

二、教师专长的发展阶段

美国教育心理学家伯林纳在《知识就是力量》一文中对医学、法律等专业进行了分析，得出正是专业知识才使得上述专业拥有相当的社会地位与权力，认为教师要成为一个专业就是要拥有自己的教学专长。同时，他认为不同阶段的教师所拥有的专长存在着差异。20世纪80年代，伯林纳根据德鲁特的专长发展阶段理论，提出了教学领域中的专长发展阶段，认为教师从新手到专家的过程存在着五个阶段。

（一）新手阶段

新手教师是指经过系统的教师教育与专业学习后，刚刚走上教学工作岗位的教师。他们的特点有：①通常是理性化的，在分析和思考的基础上处理问题；②处理问题缺乏灵活性，刻板地依赖既定的原则、规范和计划。处于这一阶段的教师应尽快学习和领会一般的教学原则、教材内容和教学方法，并熟悉课堂教学的步骤和各类教学情境，获得初步的教学经验。

（二）高级新手阶段

新手教师经过2～3年逐渐发展为高级新手教师。该阶段教师的特点有：①实践经验与书本知识逐渐整合，开始掌握教学过程的内在联系；②教学方法和策略方面的知识与经验有所增加，处理问题表现出一定的灵活性；③经验对教学行为的指导作用增强，但还不能很好地区分教学情境中的重要信息和无关信息。

（三）胜任阶段

大部分高级新手教师经过实践和培训，经过3～4年能够成为胜任型教师。胜任型教师是教师发展的基本目标，具备以下特点：①教学行为有明确的目的性；②能够分辨教学情境中的重要信息，并选择有效的方法达到教学目标；③教学行为还没有达到快捷、流畅、灵活的程度。

（四）熟练阶段

此阶段大约需要5年的时间，有相当部分的胜任阶段教师可发展到熟练水平。该阶段教师的特点有：①具有较强的直觉判断能力，长期的经验积累，使得他们对教学中出现的与以往教学情境类似的情况能根据直觉进行观察与判断，并做出适宜的反应；②教学技能接近了认知自动化的水平；③教学行为达到快捷、流畅、灵活的程度。

（五）专家阶段

部分熟练水平的教师可继续成长为专家水平的教师。他们的特点有：①在处理课堂教学事件时，专家水平的教师不是以分析和思考的方式有意识地选择、控制自己的注意力和教学活动，而是以直觉的方式立即做出反应，并轻松、流畅地完成教学任务；②当不熟悉的教学事件发生时，他们进行有意识的思考，采取审慎的解决方法。

三、教师成长的影响因素

有研究认为，在从新手到专家水平的教师成长过程中，制约因素可分为三类，即个人因素、情境因素、系统过程（见图15-2）。

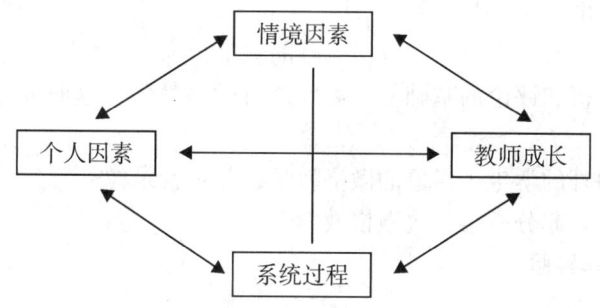

图15-2　教师成长的影响因素

个人因素涉及教师自身的职业与能力等方面特征，包括教师的自我评价、师德状况、人际关系、认知能力、职业发展和动机水平等。其中，认知能力是关键因素。情境因素指教师学习或工作的环境，教师所处的情境分为五个层面，即社会与社区、学校体制、学校氛围、教学小组或部门与课堂。系统过程即有目的地影响教师成长的特定方法和手段，具体有教研活动、反思训练等等。此外，教师也可采用自我目标导向、合作小组、专家指导等方式来促进教学能力的发展。

四、教师成长与发展的基本途径

教师成长与发展的基本途径主要有两个方面：一方面是通过师范教育培养新教师作为教师队伍的补充，另一方面是通过实践训练提高在职教师的素质。提高教师素质是一项庞大的系统工程，教师的成长与发展有五条基本途径。

（一）观摩和分析优秀教师的教学活动

课堂教学观摩可分为组织化观摩和非组织化观摩。组织化观摩是有计划、有目的的观摩，一般在观摩之前制订较详细的观察计划，确定观察的主要行为对象、角度以及观察的大致程序，也可以进行有组织的讨论分析；非组织化观摩则没有这些特征。通过观摩分析，学习优秀教师驾驭专业知识、进行教学管理、调动学生积极性等方面的教育机智和教学能力。

（二）开展微格教学

微格教学是指以少数的学生为对象，在较短的时间内（5～20分钟），尝试进行小型的课堂教学，可以把这种教学过程摄制成录像，课后再进行分析。这是训练新教师、提高教学水平的一条重要途径。微格教学虽有各种方法，但基本上均是采用如下程序：

（1）明确选定特定的教学行为作为要重点分析的对象（如解释的方法、提问的方法等）。

（2）观看有关方面的教学录像。

（3）实习生和教师制订微格教学的计划，以一定数量的学生为教学实验对象，实际进行微格教学，并录音或摄制录像。

（4）和指导者一起观看录像，分析自己的教学行为。

（5）在以上分析和评论的基础上，再次进行微格教学，这时要考虑实施改进教学的方案。

（6）进行以另外的学生为对象的微格教学，并录音录像。

（7）和指导者一起分析第二次微格教学。

（三）反思教学经验

1. 反思性教学的含义

对教学经验的反思，又称反思性实践或反思性教学，是指教师以自己的教学活动为意识对象，对自己的教育理念、教学行为与决策以及由此所产生的结果进行认真的自我审视、评价、反馈、控制、调节、分析的过程。

2. 教学反思的必要性

美国心理学家波斯纳提出了教师成长公式：经验＋反思＝成长。教师通过反思，对自己应该使用哪些方法来引导学生学习、如何安排教学环境会有更加清楚的认识，自信心得以提高，满足感得到增强，能更加清晰地表达自己的想法，从而形成自己的教学风格、增强自身的教学能力。

3. 教学反思的过程

科顿等人于1993年提出了一个教师反思框架，描述了反思的过程。

（1）教师选择特定问题加以关注，并从可能的领域收集关于这一问题的资料。

（2）教师开始分析收集来的资料，形成对问题的表征，以理解这一问题。

（3）一旦对问题情境形成了明确的表征，教师就开始建立假设以解释情境和指导行动。

（4）考虑过每种行动的效果后，教师就开始实施行动计划。

4. 教学反思能力的培养

布鲁巴奇等人于1996年提出了四种反思的方法，供教师参考。

（1）反思日记。在一天教学工作结束后，要求教师写下自己的经验，并与其指导教师共同分析。

（2）详细描述。教师相互观摩彼此的教学，详细描述他们所看到的情境并对此进行讨论分析。

（3）交流讨论。来自不同学校的教师聚集在一起，首先提出课堂上发生的问题，然后共同讨论解决的办法，最后得到的方案为所有教师和其他学校所共享。

（4）行动研究。为弄明白课堂上遇到的问题的实质，探索用以改进教学的行动方案，教师以及研究者会进行某些调查和实验研究，直接着眼于教学实践的改进。

（四）教学决策训练

教师的教学过程也是一个决策的过程，如判断自己的教学行为所引起的学生的反应是否符合期望，如果符合就继续维持自己的行为，如果不符合就要采取一定的预防和矫正措施。

（五）开展行动研究

教学和科研都是现代教师必备的技能。科研能力的提高实质上就是解决教学过程中遇到问题能力的提高。行动研究是一种在实际工作中解决问题的方法，其目的是改善教育教学实践，是一种适宜于提高教师科研能力和教学水平的重要方法。

知识巩固

1. 教师的认知特征与教学效果有什么关系？
2. 新教师与专家型教师有哪些区别？
3. 教师成长经历了哪几个阶段？
4. 教师成长与发展的途径有哪些？

知识应用

佟老师是一名新教师，她认为自己年轻、活泼、大方、热心、口才好，有感召力、语言表达清晰等，很有当教师的天赋。她为即将成为一名高中政治课教师而兴奋。这天她要上的第一堂课是高一年级的政治课，讲授"市场交易的原则"。为此，她早已做好了准备。可课后令她困惑不解，她按照教学参考资料精心准备了教案，制作了课件，甚至连教案都背得很熟了。可课堂的实际教学却不尽如人意。大家都说她在背教案。她自己也感到上课时，确实离开教案就不知说什么。更可气的是，为了让学生体会强买强卖对交易的影响，以进一步认识为什么要遵守自愿原则，也体现课堂教学中的双边活动，她设置了问题情境，即"课文中所列举的强买强卖的事例是否在自己身上发生过？当时是什么样的情况？"要学生交流、讨论，学生回答虽很踊跃，但说着说着，就说跑了题，说到买卖时怎么和老板吵起架了。

学生的回答为什么与佟老师的期望不同？请结合教师成长的相关知识进行解析。

第十三章　教学设计

知识点预览

- 教学设计
  - 设置教学目标
    - 教学目标的定义和作用
      - 定义
      - 作用
        - 指导学习结果的测量和评价
        - 指导教学策略的选用
        - 指引学生学习
    - 教学目标的分类
      - 认知目标：知识、领会、应用、分析、综合、评价
      - 情感目标：接受、反应、形成价值观念、组织价值观念系统、价值体系个性化
      - 动作技能目标：知觉、模仿、操作、准确、连贯、习惯化
    - 教学目标的表述
      - 行为目标
      - 心理与行为相结合的目标
    - 任务分析
  - 组织教学过程
    - 教学事项
      - 引起学生注意
      - 提示教学目标
      - 唤起先前经验
      - 呈现教学内容
      - 提供学习指导
      - 展现学习行为
      - 适时给予反馈
      - 评定学习结果
      - 加强记忆与学习迁移
    - 教学方法
    - 教学媒体
      - 定义
      - 类型
        - 非投影视觉辅助：模型、图片、黑板、表格、提纲、实物等
        - 投影视觉辅助：幻灯机、投影器等
        - 听觉辅助：录音机等
        - 视听辅助：电影、电视、录像及多媒体计算和远距离传播系统
      - 选择教学媒体的原则及应考虑的因素
        - 原则：适宜和有效
        - 应考虑的因素：教学情境、学生学习特点、教学目标性质以及教学媒体的特性等
    - 课堂教学环境
  - 选择教学策略
    - 以教师为主导的教学策略
    - 以学生为中心的教学策略
      - 发现教学
      - 情境教学
      - 合作学习
    - 个别化教学
      - 定义及所包含的环节
      - 经典的个别化教学模式
        - 程序教学
        - 计算机辅助教学
        - 掌握学习

引言

"教学设计"不同于"传统备课"

首先,从着眼点看,以往的备课关注的是"课",教师为如何讲而做准备;而教学设计则关注的是"学",探究的是"以学定教",展示的是教师如何使学生处于最佳的"学"的状态。其次,从发挥教师的作用上看,以往的备课,教师只是在不折不扣地贯彻执行教学大纲,教师更多研究的是如何传授教材的知识内容,无形中教师自己演变成了教科书的"传声筒",因此,教师的个性和教学的创造性很难体现;而教学设计则要求教师不仅是课程的执行者,更应成为课程的开发者,要求教师必须把自己融于教学之中,进行创造性活动,从整体着眼,为促进学生的发展而努力。最后,从关注学生方面来看,以往的备课往往是"目中无人";而教学设计则"以人为本",为学生的发展提供了广阔的天地。教学设计既关注"意料之中"的事情,即展示学生的学习个性和学生的各种能力与习惯的培养过程,创造学生自主、合作、探究的机会和环境,重视课程资源开发和利用的过程,等等;同时,又能尽量预想出学生学习过程中可能发生的"意料之外"的事情,注重教学流程的生成性。

第一节 设置教学目标

一、教学目标的定义和作用

(一)教学目标的定义

教学目标是预期学生通过教学活动获得的学习结果。它既是一切教学工作的出发点,又是一切教学工作的终点。

(二)教学目标的作用

教学目标的作用主要体现在三个方面。

1. 指导学习结果的测量和评价

教学目标是评价教学结果最客观、最可靠的标准,教学结果的测量必须针对教学目标。

2. 指导教学策略的选用

一旦确定教学目标后,教师就可以根据教学目标选用适当的教学策略。

3. 指引学生学习

上课开始时,教师明确告诉学生学习目标,将有助于引导学生集中注意课中的重要信息,对所教内容产生预期。

二、教学目标的分类

布卢姆等人在其教育目标分类系统中根据学习情境与其测量情境的变化程度，将教学目标分为认知、情感和动作技能三大领域。

（一）认知目标

认知领域的教学目标分为知识、领会、应用、分析、综合和评价六个层次，形成由低到高的阶梯。

1. 知识

知识指对所学材料的记忆，包括对具体事实、方法、过程、概念和原理的回忆。其所要求的心理过程是记忆。这是最低水平的认知学习结果。

2. 领会

领会指把握所学材料的意义。可以借助三种形式来表明对材料的领会。一是转换，即用自己的话或用不同于原先表达方式的方法表达自己的思想；二是解释，即对一项信息加以说明或概述；三是推断，即对事物之间的逻辑关系进行推理。领会超越了单纯的记忆，代表最低水平的理解。

3. 应用

应用指将所学材料应用于新的情境之中，包括概念、规则、方法、规律和理论的应用。应用代表较高水平的理解。

4. 分析

分析指将整体材料分解成其构成成分并理解组织结构，包括对要素的分析、关系的分析和组织原理的分析。分析代表了比应用更高的水平，因为它既要理解材料的内容又要理解其结构。

5. 综合

综合指将所学的零碎知识整合为知识系统。综合包括三个水平：用语言表达自己意见时表现出的综合，处理事物时表现出的综合，推演抽象关系时表现出的综合。综合目标所强调的是创造能力，需要产生新的模式或结构。

6. 评价

评价指对所学材料作价值判断的能力。判断的标准包括材料的内在标准和外在标准。评价目标是最高水平的认知学习结果，因为它要求超越原先的学习内容，并需要基于明确标准的价值判断。

上述分类是个层级系统，前一等级目标为后一等级目标的发展创造了条件，后一等级目标需要以前面等级的发展为基础。

（二）情感目标

情感领域的教学目标根据价值内化的程度而分为五个等级。

1. 接受

接受指学生愿意注意特殊的现象或刺激。接受包括三个水平，即知觉有关刺激的存在、有主动接受的意愿、有选择地注意。这是低级的价值内化水平。

2. 反应

反应指学生主动参与学习活动并从中得到满足。处于这一水平的学生，以某种方式对注意的现象做出反应以及反应的满足。这类目标强调对特殊活动的选择与满足。反应类似通常所说的"兴趣"。

3. 形成价值观念

形成价值观念指学生将特殊对象、现象或行为与一定的价值标准相联系，对所学内容在信念和态度上表示正面肯定。它包括三个水平，即接受某种价值标准、偏爱某种价值标准、为某种价值标准作奉献。这一学习结果是将对所学内容的价值观念变成一种稳定的追求，相当于通常所说的"态度"和"欣赏"。

4. 组织价值观念系统

组织价值观念系统指将许多不同的价值标准组合在一起，消除它们之间的矛盾和冲突，并开始建立内在一致的价值体系。内分两个水平：价值概念化，即对所学内容的价值在含义上予以抽象化，形成个人对同类内容的一致看法；组成价值系统，即将所学的价值观汇集整合，加以系统化。与人生哲学有关的教学目标属于这一级水平。

5. 价值体系个性化

价值体系个性化指个体通过学习，经由前四个阶段的内化之后，所学得的知识观念已成为自己统一的价值观，并融入性格结构之中。内分两个水平：概念化心向，即对同类情境表现出一般的心向；性格化，即指心理与行为内外一致，持久不变。因此，这种行为具有普遍性、一致性，并且是可以预期的。其学习结果重在那些有代表性的行为或行为特征。

（三）动作技能目标

动作技能的教学目标指预期教学后在学生动作技能方面所应达到的目标。这类目标往往被不直接从事体育教育的教师所忽视。

1. 知觉

知觉指学生通过感官，对动作、物体、性质或关系等的意识能力，以及进行心理、躯体和情绪等的预备调节能力。

2. 模仿

模仿指学生按提示要求行动或重复被显示的动作的能力，但学生的模仿性行为经常是缺乏控制的。

3. 操作

操作指学生按提示要求行动的能力，但不是模仿的观察，而是进行独立的操作。

4. 准确

准确指学生的练习能力或全面完成复杂作业的能力。学生通过练习，可以把错误减少到最低限度。

5. 连贯

连贯指学生按规定顺序和协调要求，去调整行为、动作等的能力。

6. 习惯化

习惯化指学生自发或自觉行动的能力。或者说是学生能有意识、有效地把各部分协调一致地操作。

在实际生活中，这三方面的目标几乎是同时发生的，三者相互作用和渗透。因此，在教学中，教师往往需要同时设置这三个方面的目标。

三、教学目标的表述

（一）行为目标

行为目标是指用可观察和可测量的行为陈述的教学目标。行为目标的陈述具备三个要素。

1. 具体目标

具体目标即用行为动词描述学生通过教学形成的可观察、可测量的具体行为，旨在说明"做什么"，表述的基本模式是用一个动宾结构的短语。动词说明学习的类型，宾语说明学习的内容，如"写出课文中的思想"、"列出课文中的名言"等。

2. 产生条件

产生条件即规定学生行为产生的条件，旨在说明"在什么条件下做"。条件大体有环境因素、人为因素、设备因素、信息因素、时间因素、问题明确性因素等，如"根据参考书"、"按课文内容"等。

3. 行为标准

行为标准即提出符合行为要求的行为标准，旨在说明"有多好"，如"没有语法或拼写错误"、"30分钟内完成"等。行为目标的表述使教学目标变得具体、明确与可测量。

上述三种教学目标的表述中，具体目标的表述最为基本。

（二）心理与行为相结合的目标

根据认知学习理论，教学活动中学生学习的实质是内在心理变化，但内在的心理变化无法直接观察到。因此，有心理学家提出内部心理与外部行为相结合来表述教学目标。用这种方法陈述的教学目标由两部分构成：第一部分为一般教学目标，用一个动词描述学生通过教学所产生的内部变化；第二部分为具体教学目标，列出具体行为样例，即学生通过教学所产生的能反映内在心理变化的外显行为。这种方法既强调了学生学习结果的内在心理变化，又克服了目标陈述上含糊不清的弊端，实现内外结合。

四、任务分析

（一）任务分析的含义

任务分析指将教学目标逐级细分成彼此相连的各种子目标的过程。

（二）任务分析的步骤

在进行任务分析时，教师要从最终目标出发。一级子目标一级子目标地揭示其先决条件，反复提出这样的问题："学生要实现这一目标，预先必须具备哪些能力？"一直追问到学生的起始状态为止，然后把学生需要掌握的学习目标逐级排列出来。

（三）任务分析的作用

通过任务分析，教师能够确定学生的起始状态，能够分析从起始状态到最终目标之间必须掌握的知识、技能或行为倾向，能够明确为实现最终目标而逐级实现各种子目标的逻辑顺序。任务分析的目的就是揭示达到教学目标的先行内部条件。

第二节 组织教学过程

一、教学事项

教学是有一定程序结构的。在教学程序中，教师安排的程序性事项就是教学事项。加涅指出，在教学中，要依次完成以下九大教学事项。

（一）引起学生注意

引起学生注意是教学过程中的首要事件。教师教学的首要任务就是要引起学生的动机，促使学生建立期望。教师可以通过三种方式来引导学生的注意：①激发求知欲，即由教师提出问题，学生为了知道问题的答案，就会集中注意教师的讲解以及其他教学活动；②变化教学情境，即通过教学媒体，提高教学的直观形象性，促进学生的感知和思维活动；③配合学生经验，即从学生最关心的问题入手，结合日常生活经验，然后转到所教主题上。

（二）提示教学目标

向学生提示教学目标，能使学生在心理上做好准备，明了学习的结果和方法，以免学生在学习中迷失方向。在向学生陈述教学目标时，要注意用学生能够理解的语言，确保学生理解目标和结果，形成心理定向。

（三）唤起先前经验

任何新知识的学习必须以原有知识和技能为基础。教师要激活学生头脑中的与新知识有关的旧知识技能，以此为基础推导和生发出新知识。

（四）呈现教学内容

教师在呈现教学内容时要根据教学材料性质、学生学习特点与预期学习结果等有关问题，采用不同的教学方法和策略，用学生最有效接受的方式进行编码，以利于学习者感官的接受。

（五）提供学习指导

在呈现教学内容之后，教师要指导学生完成课堂作业。进行指导时要注意：①当学生对人名、地名等事实性的问题不理解时，可以给予直接指导，将正确答案直接告诉学生。②对于与学生经验有关的逻辑性问题，可以提供间接指导，即给学生一定的暗示或提示，鼓励学生自己进一步推理而求得答案。③在进行间接方式指导时，要根据学生个体差异而采用不同的方法：对于能力强、个性独立的学生，给予较少指导，鼓励自行解决问题；对于能力差、个性依赖的学生，给予较多的指导，直到得到正确答案为止。

（六）展现学习行为

这一阶段要求学生以某种方式来说明自己的学习所得。教师可以根据学生行为上的三种线索来判定学生是否产生了学习：①眼神和表情，当求知活动由困惑而获得理解时，学生的眼神和表情会流露出一种满意的状态；②随时指定学生代表将所学知识或问题答案说出来；③根据学生的课堂作业来检查全班学生的理解状况。

（七）适时给予反馈

反馈能让学生了解自己学习的进展或有关的结果。学生的反馈线索既可以来自自己，也可以来自教师。尤其是知识的学习，可以通过作业和谈话而获得反馈。

（八）评定学习结果

通过学生的作业情况，或者课堂小测验，或者其他课堂问答，教师能够了解学生对本节课内容的掌握情况。根据学生中普遍存在的问题，教师给予一定辅导。

（九）加强记忆与学习迁移

当确知学生获得了所教知识技能之后，就要教学生如何记住知识，并给以复习的机会，以便巩固所学知识。并且，要提供一些问题和情境，使学生在情境中应用所学的知识和技能，促进学生学习的迁移。

二、教学方法

教学方法指在教学过程中师生双方为实现一定的教学目的、完成一定的教学任务而采取的教与学相互作用的活动方式。它是整个教学过程整体结构中的一个重要组成部分，是教学的基本要素之一。

在学校教育中，教师常常使用的基本教学方法有讲解法、演示法、课堂问答、练习、指导法、讨论法、实验法、游戏、参观法和实习作业等。

三、教学媒体

（一）教学媒体的定义

教学媒体指在教学中教师运用的向学生传递信息的工具。教学媒体本身不是经验，也不是信息，而是作为传递信息和经验的物质手段，必须具有一定的物质形式。

（二）教学媒体的类型

一般来说，学校中的教学媒体包括四个方面：①非投影视觉辅助，如模型、图片、黑板、表格、提纲和实物等；②投影视觉辅助，如幻灯机、投影器等；③听觉辅助，如录音机等；④视听辅助，如电影、电视、录像及多媒体计算和远距离传播系统等。

各种媒体都有其独特的特点和作用。

（三）选择教学媒体的原则及应考虑的因素

在选择教学媒体时考虑适宜和有效两个原则。具体说，选择教学媒体时，教师要综合权衡教学情境、学生学习特点、教学目标性质以及教学媒体的特性等。

戴尔（1946年）从直接具体经验到抽象经验排列了11种媒体，构成一个经验锥形。在这一经验锥形中，学习者开始被看做一个实际经验的参与者，然后是一个实际事件的观察者和中介事件的观察者，直至最后作为一个符号的观察者。这种排列有助于我们根据学习者能力和先前经验水平选择适当的媒体。使用教学媒体是为了使教学遵循这样一个顺序进行：从经验的直接动作表征、经验的图像表征到经验的符号表征。因此，教师要确定学生当前的经验水平，利用教学媒体融入一定程度的具体经验，帮助学生整合新旧经验，促进学生对抽象概念的理解。当然，教师要注意在学习经验的具体性水平与学习时间的限制之间取得平衡。

受时代所限，经验锥形中没有列入多媒体计算机。时至今日，多媒体计算机已对传统的教学媒体观念产生了极大的冲击，它能集文字、图形、图像、声音以及动画等多种媒体于一体，营造出一个理想的学习环境，促进现在的教学模式从教学目标、内容、方法到组织形式发生根本性的变革。

四、课堂教学环境

课堂教学环境包括课堂物理环境和课堂社会环境两个方面。一般说来，教师组织课堂空间的方法有两种：第一种是按领域原则来安排课堂空间，即将课堂空间划分成一个个领域，某些领域只属于某个人，直到教师重新改变某人的位置为止，这种安排特别适合面向全班的课；第二种是按功能安排课堂空间，即将空间划分为各种兴趣范围或工作中心，每个人都能达到各种区域，这种安排最适合于小组同时进行各种不同的活动。这两种方法并不相互排斥，可以组合使用。学生座位安排会影响课堂教学和学习。有研究表明，坐在教室前面几排以及中间几列的学生似乎是最积极的学习者，教师大多时间都站在这些座位的前面，师生之间的言语交流大多集中在教室的这区域；其他位置尤其是后面座位的学生则难于参与课堂，并且容易走神。因此，教师要经常变换学生的座位。

第三节 选择教学策略

教学策略指教师采取的有效达到教学目标的一切活动计划，包括教学事项的顺序安排、教学方法的选用、教学媒体的选择、教学环境的设置以及师生相互作用设计等。由于教学目标、课堂特点以及所持学习理论取向不同，教师采用的教学策略也不同。如果课题包含高度有结构的知识和技能，则宜采用以教师为中心的讲授教学策略；如果课题是比较灵活开放的，需要学生积极参与和实践，教学目标重在提高学生的创造性和解决问题的能力，则宜于采用开放的、非正式的方法如发现教学和探究教学策略；如果教学是为了增进学生的学习态度、刺激学生的好奇心、加强学生之间的合作，则宜于采用合作学习的策略；如果基于学生在学习能力和先前经验上的差异，则宜于进行个别化教学。

一、以教师为主导的教学策略

在运用以教师为主导的教学策略过程中，指导教学是以学习成绩为中心、在教师指导下使用结构化的有序材料的课堂教学。

以教师为主导的教学策略操作步骤包括：①向学生清楚地说明教学目标；②在充足而连续的教学时间里给学生呈现教学内容；③监控学生的表现；④及时向学生提供学习方面的反馈。

以教师为主导的教学策略包括六个主要活动：①复习和检查过去的学习；②呈现新材料；③提供有指导的练习；④提供反馈和纠正；⑤提供独立的练习；⑥每周或每月的复习。这些活动并不是遵循某种顺序的一系列步骤，而有效教学的因素例如反馈、复习、补教只要有必要就进行，并且要与学生的能力倾向相匹配。这些活动可以被看做教授结构良好的基本适应和技能的框架，与我国传统讲授教学相一致。

二、以学生为中心的教学策略

（一）发现教学

1. 发现教学的定义

发现教学又称启发式教学，指学生通过自身的学习活动而发现有关概念或抽象原理的一种教学策略。

2. 发现教学的阶段

一般来说，发现教学要经过四个阶段：首先，创设问题情境，使学生在这种情境中产生矛盾，提出要求解决和必须解决的问题；其次，促使学生利用教室所提供的某些材料和所提出的问题，提出解答的假设；再次，从理论上或实践上检验自己的假设；最后，根据实验获得的一些材料或结果，在仔细评价的基础上引出结论。

3. 发现教学的教学设计应遵循的原则

布鲁纳提出，发现教学的教学设计应遵循四条原则。

（1）要将学习情境和教材性质向学生解释清楚。

（2）要配合学生的经验，适当组织教材。

（3）要根据学生心理发展水平，适当安排教材难度与逻辑顺序。

（4）确保材料的难度适中，以维持学生的内部学习动机。

4. 发现教学的优点

（1）学生自己动手动脑学习，知识更为巩固，也更易于应用。

（2）能使学生掌握一定的认知策略。

（3）易于激发学生的好奇心和探究心理，产生学习兴趣。
（4）使学生逻辑思维能力和形象、直觉思维能力得到锻炼，有助于发展智力。
（5）有助于培养学生的独立性和创造性。

5. 发现教学的缺点

（1）需要随情境变化而灵活运用，一般教师难以把握。
（2）偶尔驾驭不当，教学上有失控的风险。
（3）学生之间会发生干扰。
（4）教学速度会放慢。

（二）情境教学

1. 情境教学的定义

情境教学是指在应用知识的具体情境中进行知识的教学的一种教学策略。

2. 情境教学的特点

在情境教学中，教学的环境是与现实情境相类似的问题情境；教学的目标是解决现实生活遇到的问题；学习的材料是真实性任务，这些任务未被人为地简化处理，隐含于现实问题情境之中。教学过程要与实际解决问题的过程相似：教师提出现实问题，然后引导学生进行与现实中专家解决问题的过程相类似的探索过程。学生解决问题所需要的原理和概念往往隐含在问题情境之中，学生为了解决当前问题而学习它们、通过解决问题而深刻理解它们，并把这些知识的意义与应用它们的具体问题情境联系在一起。对学习结果的测验将融合于学生解决问题的过程之中，学生在解决实际问题过程中的表现本身就反映了其学习结果。

（三）合作学习

1. 合作学习的定义

合作学习指学生以主动合作学习的方式代替教师主导教学的一种教学策略。

2. 合作学习的目的

合作学习的目的不仅是培养学生主动求知的能力，而且是发展学生合作过程中的人际交流能力。

3. 合作学习的特点

合作学习在设计与实施上必须具备五个特征。

（1）分工合作，指以责任分担的方式达成合作追求的共同目的。真正有效的分工合作必须符合两个条件：一是每个学生都必须认识到工作是大家的责任，成败是大家的荣辱；二是工作分配要适当，必须考虑每个学生的能力与经验，做合理安排。

（2）密切配合，指将工作中应在不同时间完成的各种项目分配给每个人，以便发挥分工合作的效能。

（3）各自尽力，合作学习的基本理念是同心协力追求学业成就。

（4）社会互动，合作学习的成效取决于团体成员之间的互动作用，即大家在态度上相互尊重，在认知上集思广益，在情感上彼此支持。为此，学生们必须具备两项基

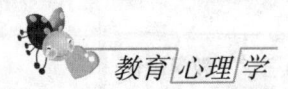

本技能，一是语言表达能力，二是待人处世的基本社交技巧。

（5）团体历程，指由团体活动以达成预定目标的历程。

三、个别化教学

（一）个别化教学的定义及所包含的环节

个别化教学是指让学生以自己的水平和速度进行学习的一种教学策略。

个别化教学包括以下环节：①诊断学生的初始学业水平或学习不足，②提供教师与学生或机器与学生之间的一一对应关系，③引入有序的和结构化的教学材料，随之加以操练和练习，④容许学生以自己的速度向前学。

（二）几种经典的个别化教学模式

1. 程序教学

程序教学是20世纪第一个具有全球影响的教学改革运动。程序教学指一种能让学生以自己的速度和水平自学，以特定顺序和小步子安排的材料的个别化教学方法。其始创者通常被认为是教学机器的发明人普莱西，但对程序教学贡献最大的却是斯金纳。从编写程序教学教材到实施程序教学所依据的原则有：一是小步子原则；二是积极反应原则，即要求学生对所学内容做出积极的反应；三是及时强化原则；四是自定步调原则；五是低错误率原则。

2. 计算机辅助教学

计算机辅助教学（computer assisted instruction，简称CAI）指使用计算机作为一个辅导者，呈现信息，给学生提供练习机会，评价学生的成绩以及提供额外的教学。

与传统的教学相比，CAI有这样几个优点：①交互性，即人机对话，学生可以根据自己的学习情况选择学习路径、学习内容等；②即时反馈；③以生动形象的手段呈现信息；④自定步调；等等。

3. 掌握学习

（1）掌握学习的定义。掌握学习是由布卢姆等人提出来的。其基本理念是：只要给了足够的时间和适当的教学，几乎所有的学生对几乎所有的学习内容都可以达到掌握的程度。

（2）掌握学习的步骤。将学习任务分成一系列小的学习单元，后一个单元中的学习材料直接建立在前一个单元的基础上。每个学习单元中都包含一组课，然后，教师编制一些形成性测验。学完一个单元之后，教师对学生进行总结性测验。达到掌握要求水平的学生，可以进行下一个单元的学习；若学生的成绩低于规定的掌握水平，就应当重新学习这个单元的部分或全部，然后再测验，直到掌握。

（3）掌握学习中判定学生成绩的依据。采用掌握学习这个方法，学生的成绩是以成功完成内容单元所需时间而不是以在团体测验中的名次为依据的。学生的成绩仍然有差异。这种差异表现在他们所掌握的单元数或成功学完这些单元所花时间上。

（4）关于掌握学习的结论。

1）它的优势在于能真正做到使教学适应学生的心理特点和个别差异，有利于学生能力的发展和个性的形成。

2）在中小学教学中，短期实施比长期实施有效。

3）掌握学习可帮助学生克服学习困难，增加成就感，此种训练后的学生在求学态度上较积极。

知识巩固

1. 教学目标有什么作用？
2. 布卢姆把教学目标分为哪几类？
3. 教学过程的组织有哪些步骤？
4. 以学生为中心的教学策略有哪些？
5. 个别化教学策略有哪些？

知识应用

教学设计一：在教学生求平行四边形面积时，教师讲授如下：联结 AC，因为三角形 ABC 与三角形 CDA 的三边分别相等，所以这两个三角形全等，三角形 ABC 的面积等于 1/2 底乘高，所以，平行四边形 ABCD 的面积等于底乘高，命题得到证明。然后，教师列举很多不同大小的平行四边形，要求学生求出它们的面积，结果每个问题都正确解决了。下课前，教师又布置了十几个类似的问题作为家庭作业。

教学设计二：教师引导学生分析问题，即如何把一个平行四边形变成一个长方形，然后组织学生自主探究，并获得计算平行四边形面积的公式。

试分析上述两则教学设计中教师的教学方法有何不同？两种教学方法对学生的学习将产生怎样的影响？

第十四章 课堂管理

知识点预览

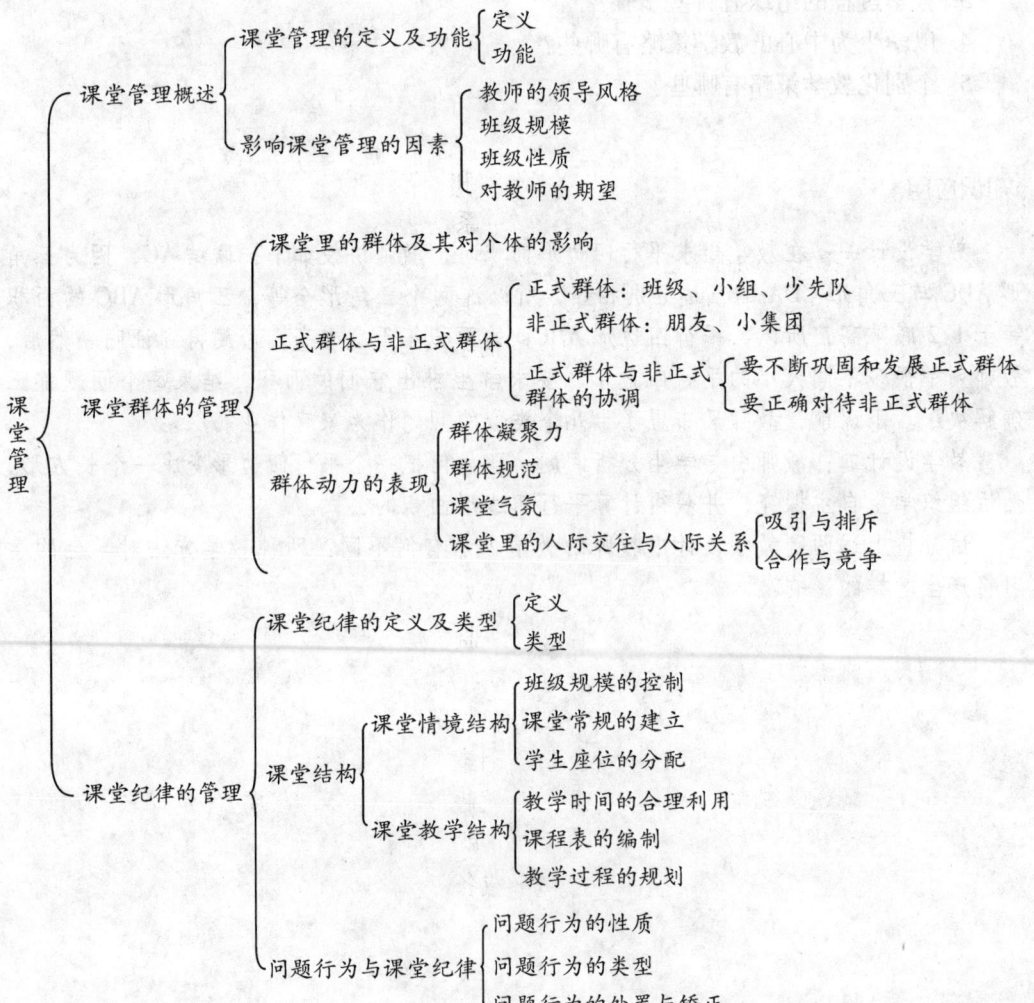

> **引言**
>
> **"课堂"管理功夫在课外**
>
> 　　东坡先生云:"博观而约取,厚积而薄发。"确实,教师只有重视课外功夫的积累,时时注意自己知识的"厚积",对有利于教育教学工作的学问,处处留心,兼收并蓄;同时,意识到课堂也是学生自我管理的过程,注意培养学生"课外"学习的自主性,才能得心应手地做好课堂管理工作。　　(著名特级教师　杨一青)

第一节　课堂管理概述

一、课堂管理的定义及功能

(一)课堂管理的定义

课堂教学效率的高低,取决于教师、学生和课堂情境三大要素的相互协调。课堂管理就是指教师通过协调课堂内的各种人际关系而有效地实现预订教学目标的过程。

(二)课堂管理的功能

课堂管理制约着教学和评价的有效进行,具有促进和维持的功能。促进功能是指教师在课堂里创设对教学起促进作用的良好的学习环境,激励学生,并促进学生的学习。维持功能是指在课堂教学中持久地维持良好的内部环境,使学生的注意力保持在课堂上,保证教学任务的完成。

二、影响课堂管理的因素

(一)教师的领导风格

普雷斯顿认为,参与式领导和监督式领导对于课堂管理有不同的影响。参与式领导主要创造自由氛围,鼓励自由发表意见。而监督式领导则待人冷淡,只注重于集体讨论的进程,经常监督人的行为有无越轨。

(二)班级规模

班级规模的大小是影响课堂的一个重要因素。首先,班级的大小会影响成员间的情感联系。班级规模越大,情感纽带的力量就越弱。其次,班内的学生越多,学生间的个别差异就越大,课堂管理所遇到的阻力也就会越大。再次,班级的大小也会影响交往模式。最后,班级越大,内部越容易形成各种非正式小群体,从而影响课堂教学目标的实现。

(三)班级性质

不同的班级往往有不同的群体规范和不同的凝聚力。因此,教师不能用固定不变的课堂管理模式对待不同性质的班级,而应该深入了解各种不同性质班级的特点,运

用促进和维持的技巧,获得理想的管理效果。

(四) 对教师的期望

人们对教师在学校情境中执行任务往往有一种比较固定的看法,这就是定型的期望,它包括人们对教师理应表现的行为及其所具有的动机和意向的期望。一般来说,教师期望的形成是教师长期交往方式和一般行为的结果。

学生对教师的课堂行为也会形成定型的期望,他们期望教师以某种方式进行教学和管理。这种期望必然影响课堂管理的效果。

第二节 课堂群体的管理

一、课堂里的群体及其对个体的影响

课堂里的每个学生不是孤立存在的个体,他们通过相互交往,形成各种群体。群体是指人们以一定方式的共同活动为基础而结合起来的联合体。群体有三个特征:①群体由两个以上的个体组成;②群体成员根据一定的目的承担任务,相互交往,协同活动;③群体成员受共同的社会规范制约。

课堂内存在的各种群体,会对个体的行为产生巨大的影响。阿尔波特研究表明,群体对个人活动起到促进作用,但有时群体也会对个人活动起阻碍作用。学生群体对个体的活动是产生促进作用还是阻碍作用,取决于四个因素:①活动的难易;②竞赛动机的激发;③被他人评价的意识;④注意的干扰。

二、正式群体与非正式群体

(一) 正式群体

正式群体是由教育行政部门明文规定的群体,其成员有固定的编制,职、责、权、利明确,组织地位确定。班级、小组、少先队都是正式群体。正式群体的发展一般都要经历三个阶段。

(1) 松散群体:指学生们只在空间和时间上结成群体,但成员间尚无共同活动的目的和内容。

(2) 联合群体:成员已有共同目的的活动,但活动还只具有个人的意义。

(3) 集体:成员的共同活动不仅对成员有个人意义,且有重要的社会意义。

(二) 非正式群体

在正式群体内部,学生们会在相互交往的基础上,形成以个人好恶、兴趣爱好为联系纽带,具有强烈情感色彩的非正式群体。这种群体没有特定的群体目标及职责分工,缺乏结构的稳定性,但它有不成文的规范和自然涌现的领袖。在课堂里比较常见的非正式小群体有朋友与小集团。

（三）正式群体与非正式群体的协调

非正式小群体对个体的影响是积极的还是消极的，主要取决于非正式群体的性质以及与正式群体目标的一致程度。课堂管理必须注意协调非正式群体与正式群体的关系。

（1）要不断巩固和发展正式群体，使班内学生之间形成共同的目标和利益关系，产生共同遵守的群体规范，并以此协调大家的行动，满足成员的归属需要和彼此之间相互认同，从而使班级成为坚强的集体。

（2）要正确对待非正式群体。对于积极型的非正式群体，应该支持和保护；对于中间型的非正式群体，要持慎重态度，积极引导，联络感情，加强班级目标导向；对于消极型的非正式群体，要教育、争取、引导和改造；而对于破坏型的非正式群体，则要依据校规和法律，给予必要的制裁。

三、群体动力的表现

群体动力是指群体凝聚力、群体规范、群体气氛以及群体成员的人际关系等影响群体与成员个人行为发展变化的力量的总和。

最早研究群体动力的是心理学家勒温。他认为，人们结成的群体不是静止不变的，而是处在不断相互作用和相互适应的过程之中。教师在课堂管理过程中要善于利用这些群体动力，实现课堂管理的促进功能。

（一）群体凝聚力

群体凝聚力指群体对每一个成员的吸引力。它可以通过群体成员对群体的忠诚感、责任感、荣誉感以及成员间的友谊感和志趣等来说明，群体凝聚力对课堂管理功能的实现有重要的影响。研究表明，关系融洽、凝聚力强的班级，会使学生们产生强烈的自豪感和认同感，从而顺利完成课堂教学任务。因此，强凝聚力常常是衡量一个班集体成功与否的重要标志。教师应采取措施提高课堂里群体的凝聚力。

提高课堂群体凝聚力的措施主要有四条。

（1）了解群体的凝聚力情况。

（2）帮助课堂里的所有学生对一些重大事件与原则问题保持共同的认识与评价，形成认同感。

（3）引导所有学生在情感上加入群体，以作为群体的成员而感到自豪，形成归属感。

（4）当学生表现出符合群体规范和群体期待的行为时，就给予赞许与鼓励，使其行为因强化而巩固，形成力量感。

（二）群体规范

群体规范是约束群体内成员的行为准则，包括成文的正式规范和不成文的非正式规范。正式规范是有目的、有计划地教育的结果。非正式规范的形成是成员们约定俗成的结果，受模仿、暗示和顺从等心理因素的制约。

美国专家谢里夫的研究表明，群体规范的形成经历三个阶段：①相互影响阶段，每个成员发表自己对某事物的评价和判断；②出现一种占优势的意见；③由于趋同倾向而导致评价、判断和相应行为上的一致性。

群体规范会形成群体压力，对学生的心理和行为产生极大的影响。在群体压力下，成员有可能放弃自己的意见而采取与大多数人一致的行为，这就是从众。从众现象的发生，一般有两个原因：一是人们往往相信大多数人的意见是正确的；二是个人为了避免他人的非议或排斥，避免受孤立。

群体规范通过从众使学生保持认知、情感、行为上的一致，成为引导学生行为的指南。在课堂教学中，教师应自觉地帮助学生形成良好的规范。

（三）课堂气氛

课堂气氛是教学过程的软环境，通常是指课堂里某些占优势的态度与情感的综合状态。课堂气氛具有独特性，不同的课堂往往有不同的气氛。即使同一个课堂，也会因不同教师而形成不同的课堂氛围。一种课堂气氛形成后，往往能维持相当长一段时间，而且不同的课堂活动也会被同样的课堂气氛所笼罩。一般情况下，课堂气氛可分为三种类型：一是积极的课堂气氛，主要特点是恬静活跃、热烈深沉、宽松与严谨的有机统一；二是消极的课堂气氛，主要特点是课堂气氛紧张拘谨，学生心不在焉、反应迟钝等；三是对抗的课堂气氛，主要特点是课堂气氛失控，学生过度兴奋、各行其是，甚至故意捣乱。

积极的课堂气氛不但有助于知识的学习，而且还会促进学生的社会化进程。因此，创造良好的课堂气氛是实现有效教学的重要条件。教师在课堂教学中起着主导作用，所以教师的领导方式、教师对学生的期望以及教师的情绪状态是影响课堂气氛的主要因素。

1. 教师的领导方式

勒温曾在1939年将教师的领导方式分为集权型、民主型和放任型三种类型。这三种不同的领导方式会使学生产生不同的行为反应，从而形成不同的课堂气氛。其中，民主型的课堂气氛最佳。

2. 教师对学生的期望

教师期望通过四种途径影响课堂气氛：①接受。教师接受学生意见的程度。②反馈。教师通过输入信息的数量、交往频率、目光注视、赞扬和批评等向不同期望的学生提供不同的反馈。③输入。教师向不同期望的学生提供难度不同、数量不等的学习材料，对问题做出程度不同的说明、解释、提醒或暗示。④输出。教师允许学生提问和回答问题、听取学生回答问题的耐心程度等等。这些都会对课堂气氛产生不同的影响。

3. 教师的情绪状态

教师积极的情绪状态往往会投射到学生身上，使教师与学生的观点和情感联结起来，产生共鸣性情感反应，有利于形成良好的课堂气氛。

（四）课堂里的人际交往与人际关系

人际交往是教师和学生在课堂里传递信息、沟通思想和交流情感的过程。语言符号系统和非语言符号系统是主要的人际交往工具。

人际关系是人与人之间在相互交往过程中所形成的比较稳定的心理关系或心理距离。它的形成取决于交往双方满足需要的程度。课堂里的人际关系将直接影响课堂气氛，教师应积极地处理好课堂里的人际关系。吸引与排斥、合作与竞争是课堂里主要的人际关系。

1. 吸引与排斥

人际吸引是指交往双方出现相互亲近的现象，它以认知协调、情感和谐及行动一致为特征；人际排斥则是交往双方出现关系极不融洽、相互疏远的现象，以认知失调、情感冲突和行动对抗为特征。距离的远近、交往的频率、态度的相似性、个性的互补性以及外貌等因素是影响人际吸引和排斥的主要因素。

人际吸引和人际排斥使学生在课堂里处于不同的地位，出现人缘好的学生、被人嫌弃的学生和遭受孤立的学生。因此，课堂管理中必须重视课堂里被嫌弃和被孤立的学生。

2. 合作与竞争

合作是指学生们为了共同目的在一起学习和工作以便完成某项任务的过程。合作是实现课堂管理促进功能的必要条件。竞争是指个体或群体充分实现自身的潜能，力争按优胜标准使自己的成绩超过对手的过程。适量和适度的竞争不但不会影响学生间的人际关系，而且还会提高学生学习和工作的效率。但是，竞争有可能使一部分学生过度紧张和焦虑，容易忽视活动的内在价值和创造性。一般说来，群体间竞争的效果取决于群体内的合作，所以不少心理学家提倡开展群体间的竞争。

合作与竞争是对立统一的，它们都以能否满足各自的利益为转移。在课堂的人际交往中，有时可能同时发生合作与竞争，有时则交替使用合作与竞争。有效的课堂管理应该协调合作与竞争的关系，使两者相辅相成，成为实现促进功能的有益手段。

第三节　课堂纪律的管理

一、课堂纪律的定义及类型

（一）课堂纪律的定义

课堂纪律是指为了维持正常的教学程序、协调学生的行为，以求课堂目标的最终实现，必然要求学生共同遵守的课堂行为规范。课堂纪律是对学生课堂行为所施加的准则与控制。

（二）课堂纪律的类型

根据课堂纪律的定义，可以将课堂纪律分为四种类型。

1. 教师促成的纪律

刚入学的小学生往往需要教师给予较多的监督和指导，需要教师为他们的学习设置一个良好的有结构的情境，这就形成了教师促成的纪律。即使是比较成熟的青少年学生也需要教师为他们的行为提供指导。所以，在课堂管理中，教师促成的纪律是不可缺少的。

教师促成的纪律包括结构的创设和体贴。结构的创设包括指导、监督、惩罚、组织、维护标准等，体贴包括同情、理解、协调、支持、征求、采纳意见等。

2. 集体促成的纪律

在青少年成长过程中，同辈群体在学生社会化方面起着越来越大的作用，他们开始关注同辈群体中其他同学的一言一行、一举一动，以便决定自己应该如何思考、如何信仰和如何行事。

3. 任务促成的纪律

每一次任务都有其特定的纪律，有时某一项任务会引起学生的高度注意。任务促成的纪律是以个人对任务的充分理解为前提的。学生卷入任务的过程就是接受纪律约束的过程。

4. 自我促成的纪律

前三种类型的纪律都属于外部的纪律，当外部的纪律控制被个体化之后成为个体自觉的行为准则时，自我促成的纪律就形成了。

资料窗

有效的课堂管理者

课堂程序和规则的计划细致而具体；

系统教授学生做事的步骤，告知教师期望的行为；

密切监控学生的学习和行为；

快速而一致地处理学生的不当行为；

组织好教学以便学生最大限度地参与学习任务并取得成功；

清晰地与学生交流自己的要求和期望。

（资料来源：莫雷《教育心理学》，教育科学出版社 2008 年版，第 371 页。）

二、课堂结构

学生、学习过程和学习情境是课堂的三大要素。这三大要素相对稳定的组合模式就是课堂结构。它包括课堂情境结构与课堂教学结构。

(一)课堂情境结构

1. 班级规模的控制

一般来说,班级规模越大,学生平均成绩越差,教师态度、学生态度和课堂管理的得分就越低。班级规模过大容易限制师生交往和学生参加课堂活动的机会,阻碍课堂教学的个别化,甚至会出现更多的交往和纪律问题。

2. 课堂常规的建立

课堂常规是每个学生必须遵守的最基本的日常课堂行为准则,它们赋予学生的课堂行为以一定的意义,使学生明白行为所依据的价值标准,具有约束和指导学生课堂行为的功能。

3. 学生座位的分配

研究表明,分配学生座位时,教师主要关心的是减少课堂混乱。其实,分配学生座位时,最值得教师关注的应该是对人际关系的影响。所以,学生座位的分配一要考虑课堂行为的有效控制;二要考虑学生间的正常交往,形成和谐的师生关系,并有助于学生形成良好的人格特征。

(二)课堂教学结构

课堂教学结构能使教师满怀信心地按照教学设计有条不紊地进行教学。

1. 教学时间的合理利用

学生在课堂里的活动可以分为学业活动、非学业活动和非教学活动三种。在一般情况下,用于学业活动的时间越多,学生成绩就越好。

2. 课程表的编制

课程表是使课堂教学有条不紊进行的重要条件。课程表的编制,首先应尽量将核心课程安排在学生精力充沛的上午第一、二、三节课,将非核心课程安排在下午。其次应将文科与理科、形象性学科与抽象性学科交错安排,避免同类刺激长时间作用大脑皮层同一部位而导致疲劳和厌烦。

3. 教学过程的规划

教学过程的合理规划是维持课堂纪律的又一个重要条件,不少纪律问题是因教学过程的规划不合理而造成的。

三、问题行为与课堂纪律

(一)问题行为的性质

问题行为指不能遵守公认的正常儿童行为规范和道德标准,不能正常与人交往和参与学习的行为。这样的行为不仅影响学生的身心健康,而且常常引起课堂纪律问题,主要表现为漫不经心、感情淡漠、逃避班级活动、与教师和同学关系紧张、容易冲动、坐立不安、活动过度等。

问题行为与差生、后进生等问题学生的概念不同。差生、后进生是对学生的一种总体评价,他们往往有较多的问题行为,但在正常的班级里,其人数很少。而问题行

为则是一个教育性概念,主要是针对学生的某一种行为而言的;而且除了差生或后进生有问题行为之外,优秀学生有时也有可能发生问题行为。这就要求教师在课堂里灵活而机智地处理和矫正问题行为。

（二）问题行为的类型

心理学家试图从不同的角度对课堂的问题行为进行分类。其中,一种分类方法是把问题行为分为扰乱性的问题行为（如破坏课堂秩序、不遵守纪律和不道德的行为）和心理问题行为（如退缩、神经过敏等）两种。另一种分类方法是把问题行为分为品行性问题行为、性格性问题行为和情绪上、社会上的不成熟行为三种。

（三）问题行为的处置与矫正

1. 正确对待学生的课堂行为

一般而言,课堂行为有积极与消极之分,积极的课堂行为是促进课堂教学目标的实现,而消极的课堂行为则是那些干扰课堂教学的行为。在课堂管理过程中必须要区别对待积极的课堂行为与消极的课堂行为。对于消极的课堂行为,适当的惩罚是必要的,但不可采用讽刺、挖苦、体罚和剥夺学习权利等手段。

2. 行为矫正与心理辅导

对于课堂中出现的心理问题行为,要及时采用行为矫正与心理辅导。

知识巩固

1. 什么是课堂管理？课堂管理有什么作用？
2. 影响课堂管理的因素有哪些？
3. 什么是群体凝聚力和群体规范？
4. 什么是课堂气氛？课堂气氛的影响因素有哪些？
5. 课堂里的人际关系有哪些？
6. 什么是课堂纪律？课堂纪律有哪些种类？

知识应用

一位家长在星期一发现儿子上学时磨磨蹭蹭,便追问是怎么回事,孩子犹豫了半天才道出实情。原来在上个星期二早上,班主任召开班会,用无记名的方式评选3名"坏学生"。经过一番评选,这个9岁的小男孩因为最近有违纪行为,居然被同学列出了18条"罪状",成为"坏学生"。当天下午,年级组长召集被评选出来的"坏学生"开会,对这三个孩子进行批评和警告,要求他们写一份检查,将自己干的坏事都写出来,让家长签字,星期一交到年级组长手中。该家长当着孩子的面,签了字便打发孩子去上学。随后,她打通班主任的电话,询问到底是怎么回事。班主任说:"你的孩子是班上最坏的孩子,这是同学们用无记名投票的方式选出来的。"当家长质疑这种方法挫伤了孩子的自尊心时,老师却回答:"自尊心是自己树立的,不是别人给的。"并说他们不认为有什么不对,其目的也是为了孩子好。自从这个9岁的孩子被评选为"坏学生"后,情绪一直非常低落,总是想方设法找借口逃学。

请问这个班主任的做法对吗?应该怎样正确对待所谓的"坏学生"?

第十五章　教学测量与评价

知识点预览

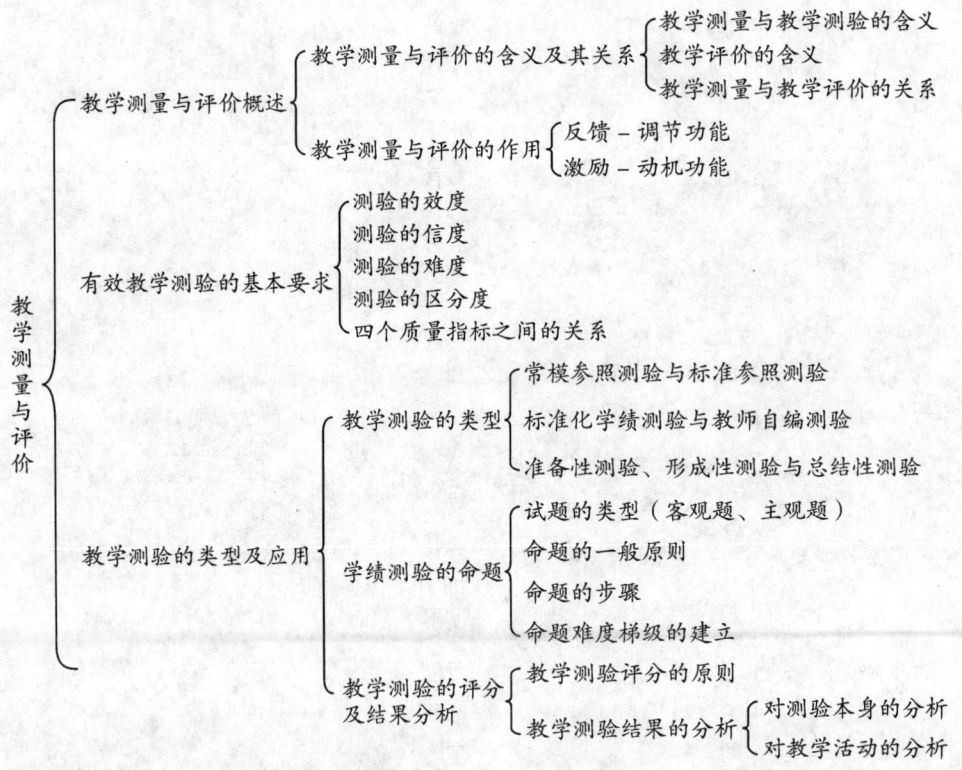

第十五章 教学测量与评价

> **引言**
>
> **得了 70 分时**
>
> 在百分制的考试中得了 70 分时，你会不会觉得"嗯，考得很棒"呢？
>
> 的确，70% 的问题都答对了，也可以说得上很棒。但是，当你得知其他人几乎都得了 100 分或者都只得了 30 多分的时候，你会作何感想呢？
>
> 恐怕即便同样是 70 分，放到前者你会觉得"考得不好"，放到后者你又会觉得"嗯，考得太好了"。
>
> 因此，"好—坏"的评价方式有两种：一种是不考虑他人的绝对性判断，一种是考虑他人的相对性判断。
>
> 所谓偏差值，就是考虑到他人时的判断的基准值。社会上很盛行偏差值评价，偏差值本身是一个非常有效的指标，问题就在于怎样使它发挥作用。

第一节 教学测量与评价概述

一、教学测量与评价的含义及其关系

（一）教学测量与教学测验的含义

1. 教学测量

教学测量是借助于一定的心理量表及其操作，对学生的学习成绩（简称"学绩"）进行探察，并以一定的数量来表示的考核办法。

对此，我们应该注意以下几点：首先，教学测量的目标应以教学目标为依据，测量目标应与教学目标相一致，而不能偏离教学目标。因为教学测量的目的在于考核教学成效，也就是考查教学目标的完成情况，即学生内在的能力与品德等的形成状况。其次，测验量表的科学性是有效教学测量的必要前提。因为教学测量的对象是学生内在的能力与品德等的形成状况，它不可能像物理测量那样直接进行，只能借助于以一定的心理量表及其操作间接测量。最后，命题的合理性与评分的客观性是有效教学测量的一个重要影响因素。因为教学成效是通过量化的学绩进行考查的。也就是说，教学成效是以学生的学习成绩为直接考查依据的，而学绩是以一定的数量来表示的。

2. 教学测验

教学测验又称学绩测验。所谓学绩测验，就是用以测量学绩的量表及操作，即选择代表学绩的一些行为样本进行考核并做出数量分析。它包含的只是测量目标的一个样组而不是全部。这个样组必须具有代表性，能有效地测量学绩。

学绩测验是教学测量的工具和手段，教学测量是对学绩所得的结果客观描述。即教学测量是借助于学绩测验来对教学成效进行定量考核的一种方法。

(二) 教学评价的含义

教学评价是指有系统地收集有关学生学习行为的资料，参照预定的教学目标对其进行价值判断的过程，其目的是对课程、教学方法以及学生培养方案做出决策。具体而言，教学评价是一种系统化的持续的过程，包括确定评估目标、搜集有关的资料、描述并分析资料、形成价值判断以及做出决定等步骤。

(三) 教学测量与教学评价的关系

测量主要是一种收集资料数据的过程，是根据某种标准和一定的操作程序，将学生的学习行为与结果确定为一种量值，以表示学生对所测问题了解的多少。而测验是测量一个行为样本的系统程序，即通过观察少数具有代表性的行为或现象来量化描述人的心理特征。为了减少误差，测验在编制、施测、评分以及解释等方面都必须遵循一套系统的程序。

测量和测验是对学习结果的客观描述，而教学评价则是对客观结果的主观判断与解释，但这种主观判断和解释必须以客观描述为基础，否则是主观臆想。测量与测验所得到的结果，只有通过教学评价，才能判断这种客观描述的实际意义，否则所得数据或结果毫无实际价值。

二、教学测量与评价的作用

教学测量与评价是检验教学成效、确定学生学习结果和教师教学效果的有效手段，是有效教学所不可缺少的环节。其作用主要体现在两个方面。

(一) 反馈－调节功能

对教师而言，通过教学测量与评价所提供的反馈信息，不仅可以了解学生能力与品格的形成状况，而且还可以了解影响学生学习的各种因素，从而可以更明确地调整教学目标、教学内容和教学方法，以提高学生的学习成效，加速心理结构的形成。对学生而言，反馈信息能使他们明确自己对有关知识、技能的掌握情况，找出学习中的薄弱环节，从而调节自己的学习行为，把时间和精力集中在需要加强的那些方面，以构建完整的能力与品格结构。

(二) 激励－动机功能

对学生而言，教学测量与评价所提供的反馈信息不仅调节教学活动，而且激励学生的学习，起到进一步激发学生学习动机的作用。当学生知道自己的学习效果是好的，则可以满足其"获取成功"的需要，从而带来愉快的情绪体验，进一步增强其学习动机。如果反馈的结果说明学习效果不好，往往会引起不愉快的情绪体验，为了"避免失败"，也可以促使学生把压力变成动力，从反面来增进学生的学习动机。

总之，通过教学测量与评价所提供的反馈信息，可以了解学生学习，改进教师教学，从而促进学生学习。

资料窗

写得不错

一位叫马尔科姆·达尔科夫的人，一直从事着广告促销方面的专业创作，并取得了相当的成功。他深情地回忆起 24 年前那位改变他人生的女老师的故事。

小时候的达尔科夫是位生性极为内向、胆怯、害羞的男孩。他几乎没有朋友，对什么事都缺乏信心。那是 1965 年 10 月的一天，他的中学女教师露丝·布劳奇在班上布置作业。学生们已阅读了《杀死一只模仿鸟》一文，老师要求学生接着那篇小说的最后写续文。他无法回忆起女老师布劳奇给的评分是多少，但他至今仍清晰地记得，而且永生难忘的是布劳奇老师在他作文的页边空白处写下的那 4 个字"写得不错"。

他说："在读到这些字之前，我不知道我是谁，也不知道将来干什么。读了她的批注之后，我回到家，就写了一篇短篇小说，这是我梦寐以求但从来不相信自己能做的事。"

从此，在中学时代剩下的日子里，达尔科夫用课余时间写了大量的短篇小说，经常将它们带给布劳奇老师评阅。布劳奇老师不断地给予鼓励，批改一丝不苟，态度和蔼可亲。不久，他担任了中学报纸的编辑工作，他的信心与日俱增，开始了一种充实的、富有收获的生活。在中学建校 30 周年的联欢会上，达尔科夫对已经退休在家的布劳奇老师说：如果没有老师那 4 个令人鼓舞的字，他也许今天不会成为作家。

"写得不错！"这短短 4 个字竟会改变一切。

如果我们的老师都愿意在学生的作业簿上多写一些"写得不错"、"有进步"、"真是太好了"、"好样的"等激励性的批注，那么在我们的学校里，将有更多的天赋一般的学生走向成功之路。

（资料来源：林华民《世界经典教育案例启示录》，农村读物出版社 2004 年版，第 98 页。）

第二节 有效教学测验的基本要求

有效的教学测验应具备四个基本要求，即测验的效度、信度、难度和区分度。

一、测验的效度

（一）什么是效度

效度是指测量的正确性和有效性，即一个测量工具在多大程度上测量出所要测量

的东西。换句话说,就是测量目标和测量结果的一致性程度。

效度是一个相对的概念。一个测量工具只是对一定的测量目的才有效。一个测验应用于某种目的是有效的,但若把它用于另一种目的和用途,可能就毫无价值。如用尺量身高有效,但量体重就无效。同样,为鉴定学生的智力水平而编制的一个测验,其测量结果却是"越用功的学生得分越高",即这个测验测量的主要不是智力水平而是学生学习努力的程度,那么,对于想鉴别学生智力水平这一目的来说,这个测验效果不高。所以,不能笼统地说测验有效或无效。判断测验效度的高低,主要看它能达到目的的程度。

一个好的测验可以用一种或一种以上的效度来表示。由于测量的目的不同,所要求的测验效度也不同。例如,学绩测验主要涉及内容效度,智力测验更注意构想效度,教育评价重视标准关联效度。我国某些省实行的高考预测则要求预测效度。

(二) 影响试题效度的原因

在测验或考试中,试题就是一种测量学生学习程度的工具,试题的效度则反映了考试结果与考核目标的一致性程度。一般来说,以下一些因素会影响试题的效度。

(1) 试题的文字表述形式对效度有直接影响,一般在编制试题时,文字不应艰深难懂和模棱两可。

(2) 试题须切合教学实际。根据教学要求和教材内容,从学生实际出发编制的试题,能有较高的效度。

(3) 试题取样要合理,编制试题必须从学习内容的总体中抽取样本,并要检验这一取样是否合理。如果某测验只反映少数章节的内容,测题分值的比重不合理,或者有许多偏题、怪题,就会降低该测验的效度。

(4) 试题的量要适当,不能太多,否则会因为时间的限制使学生无法充分表达测试所要考查的学习程度,降低测验的效度。

二、测验的信度

(一) 什么是信度与试卷信度

信度是指一个测量工具对测量对象施行多次测量所获得的测量结果的一致性,即测量结果的可靠程度。它反映测量工具的稳定性和可靠性。如一个测验对同一个人施测多次,多次测量的分数基本相同,则可认为这个测验是稳定可靠的,即信度较高;反之,如某测验对学生施测多次,同一个人每次测量的得分变化不定,有升有降,则这个测验信度就较低。

试卷信度就是指考试结果的可靠性程度,也就是考试结果与学生真实水平的一致性程度。

(二) 影响测试信度的原因

1. 试卷的容量

如果试卷的容量太小,就会影响取样的合理性,造成较大的抽样误差;试卷的容量太大，测验的时间不够，大多数学生就完不成测验。这两种情况都会降低测验的信度。

2. 评分标准

评分不准确或没有统一的标准，就容易受评卷人主观因素的影响。只有制定正确而详细的评分标准，并客观掌握评分标准，才能对测试结果做出稳定和可靠的评定，提高测试的信度。

3. 学生应试的动机

如果学生的应试动机不当或经常波动，也有碍于测验的信度。如有的考生为了获得表扬奖励而考试舞弊，这样的应试信度必然低。只有激发学生积极的测试动机，让学生全力以赴地应试，才是保证测验信度的必要条件。

4. 学生的健康状况和心理状态

学生在受试前和受试时良好的身心状况是提高测试信度的重要保证。

（三）检验测试信度的方法

信度的指标用相关系数来表示，称为信度系数。通常是利用同一组受测者得到两组数据资料来计算其相关系数。相关系数的值越大，表示测量的一致性程度高，则信度越高；相关系数的值越小，表示测量的一致性程度低，信度也就越低。

检验信度的方法有四种。

1. 再测法

再测法就是用同一种测验工具在两个不同的场合施行于相同的学生而求其结果的相关。它反映测验分数的稳定程度，其相关系数又称稳定性系数。

由于教育测量是一种不可复验的特殊测量，因此，检验考试的信度一般不采取对同一对象使用同一试卷进行多次考试的再测方法。

2. 复本法

复本法就是用同一组被试对两个（复本）测验得分的相关系数表示信度。它反映两个复本测验的等值程度，其相关系数又叫等值性系数。这种方法在实际中较少实施。除教师和学生付出双倍的劳动量之外，要编制一套完全等价的同类试卷也绝非易事。

3. 分半法（两分法）

分半法就是将一个测试工具的评分按照奇数题和偶数题分成两部分，求这两部分分数的相关，即可得到信度系数。这种方法较为简单易行，但必须注意两点：一是题目数量太少不宜分半，二是分半的试题在内容和形式上应大致相似。由于分半之后，把一次考试看成了题目减半的两次考试，因而求出信度要比实际的小一些。

4. 同质法

同质法就是用测验内部不同分测验之间的相关系数表示信度，估计的是测验题目的同质性和普遍性，其相关系数也叫普遍性系数。

信度系数的最大值为1，事实上是不可能达到的，因为完全没有误差的测验是不存在的，信度系数达到 0.8 左右就可以了。

三、测验的难度

(一) 什么是难度

难度是指试题的难易程度。它是衡量题目质量的主要指标之一。有效的试题应该难度适当。

(二) 造成试题难度不当的原因

试题的难度具有一定的相对性。难度的大小,除了与内容或技能本身的难易有关外,还同试题的编制技术和受测者的经验有关。一个本来很容易的问题可以由于题目的表述不清或受测者缺乏与之有关的知识经验而变难,一个很难的问题也可能因题目的提示明显或受测者曾经有类似经验而变容易。所谓难者不会、会者不难就是这个道理。那么,究竟是什么因素造成了试题的难度不当呢?

1. 对教学大纲和教材理解不透

对教学大纲和教材理解不透,就不可能根据教学的目的要求和教材内容有效地编制试题。在难度上失去了客观标准,必然会出现试题难度不当的情况。

2. 对学生的实际情况缺乏了解

不能正确地估价学生,过高过低估价学生都会造成命题脱离学生的实际,出现难度不当的现象。

(三) 试卷难度的计算方法

不同的测验题型,计算方法不同。

是非题:当只有正确或错误两种答案时,可以用通过该题人数的百分比代表难度 $P = R/N$(P:难度,N:受测总人数,R:通过该题的人数),也可以用极端组的方法计算难度 $P = (PH + PL)/2$ [PH:高分组(总分最高的27%的学生)答对该题的人数占高分组学生总数的百分比,PL:低分组(总分最低的27%的学生)答对该题的人数占低分组学生总数的百分比]。

选择题:K($K>2$)个选项中只有一个正确答案,难度可以在该项目的通过率 P 的基础上进行矫正。其计算公式为 $CP = (KP - 1)/(K - 1)$(CP:矫正后的难度,P:未矫正的难度,K:选项的数量)。单选题可能随机猜测,用此公式可以排除这种影响。

论文型题目:用某题的平均分数为依据计算难度,$P = M/W$(M:全体考生某题的平均得分,W:某题规定的最高得分),也可以用极端组的方法计算难度 $P = (MH + ML - 2NL)/2N(H - L)$ [MH:高分组(总分最高的27%的学生)全体考生该题得分之和,ML:低分组(总分最高的27%的学生)全体考生该题得分之和,N:所有考生总人数的27%,H:该题最高得分,L:该题最低得分]。

题目的难度多高合适,取决于测验目的。为了考查学生对某些方面的知识、技能是否掌握(掌握性测验),可以不考虑其难度。测验要是用于选拔(选拔性测验),应采用难度值接近录取率的项目,0.50左右的难度最合适。对项目的难度特征进行分析，应考虑测验的目的。一般在 0.3～0.7 之间为宜。

四、测验的区分度

（一）什么是区分度

区分度又叫鉴别力，是指试题区分考生的优劣程度。区分度越高，说明试卷区分考生优劣的能力越强；反之，区分考生优劣的能力就越差。

（二）影响区分度的原因

1. 试题的难度对区分度有直接的影响

试题太难和太容易，都不可能有较高的区分度。一般说来，中等难度的试题区分度较高。

2. 区分度与试题的层次密切相关

区分度高的试卷，其试题难易程度一般有三四个层次，由于题目难易不等，便可以将不同水平的学生区分开来。

（三）试卷区分度的检验方法

不同题型，计算方法不同。

客观性题目：计算公式是 $D = PH - PL$ [D：区分度，PH：高分组通过该题的人数占高分组总人数百分比，PL：低分组通过该题的人数占低分组总人数百分比]。

论文性题目：计算公式是 $D = (MH - ML) / N(H - L)$ [D：区分度，MH：高分组（总分最高的 27% 的学生）全体考生该题得分之和，ML：低分组（总分最低的 27% 的学生）全体考生该题得分之和，N：所有考生总人数的 27%，H：该题最高得分，L：该题最低得分]。

项目区分度多高合适也与测验目的相关。就学绩测验而言，一般要求项目与总分的相关达到 0.20 以上，高分组与低分组通过率之差达到 0.15～0.20 以上。用于选拔的测验，区分度应该高一些，只是用于考查学生掌握情况的测验，可不考虑区分度。

五、四个质量指标之间的关系

试卷的四个质量指标是相互联系、相互影响，但又是相互区别的。

1. 效度要以信度为前提

信度是效度的必要条件但不是充分条件。信度高，效度不一定高；效度高，信度一定高。比如，一个主要测量知识掌握的智力测验，可能有较高的信度，但对测量智力来讲就缺少效度。如果测验的信度很低，效度肯定也是低的。

2. 适当的难度是区分度高的前提

没有难度的试卷，区分度肯定较差，因为大家都得满分无法分出优劣。但难度也不是越高越好。如难度高到大家都得零分，也分不出优劣。

3. 难度和区分度对信度和效度也有影响

可以想象，难度和区分度较差的试卷，是很难说信度、效度高的。

因此，在具体教学实践中编制试卷时，要力求使试卷的这四个质量指标都符合或基本符合要求。

> **资料窗**
>
> **如何在标准化测验中获得理想分数**
>
> 在现实生活中，许多测验得到了广泛的应用。例如，如果你想成为医生、律师或需要系统训练的任何领域的专业人员，你就必须接受某种职业能力倾向测验才有资格从事某种工作。如果你不得不接受这样的测验，你可以采取多种办法来提高你的测验分数。
>
> (1) 在你接受测验之前尽可能多地了解该测验的有关信息。了解的内容包括该测验由哪些部分组成、测验的每一部分有多少分值等。
>
> (2) 练习。找你可能找到的测验做一做实际练习。你做的练习越多，那么在你正式接受测验时就会感到越容易。
>
> (3) 如果测验是在计算机上进行的，就在计算机上做测验练习。你对电脑越熟悉，那么在接受测验时你将感到越轻松。
>
> (4) 尽可能快点做，在练习中不要在开始的几个项目上花太多的时间。你的目的应该不是完美，而是尽可能增加正确作答的数量。
>
> (5) 弄清得分规则。如果做错了不计负分，你可以猜测；如果做错了要扣分，那么猜题就要三思而后行。
>
> (6) 如测验是纸笔测验，要注意正确地填写答题卡，最后还要一遍又一遍地检查。如果测验是在计算机上进行的，那么在提交之前就要仔细地检查该题的答案，因为一旦提交了答案，你就不能回头检查并更改错误答案了。
>
> (资料来源：黄希庭《心理学与我们》，人民邮电出版社2009年版，第156页。)

第三节 教学测验的类型及应用

一、教学测验的类型

从不同的角度，教学测验可划分不同的类型。

(一) 常模参照测验与标准参照测验

根据测验目的划分，测验可分为常模参照测验与标准参照测验。

常模参照测验以学生团体的平均成绩作为参照标准，就某学生得分的高低来说明其在学生团体中的相对位置（或名次），将学生分类排队。其特点是学生成绩的高低是相对的。它着重学生个人之间的比较，适于区分学生的成绩水准，可供选拔、编班、编组之用。这种测验要求测得的分数变异性要大，得分的范围要广，充分显示个别差异；要求试题有很强的鉴别力。这种测验重视名次排列，鼓励竞争，对学生的学习能起考核和监督作用；但缺少诊断效用，易引起学生过度的紧张与焦虑。

标准参照测验是参照规定的作业标准，核对学生的测验得分，评定其是否达到标准以及达标的程度如何的测验。其特点是学生成绩的高低是绝对的，不是表示他在同辈集体中的相对位置。学生的学业成绩只用学习的数量和程度来表示，而且只有与预先规定的某种标准加以比较才具有确定的意义。这种测验的试题必须正确地反映教学目标，才能作为评价的标准，试题在数量上和质量上同要测定的内容和范围一致。标准参照测验不仅用于基本知识、基本技能的测量，而且用于诊断及个别指导。

（二）标准化学绩测验与教师自编测验

根据测验的来源来分，测验可分为标准化学绩测验与教师自编测验。

标准化学绩测验是由学科专家和测验编制专家共同按照标准化程序为受过某种教学或训练的人员编制的测验，目的在于评价经教学或训练后的实际工作表现。标准化程序包括选取有代表性的材料编成测验的试题；选取有代表性的被试，从而得到有代表性的一组分数；根据测得分数的统计分析，求出常模；按照规定程序建立效度与信度；明确规定施测步骤和记分方法。标准化测验是已经具备常模、效度、信度、施测程序和计分方法等基本条件的心理教育测验。标准化学绩测验具有客观性和可比性，是评价学生学业成绩的重要工具之一。

教师自编测验是指教师根据自己的教学经验和教学风格，自行设计和编制，用来考查学生学习进步情况的测验。教师自编测验操作过程简单，施测手续方便，应用范围一般限于自己所任教的学科。自编测验应遵循的原则：测验应能测量明确规定的学习结果，忠实反映教学目标；测验应能测出预期的学习结果和教材的代表样本；测验应按预期的学习结果选择试题类型；测验要有效、可靠；等等。

（三）准备性测验、形成性测验与总结性测验

根据教学过程不同阶段选用的测验划分，测验可划分为准备性测验、形成性测验与总结性测验

准备性测验是在教学活动开始之前进行的测验，目的在于了解学生对未来教学活动的准备状态，即是否具有完成新的教学任务所必需的基本知识和基本技能，以便有效地安排教学。准备性测验一般属于掌握性测验，试题难度较低，考核内容主要是基本知识和基本技能，为制订教学目标和教学计划提供依据。

形成性测验是在教学过程中进行的测验，目的在于了解学生在教学过程中达到教学目标要求的程度，探究教学中存在的问题或缺陷，以便及时调整教学，提高教学的自觉性和主动性。形成性测验也属于掌握性测验，试题根据教学内容和教学要求制定，可难可易，一般由任课教师本人根据教学进度和实际教学情况实施。教学测量与评价

的反馈－调节功能主要通过形成性测验来实现。

总结性测验是在教学活动结束后进行的测验，目的在于考查教学目标达到何种程度，判明是否有必要修订教学目标，重新进行补救教学；检查教学活动的组织是否得当、教材的安排是否合理并确定学生的学习成绩，以便对整个教育活动所取得的较大成果作更为全面的评价。它与形成性测验的区别是：形成性测验比总结性测验频繁。当一种新观念或新技能的初步教学完成时，都应进行形成性测验。总结性测验着眼于测试在较大范围内教学内容的掌握，往往是在形成性测验的基础上进行的。总结性测验的内容须注意代表性，各种试题的比例应与整个课程各类学习结果所占的比例相当。

二、学绩测验的命题

编制学绩测验的核心是命题。

（一）试题的类型

根据学生应答方式的不同，可以将题目形式分为客观题和主观题两大类。

1. 客观题

客观题具有良好的结构，对学生的反应限制较多。学生的回答只有对错之分，因此教师评分也就只可能是得分或失分。这类题目包括选择题、是非题、匹配题和填空题等。

选择题是由题干和两个或更多的选项组成的。题干可以是直接提问或者以不完整句子的形式出现，目的是为了设置问题情境。提供可供选择的答案，包括一个正确答案和若干具有干扰性的错误项或迷惑项。学生的任务就是阅读题目，再从一系列选项中挑选出正确的项目。

是非题又称正误题，可以看做具有两个备选答案的选择题，学生需要识别、选择出正确答案。它常用的形式是，陈述一句话要求学生判断对错或是非，主要适于考查学生对简单观念或知识的了解。

匹配题是另一种可提供多种选择的考试形式。通常，匹配题包括两列词句，一列是问题选项，一列是反应选项。学生根据题意按照某种关系将左右的项目联结起来。匹配题形式简单，能够有效地测量学生对知识联系的掌握情况，且易于计分。但是，它只能用于测查彼此存在着简单关系的知识。

填空题是呈现给学生一句或一段不完整的话，要求学生简要作答。当教师的目的是考查学生对知识的回忆时，填空题十分有用，它可将学生猜测的可能性降到最小。如果经过精心设计，也可以通过填空题来考查学生对知识的理解、推理和判断能力。填空题的问题在于，学生的答案各不相同甚至还会出现出人意料的答案，学生的答案还会受笔迹、用词等无关因素的影响。

2. 主观题

主观题要求学生自己组织材料，并采用合适的方式表达陈述出来。这类题型包括论文题、问题解决题等。教师在评分时，对学生的回答需要给出不同量的分值，而不仅仅是满分或零分。

　　论文题是指要求学生用文字论述方式阐述相关观点的题目，回答字数可以从几段到几大页不等。一般较常使用的有两种类型，即有限制的问答题和开放式论文。有限制的问答题，是指教师对回答的内容和长度都有规定，如平时测验中的简答题等。简答题不仅适合考查学生对知识的记忆和理解程度，还可以测量学生对材料的概括能力。开放式论文，则允许学生在内容上自由选材，自由发挥，而且篇幅较长。平时测验中的论述题有利于学生清楚地表达自己的思想，可以考查学生对材料的理解深度和对材料的组织能力、综合能力，有时还可以测量学生的评价能力和创造能力。论文题的不足之处在于：首先，学生回答论文题需要花费很多时间。因此，在一份试卷里只能出现少量的题目，对课程内容的取样也就非常有限。一般可以通过增加小的论文题（简答题或问答题）来尽量避免这个问题。其次，对于熟悉自己学生的教师，在判卷时很难做到客观，教师对学生的总体印象往往会影响到对论文的评价，导致信度较低。

　　问题解决题，是向学生提供一定的问题情境和目标情境，要求学生通过对知识进行组织、选择和运用等复杂的程序来解决问题。问题解决题通常有两种形式。一种是间接测验，与前面提到的几种测验形式一样，是采用纸笔测验来评价学生的学业成就或能力。学生在完成时，通常必须写出若干步骤或过程，以展现他的思路。评分时，按照步骤计分，如果缺少某些步骤就不能得分。平时的物理、化学、生物等学科的考试，经常会出现这种类型的题目。另一种是直接测验，也称操作性测验。它考查学生处理实际问题的能力。在实际考核过程中，教师可以要求学生设想一个可以解决本市垃圾处理问题的方案，或者要求学生测量学校操场的面积等。操作测验对于考查高级思维技能十分有效，但是往往费时费钱，而且主观性较大，其效度也经常受到置疑。

　　当然，主观试题和客观试题并不是彼此对立的，而是各有短长、各有自己的独特功能。在实际教学中，应根据不同情况，灵活选择题目形式，以提高测验的信度和效度。

（二）命题的一般原则

无论学绩测验的试题形式是什么，但在编制时必须遵循六大原则。

1. 试题要符合测验的目的

测验目的不同，编制测验的取材范围及试题难度也就有所不同。

2. 试题内容的取样要有代表性

试题内容的取样应有代表性，能代表该学科的全部内容。

3. 题目格式应多种多样

在同一份试题中，应依据测验目的与要求的不同，选用各种不同的题目形式。题目格式应明确，不要使学生产生误解。

4. 文句要简明扼要

测验题目的文字应力求浅显简短，不使用艰深的字句，排除与题目无关的多余信息，不能遗漏解题依据的条件。

5. 答案应正确可靠

测题的答案应是没有疑义的，是可靠的。

6. 测题应彼此独立

各测题不能含有暗示本题或他题的正确答案的线索。

（三）命题的步骤

命题的步骤包括制订编题计划、进行命题准备和搜集。

1. 制订编题计划

编制测验计划是命题的依据。这样，测题的内容才能具有适当的代表性，从而发挥测量的功能，实现测量的目标。对于学绩测验而言，命题前，制订测验蓝图，通常就是编制一张双向细目表。它能有效指出测验所包含的内容和要测定的各种目标以及对每一个内容与目标的相对重视程度。所谓内容，就是能力与品格的构成要素，即有关的知识、技能、态度等；所谓目标，就是教学中所要达到的要求，即有关知识、技能、策略的掌握层次及态度的内化水平等。

但是，根据教学大纲编制的教学内容和教学目标的双向细目表，只是学绩测验的一个总的蓝图。在具体编制测验时，还必须根据本次考试的性质与目的，将它具体化。即要依据本次考试的教材内容，确定题目的取材范围；依据本次考试的教学目标和目的性质，确定题目形式；依据内容与目标的相对重要性，确定题目数量。例如，本单元包括哪些要点，在这些要点中，哪些属于知识因素、哪些属于技能因素；在知识因素中，哪些属于概念、哪些属于命题……在具体编制测验时，应把相应的题目和它们一一对应。

2. 进行命题准备和搜集

测验计划编好后，就要搜集有关资料作为命题取材的依据。一个测验的好坏和测验材料的选择适当与否有密切关系。为此，教师在平时教学中，要随时把教材中重要的地方做好标记；在批阅作业或日常考试的试卷时，要记载学生常见的错误；经常搜集其他教师编拟的现成试题，并随时把搜集到的或自编的试题记在卡片上，分科分类储存，以建立试题库。

学绩测验只是所要测量的能力与品德结构的一个有代表性的样本，不可能顾及所有的构成要素与层次，而样本的代表性和教材的重点难点、资料的丰富性与普遍性密切相关。教师只有在平时留意教材的重点和难点、注意搜集现成试题并分类储存，才有可能使试题的内容更有针对性，从而编制出可信和有效的学绩测验。反之，如果教师在平时教学中不做扎扎实实的工作，则所编试题可能没有代表性，不能达到其信度和效度要求。

（四）命题难度梯级的建立

为了考核学生对教材的掌握程度，可以对同类试题的难度列成一个梯级。难度是命题时要考虑的一个重要问题。教师在建立试题库时，不仅要把搜集或自编的试题分类储存，而且应该根据自己的主观经验，将同类试题进行分类。可先将其分为难、中、易三部分，最后按照由易至难的顺序排列，形成一个同类试题的难度序列，以便考查学生知识掌握的程度。

三、教学测验的评分及结果分析

（一）教学测验评分的原则

1. 评分标准要客观公正

客观评分是学绩测验的基本要求。对于固定应答型试题，客观评分比较容易做到。对于自由应答型试题，一般可采取多人评阅求平均和每人负责评阅一题的办法。

2. 评分标准要规定答案要点及可接受的变式

对于固定应答题型，只要提供正确答案即可。对于自由应答题型，应详细规定答案要点，并对评分规则作详细的说明。评分时将每一个人的反应和评分说明上所提供的样例相比较，然后按最接近的答案样例给分。同一问题可以从不同角度用不同方法进行解答，评分标准不仅要规定一般的答案要点，还应有可接受的变式。

3. 评分标准要依据题目的难易及要点的主次配给分数

对所要测量的心理活动进行系统的结构分析和功能分析，确定其内容与目标的相对重要性，并依据题目的难度，合理配给分数。

4. 评分时要注意分析评分和综合评分相结合

分析评分是按各要点给分，便于诊断以往学习中的断裂点和断裂带，明确学生个体内部的差异以进行针对性教学。综合评分是从整体上考查，分别为不同等级确定出样本。综合评分可以了解学生的一般状况，便于总体了解和把握。在对学绩测验进行评分时，应注意两者的有机结合，以实现教学测量与评价的目的。

5. 评分标准应注重内容，不宜注重形式

学绩测验所要测量的是学生对有关知识、技能、策略的掌握程度等，评分时注重的应是回答的内容而不是作答的形式。

（二）教学测验结果的分析

1. 对测验本身的分析

对每个测题而言，通过测验结果的分析可以了解每个测题的性能，提高测验编制技术，积累好的试题。主要应分析难度和区分度。

对于多选题，还要分析备选答案的合适度，考查标准答案是否正确、是否唯一、是否过于明显以及错误答案是否具有迷惑性等。对于备选答案不合适的题目，今后不应再用或经过修改后再用。就整个测验而言，应分析信度和效度，并确定其分数分布。分数分布反映的是整个测验的难度，它依赖于组成测验项目的难度。如果被试样本具有代表性，一般说来分数是常态分布的。当分数不是常态而是偏态时，有两种情况：一是正偏态，分数密集在低端，这表明缺少难度低的题目，应加入一些较易的项目，直至分布大致符合常态方可继续使用；一是负偏态，分数堆积在高分端，说明缺少足够数量的难题，应加入较难的项目，使整体大致呈常态分布。并不是任何测验都要求分数呈常态分布。

2. 对教学活动的分析

对教学活动而言，对测验结果的分析可以为教与学提供反馈信息，从而改进教学，促进学习。为实现这一目的，首先就要对测验中发生的错误进行登记和分析；然后应对学生发生的错误进行分析，以说明教学中存在的问题；最后，应针对教学中存在的问题提出改进措施，以促进学习。

关于评定和测量的争论

教育测量与评定一出现，许多学者就对教育测量的各种目标、对测量学习结果的特定技术所产生的效果等问题提出过许多反对意见。这些意见有的确实指出了明显局限和滥用的不良后果，发现教育测量固有的局限和缺点，并在教育过程中努力克服，这对于发挥测量和评价的作用是非常重要的。但是，也有人指出区别教育中的局限与滥用确实是重要的，这是因为测验发展到现在，早期的局限正受到冲击。关于这一方面的争论有以下两点。

第一，能测与不能测的问题。有人认为，教育测验所测的往往是一些有形的、琐碎的、容易测量的东西，而不是更为重要的教育成果。他们认为，真正的理解、独创性、问题解决的能力以及独立思考的能力、检索信息的能力、综合知识的能力等综合的认知能力却不能测量。然而，这种批评只是在涉及为测定对事实材料的机械记忆而编写的早期标准化的测验时才是有道理的。现在已经编出了既能测量对一般原理的理解，又能测量解释与应用知识能力的客观测验。

而且，还有许多其他测量手段可以用来评定教育的某些不易捉摸的成果。这些包括观察、自我报告、同伴评判、论文式测验、口试、工作样本、实践式考试、研究论文等等。虽然对于认知风格、创造性问题解决的策略与灵活性、对问题的敏感性这类重要的品质和能力还没有编出有效的测验，但是不能认为编制这类测验目前遇到的困难最终是不能克服的。

第二，标准化与特殊测验问题。人们常常认为，教育测量无法测出是否达到了特定的学校系统、专门课程以及特殊的机构或教师的一些特有目标。这种反对意见也是错误地把国家的标准化测验同教育测量当成了同一种东西，有广泛代表性的样本标准化的测验和专为特定的学校系统、学校、课程或班级所编的测验。这两者并不是不相容的，只要用得恰当，这两类测验都是可以采用而且应该使用的。

（资料来源：宋兴川、李少斌等《教育心理学》，南海出版公司2005年版，第243页。）

知识巩固

1. 解释概念"教学测量"、"教学测验"、"教学评价"。
2. 有效教学测验的基本要求是什么？
3. 教学测验的类型有哪些？
4. 命题的一般原则是什么？
5. 教学测验评分的原则是什么？

知识应用

在中国，"高考状元"一定会进入名校，在美国却不一定。有数据显示，美国有61% SAT（相当于美国的高考）满分的学生被哈佛大学拒绝，同样的情形在耶鲁、斯坦福等常青藤名校也时有发生。

请查阅有关资料，谈谈你对这种现象的看法。

参 考 文 献

[1] 吴庆麟. 教育心理学——献给教师的书. 上海：华东师范大学出版社，2003.

[2] 莫雷. 教育心理学. 北京：教育科学出版社，2008.

[3] 莫雷. 教育心理学. 广州：广东高等教育出版社，2005.

[4] 陈琦、刘儒德. 当代教育心理学. 北京：北京师范大学出版社，2007.

[5] 皮连生. 学与教的心理学. 上海：华东师范大学出版社，1997.

[6] 邵瑞珍. 教育心理学. 上海：上海教育出版社，1997.

[7] 陈美荣. 心理学. 广州：中山大学出版社，2008.

[8] 张大均. 教学心理学. 重庆：西南师范大学出版社，1997.

[9] 张大均. 教育心理学. 北京：人民教育出版社，2004.

[10] 冯忠良. 教育心理学. 北京：人民教育出版社，2002.

[11] （美）罗伯特·斯莱文（Slavin，R E.）教育心理学：理论与实践. 7版. 姚梅林，译. 北京：人民邮电出版社，2004.

[12] （英）Ian Robertson, S. 问题解决心理学. 张奇，等，译. 北京：中国轻工业出版社，2004.

[13] 丁家永. 现代教育心理学. 广州：广东高等教育出版社，2004.

[14] 刘电芝. 学习策略研究. 北京：人民教育出版社，1999.

[15] （美）Robert J Sterberg, Wendy M Williams. 教育心理学. 张厚粲，译. 北京：中国轻工业出版社，2003.

[16] 沈德立. 学习能力发展心理学. 合肥：安徽教育出版社，2004.

[17] （美）加涅，R M. 教学设计原理. 皮连生，庞维国，等，译. 上海：华东师范大学出版社，1999.

[18] 冯忠良，伍新春，姚梅林，王健敏. 教育心理学. 北京：人民教育出版社，2000.

[19] 李伯黍. 教育心理学. 上海：华东师范大学出版社，1993.

[20] 莫雷. 教育心理学. 广州：广东高等教育出版社，2002.

[21] 张春新. 教育心理学. 台北：东华书局，1996.

[22] 皮连生. 教育心理学. 上海：上海教育出版社，2004.

[23] 张大均. 教学心理学研究. 重庆：西南师范大学出版社，1998.

[24] 黄希庭. 心理学. 上海：上海教育出版社，1997.

[25] （美）加涅，R M. 学习的条件和教学论. 皮连生，王映学，郑威，等，译. 上海：华东师范大学出版社，1999.

［26］张大均，江琦. 教师心理素质与专业性发展. 北京：人民教育出版社，2005.

［27］教育部师范教育司. 教师专业化的理论与实践. 北京：人民教育出版社，2001.

［28］（美）托马斯·费兹科，约翰·麦克. 教育心理学：课堂决策的整合之路. 吴庆麟，等，译. 上海：上海人民出版社，2008.

［29］教育部人事司，教育部考试中心. 教育心理学考试大纲. 上海：华东师范大学出版社，2002.

［30］林崇德. 教育心理学. 北京：人民教育出版社，2005.

［31］胡永萍. 学校心理健康教育. 广州：中山大学出版社，2005.

［32］李伯黍，燕国材. 教育心理学. 上海：华东师范大学出版社，1997.

［33］冯江平，安莉娟. 教育心理学. 北京：高等教育出版社，2004.

［34］胡永萍. 教育心理学. 北京：中国商业出版社，2003.

［35］邹谦. 教育心理学. 台北：正中书局，1969.

［36］陈琦. 教育心理学. 北京：高等教育出版社，2001.